주역외전 역주

周易外傳譯註

An Annotated Translation of "JUYEOKOEJEON"

【3권】

주역외전 역주周易外傳譯註【3권】
An Annotated Translation of "JUYEOKOEJEON"
—
1판 1쇄 인쇄 2024년 3월 5일
1판 1쇄 발행 2024년 3월 20일
—
저 자 | 王夫之
역주자 | 김진근
발행인 | 이방원
발행처 | 세창출판사
신고번호 제1990-000013호
주소 03736 서울시 서대문구 경기대로 58 경기빌딩 602호
전화 02-723-8660 팩스 02-720-4579
이메일 edit@sechangpub.co.kr 홈페이지 www.sechangpub.co.kr
블로그 blog.naver.com/scpc1992 페이스북 fb.me/Sechangofficial 인스타그램 @sechang_official
—
ISBN 979-11-6684-311-2 94140
979-11-6684-308-2 (세트)
—
이 번역서는 2020년 대한민국 교육부와 한국연구재단의 지원을 받아 수행된 연구임.
(NRF-2020S1A5A7085263)
—
이 책은 한국연구재단의 지원으로 세창출판사가 출판, 유통합니다.

주역외전 역주

周易外傳譯註

An Annotated Translation of "JUYEOKOEJEON"

【3권】

王夫之 저
김진근 역주

세창출판사

3 권
차 례

전체 차례

주역외전 역주 3권 三卷

주역외전 역주 4권 四卷

일러두기

1. 이 번역은 중국 장사(長沙)의 악록서사(嶽麓書社)에서 1992년에 발행한 선산전서(船山全書) 가운데 『周易外傳』을 그 저본으로 하였다.

2. 이 『주역외전』에서는 괘 이름을 저자의 관점을 살려서 표기하기로 하였다. 예컨대 우리나라에서는 遁卦䷠를 '돈괘'라고 읽지만, 왕부지가 철저하게 '은둔'의 의미로 풀고 있음을 존중하여 이 번역에서는 '둔괘'로 읽었다.

3. 가능하면 순수한 우리말로 풀자는 관점에서 우리말로 표기한 것들이 있다. 그리고 가능하면 [ ] 안에 한자를 병기하였다. 예컨대 '剛 · 柔'를 '굳셈[剛] · 부드러움[柔]'으로, '動 · 靜'을 '움직임[動] · 고요함[靜]'으로, '시(時)'를 '때[時]'로, '德'을 '특성[德]'으로, '常'을 '한결같음[常]'으로, '消 · 長'을 '사그라짐[消] · 자나람[長]'으로 표기한 것 등이 그것이다. 이 외에도 가능하면 순수한 우리말로 풀자는 시도를 의식적으로 하였다. 따라서 이것들이 일반 서술어들과 혼동을 줄 수 있는 여지가 있지만 독자 제현의 이해를 바란다.

점괘

䷴漸

性情以有節而正, 功效以易地而施. 不授以節, 逢欲非遂志之利; 苟據其地, 虛名喪實用之資. 故陰不以升爲嫌, 陽不以降爲損.

역문 됨됨이[性]와 발휘한 정서[情]는 절제가 있음으로써 올바르고, 공효(功效)는 발 디디고 있는 곳을 바꾸어 가며 베푼다. 절도에 맞추며 주지 않으니, 욕구를 만남은 뜻을 이룸에서 오는 이로움이 아니다. 또 구차하게 그곳에 웅크리고 있어서는 헛된 명성만 이룰 뿐 실용의 바탕은 잃는다. 이러하므로 음(--; 육사효)은 올라가는 것을 꺼리지 않고, 양(—; 구삼효)은 내려가는 것을 손해로 여기지 않는다.[973]

夫陰陽數敵, 各據其地以順其所欲, 性情无介以通, 功效以小成而不建, 夫乃以爲'否'道之成. 二 · 五者, '否'之主也, 或據'磐'以圖安, 或

973 왕부지는 이 점괘䷴가 비괘䷋로부터 온 것으로 본다. 즉 비괘䷋의 육삼효(--)가 구사효의 자리로 올라가고 구사효(—)가 내려와서 그 자리를 차지하고 있는 것이 점괘䷴라 보는 것이다. 자세한 것은 그의 『주역내전』 점괘䷴ 풀이를 참고하라.(왕부지 지음, 김진근 옮김, 『주역내전』 4, 1285쪽 참고.)

登'陵'以自尊, 安者戒其危而不往, 尊者恥於下而不來. 三·四位非其任, 鑒兩君之重遷, 奮於事外, 因乎密邇, 易位以合少長之歡, 抑可謂節性而不喪其功矣.

역문 비괘䷋에서는 음(--)·양(—)의 수가 서로 딱 맞으니, 각기 그 땅에 웅크리고 있으면서 욕구에 순응하고, 이들의 됨됨이[性]와 발휘한 정서[情]에는 매개하여 통함이 없으며, 공효는 작게 이룸에 만족하여 무엇을 건립하려 들지 않는다.[974] 이렇게 하는 것을 비괘䷋가 표방하는 도(道)의 성취로 여긴다.

이 점괘䷴에서의 육이(--)·구오효(—)는 비괘䷋에서의 주효(主爻)들이다. 그러므로 '너럭바위'에 의거하여 편안함을 도모하기도 하고,[975] '구릉'에 올라가서 자신을 존귀하게 여긴다.[976] 그리하여 편안한 이는 그 위험을 경계하여 가지 않고, 존귀한 이는 아래에 있는 것을 부끄러워하여 오지 않는다. 그러나 3효·4효의 위(位)는 그 소임이 다르고, 두 임금이 거듭 옮기는 것을 귀감으로 삼아 자신들의 하는 일 밖에서 분발하며, 밀접하게 가깝기에 서로 위(位)를 바꾸어 소녀(少女)와 장남(長男)의 환락을 함께한다.[977]

---

974 정괘(貞卦)는 곤괘☷로서, 회괘(悔卦)는 건괘☰로서 각기 작게나마 성취를 이루고 있으니, 이에 만족하여 새로운 것을 건립하려 들지 않는다는 것이다. 「계사상전」 제9장에서도 "팔괘가 되어서는 작게 이룸이 된다.(八卦而小成)"라고 하고 있다.

975 이는 이 점괘䷴의 구이효사, "큰 기러기들이 점차 너럭바위에 날아옴이다. 마시고 먹는 데서 함께 어울리며 즐거움이 넘쳐난다. 길하다.(鴻漸于磐, 飮食衎衎, 吉.)"를 근거로 하여서 하는 말이다.

976 이 또한 이 점괘䷴의 구오효사, "큰 기러기가 점차 구릉(丘陵)에 날아옴이니 지어미가 3년 동안 잉태를 못 하였는데, 끝내는 그 길함을 이루 다 이길 수가 없다.(鴻漸于陵, 婦三歲不孕, 終莫之勝吉.)"를 근거로 하여서 하는 말이다.

977 비괘䷋에서의 육삼효는 정괘(貞卦)인 곤괘☷의 소녀(少女)에 해당하고, 구사효는 회괘(悔卦)인 건괘☰의 장남(長男)에 해당한다. 이는 『설괘전』의 설을 바탕으로 한 것이다. 그래

그러니 또한 "됨됨이[性]를 절제하며 그 공(功)을 잃지 않는다."라고 할 수 있는 것이다.

而或則疑之. 疑之者, 匪直疑陽之來三, 而甚疑陰之往四也. 圖遠以逼尊, 則疑其志遜而行亢; 就邇以謀合, 則疑其情正而禮愆. 其何以保之子之貞乎?

역문 그런데도 누군가는 의심을 낸다. 그 의심의 대상은 곧장 양(⚊; 구사효)이 3효의 위(位)로 내려온 것에로는 향하지 않고, 음(⚋; 육삼효)이 4효의 위(位)로 간 것에 대해서만 더욱 의심을 낸다. 이것이 멀리 감을 도모한 나머지 존귀한 이[구오효]를 핍박한다는 점을 두고서는, 그 뜻함이 겸손한 줄 알았더니 하는 행동이 자신을 내세우며 뻣뻣하다고 의심을 낸다. 또 가까운 이에게로 가서 합함을 도모함에 대해서는 그 발휘한 정서[情]가 올바른 줄 알았더니 행하는 예(禮)가 어긋난다고 의심을 낸다.[978] 그렇다면 어떻게 해야 그의 올곧음을 보존할 수 있을까.

夫陰陽之合, 男先下女, 澤山之所以通氣也. 陽極而无所往, 用其衰以來主於內, 則'咸'處其盛; 陽稱而濱於交, 用其新以來主於內, 則'漸'固處其衰. 或散地而得應, 或鄰畛而失應. 是且以盛衰而分離合之多少矣. 乃多所合者, 近取之身, 而手足心口, 交營以交感; 少所合者, 遠取之物, 而且前且卻, 暫處以圖安; 則'咸'易而'漸'抑難矣. 陽有

서 이들의 합함은 소녀와 장남의 합함이 된다.

978 육삼효의 제대로 응함[正應]의 대상은 상구효인데, 지금 구사효와 응했으니 예(禮)에 어긋난다는 것이다.

禦寇之心, 陰无必得之桷, 於此而能舍其黨以上賓, 召失位之陽以來主, 則陰亦賢矣哉!

역문 음과 양이 합함에서는 남자가 앞서고 여자를 아래에 둔다. 연못[☱]과 산[☶]은 이렇게 해서 기(氣)를 통한다.[979] 양이 극에 이르러서 갈 곳이 없게 된 나머지, 그 쇠미함을 사용하여 와서 안에서 주인이 되면, 함괘䷞는 그 음과 양의 합함이 융성함에 처하게 된다.[980] 그런가 하면 양(⚊)이 어려서 음·양의 사귐에서 바로 인접한 자리에 있고, 그 새로움을 사용하여 안에서 주인이 되어 있으니, 점괘䷴는 본디 그 쇠미함에 처한 것이다.[981] 이렇게 하여서 한 편으로는 한산한 곳에 있으면서도 응함을 얻고, 또 한 편으로는 위·아래를 가르는 경계 지점에 있어서 응함을 잃어버리고도 있다.[982] 이는 또한 융성함·쇠미함으로써 분리함·화합함을 가르는 많고 적음인 것이다.

합함이 많은 것은 가까이 몸에서 취하니, 즉 손·발·마음·입 등을 통해 교접하며 운영함으로써 교접하며 느낀다. 합함이 적은 것은 멀리 외물

979 "산과 연못이 기를 통한다.(山澤通氣.)"는 말은 『설괘전』 제2장에 나오는 말이다.

980 이는 비괘䷋에서의 상구효가 갈 곳이 없어 쇠미함의 원리를 써서 3효의 자리로 내려온 것이 함괘䷞라 보는 것이며, 이 함괘는 연못을 상징하는 태괘☱와 산을 상징하는 간괘☶로 이루어져 있어서 "음과 양의 합함이 융성함에 처하게 된다."라고 말하는 것 같다.

981 이 점괘䷴ 역시 비괘䷋에서 변한 것인데, 그 회괘(悔卦)인 건괘☰에서 가장 나중에 생겨서 어리다고 할 수 있는 구사효(⚊)가 아래로 음들(☷)과의 사귐에서 가장자리에 접하고 있다. 그래서 이 구사효는 그 새로움을 사용하여 이들과 사귀며 내려와서 3효의 위(位)를 차지하여 정괘(貞卦)인 간괘☶의 주인 노릇을 하고 있다는 것이다. 다만 구삼효는 간괘☶의 끝에 자리 잡고 있어서 "그 쇠미함에 처한 것이다."라 하는 것 같다.

982 이는 점괘䷴의 육사효와 구삼효를 가리킨다. 이들은 서로 가까워서 사귀며 합하고 있는데, 육삼효는 초육효와, 구삼효는 상구효와 응함에서 모두 제대로 응함[正應]을 잃어버리고 있다.

에서 취하니, 앞으로 나아갔다 뒤로 물러섰다 하며 잠정적으로 자리를 잡은 채 편안함을 도모한다. 이러하므로 함괘䷞는 쉽고 점괘䷴는 어려운 점이 있다. 양에게는 도적을 막으려는 마음이 있고,[983] 음에게는 서까래를 꼭 얻는다고 함이 없다.[984] 이러한 연유에서 육사효는 제 당파를 버리고 올라가서 귀한 손님이 될 수 있고, 제 위(位)를 잃어버린 양을 모셔다가 와서 주인이 되게 한다. 이렇게 보면 음도 현명한 것이로다!

故下女者男之常, 而女歸者女之變也. 變而之正以得正, 恃正而滋不正之虞; 變而之不正以得正, 旣正而望大正之終; 則有間矣. 故'咸'亨而專期女以貞, '漸'利貞而早決女歸之吉.

역문 그러므로 여자의 아래 있는 것은 남자의 한결같음[常]이고, 여자가 남자에게 귀속되는 것은 여자의 변함[變]이다. 이 변함을 통해 올바른 이에게로 가서 올바름을 얻고, 올바름만을 턱 믿고 있다가 올바르지 않음의 속태움을 더한다.[985] 그런가 하면 변함을 통하여 올바르지 않은 이에게 갔다가 올바름을 얻고, 이미 올바른데도 크게 올바름으로 끝나기를 바란다.[986] 이렇

---

983 이는 이 점괘䷴의 구삼효사에 나오는 말을 근거로 한 것이다. 구삼효사에는 "도적을 막는 데는 이롭다.(利禦寇.)"라 하고 있다.

984 이는 이 점괘䷴의 육사효사에 나오는 말을 근거로 한 것이다. 육사효사에서는 "큰 기러기들이 점차 나무에 날아와 어쩌다 서까래처럼 옆으로 길게 뻗은 가지를 얻음이다. 허물이 없다.(鴻漸于木, 或得其桷, 无咎.)"라 하고 있다.

985 이는 함괘䷞의 경우를 말한다. 비괘䷋에서 육삼효와 상구효는 제대로 응함[正應]의 관계에 있는데, 함괘䷞는 상구효가 이 제대로 응함을 발휘하여 아래로 육삼효의 위(位)로 내려가 자리 잡고 있는 괘이기 때문이다. 이는 변함을 통해 올바름으로 갔다고 할 수 있다.

986 이는 이 점괘䷴의 경우를 말한다. 비괘䷋에서 육삼효와 구사효는 제대로 응함[正應]의 관계에 있지도 않은데 구사효의 양(⚊)이 육삼효의 음(⚋)과 합하여 그 자리로 내려가 있는 것이 바로 이 점괘䷴다. 그러므로 이 점괘䷴의 경우는 변함을 통하여 올바르지 않음으로 갔다고 할 수 있다. 그러나 3효의 자리는 양(⚊)의 위(位)이기 때문에 이 구삼효는 제 자리를

게 보면 이 두 괘 사이에는 간극이 있다. 그러므로 함괘䷞는 형통하며 오로지 여자에게 올곧기를 기대하고, 점괘䷴는 이롭고 올곧아서 일찌감치 여자가 남자에게로 귀속되어 길함을 얻기를 결정한다.[987]

繇是言之, 四之往也, 矯拂恒經以聽命於不相求之陽, 大功允歸, 恒性未亂, 固不得以就近而遷, 偪尊而處, 爲之疑矣.

역문 이와 같은 관점에서 보자면, 4효의 위(位)로 간 것[988]은, 한결같은 근본을 어기고서 서로 구하지 않는 양(⚊)에게서 명(命)을 받든 것이다. 다만 큰 공이 합당하게 그에게로 돌아가고, 한결같음 됨됨이[恒性]를 어지럽힌 것도 아니며, 진실로 가까운 데로 나아가 옮겨서는 안 되는 것인데, 존귀한 이[구오효]를 핍박하며 자리 잡고 있으니, 의심을 일으키는 것이다.

今夫鴻之來賓而往遰也, 與寒暑恒相爲反以逃其亢. 而且往且來, 日密移於櫛比之南北, 非有速於往來也, 而日漸進以就陰陽之和, 是不亦恒勞而漸保也乎? 則因幾以變, 消否沴而節陰陽者視此矣.

역문 저 큰 기러기가 와서 손님이 되었다가 떠나감은 추위·더위와는 늘 서로 반대되게 움직여서 그 극심함으로부터 도피하는 것이다. 왔다 갔다 함은 즐비한 남과 북으로 날로 은밀하게 이동하며, 오고 감에서 속도를 내지 않는다. 그보다는 날마다 점점 음·양이 조화를 이룸으로 나아가는 것인

차지하고 있다고 할 수 있다. 아울러 이 변함의 결과 비괘䷋의 비색함을 쓸어 버리고 있으니, 올바르다고 할 수 있다.

987 점괘䷴의 괘사는 "여자가 남자에게 귀속됨이니 길하다. 이롭고 올곧다.(女歸吉, 利貞.)"로 되어 있다.

988 비괘䷋의 육삼효가 4효의 자리로 가서 점괘䷴를 이루었음을 의미한다.

데, 이 또한 늘 수고하면서 점진적으로 보존함이 아니겠는가? 낌새[幾]에 따라서 변하고 꽉 틀어막혀 부조화를 일으키는 것을 소진하며 음·양의 순환에 맞추는 이들은 이러함을 보아야 할 것이다.

或曰, "寒暑者, 陰陽之正, 不可避也, 而避之, 是'躁勝寒, 靜勝熱'之說也, 豈以受性命之正哉! 則於鴻奚取焉?"曰: 陰之必寒, 陽之必暑, 正也. 怙於下以有祁寒, 亢於上以有盛暑, 亦其過也. 過在陰陽, 而物或因之以爲否. 否有定數而无定氣. 密遷以就其和, 則寒暑非有不可變之勢. 亦足見陰陽之與沖和, 夾輔流行, 非必於卯酉之仲, 春秋之分, 刻限以求和於定時矣.

역문 누군가는 말하기를, "추움과 더움은 음·양 순환의 올바름이고 피할 수가 없다. 그런데도 피하는 것은, '조급하게 움직임이 추위를 이기고 고요함은 더위를 이긴다.'[989]라는 설이다. 이것이 어찌 성(性)·명(命)의 올바름을 받아들인 것이리오! 그렇다면 큰 기러기의 왔다[來] 갔다[往] 함에서 무엇을 취하겠는가?"라고 한다.

이에 대한 나의 대답은, "음이 반드시 추위를 몰고 오고 양이 반드시 더위를 몰고 옴은 올바름이다. 음이 아래에서 믿거니 하고 있음으로써 매서운 추위[嚴寒]가 오고, 양이 위에서 젠체하고 있음으로써 푹푹 삶아대는 더위[盛暑]가 온다. 이것들은 역시 지나친 것들이다. 이렇게 지나침은 음·양에 있으나 물(物)들 중에 어떤 것들은 이를 꽉 막힘이라 여긴다.

꽉 막힘에는 정해진 수(數)는 있지만 정해진 기(氣)는 없다. 음·양은 은밀하게 옮겨 감으로써 그 조화로움으로 나아가는데, 추움과 더움에는 변

989 『노자』 제45장에 나오는 말이다.

할 수 없는 추세란 있지 않다. 이를 통해 우리는, 음·양이 부드러운 조화에 대해 도우면서 운행하는 것이며, 꼭 묘(卯)·유(酉)의 가운데에 해당하는 춘분·추분에다가 한계를 새겨서 이 정해진 시간에 조화를 구하는 것이 아님을 알게 된다."라는 것이다.

善事天者, 避其過, 就其和. 臣得匡君, 子得幹父, 而密用轉移於无迹之檃括, 則情理交協, 允合於君子之用心矣. 不逢其欲, 不喪其實, 則雖否塞之世, 而沖和之氣固未嘗亡. 欲爲功於天地者, 自有密運之權, 斯以變而不失其正. 不然, 无所違之, 无所就之, 以翫於往來, 則乘秋而擊, 爲鷙鳥而已矣; 當春而振, 爲昆蟲而已矣. 其將以鷙鳥·昆蟲爲性命之正哉?

역문 하늘을 잘 섬기는 일이란 그 지나침을 피하고 그 조화로움으로 나아가는 것이다. 신하로서 임금을 바르게 받들 수 있고, 자식으로서 아버지의 뜻을 받들어 아버지가 미처 못다 한 일을 해내며 은밀하게 흔적이 없는 바로잡음으로 옮겨 간다면, 인정과 도리를 주고받으며 협조하여 군자의 마음 씀씀이에 부합할 것이다. 그 욕구를 만나지 않고 그 실질을 상실하지 않으면, 비록 앞뒤로 꽉 틀어막힌 세상이라 할지라도 부드럽게 조화하는 기(氣)가 진실로 일찍이 꺼지지 않을 것이다. 하늘·땅에 공을 세우고자 하는 이는 스스로 은밀하게 쥐락펴락하는 권세를 지니고, 변하면서 그 올바름을 잃지 않는 것이다. 그렇지 않고 어기는 바도 없고 나아가는 바도 없이 오고 감에 대해 소홀히 한다면, 가을 기운을 타고서는 격살하리니 맹금이 될 뿐이며, 봄이 되어서는 떨쳐 일어나리니 곤충이 될 뿐이다. 장차 맹금·곤충을 성(性)·명(命)의 올바름이라 하겠는가?

귀매괘

䷵歸妹

物之始盛也, 性足而效有待. 性足則必感而發諸情, 效有待則必動而致其功. 其感而不容已於動者, 變也. 立功以時而定情以節, 則變而不失其正也. 變而不失其正, 物亦取正焉.

역문 물(物)들이 막 왕성해지기 시작할 적에 성(性)은 충족되어 있지만, 그 효과를 내는 데는 시간을 요한다. 성(性)이 충족되어 있으면 반드시 느껴서 여러 가지 정(情)을 발휘하게 되어 있고, 효과를 내는 데 시간을 들이면 반드시 움직여서 그 공을 이룬다. 느껴서 움직이지 않을 수 없는 것이 바로 변함[變]이다. 시간을 들여서 공을 세워 절제로써 정(情)을 평정하면, 변하더라도 그 올바름을 잃어버리지 않는다. 이처럼 변하더라도 그 올바름을 잃어버리지 않음에서 물(物)들도 올바름을 취하는 것이다.

雖然, 自有變正, 而不正亦由此而興矣. 故功興而妄, 情興而淫. 天地不能保其貞, 而況於人乎? 雨日交而虹霓現, 昏姻通而奔亂生, 其始皆非有不正以爲之階也.

역문 비록 그러하다고는 하지만, 변함에 저절로 올바름이 있기는 해도 부정(不正)함 또한 이 변함으로 말미암아 일어난다. 그러므로 공력을 발휘하여 망령(妄靈)되기도 하고, 정(情)이 일어나서 음란해지기도 한다. 이리하여 하늘·땅도 그 올곧음을 보전할 수 없으리니, 하물며 사람에게서 이를 기대하랴! 비 오는 날이 교차하다가 무지개가 나타나기도 하고, 혼인이 통하여 음란으로 내달음이 생긴다. 그 시작에서는 예외없이 부정(不正)함이 있음이 그 계단이 된다.

是故天地通而泰交, 亦旣盛矣. 抑陰陽各自爲體, 而化未運, 則其交也, 性足而情未暢, 效著而功猶未起. 因而保泰, 必需其動以有爲; 因而固交, 必需其感以相入. 不然者, 亦非可恃泰以長年. 斯豈非天地之大義, 而人之終始與!

역문 그러므로 하늘과 땅이 통하고 태평함이 교접하여서는 역시 벌써 융성한 것이다. 그렇지 않고 음·양이 각기 스스로 몸을 이루어 물(物)들을 지어냄이 운행하지 않으면, 이들의 사귐에서 성(性)은 충족되지만 정(情)은 아직 창달하지 않으며, 효과는 드러나더라도 공(功)은 오히려 아직 일어나지 않는다. 이러하므로 태평함을 보존하고, 반드시 그 움직임을 통하여 행위를 일으켜야 한다. 또 사귐을 굳건히 하고, 반드시 그 느낌을 통하여 서로에게 들어가야 한다. 이렇게 하지 않는 이는 또한 태평하게 오래도록 살리라는 것을 장담할 수가 없다. 이렇게 하는 것이, 어찌 하늘·땅의 위대한 의로움이 아니며, 사람의 나고 죽음을 관통하는 것이 아니겠는가!

而天地之際, 亦密邇矣. 因其密邇, 功易就而情易諧. 三與四不揆而興, 奏最者不待勞力于經時, 得朋者勿俟裹糧以遠適. 陽動而上, 曰我以致功; 陰感而下, 曰我以合情; 所'歸妹'矣. 陽虧其實, 陰失其貞, 爲妄爲淫, 豈得免於'征凶'而'无利'也乎?

역문 하늘 · 땅의 맞닿음은 역시 밀접하고 가깝다. 이렇게 밀접하여 가까우므로, 이들의 공(功)은 쉽게 이루어지고, 정(情)으로도 쉽게 화목하며 어울린다.[990] 태괘䷊에서 구삼효와 육사효는 자신들을 헤아려 보지도 않고 일어나는데, 가장 뛰어나다고 보고된 이는 오랜 시간을 들이는 노력에 의하지 않으며, 벗을 얻은 이는 미처 양식을 장만하지 않고도 먼 길을 떠난다.

구삼효의 양(—)은 움직여 올라가면서 "나는 공을 이룬다."라고 하고, 육사효의 음(--)은 내려오면서 "나는 정(情)에 화합한다."라고 말한다. 이렇게 하여 '소녀에게 장가들어 귀속됨[歸妹]'이 이루어지는 것이다.[991] 그런데 이렇게 하면서 양(—)은 그 실질을 이지러뜨리고 음(--)은 그 올곧음을 잃어버리니, 망령되고 음란함이 되거늘, 어찌 '원정을 나가서 흉함' · '이로움이 없음'[992]을 면할 수 있겠는가?

夫其變而不正也, 豈有他哉? 利其易而已矣. 是故時險而用易, 則坦而易親, '漸'之所以得貞也. 時夷而用難, 則勤而不匱, '隨'之所以成德也. '蠱'消'否'而用難, '歸妹'保'泰'而用易, 則各失其道矣. 然而以難處險, 則量未裕而功自成; 以易處夷, 則情亂於苟從而功隳於无

990 이는 태괘䷊를 두고서 하는 말이다. 이 태괘에서는 정괘(貞卦)의 하늘[☰]과 회괘(悔卦)의 땅[☷]이 밀접하게 맞닿아 있기 때문이다.

991 태괘䷊가 변하여 귀매괘䷵가 이루어짐을 이렇게 설명하고 있다.

992 이들은 모두 이 귀매괘䷵의 괘사에 나오는 말들이다.

待. '蠱'无悔而'歸妹'凶, 固有別矣.

역문 변하여 올바르지 않음에 어찌 다른 것이 있으리오? 그 쉬움을 이롭게 여겨야 할 따름이다. 그러므로 때는 험난하더라도 쉬운 것을 쓰면, 평탄하여 쉽게 친해진다. 점괘䷴는 이러하기 때문에 올곧음을 얻는다.[993] 반대로 때는 평탄한데도 어려움을 쓰면 부지런히 애를 써도 다하지 않는다. 수괘(隨卦)䷐는 이러하기 때문에 덕을 이룬다. 그런가 하면 고괘(蠱卦)䷑가 비괘(否卦)䷋의 꽉 틀어막힘을 해소하며 어려움을 쓰고, 귀매괘䷵가 태괘䷊의 태평함을 보존하며 쉬움을 쓰면, 각기 그 작동방식[道]을 잃어버린다.

그렇다고는 해도 어려움으로써 험난함에 대처해 나아가면 양(量)은 그렇게 넉넉하지 않다고 하더라고 공(功)은 저절로 이룬다. 이에 비해 쉬움으로써 평탄함에 대처해 나아가면 구차하게 좇음에서 정(情)은 어지러워지고 공(功)은 기댈 것 없음에로 추락하고 만다. 고괘䷑에 후회함이 없고 귀매괘䷵가 흉함은, 이러한 연유에서 진실로 구별됨이 있는 것이다.

是以君子終用其難, 而小人每散其易. 見利而託義, 四與有愆焉! 順感而終淫, 三之賤其可辭乎? 正其義不謀其利, 愼其始以正其終. 禮樂必百年而興, 征伐 · 刑政視此矣. 昏姻必六禮而合, 君臣 · 朋友視此矣. 君子終不肖陰陽之苟合, 以貪利而嬻情, '歸妹'之凶, 可以免矣.

역문 이러한 까닭에 군자는 끝내 그 어려움을 쓰고, 소인은 늘 그 쉬움을 이

---

993 비괘(否卦)䷋와 태괘(泰卦)䷊에서 변하되 초효와 상효 사이에 바뀜, 즉 변함이 있으면 '어려움'이고, 3효와 4효 사이의 바뀜, 즉 변함이 있으면 '쉬움'이다. 상대적으로 그렇다는 것이다. 여기에서 예로 든 점괘䷴는 비괘(否卦)䷋에서 3효 · 4효가 바뀐 것이다. 그래서 '험난하더라도 쉬운 것을 씀'이라 한 것이다. 이 이하도 이를 준용해서 보면 이해가 될 것이다.

곳저곳에서 흩트려가며 쓴다. 이로움을 보며 의로움을 의탁하는 것은, 구사효가 허물 있음과 함께함이로다! 느낌에 따르다가 끝내 음란해지는데, 육삼효의 천함이 이를 거질할 수 있을 것인가.[994]

그 의로움에 바르게 하고 그 이로움을 도모하지 않으며, 시작을 신중히 함으로써 그 끝마침을 올바르게 한다. 예악은 반드시 100년을 거쳐서 홍하니, 정벌과 형정의 집행에서는 이를 살펴야 할 것이다. 혼인은 반드시 육례(六禮)에 합치해야 하니, 군신・붕우는 이를 살펴야 한다. 군자가 끝내 음・양이 구차하게 합하는 것을 닮지 않아야만 이로움을 탐하고 정(情)을 더럽힘으로써 초래하는 귀매괘䷵의 흉함을 면할 수 있을 것이다.

994 구사효사에서는 "소녀에게 장가들어 귀속된 것은 시기를 어긴 것인데, 늦게야 이렇게 장가들어 소녀에게 귀속된 것은 때가 있기 때문이다.(歸妹愆期, 遲歸有時.)"라고 한다. 소녀에게 장가든 것이 시기를 맞추려다 보니 늦었다는 것이다. 이를 두고 왕부지는 여기에서 '이로움을 추구하며 의로움을 거기에 갖다 붙이는 것'이라 하는 것 같다. 이에 비해 육삼효사에서는 "소녀에게 장가들어 귀속된답시고 시중드는 몸종에게 장가듦이요, 여동생을 데리고 돌아옴이다.(歸妹以須, 反歸以娣.)"라 하고 있다. 왕부지는 이렇게 육삼효가 소녀에게 장가듦에 급급하여 몸종에게 장가든 것을 두고 천함이라 표현한 것으로 보인다.

풍괘

䷶豐

日中則昃, 陽消而陰也; 月盈則食, 陰消而陽也. 陽消則陰息, 陰消則陽息, 消乘盈而息起虛. 人由盈以虛, 而不得不消於鬼神; 鬼神寓虛於盈, 而不得不息於人. 不知人之必鬼神, 則將愛生而惡死; 不知鬼神之必人, 則將忻死而厭生. 愛生者貪生者也, 忻死者絕其生者也.

역문 해는 일중하면 기울기 시작하고, 양(—)이 스러지면 음(--)이 출현한다. 또 달은 찼다 하면 기울기 시작하고 음(--)이 스러지면 양(—)이 출현한다. 양(—)이 스러지면 음(--)이 살아나고, 음(--)이 스러지면 양(—)이 살아나니, 스러짐은 가득 참을 타고, 살아남은 텅 빔에서 일어난다. 사람은 가득 찬 존재이다가 텅 비어 가고, 귀신으로 스러져 가지 않을 수 없다. 귀신은 텅 빔으로서 가득 참 속에 깃들이고 있다가 사람으로 살아나지 않을 수 없다. 그런데 사람이 반드시 귀신이 된다는 것을 모르면, 삶에 애착을 갖고 죽음은 미워한다. 또 귀신이 반드시 사람이 된다는 것을 모르면, 죽음을 기뻐하고 삶을 싫어할 것이다.[995] 삶에 애착을 갖음은 삶을 탐하는 것이고,

995 다른 유학자들에게서처럼 왕부지에게서도 귀신은 '유령(幽靈; ghost)'이나 '악귀(惡鬼)', '악

죽음을 기뻐하는 것은 그 삶을 끊어 버리는 것이다.

貪生一, 而爲苟免, 爲淫祀, 或詭其說爲熊經鳥伸·吐故納新, 推而之於懸解以逍遙, 緣督以養生, 窮極於虛玄, 而貪生之情一也. 絶其生者一, 而爲任俠, 爲兼愛, 或詭其說爲蔑棄彝倫·殘毁膚髮, 推而之於无生以爲緣起, 无餘以爲涅槃, 窮極於深幽, 而絶其生之見一也.

역문 삶을 탐하는 양상은 똑같아서 구차하게 손해를 면하려 하고 귀신에게 허망하게 제사를 지낸다. 어떤 사람들은 괴이한 설을 만들어 내어 웅경오신(熊經鳥伸)·토고납신(吐故納新)을 강조한다.[996] 이를 미루어 나아가서는

령(惡靈)' 등을 의미하는 것이 아니다. 그는 『주역』, 『계사상전』 제4장의 "정기(精氣)가 물(物)이 되고 떠도는 혼(魂)이 변하니, 이를 통해 귀신의 정상(情狀)을 안다.(精氣爲物, 遊魂爲變, 是故知鬼神之情狀.)"라는 구절의 풀이에서, "'귀신'은 음기·양기 두 기(氣)의 쉼 없는 양능(良能)인데, 굽혔다 폈다 하는 작용을 한다. 길·흉은 바로 여기서 나온다.('鬼神'者, 二氣不已之良能, 爲屈爲伸之用, 而吉凶之所自出也.)"라 하고 있다. 그리고는 이를 바로 『주역』의 괘를 뽑는 과정과 관련시켜서는 "『주역』에서 '9'나 '6'으로서 지칭되고 있는 것들이 괘체(卦體)를 결성하고 있다. 이것들은 사람이 시초(蓍草)를 헤아려 괘를 뽑아내는 과정에서 아무런 사심이 없이 나누고 합함을 통해 나온 것들로서, 신묘함[神]의 과정을 통해 물(物)이 되었다가 또 귀(鬼)의 과정을 통해 펼쳐지기 이전의 원래 상태로 되돌려진 것들이다.(『易』之或九或六, 結而成乎卦體, 出於無心之分合, 神之爲物而且爲鬼者也.)"라고 풀이한다.

이를 좀 더 설명하자면, '귀(鬼)'라는 '歸(귀)'로서 펼쳤던 것을 다시 굽힘을 의미하고, '신묘함[神]'은 '伸(신)'으로서 굽혔던 것을 다시 펼침을 의미한다. 이 '귀신'은 하늘·땅의 작용을 대별한 것이다. 즉 '귀(鬼)'는 땅의 작용을, '신묘함[神]'은 하늘의 작용을 의미하는 것이다. 태화인온지기(太和絪縕之氣), 즉 인(絪)·온(縕) 작용을 하며 거대하게 조화를 이루고 있는 음기·양기 두 기(氣)가 응취해서 사람과 물(物)들을 이루는 것이 '신묘함[神]'이라면, 이 사람과 물(物)들이 제 명(命)을 다하고 다시 태화인온지기로 돌아가는 것을 '귀(歸)'라 하는 것이다. 이곳의 왕부지 말을 이해하는 데서는 이러한 배경 지식이 필요하다.

996 이는 『장자』의 「각의(刻意)」 편에 나오는 말이다. '웅경오신(熊經鳥伸)'은 곰이 나뭇가지를 기어올라가 거꾸로 매달리고 새가 날아오르며 다리를 쭉 펴는 것을 본뜬 수양 방법을 의미한다. 그리고 '토고납신(吐故納新)'은 사람이 호흡법을 통해 우리 몸에서 다 써서 차가워진 공기는 내뿜고 새로이 따뜻한 공기를 들이마시는 수양 방법을 의미한다. 『장자』의

사람의 불완전함에서 오는 고통을 완전히 풀어 버리고 소요한다고 하고,[997] 텅 빔을 원칙으로 삼아 행함을 한결같이 유지하는 방식으로 양생(養生)하여 궁극에 가서는 텅 빈 현묘함에 이른다고 한다.[998] 이것들은 모두 삶을 탐하는 것들로서 그 마음 씀씀이가 똑같다.

삶을 끊어 버림도 똑같다. 임협(任俠)을 내세우고, 겸애(兼愛)를 주장하는 부류가 그러하다. 또 어떤 사람들은 괴이한 설을 만들어 내, 사람 세상을 조화롭게 꾸려가기 위해 요청한 체제로서의 이륜(彝倫)을 멸시하고 내팽개치며, 부모로부터 받은 피부와 머리카락을 훼손한다. 이를 미루어 나아가서는 '삶이 없음'을 연기(緣起)라 여기고, '아무것도 남김'이 없음을 열반이라 여기며, 궁극적으로는 적멸(寂滅)에 이른다고 한다. 이것들은 모두 삶을 끊어 버린다는 점에서 똑같다.

夫貪非其生而以爲貴生, 不知人者也. 絕其生非可以死而以爲達死, 不知鬼神者也. 是故聖人盡人之性, 而知鬼神之情. 盡人之性, 時盈則持滿, 時虛則保和, 達才而正情, 故其死也, 焄蒿昭明, 可以配天而作祖. 知鬼神之情, 始乎虛者无妄, 終乎盈者无妄, 立命以養和, 故其生也, 反本親始, 可以體仁而合天.

역문 탐하는 것이 그 생이 아니라 '생을 귀하게 여김'이라고 여기는 것은, 사람을 모르기 때문이다. 생을 끊어 버린다고 하여 죽을 수 있는 것이 아니

「각의」 편에서는 이러한 수양 방법 등을 통해 장수할 수 있다고 하고 있다.(吹呴呼吸, 吐故納新, 熊經鳥申, 爲壽而已矣.)

997 역시 『장자』, 「소요유(逍遙遊)」 편에 나오는 말들을 거론하는 것이다.

998 『장자』, 「양생주(養生主)」 편에 나오는 말[緣督以爲經]을 인용하는 것이다. 자세한 것은 앞 주230)을 참고하라.

고 죽음에 통달하는 것이라 여기는 것은, 귀신을 모르기 때문이다. 그러므로 성인(聖人)들은 사람의 성(性) 그대로를 온통 다 실현하고 귀신의 정상(情狀)을 인다. 사람의 성(性)을 온통 다 실현하며, 때가 찼으면 가득 참을 유지하고 때가 텅 비면 우주의 조화에 보합(保合)하며,[999] 자신의 재질을 다 발휘하고 마음의 발현을 올바르게 한다. 그러므로 그 죽어서는 훈호(焄蒿)·소명(昭明)이 되어[1000] 하늘에 짝하고 조상이 된다. 귀신의 정상(情狀)이, 텅 빔에서 비롯되어 생겨날 적에도 망령됨이 없고, 가득 참에서 끝남도 망령됨이 없다는 것을 알기에, 제 명(命)대로 충실하게 살아가며 조화로움을 함양한다. 그러므로 그 살아가는 동안 근본을 돌이키고 비롯하게 해 준 이들을 친함으로 받드니, 어짊[仁]을 체득하여 하늘에 합치할 수 있는 것이다.

所以然者, 何也? 唯聖人爲能戒豐, 而彼惟不豐之爲憂也. 憂其不豐, 或羡生之豐而巧爭其衰槁, 或計生之不足以豐而別覬其出離, 則所

999 '때가 참'이라는 것은 살아 있을 적을 의미하고, '때가 텅 빔'이란 죽어 있는 동안을 의미한다.

1000 '소명(昭明)'·'훈호(焄蒿)'는 『예기』, 「제의(祭義)」 편에 나오는 말이다. 중생이 죽어서 그 뼈와 살이 흙으로 돌아가는 것을 '귀(鬼)'라 하고, 이에 비해 '신(神)'의 측면에서 그 기(氣)가 위로 피어 올라가서 소명(昭明)이 되고, 훈호(焄蒿)가 되고, 처창(淒愴)이 되는데, 이들이 온갖 물(物)들의 정(精)이며 신묘함[神]의 드러남이다.(氣也者, 神之盛也; 魄也者, 鬼之盛也; 合鬼與神, 教之至也. 衆生必死, 死必歸土, 此之謂鬼. 骨肉斃於下, 陰爲野土; 其氣發揚於上, 爲昭明·焄蒿·淒愴, 此百物之精也, 神之著也.)"라 하고 있다. 이에 대해 왕부지는, "'소명'은 몸뚱이에서 막 벗어나서 허공의 텅 빔으로 돌아가는 것으로서 근본은 양(陽)의 왕성함인데, 하늘로 널리 퍼져 나아가기 때문에 하늘과 땅 사이에서 유동(流動)하며 햇빛을 받아 환히 드러난다. '훈호'는 적취(積聚)한 것들을 빙글빙글 돌리면서 멈추지 않는 모양을 말하는데, 오래도록 모여 왕성하므로 비록 흩어지더라도 서로를 놓아 버리지 않는다. 그러므로 그 상(象)이 이와 같은 것이다.(王夫之, 『禮記章句』: 昭明, 始離乎形軀而返乎空曠, 又本爲陽之盛者, 得天而宣, 故流動於兩間而光景昭著也. 焄蒿, 輪屯不舍之貌, 久聚而盛, 雖散而不相舍, 故其象如此.)"라고 풀이하고 있다.

以竊竊焉欲致於豐者，私生死而昧於時，有不恤矣．聖人惟不私其豐而恃之，故勿憂於豐，而尤以爲戒．則人有其豐焉者，鬼神亦有其豐焉者；戒人之豐，虛乘於盈，終不恃生以可久；戒鬼神之豐，虛以起盈，終不趣滅以爲樂．唯日孳孳而不給於生，而可懼非死，豫謀其必息，而任今日以无窮之生．其通鬼神之變以貞死者，亦无假於別求，而可賤非生．故爲人謀之，爲鬼神謀之，一因天地日月之理以愼用其明動，則性盡而息也不妄，情周知而消也不妄．其不然者，人之消也，聽之氣數，而非己之任；鬼神之必息，亦何依以責既屈之知能而致其戒哉！而『易』何以曰，“而況於人乎，而況於鬼神乎！”

역문 이러한 까닭은 무엇이겠는가. 오직 성인(聖人)만이 풍성함에 대해 경계할 수 있고, 저들, 즉 도(道)·불(佛) 양가(兩家)와 묵가 등은 오직 풍성하지 않음만을 우려하기 때문이다. 풍성하지 않음을 우려하면, 도가는 생의 풍성함을 선망(羨望)하여 쇠약하게 말라 감에 대해 온갖 재주를 다해 다투고, 불가는 생이 풍성하기에 부족하다는 것을 계산해 보고는 따로 이에서 벗어남을 엿보기도 한다. 이렇게 볼 때, 남몰래 풍성함을 이루고자 하는 까닭을 보면, 살고 죽음을 사사로이 여기다 보니 때에 어둡고, 이들에 대해 괘념치 않음이 있는 것이다. 성인들께서는 오직 그 풍성함을 사사로이 하며 이를 믿거니 하지 않는다. 그러므로 풍성함에 대해서 우려하지 않고 더욱 경계하는 것이다.

사람에게도 풍성함이 있고, 귀신에게도 풍성함이 있다. 사람의 풍성함에 경계해서는, 텅 빔이 가득 참을 타고 있어서 끝내 생을 오래갈 수 있는 것으로 믿을 수 없다는 것이다.[1001] 귀신의 풍성함에 대해 경계해서는, 텅 빔이 가득 참을 일으키니 끝내 적멸로 나아가서 이를 즐거움으로 여기지

않는다는 것이다.[1002]

오로지 우리가 해야 할 일이란, 날마다 부지런히 일하여 살아가면서 부족함이 없도록 하고, 죽지 않는다고 함을 두렵게 여길 수 있으며,[1003] 사람은 반드시 살아나게 되어 있음을 미리 헤아려서 오늘의 삶을 무궁한 삶의 과정에 내맡기는 것이다.[1004] 귀신의 변함[變]에 통하여 죽음을 올곧게 함은, 역시 다른 데서 찾을 것이 아니라, 생하지 않는다고 함을 천하게 여길 수 있음이다.[1005] 그러므로 사람을 위하여 도모하는 것, 귀신을 위해 도모하는 것들이, 한결같이 하늘 · 땅, 해와 달의 이치에 맞게 함으로써 그 밝음에서의 활동을 삼가며 행한다면, 우리의 성(性)을 온통 다 실현하며 살아감에서도 망령되지 않을 것이다. 또 마음의 발현[情]에서도 두루 알아서 우리의 생명이 스러짐에서 망령되지 않을 것이다.

다만 그렇지 않은 것은, 사람의 생명이 스러짐은 타고난 명운(命運)에 따르는 것이어서, 자신으로서 어찌할 수 있는 것이 아니라는 점이다. 그리고

1001 이는 장생구시(長生久視)를 목표로 하는 도가에 대해 비판하는 것이다. '텅 빔이 가득 참을 타고 있어서 끝내 생을 오래가게 할 수 없다'라는 것에서 '텅 빔'은 보편으로서 이 세계의 본체(本體)인 태화인온지기(太和絪縕之氣)를 의미하고, '가득 참'은 특수로서 잠정적 형태[客形]를 이루고 있는 사람과 물(物)들을 지칭한다. 그래서 사람은 본체의 기(氣) 속에서 잠정적 형태를 이루고 있으므로, 반드시 죽어서 귀신이 되어 태화인온지기로 돌아가게 되어 있다는 것이다. 이렇게 보면, 도가의 장생구시는 허망한 것이라는 의미다.

1002 이는 불교에서 해탈의 경지로 말하는 열반적정(涅槃寂靜) · 상락아정(常樂我淨)에 대해 비판하는 것이다. '텅 빔이 가득 참을 일으키니'라는 것은, 보편으로서 이 세계의 본체(本體)인 태화인온지기(太和絪縕之氣)는 응취하여 잠정적 형태[客形]로서의 사람과 물(物)들을 생할 수밖에 없다는 의미다. 그러므로 상락아정과 열반적정은 불가능하다는 것이다.

1003 이는 도가에서 추구하는 '장생구시(長生久視)'를 비판하는 말이다. 뭇 생명체는 다 죽게 되어 있는데, 이러한 말로써 죽지 않는다고 함을 두렵게 여길 수 있어야 한다는 것이다.

1004 이 세계의 본체(本體)인 태화인온지기(太和絪縕之氣)가 영원한 취(聚) · 산(散)의 과정에서 뭇 생명체들의 생(生)과 멸(滅)을 반복하며 이 세계를 존재하게 하고 있으니, 우리는 그것을 믿고 의지하며 당금 세상의 삶에 충실히 하라는 의미다.

1005 이는 상락아정(常樂我淨) · 열반적정(涅槃寂靜)을 추구하는 불교를 비판하는 말이다.

귀신이 반드시 살아나게 된다는 것에 대해서도, 도대체 무엇을 근거로 하여서 이미 굽어 버린 앎[知]과 능함[能]을 책망하여 경계하겠는가![1006] 그런데도 『주역』에서는 어찌 "하물며 사람에게서랴! 하물며 귀신에게서랴!"라고 말하겠는가![1007]

1006 『주역』에서 앎[知]은 하늘의 공능이고, 능함[能]은 땅의 공능이다. 그리고 굽음[屈]과 폄[伸]은 태화인온지기의 영원히 지속되는 양대 작용이다. 굽음에 의해 살아 있는 것들이 제 명운을 다하고 본체의 기(氣)로 돌아가며, 폄에 의해 다시 잠재적 형체[客形]를 얻어 살아난다는 것이, 장재(張載)로부터 왕부지로 이어지는 기철학의 종지다. 폄은 취(聚)에, 굽음은 산(散)에 해당한다. 이 양대 작용은 영원하므로 귀신은 반드시 잠재적 형체[客形]를 얻어 살아나게 되어 있으니, 굽은 앎[知]·능함[能]을 책망하며 경계할 필요가 없다는 것이 이 구절의 의미다.

1007 이는 『주역』의 건괘(乾卦), 『문언전(文言傳)』에 나오는 말이다. 그 전체 맥락을 보면, "대인이란 그 덕으로서는 하늘·땅과 합치하고, 그 밝음으로서는 해·달과 합치하며, 그 순서대로 함에서는 사계절과 합치하고, 길함과 흉함에서는 귀신과 합치한다. 하늘보다 앞서더라도 하늘이 그와 어긋나지 않고, 하늘에 뒤서더라도 하늘의 때를 받든다. 이렇듯 하늘도 그와 어긋나지 않는데 하물며 사람에게서랴! 하물며 귀신에게서랴!(夫大人者, 與天地合其德, 與日月合其明, 與四時合其序, 與鬼神合其吉凶, 先天而天弗違, 後天而奉天時. 天且弗違, 而況於人乎! 況於鬼神乎!)"라 하고 있다. 대인은 하늘·땅, 해·달, 사계절, 귀신에 합치하게 늘 행동하므로 하늘도 그와 어긋나지 않는데, 하물며 하늘에 비길 수조차 없는 사람이 그와 어긋나며, 귀신이 그와 어긋나겠느냐는 것이다.

여괘

䷷旅

聖人仁不求功, 智不求名, 仁智非以有所期而成. 然功名者, 亦非聖人之所廢. 非功非名, 无與於萬物, 而萬物亦无恃以立也.

역문 성인(聖人)은 어질지만 공(功)을 구하지 않고, 지혜롭지만 명예를 추구하지 않는다. 어짊과 지혜로움은 의도를 갖고 바란다고 해서 이루어지는 것이 아니다. 그러나 공과 명예도 성인들께서 폐기하는 것은 아니다. 공이 아니고 명예가 아니면 만물과 함께하지 못하고, 만물들로서도 의지하여 자리 잡지 못한다.

雖然, 亦因其時而已矣. 時之盛也, 則聖人主時, 仁成而功溥, 智成而名彰, 谷應川流, 萬物繁然以顯其榮澤, 功名捷得而不爽, 聖人亦終不爽其无求功名之志. 時之衰也, 則時賓聖人, 仁无託以成功, 智无麗以成名, 聖人爲物憂患, 將爽其志以利用夫功名, 然且闇然揜其仁智之榮澤, 故勳業寓於文章, 文章存乎憂患. 此則聖人之難也.

역문 비록 그러하기는 하지만, 역시 때에 맞추어서 해야 할 따름이다. 때가 왕성할 경우라면, 성인들께서 때를 주인으로서 이끌어 가고, 어짊[仁]이 이루어지며 공(功)은 널리 퍼져 나아간다. 지혜로움도 이루어지고 명예도 환히 드러난다. 골짜기는 시냇물의 흐름에 응하고, 만물은 번성하며 그 영화로운 은택을 밝게 드러낸다. 이러함에서는 공(功)과 명예를 재빨리 얻는다고 하더라도 이것이 이치에 어긋나지 않고, 성인들께서도 마침내 공과 명예를 추구하는 뜻이 없음과 어긋나지 않는다.

그러나 때가 쇠미한 경우에는, 때가 성인을 손님에 머물게 하니, 그의 어짊[仁]은 무엇에라도 기대어 공(功)을 이루어 내지 못하고, 지혜로움도 어디에 걸어 명예를 이루어 내지 못한다. 성인들은 생명체[物]들이 이러한 사정에 우려하고 근심하며, 장차 그 뜻을 어기면서까지 공(功)과 명예를 이롭게 쓴다. 그러나 드러나지 않는 속에 그 어짊[仁]과 지혜로움의 영화로운 은택을 가리기 때문에, 훈업(勳業)은 빛나는 업적 속에 깃들고, 이 빛나는 업적은 그의 우려와 근심 속에 존재한다. 이것이 바로 성인의 어려움이다.

夫上有君, 下有民, 皆時會之所趨也. 君民期聖人以爲主, 則聖人始无欲而終无爲, 而在己仁智, 在物功名, 非有與也. 君民胥无待於聖人, 而聖人賓, 乃聖人固不能恝置天下而靳其仁智, 无所欲而欲, 知不可爲而爲. 貌取而不相知者, 幾疑聖人之褻仁而喪智, 故曰聖人之難也.

역문 위로 임금이 있고 아래로 백성이 있음은, 모두 시절 인연의 추세(趨勢)다. 임금과 백성은 성인이 주인이기를 바라면, 성인은 시작함에서 의욕이 없고 끝남에서 해냄이 없어서, 자기에게 있는 어짊[仁]과 지혜, 세상 사람들에게 있는 공(功)과 명예가 서로 함께하지 않는다. 그리하여 임금과 백성이 모두 성인에게 기대함이 없으니, 성인은 그저 손님이 된다.

그러나 성인은 본디 이 세상을 그대로 놓아두고 보며, 그 어짊과 지혜로움을 인색하게 굴 수 있는 존재가 아니다. 그래서 욕구하는 바가 없이 의욕을 내고, 할 수가 없다는 것을 알면서도 행한다. 겉모습으로 어림짐작하며 서로 이해하지 못하는 이들은, 성인께서 어짊을 더럽히고 지혜를 상실했다고 임금과 백성이 거의 의심한다. 그러므로 '성인의 어려움'이라고 한다.[1008]

是故'旅'之變'否'也, 陽遜天位而止乎下, 陰非尊貴而麗乎中. 六五德中而權藉不足, 若強起代權以主其世, 是五主天下而天下且賓五矣. 且陽之集於三也, 剛來而窮, 浮寄於上下之間而成乎止, 與上相配偶而不相應, 不相應則情不及所當感, 而況於五! 浮寄以止, 則苟於求安而无志於求明; 窮, 則天命將舍而不足與謀. 五爲'離'主, 道在施明, 而三障之以不延於下. 栖栖汲汲, 世莫我知, 質柔而爲賓, 亦孰與聽之乎!

1008 이 이하는 이 여괘䷷의 주효(主爻)인 육오효(--)를 두고 하는 말이다. 그 효사는 "꿩을 쏘아 화살 하나만 잃어버렸지만, 끝내는 천명(天命)을 영예롭게 한다.(射雉, 一矢亡, 終以譽命.)"로 되어 있다. 이에 대해 왕부지는 『주역내전』에서, "육오효(--)는 리괘☲의 주체로서 위・아래 두 양효들(⚌) 사이에 끼어 그 광휘로움을 발하고 싶어 한다. 그런데 밖에서 득중하고 있으니, 권력을 행사하며 무슨 일을 할 수가 없다. 그래서 꿩을 잡을 수 없는 것이다. 아울러 그 꿩을 쏘는 화살마저 잃어버렸다. 이는 이른바 '도(道)가 장차 없어져 버림'을 상징한다. 그런데 이 육오효(--)가 지금은 비록 나그네가 되어 있지만 도(道)는 이 육오효(--)가 상징하는 사람에 의해 밝혀진다. 그래서 사람들은 이 사람과 함께하는 것이고, 하늘은 이 사람을 돈독하게 대한다. 그러니 또한 어찌 제거할 수 있으리오! 멈춘 채 밝음에서 곱게 빛나고 있으니, 이 효가 그에 해당한다.(六五, '離'之主, 欲麗乎陽以發其光輝, 而得中於外, 不能乘權以有爲, 則不得雉, 而幷其所以射者亡之, 所謂 '道之將喪'也. 然雖爲旅人, 而道賴以明, 則人之所與, 天之所篤, 又豈能去之哉! 止而麗乎明, 此爻當之.)"라 풀이하고 있다.

역문 그러므로 이 여괘䷷가 비괘䷋로부터 변한 것을 보면, 양(⚊)이 하늘의 위(位)를 양보하고 아래로 내려와 멈추어 있으며, 음(--)은 존귀하지도 않으면서 가운데에 걸려 있다.[1009] 육오효(--)는 덕으로는 가운데 자리를 차지하고 있지만, 쥐고 있는 권력은 부족하다. 그래서 힘센 자가 일어나서 그 권력을 대체하여 세상을 주도한다면, 표면적으로는 이 육오효가 세상 사람들의 주인 노릇을 한다지만, 세상 사람들은 육오효를 손님으로 돌리고 만다.

또 양(⚊)도 3효의 위(位)에 집거(集居)하고 있으니 굳셈[剛]이 와서 궁색하며, 위·아래의 사이에 들뜬 채 발붙이고 있으면서 멈춤을 이루고 있다. 나아가 이 구삼효는 상효와 서로 짝을 이루면서도 서로 응하지 않는다. 응하지를 않으니 정(情)이 마땅히 느낌을 주어야 할 것에 미치지 못하거늘, 하물며 육오효에게랴! 들뜬 채 발붙이고 있으면서 멈춤을 이루니, 편안함을 구함에서 구차하며 밝음을 구하고자 하는 뜻도 없다. 궁색하기에 천명이 머물려고 해도 도모할 만하지 않다.

육오효(--)는 리괘☲의 주인이어서 그의 도(道)는 밝음을 베풂에 있지만, 구삼효(⚊)가 이를 막아서 아래로 내려가지를 못하게 한다. 이 육오효로서는 발붙이고 있기에만 급급해하는데, 세상은 자기를 알아주지 않으며, 자질은 유약하고 현재 손님이 되어 있으니, 또한 뉘라서 그의 명령을 들으려 할 것인가!

1009 왕부지는 이 여괘䷷가 비괘䷋로부터 변한 것으로 본다. 비괘에서 하늘의 위(位)에 있으면서 주효(主爻)이던 구오효의 양(⚊)이 아래로 내려와 3효의 자리를 차지함으로써 아래 소성괘는 간괘☶가 되어 '멈춤'을 의미하게 되고, 그 자리에 있는 음(--)은 5효의 자리로 올라가 위 소성괘가 리괘☲를 이룸으로써 취의(取義)로도 '걸림'을 의미하고, 이 음(--)이 두 양들(⚌) 사이에 걸려 있는 상을 만들고 있다는 것이다.

是故雉者，五之固有也，而代物憂患，不得已而大欲存焉，知不可爲而爲焉. 固有而不見推於世，若非所固有而往有之. 非所固有，是雉外而起射之矣. 射者，不可必得之詞也. 固有而射，射而得稚之非難，射而不得稚之難也；不得稚而矢在之非難，不得稚而矢亡之尤難也. 稚所獲也，矢所用也. 功名相左則所獲者虛，仁智徒勞則所用者亦喪矣.

역문 그러므로 효사에서 말하는 '꿩'은 이 육오효에게 고유한 것이다. 이 육오효는 다른 것들을 대신하여 우려하고 근심하니, 어쩔 수 없이 여기에 큰 욕구가 존재하고, 할 수 없다는 것을 알면서도 행한다. 그런데 고유한 것이기는 하지만 세상 사람들로부터 추대를 받지 못하니, 고유한 바가 아닌데도 가서 있음과 같다. 고유한 바가 아님은, 이 꿩이 밖에 있어서 활로 쏨을 일으킨다는 것이다. 활로 쏨은 꼭 얻을 수만은 없다는 말이다. 즉 고유하여 활을 쏘는데, 활을 쏘아서 꿩을 얻었다면 어렵지 않은 것이고, 활을 쏘아서 꿩을 얻지 못하였다면 어려운 것이다. 그리고 꿩을 얻지 못하였다고 하더라도 화살은 있다면 어렵지 않음이고, 꿩을 얻지도 못한 채 화살마저 잃어버렸다면 더욱 어려운 것이다. 꿩은 얻은 것이고, 화살은 써 버린 것이다. 공(功)과 명예가 서로를 돕는다면 얻은 것이 공허하고, 어짊과 지혜를 써서 헛되이 수고한 것이라면 쓴 것도 잃어버린 것이다.

夫五豈果有亡矢之患哉? 後世見之爲文章，當時存之爲憂患. 而仁无可施之福澤，智无即格之幽明，則貌取而不相知者，固笑其一矢之僅亡也. 而聖人亦慷然深思，謂吾矢之未嘗不亡也. 射而亡，不射而亦亡. 不亡因於不射，不射乃同於亡. 矢在而射，亡不亡非其所恤，所射在稚, 獲不獲非其所期, 而後聖人乃眞有其矢而固有其難; 『禮』·『樂』正, 『詩』·『書』定, 志在『孝經』, 行在『春秋』, 當時之功名闕然, 萬年之譽命鼎鼎矣.

역문 육오효에게는 과연 화살을 잃어버릴 우환이 있을까? 후세에는 빛나는 업적으로 보이겠지만, 당시에는 우려와 근심으로 존재한다. 이 육오효에게는 어짊[仁]에 베풀지 못할 복택(福澤)이 있고, 지혜에도 어둠의 세계와 밝음의 세계에 이를 것이 없다. 그래서 겉모습으로 어림짐작하며 서로 이해하지 못하는 이들은, 진실로 겨우 그 화살 한 개 잃어버린 것만을 가지고 비웃을 것이다.

그러나 성인도 "우리의 화살은 일찍이 잃어버린 적이 없다."라고 말한다. 활을 쏘아도 화살을 잃고, 활을 쏘지 않아도 화살은 잃는다. 잃어버리지 않음은 활을 쏘지 않음에 기인하고, 그렇다고 활을 쏘지 않음은 바로 잃어버림과 같다. 화살이 있다면 쏘는 것이지, 화살을 잃어버리느냐 잃어버리지 않느냐는 고려하지 않아야 한다. 활은 꿩을 향해 쏘지만, 꿩을 잡느냐 잡지 못하느냐는 기필(期必)하지 않은 뒤에라야 성인은 바로 참으로 그 화살을 소유하는 것이며, 그 꿩을 진실로 얻게 되는 것이다. 『예』와 『악』이 올바르고, 『시』와 『서』가 확정되며, 『효경』에 맞추어 행동하고, 『춘추』에 뜻을 두어야 한다. 이렇게 하면, 당시에는 공(功)과 명예가 없다고 하더라도, 인류의 오랜 역사에서는 명예를 누릴 운이 성대한 것이다.

彼憚犧曳尾之流, 自以爲保矢於不亡, 而矢非以射, 器不稱名, 名不稱德, 彼亦保非其矢, 而焉用保爲! 故曰以仲尼爲旅人, 非仲尼其孰足以當之! 周公東征而贊『易』, 成王卒寤, 公歸, 斧雖破而矢不亡,時爲之也. 時爲之, 亦存其義以俟後此之聖人而已矣.

역문 좋은 사람 세상을 꾸리고 운영하기 위해 해야 할 희생을 꺼리고, 부귀공명 따위는 도외시한 채 은둔하며 살아감을 높이 치는 무리[1010]는, 스스로 화살을 잃어버리지 않을 곳에 잘 보관하고 있다고 여긴다. 그러나 이들의 논리대로라면 화살은 활을 쏘기 위한 것이 아니고, 기물(器物)은 명칭에 딱 들어맞지 않으며, 명칭은 덕에 딱 들어맞지 않으리니, 저들 또한 보관하는 것이 정작 화살이 아니게 된다. 그런데 무엇으로써 어떻게 보관한단 말인가! 그러므로 중니(仲尼)가 나그네가 되었다고 하니,[1011] 중니가 아니면 뉘라서 이에 족히 해당하리오![1012] 주공은 동쪽으로 원정 가서 『주역』을 지었

1010 『장자』, 「추수」 편에 나오는 말을 배경으로 한 것이다. 장자가 복수(濮水) 가에서 낚시하고 있는데, 초나라 왕이 그를 초빙하여 정치를 맡겨 보려는 생각에서 대부 두 사람을 보내 그 뜻을 알렸다. 그러자 장자는 그 대부들에게, 초나라에서 죽은 지 3천 년이 넘는 신령스러운 거북이의 유골을 보자기로 싸고 상자에 넣어 묘당(廟堂) 위에 안치하고 보물로 여기는 것을 예로 들며, 죽어서 이렇게 유골로서 귀한 대접을 받는 것이 좋은가, 아니면 살아서 진흙 속에 꼬리를 끌고 다니는 것이 좋은가 하고 물었다. 당연히 두 대부는 살아서 진흙 속에 꼬리를 끌고 다니는 것이 더 좋다고 하였다. 장자는 이를 통해 사람 세상을 꾸리고 운영하는 데 참여하는 것을 조롱하며 거부하는 그의 의사를 피력하였다.(『莊子』, 「秋水」: 莊子釣於濮水, 楚王使大夫二人往先焉曰, "願以竟內累矣."莊子持竿不顧曰, "吾聞楚有神龜, 死已三千歲矣, 王巾笥而藏之廟堂之上. 此龜者寧其死爲留骨而貴乎? 寧其生而曳尾於塗中乎?" 二大夫曰, "寧生而曳尾塗中.") 그러나 왕부지는 좋은 사람 세상을 꾸리고 운영하여 민초들에게 살맛 나는 세상을 제공하려면, 은둔하며 제 한 생명만을 보지(保持)하는 것보다는 제 한 몸 희생하여서라도 사람 세상 꾸려 감에 동참하는 것이 낫다는 뜻을 여기에서 드러내고 있다.

1011 왕부지는 『주역내전』에서 이 여괘䷷의 육오효에 대해, "육오효는 중앙을 차지하고 있지만, 이것이 제자리가 아니다. 그래서 비록 이 육오효가 환히 빛남의 덕을 지니고는 있다 하더라도, 간괘☶의 멈추게 함이 그것을 저지하여 내려오지 못하게 하고 있다. 그런데 양(⚊)이 이미 가 버린 상황에서 밝은 덕을 지닌 왕이 일어나지 않으니, 자기도 윗자리에서 평안할 수가 없다. 이와 같은 관점에서 선유(先儒)들은 공자를 여행길에 있는 사람이라 하였다.(六五居中, 非其位也, 雖有文明之德, 而'艮'止阻之以不下, 逮陽已往而明王不作, 己亦不得安於上位, 故先儒謂仲尼爲旅人.)"라고 풀이하고 있다.

고, 성왕(成王)이 마침내 미혹함에서 깨어나자 주공은 돌아왔다.[1013] 도끼는 비록 파손되었다 하더라도[1014] 화살은 잃어버리지 않는 것이니, 이는 때[時]가 이렇게 한 것이다. 때가 이렇게 하였으니 또한 그 의로움을 보존하여 나중에 올 성인을 기다려야 할 따름이로다.

1012 왕부지는 또 이 여괘䷷의 육오효사에 대한 풀이 글인 『상전』의 말, "'끝내는 천명(天命)을 영예롭게 한다'라는 것은, 위로 미쳐 감이다.('終以譽命', 上逮也.)"라고 함에 대해, "위에 밝은 덕을 지닌 왕이 없으니 하늘이나 사람들로부터 우러러 숭상을 받음이 자신에게 있다는 것이다. 주공은 마음속으로 그러한 사람을 흠모하였고, 공자는 스스로가 이에 해당한다고 자부하였다.(上無明王, 則天人之所宗仰者在己也. 周公心儀其人, 而孔子自當之.)"라 새기고 있다.

1013 무왕이 죽었을 때(B.C. 약 1,045) 그 아들 성왕은 아직 12살에 불과하였다. 그래서 주공(周公)이 섭정을 하게 되었다. 이것이 그의 형제들인 삼감(三監)으로부터 불만을 샀다. 특히 삼감의 우두머리 격인 관숙(管叔)은 자신이 왕위를 계승하려는 속셈을 품고 있는데, 주공이 이렇게 섭정함으로써 거기에 방해가 되자 크게 불만을 품었다. 그는 문왕의 셋째 아들로서 주공의 형이기도 하다.

관숙은 "무왕이 죽으면 반란이 날 것이라는 말이 세상에 파다하다.(天下聞武王崩而叛.)"라는 헛소문을 퍼뜨리면서 동생들인 채숙(蔡叔)과 곽숙(霍叔)을 선동하고, 무경(武庚)과 동쪽 지역의 여러 나라까지 꼬드겨 반란을 일으켰다. 이에 대해서는 『서경』, 「주서(周書)·대고(大誥)」 편에 그 대강이 소개되어 있다. 이것을 '삼감의 난(三監之亂)'이라 부른다. 이들은 주공이 무왕의 어린 아들인 성왕에게 결코 이롭지 않을 것이라는 구실을 붙였는데, 이때 이 유언비어와 반란이 미친 효과가 자못 커서 현명하다는 소공석(召公奭)까지도 마음이 흔들려 주공을 의심할 정도였다.

큰 두통거리를 안게 된 주공은 먼저 소공과 대면하여 허심탄회하게 자신의 속마음을 털어놓아 그의 마음을 돌렸다. 그리고는 동정(東征)에 나서 3년간에 걸친 정벌을 통해 이 난을 평정하였다. 그 뒤 성왕이 20살이 되어 임금 노릇을 충분히 할 수 있는 나이가 되어 통치권을 돌려주기까지, 주공은 7년여 동안 주나라의 문물제도를 훌륭하게 정비함으로써 그 통치 기반을 공고히 하였다. 공자가 주공을 칭송하며 흠모해 마지않던 점이 바로 이것이다.

1014 『시경』, 「국풍(國風)·빈풍(豳風)」에 나오는 '부서진 도끼[破斧]'라는 시를 인용하는 것이다. 도끼가 부서지고 도끼날이 빠졌다는 것은, 삼감의 난으로 곤경에 빠진 주공의 처지를 은유한다. 이 시에서는 주공이 동쪽으로의 원정[東征]을 통해 이러한 상황을 극복하고, 나라의 기틀을 잘 유지하였으며, 백성들 사랑이 넘친다고 함을 칭송하고 있다.(既破我斧, 又缺我斨. 周公東征, 四國是皇. 哀我人斯, 亦孔之將. 既破我斧, 又缺我錡. 周公東征, 四國是吪. 哀我人斯, 亦孔之嘉. 既破我斧, 又缺我銶. 周公東征, 四國是遒. 哀我人斯, 亦孔之休.)

손괘

䷸巽

進者'巽'之才也, 退者'巽'之德也. 才乘其時, 德敦其位. 以時則陰且消陽而才可任, 以位則下以承上而德不淫. 故'巽'之於初, 疑進疑退, 无信志也. 志不信, 无以信天下矣. 才若可信, 而非可信者也, 因以用才則亂; 德若不可信, 而固可信者也, 果於修德則治. 是以君子望初之深, 而因示以所利; 利在'貞'而不在'武', 貞旣利而武亦无疑矣. 裁其竊侵之技, 責以負戴之忱, 則武用登而天下之疑可釋矣.

역문 나아감은 이 손괘䷸의 재능이고, 물러남은 이 손괘䷸의 덕(德)이다. 재능은 때[時]를 타고, 덕은 그 위(位)를 돈독히 한다. 이 손괘䷸에서 때의 측면을 보면, 음(--)들이 양(—)들을 스러지게 하고 있으므로 재능이 맡아서 해낼 수 있고, 위(位)의 측면에서는 음(--)들이 아래에 있으면서 위에 있는 양(—)들을 받드니 덕이 음란하지 않다.

그러므로 이 손괘䷸는 처음에 나아가는 것도 같고 물러나는 것도 같아서, 그 뜻함이 믿음을 주지 못한다. 뜻함이 믿음을 주지 못하면, 세상 사람들에게 믿음을 주지 못한다. 재능이 믿음을 줄 수 있는 듯하지만, 이 초육효의 재능은 믿을 수 있는 것이 아니다. 이러하므로 재능을 사용하면 혼란을 일으킨다. 이에 비해 그의 덕은 마치 믿을 수 없는 것 같지만, 본래 믿을 수 있는 것이다. 그래서 이 물러남의 덕을 닦는 데서 성과가 있으면 안정을 이룬다.

그래서 군자는 초육효의 심각함을 보고서 이로운 바를 제시한다. 그러나 이로움은 '올곧음'에 있지 '무(武)'에 있지는 않다. 올곧아서 벌써 이롭기에 무인(武人)도 의심을 받지 않는 것이다. 그가 엿보아서 침탈해 오는 사나움을 제어하고, 그에게 머리에 이고 등에 짊어지며 정성을 다하는 책임을 지우면, 무인은 올라옴을 쓰게 되어 세상 사람들의 그에 대한 의심도 풀릴 수 있다.

夫君子以其德教爲天下裁其進退, 念雖孔摯, 而不能施責望於不自信者之心. 彼且不自信矣, 而惡乎望之! 督之以威而益其忮也, 獎之以福而增其驕也. 然而終以保武人之'志治', 則何也?

역문 군자는 세상 사람들을 위해 덕과 교화로써 그의 나아감·물러남을 제어하는데, 생각으로는 비록 크게 믿음을 주고자 해도 자신을 믿지 못하는 이의 마음에 책망을 가할 수는 없다. 상대방 또한 자신을 믿지 못하거늘, 어찌 책망하리오! 위엄으로 독책(督責)해서는 그 사나움을 더하게 할 뿐이고, 복(福)으로써 장려하더라도 그 교만함을 더 키울 것이다. 그러나 끝내 무인의 '뜻함이 이루어짐'을 보장한다고 하는데, 그 까닭은 무엇일까.

世雖陽壯, 化不能廢陰; 治雖崇文, 人不能廢武. 然或以成僭逼之萌, 或以效祗承之命, 則存乎其位矣. 時者天也, 位者人也. 爭時而承之, 徼天而己非可恃; 素位而安之, 盡人而世莫我尤. 故'巽'陰之下起也,亦陰陽之會, 疑戰之府也. 而位固處於卑散, 情自繫乎仰給. 位可居也, 情可諧也, 其不欲驟起以逼陽, 志亦明矣. 故才德爭其詘伸, 而機括堪爲斂戢, 則俯思退聽, 抑慘殺以從陽治者, 君子可終保其志已.

역문 세상에서는 비록 양(陽)이 장하다고 하더라도 지어냄에서는 음(陰)을 폐기할 수 없고, 다스림에서는 비록 문(文)을 높인다고 하더라도 사람으로는 무(武)를 폐기할 수가 없다. 그러나 때에 따라서는 자신의 분수를 넘어서 윗사람을 핍박함이 싹트게도 하고, 때에 따라서는 윗사람의 명(命)을 공경을 다해 받드는 효과를 내기도 하는데, 그 갈림길은 바로 위(位)에 있다. 때[時]를 가르는 존재는 하늘이고, 위(位)를 맡아서 해내는 존재는 사람이다. 때를 놓칠까 노심초사하며 하늘을 받들면서 하늘에 도움을 구하지만 정작 그 응보에 대해서는 자기도 믿을 수 없는가 하면, 자기의 위(位)에서 편안히 살아가며 사람으로서 할 일을 다함으로써 세상이 자기에게 어떤 허물도 씌우지 못하게 할 수도 있다.[1015]

그러므로 이 손괘䷨에서 음(陰)이 아래에서 일어남은, 역시 음·양이 모인 것이요, 의심하여 싸움을 벌이게 하는 곳집이다. 그 위(位)가 본디 낮고 흩트리는 곳에 자리 잡고 있으며, 마음 씀씀이는 우러러보며 주는 것에 스스로 얽매여 있다. 그러나 이 위(位)는 차지하고서 살아갈 만한 곳이고, 마음 씀씀이도 화목하게 어울릴 수 있다. 급작스럽게 일어나서 양(陽)을 핍박하려 하지 않아 그 뜻함도 밝다. 그러므로 무인이 그 재능과 덕으로써 자신을 굽혀야 할 경우와 펼쳐서 드러낼 경우를 재빨리 파악하여 그대로

1015 이 구절은 『중용』의 "군자는 평이하게 살아가면서 하늘의 명(命)을 기다리고, 소인은 험난한 것들을 행하면서 제 분수에 넘는 것을 바란다.(君子居易而俟命, 小人行險而徼行.)"라는 말을 전제로 하는 것 같다.

시행하고, 마치 쇠뇌의 화살 발사 장치에 걸린 화살처럼 재빨리 튕겨 나가서 옳고 그름을 따지고 싶은 마음을 참아 내고 거두어들인다면, 깊이 생각하며 물러나 명령을 들을 것이고, 참살(慘殺)을 억눌러서 양의 다스림을 좇을 것이니, 군자는 그 뜻함을 끝내 보장해 줄 수 있을 따름이다.

及乎六四, 重申以陰殺而有功矣. 有功之可恃, 不如无位之能貞也. 故二紛'史巫'之求, 以起初於側陋; 五秉'先庚'之令, 以警四於居功. 甚哉! 擇位而居, 能消時之險阻而平之, 陽有所自全, 陰有所自正. 故曰, "利見大人", 以榮陰之善下也.

역문 육사효의 경우는 자신을 거듭 펼쳐 음으로써 죽여서 공을 세움이 있다.[1016] 그런데 공을 세운 것에 의지할 수는 있지만, 아무 위(位)도 없으면서 올곧음을 유지할 수 있음만 못하다. 그러므로 구이효는 왕성하게 '사(史)·무(巫)'를 구하여서 초육효를 일으켜 세우며,[1017] 구오효는 '선경(先庚)'의 영(令)을 쥐고서 구사효가 자신이 세운 공(功)에 안주함을 경계하고 있다.[1018] 그러니 뛰어나도다! 구오효는 위(位)를 골라서 거처하며, 때[時]의

1016 이 손괘䷸ 육사효사는 "후회함이 없다. 사냥을 나가서 3종류의 물품을 얻는다.(悔亡, 田獲三品.)"로 되어 있다. 이에 대해 그 『상전』에서는, "'사냥을 나가서 3종류의 물품을 얻는다'라는 것은 공을 세움이 있다는 것이다.('田獲三品', 有功也.)"라고 풀이하고 있다.

1017 초육효는 아무런 위(位)도 없는 곳에서 올곧음을 유지하고 있는 존재다. 아울러 후미지고 누추한 곳에서 지내고 있는 현자를 상징한다. 왕부지는 여기에서 이 초육효가, 사냥 나가서 짐승을 죽여 공을 세운 구사효보다 낫다고 평가하고 있다.

1018 왕부지는 『주역패소』에서, "손괘☴를 중첩한 손괘䷸에서는 외괘(外卦)의 가운데를 차지하고 있어서, 이후의 계획을 변경하는 상을 이루고 있다. 그래서 '경(庚)'이라 한 것이다. 이 '경'은 때[時]로는 가을이고, 날씨의 더위와 추위가 교차하며 생(生)·살(殺)이 바뀌는 계절이다. '선경(先庚)·후경(後庚)'은 아직 경(庚)이 되기 이전과 이미 경(庚)이 된 이후를 의미하는데, 거듭 명(命)을 내려 시작에서 끝까지를 좋게 하는 것이다. 또 '3일'은 단속하고 훈계함에서는 3일을 기한으로 삼음을 드러낸다.(重'巽'而居外卦之中, 爲更改後圖之象, 故

험난하고 막힘을 스러지게 하여 평이하게 할 수 있는데, 양(陽)에게는 스스로 온전하게 함이 있고, 음(陰)에게는 스스로 올바르게 함이 있다. 그러므로 "대인을 만남이 이롭다."라고 하는 것이니, 구오효는 육사효의 음을 영예롭게 하는 것을 잘 내려준다.

言庚. 庚於時爲秋, 乃寒暑生殺變易之候. '先庚後庚'言未庚以前, 已庚之後, 申命以善始終也. 其云'三日'者, 誓戒以三日爲期也.)"라 풀이하고 있다.

태괘

䷹兌

一

'巽'以近陰爲美, '兌'以遠陰爲正. 均於正中, 而'孚剝'之'厲', 非'有終'之'吉'也; 均於无位, 而'和兌'之'吉', 无'資斧'之'喪'也. 且夫遠之將以正志, 而情相間則无功; 近之將以合交, 而勢相暱則失己. 俯恤其內, 仰承其外, 二者亦无懸絕之貞淫, 而何以得失之逕庭耶?

역문 손괘䷸는 음(--) 가까이에 있음을 아름다움으로 여기고, 태괘䷹는 음(--)을 멀리함을 올바름으로 여긴다. 이들 괘에서 구오효는 모두 올바르게 가운데 자리를 차지하고 있다. 그러나 태괘䷹에서는 구오효가 '숱한 인명을 앗아 갈 화란(禍亂) 속에서도 믿음을 갖고 있어서' '위엄'이 있다.[1019] 그래서 이는 손괘䷸ 구오효에게 '끝마침이 있음'의 '길함'이 있는 것[1020]과 다르다.

1019 태괘䷹ 구오효사는 "숱한 인명을 앗아 갈 화란(禍亂) 속에서도 믿음을 갖고 있음이다. 위엄이 있다.(孚于剝, 有厲.)"로 되어 있다.

1020 손괘䷸ 구오효사는 "올곧아서 길하고 후회함이 없다. 이롭지 않음이 없다. 처음 시작함은 분명치 않지만 성취하여 끝냄은 있다. 경일(庚日)의 3일 전에 명령을 내리고, 경일의 3일 뒤에 또 명령을 내림이다. 길하다.(貞吉悔亡, 无不利, 无初有終. 先庚三日, 後庚三日, 吉.)"로 되어 있다.

또 둘 다 위(位) 없는 자리를 차지하고 있음에도 불구하고, 태괘䷹의 초구효에게는 '어울리며 기뻐함'의 '길함'은 있어도,[1021] 손괘䷸의 상구효에서와 같은 '사용할 도끼'를 '잃어버림'이 없다.[1022]

멀리함으로써 뜻함을 올바르게 하려 해도 둘 사이의 정(情)에 틈이 있으면 효과가 없으며, 가까이함으로써 사귐을 합하려 하지만 추세가 서로 친하면 자기를 잃어버린다. 손괘䷸에서는 구오효가 굽어보아 안에 있는 이에게 관심을 기울이고, 태괘䷹에서는 구오효가 우러러 밖에 있는 이를 받든다. 그러므로 이들 둘 사이에는 역시 한쪽은 올곧고 한쪽은 음란함과 같은 현격히 다름이 없다. 그러니 이들이 어떻게 얻음[得]·잃음[失]이 확연히 다르겠는가?

嘗論之. 陰陽之有長少, 則有餘·不足之數因之. 陽躁而樂施, 陰靜而吝與, 故陽始於有餘, 終於不足; 陰始於不足, 終於有餘; 蓋靜躁之效也. 故陽一索而虩虩以動, 再而險以不盈, 三而翕然止矣; 陰一索而習習以和, 再而相附以炎, 三而發氣滿容, 肆然以得意於物矣. 然則'兌'者, 陰之有餘也. 用陰之有餘, 飾己之方少, 欣然行志意於天下, 其情狠矣. 悅以相誘, 狠以相制, 則陽之宜與遠而不宜與近, 豈顧問哉?

역문 이에 대해서 논해 보겠다. 음·양에 장(長)·소(少)의 다름이 있는 것은 여유가 있거나 부족한 수(數)에서 기인한다. 양(⚊)은 조급해하고 베푸는

1021 태괘䷹의 초구효사는 "어울리며 기뻐함이라, 길하다.(和兌, 吉.)"로 되어 있다.

1022 손괘䷸의 상구효사는 "공손함이 평상 아래에 있는데 사용할 도끼를 잃어버림이다. 올곧지만 흉하다.(巽在牀下, 喪其資斧, 貞凶.)"로 되어 있다.

것을 즐긴다. 이에 비해 음(--)은 고요하고 주는 것에 인색하다. 그러므로 양은 시작할 적에는 여유가 있으나 끝에 가서는 부족하다. 이에 비해 음은 시작할 적에는 부족하나 끝에 가서는 여유가 있다. 아마 이는 고요함과 조급해함이 일으키는 효과 때문으로 보인다.

그러므로 양이 일색(一索)에서 나온 것은[1023] 두려움에 떨며 움직이고,[1024] 재색(再索)에서 얻은 것은 가득 채우지 않음으로써 험난하며,[1025] 삼색에서 얻은 것은 합치하여 멈추는 것이다.[1026] 음(--)은 일색(一索)에서는 미풍이 불어서 온화하고,[1027] 재색(再索)에서는 불꽃이 서로 붙어서 일며,[1028] 삼색(三索)에서는 얼굴 가득 기색을 펴내며 타자(他者)들에게 거리낌 없이 득의양양해서 한다.

그러므로 태괘☱는 음(--)에게 남음이 있는 것이다. 그리하여 태괘☱에서는 음(--)이 자신에게 남음이 있음을 활용하여 그 한창 피어나는 젊음

1023 『주역』에서 '색(索)'은 시초(蓍草)로 점을 쳐서 효를 얻는 과정을 나타내는 말이다. '일색(一索)'은 첫 번째 효를 얻는 과정을 말하고, '재색(再索)'은 두 번째 효를 얻는 과정을 말하며, '삼색(三索)'은 세 번째 효를 얻는 과정을 의미한다. 4색, 5색, 6색까지 해서 6효를 얻으면 한 괘를 얻는 점이 완료된다.

1024 이는 진괘䷲의 괘사에 나오는 말이다. 진괘☳는 일색(一索)에서 양효(—)를 얻은 괘다. 진괘䷲는 진괘☳를 거듭 얻은 괘다.

1025 이는 감괘䷜를 풀이하는 『단전』에 나오는 말이다. 그 『단전』에서는, "중첩된 감괘는 중첩된 험난함을 의미한다. 물은 흘러갈 뿐 가득 채우고 있지 않으며, 가는 것이 험난하지만 그 믿음성을 잃어버리지 않는다.(習坎, 重險也. 水流而不盈, 行險而不失其信.)"라 하고 있다. 감괘☵는 재색(再索)에서 양효(—)를 얻은 괘다. 감괘䷜는 감괘☵를 거듭 얻은 괘다.

1026 이는 간괘☶를 가리킨다. 이 간괘☶는 삼색(三索)에서 양효(—)를 얻은 괘다. 그리고 취의(取義)하여서는 '멈춤'을 의미한다.

1027 이는 손괘☴를 가리킨다. 이 손괘☴는 취상(取象)으로는 '바람'을 의미한다. 다만 일색에서 얻은 음(--)이기에 아직 미약하여 바람이 미풍에 해당한다. 왕부지는 여기에서 『시경』, 「패풍(邶風)」에 나오는 '곡풍(谷風)'의 한 구절 "살랑살랑 골짜기에 봄바람이 부니, 구름 되어 비를 내리네.(習習谷風, 以陰以雨.)"를 인용하여 이를 묘사하고 있다.

1028 이는 리괘☲를 가리킨다. 리괘☲는 취상(取象)으로는 '불'을 의미한다. 그리고 이를 중획(重劃)한 것이 리괘䷝다. 그래서 왕부지는 여기에서 '불꽃이 서로 붙어서 일며'라 한 것 같다.

[少]을 꾸며 대며, 기쁨에 넘쳐 온 세상에 그 뜻함과 의욕을 행한다. 그래서 그 마음의 발현이 사나운 것이다. 이처럼 기쁨으로써 서로를 유혹하고, 사나움으로써 서로를 제어하니, 양(—)으로서는 마땅히 이를 멀리해야 하며, 가까이하는 것은 마땅치 않다. 그러니 어찌 이 남음이 있는 음(--)을 돌아보며 소중히 여기리오?

且夫'巽'之得中而近柔者, 將以正陰而成其順也. 順者'巽'固有之, 而因以正之, 則因以成之. 在外不入而周旋不舍, 盪滌其遊蒙以使物受其潔齊. '巽'之二 · 五爲功於初 · 四者, 要非能爭陰之壘而強以所不聽也. 陰之初入, 才不勝德. 因不足之才, 登固有之德, 行權之功侔於保合矣.

역문 또한 손괘䷸에서 득중하여 부드러움[柔; --]에 가까이 있는 이들[1029]은 음(--)들을 올바르게 하여 그 순종함을 이루어 내게 하려 한다. 순종함은 이 손괘䷸에 본디 있는 것이므로, 이로 말미암아서 음(--)을 올바르게 하면, 이에 의하여 그것을 이루어 낸다. 밖에 있는 것이 들어오지 않는 가운데 쉬지 않고 이것이 잘 이루어지도록 애쓰며, 천방지축으로 나돌아다니는 저 어린 음(--)을 청결하게 함으로써, 다른 이들이 그 깨끗하고 단정함을 받아들이게 한다.

그런데 손괘䷸의 이 구이 · 구오효(—)가 초육 · 육사효(--)에게 공(功)을 이루는 것을 보면, 음(--)들의 보루에 들어가 싸울 수 있는 능력이 아니고서는 억지로 그 말을 듣게 하지 못한다. 음(--)이 처음 들어가서는 재능이

1029 구이 · 구오효(—)를 가리킨다.

덕을 이기지 못한다. 이렇게 재능이 부족하므로 자신에게 본디 있는 덕에 올라타 이 초육효가 상규를 바꾸어서 임시변통으로 행사하는 공(功)은 태화(太和)에 보합하는 건원(乾元)의 공에 맞먹는다.

若其在‘兌’也, 陰德窮而才見者也. 德窮而怙尊高, 才見而飾言笑, 而抑相與爲緣, 則且孰與正之! 毋亦僅與成之乎! 僅與成之, 漸染其柔曼, 而隱助其剛狠, 亦內顧而可爲寒心矣.

역문 그런데 태괘☱에서는 음(--)의 덕이 궁하지만 재능은 드러난다. 덕은 궁한데도 위(位)가 존귀하고 높음에 의존하고, 재능을 드러내어 말하고 웃는 것을 꾸며서, 혹시라도 서로 인연을 이루게 되면 누가 올바르게 하리오! 그러니 또한 가까스로 더불어서 이루지를 말지어다! 가까스로 더불어서 이루어 점점 그 귀엽고 아름다운 자태에 물들게 되어서는, 드러나지 않게 그 강퍅함을 도우리니, 또한 안으로 돌아보고는 두려움에 떨게 될 것이다.

借曰, “履中之位固在也”, 夫位者僅以臨下而有其權, 夫豈仰歡而猶足恃乎? 故赫赫之威, 銷於婉笑; 堂堂之勢, 屈於甘言; 狎以相忘, 習而益弛. 彼陰中之方穉者, 盡用其有餘以淫逞其上, 始則 “孚於‘兌’”, 繼則 “孚於‘剝’”, 尚得謂剛中之足據哉! 策馬近關而踰垣空谷, 毋亦悔其遠之不早與?

역문 태괘☱ 구이 · 구오효에 대해 동정하는 관점에서 말하자면, “한가운데의 위(位)를 차지하고 있음이 그에게 본디 존재한다.”라는 것이다. 다만 위(位)라는 것은 그나마 아래로 임해야 그 권세가 있는 것이다. 그런데 어찌 위로 올려다보며 기뻐하면서도 그 권세가 오히려 족히 의지할 만하겠는가?

그러므로 혁혁한 권위가 젊은 음(--)의 매혹적인 미소에 녹아 내리고, 당당한 위세도 그의 달콤한 말에서는 굽히게 된다. 이렇게 친압해서는 서로가 자신의 위치와 처지를 망각하게 되고, 그 살랑거림에 더욱 구이·구오효는 풀어져 버리게 될 것이다. 저 음(--)들 중에서도 이제 막 가녀리게 피어나는 여인은 그 여유 있음을 다 활용해 가며 그 위에서 음란함을 마음껏 과시할 것이니, 처음에는 '믿음에서 오는 기쁨'[1030]이다가 '숱한 인명을 앗아 갈 화란(禍亂) 속에서도 믿음을 갖고 있음'[1031]이 된다. 그러니 어찌 이들 두 효가 "굳셈으로서 득중했음을 충분히 의거할 만하다."라고 할 것인가! 말을 몰고 가다가 관문에 가까워지자 담을 넘어서 빈 골짜기로 피하는데, 또한 그이를 일찌감치 멀리하지 않았음을 후회하지 말 것인가?

然則二何以免於厲耶? 三失據而相就, 上居亢以相牽, 失據則以得悅爲幸, 居亢則以取必相持, 強弱勢殊, 而五之剝切矣. 二位不當而危, 五位正當而安, 危則處樂而有戒心, 安則遇歡而无固節, 敬肆殊情, 而五之厲甚矣. 故夫時乘盛滿而物感豐盈者, 其尤爲憂患之歸, 愈知所戒也夫!

역문 그렇다면 이들 두 효는 어떻게 해서 위태로움을 벗어날 수 있을까? 육삼효는 근거지를 잃어서 구이효와 서로 함께하고, 상육효는 젠체하는 높은 자리에 잡고 있으니 구오효와 서로 연대하여야 한다. 육삼효는 근거지를 잃은 처지이니 구이효에게 기뻐함을 얻는 것을 바라야 하고, 상육효는 젠

1030 이 태괘䷹의 구이효사에 나오는 말이다. 그 효사에서는 "믿음에서 오는 기쁨이다. 길하다. 후회함이 없다.(孚兌, 吉, 悔亡.)"라 하고 있다.

1031 이 태괘䷹의 구오효사에 나오는 말이다. 그 효사에서는 "숱한 인명을 앗아 갈 화란(禍亂) 속에서도 믿음을 갖고 있음이다. 위엄이 있다.(孚于剝, 有厲.)"라 하고 있다.

체하는 높은 자리를 차지하고 있으니 반드시 구오효를 취하여 서로 의지해야 한다.

구이 · 구오 두 효 가운데 하나는 강하고 하나는 약하여 형세가 다르기는 하지만, 구오효는 숱한 인명을 앗아 갈 화란(禍亂) 속에 있으니 상황이 절박하다. 구이효의 위(位)는 마땅한 것이 아니어서 위태롭고, 구오효의 위(位)는 바르고 마땅해서 편안하다. 그런데 위태로우면 즐거운 경우에라도 경계하는 마음이 있고, 편안하면 환락에 빠져 굳은 절조가 없다. 이들 두 효가 이렇게 하나는 경건하고 하나는 방자하여 펼치는 정(情)이 각기 다른데, 구오효의 경우가 위태로움이 더 심하다. 그러므로 융성하고 충만한 세상을 살아가며 물(物)들이 풍성하고 가득 참을 느끼는 이에게는 더욱 우환이 올 수 있으니, 훨씬 더 경계할 줄을 알아야 할 것이로다!

二

物有宜疾, 君子疾之. 雖有好音與其令色, 遙望之如滫垢, 必芟之如荊棘. '商兌未寧'而後疾焉, 不已晚乎? 吾懼其商之遲回而疾之荏苒也. 乃以恕待人而樂其成者不然. 以其時諒其心, 略其心序其績, 斷然以'有喜'歸之. 蓋審知其處此之難, 而終能貞惡以自全者之未易也.

역문 민초(民草)들에게는 마땅히 문제 상황이 있게 마련이고, 군자는 이를 근심한다. 비록 아무리 좋은 음악과 미려한 자태가 있다고 할지라도, 멀리에서 바라보면 마치 쌀 씻은 뜨물처럼 때가 끼어 보이니, 반드시 가시덤불처럼 여겨서 베어 내야만 한다. '기쁘게 하는 것을 어찌 대할지 헤아리고 있으며 평안하지 않은'[1032] 뒤에는 문제 상황이 생기니, 이에 이르러서는 이미 늦은 것 아니겠는가?

그러나 '서(恕)'로써 남을 대하며 민초들의 문제 상황을 해결해 줌을 즐기는 이들은 그렇지 않다. 이들은 때[時]에 맞추어 민초들의 마음을 헤아리며, 그들의 마음에 통달하여 치적을 두서에 맞게 펼친다. 그리하여 단연코 '기쁨이 있음'이 그들에게 돌아가게 한다. 아마 이러한 상황을 처리하는 것이 얼마나 어려운지를 알고, 마침내 악(惡)을 올곧게 하여 스스로 온전히 알 수 있음이 쉽지 않음을 살펴서 알기 때문이다.

夫耳目不紛, 嗜好不起, 嶄然以絕非正之感者, 類有餘地以自息. 其息於餘地矣, 耳目无所交, 嗜好无所投, 山之椒, 水之涘, 可以樂飢而忘年, 而天下且榮之曰, '不淄'. 四非无願於此, 乃求所息而固不得也. 將息於所與爲鄰, 則'來兌'者狎之矣. 將息於所與爲體, 則'引兌'者招之矣. 人欲逃其刑戮, 我欲逃其榮澤, 俯仰而皆導我以淫豫. 避世不可, 避人不能, 拊心自謀, 而盈目无託, 誰爲餘地以聽其嶄然? 其商也, 誠不容已於商也. 而四猶且安其位以自退, 與三殊體, 與上隔援, 厭彼勞勞, 全其鬲鬲, 斯不亦斟酌无迷, 而懷來有素者乎? 然而神聽和平, 物亦莫能傷之矣. 其慶也, 非其所期也. 則君子亦樂道

1032 이 태괘䷹의 구사효사에 나오는 말이다. 왕부지는 『주역내전』에서 이 구사효에 대해, "이 구사효는 육삼효와 나란히 붙어 있으며, 상괘[悔卦]의 맨 아래에 자리 잡고 있으니 백성들에게 가까운 사람을 상징한다. 굳셈으로서 부드러움의 자리를 차지하고서 소인들의 알랑거림을 받아들이려 하지 않는데, 또 한편으로는 사람들의 욕구를 거스르려고도 하지 않는다. 그래서 관대하게 대할지 아니면 준엄하게 대할지를 헤아리고 있지만, 모두에게 적당한 원리와 방법을 얻을 수가 없어서 평안하지 않다.(四與三比, 而居上卦之下, 近乎民者也. 以剛居柔, 不欲受小人之媚, 而抑不欲咈人之欲, 酌量於寬嚴之中, 不能得咸宜之道, 所以未寧.)"라고 풀이하고 있다.

其'有喜', 而无容訾其初心之不決也.

역문 눈으로 보고 귀로 듣는 것들이 분란(紛亂)하지 않고, 기호(嗜好)도 일지 않으며, 우뚝이 옳지 않은 느낌을 끊어 버리는 사람은 대부분 여유를 두고서 스스로 쉰다. 여유가 있는 상황에서 쉬기 때문에, 눈 · 귀 등 감각 기관이 외물과 교접하지 않고, 기호도 내닫지 않는다. 또 산의 산초를 먹고 물가에 살아도 허기를 때우면서 가는 세월을 잊을 수 있다. 그리고 세상 사람들도 그를 영예롭게 여기며 "때 묻지 않았다."[1033]라고 한다.

이 태괘䷹의 구사효에게는 이렇게 하고자 함이 없지 않으나, 쉬려고 해도 이것이 진실로 불가능하다. 이웃들과 함께 쉬려고 하면 '기쁨을 불러오는' 이가 친압(親狎)하려 든다.[1034] 또 같은 곳에 있는 이들과 한 몸을 이루

1033 이는 공자가, 자신이 필힐(佛肸)의 부름에 응해서 가더라도 그에 의해 영향을 받아서 나쁜 사람이 되지 않을 것이라는 자신을 내비치며 한 말이다. 필힐은 춘추시대 진(晉)나라의 대부인 범씨(范氏)들의 가신이었는데, 중모(中牟)라는 고을의 읍재(邑宰)에 임명되었다. 진나라 정공(定公) 22년(B.C.490)에 조간자(趙簡子)가 범씨와 중행씨를 공격하며 필힐이 읍재로 있는 중모를 포위했다. 필힐은 이들에 항거하며, 공자의 도움을 받아 이 위기를 모면하고자 공자를 초빙하였다. 공자가 이에 응해 가려고 하자, 그의 제자 자로가, 선생님께서 이전에 "친하게 지내다가 그에 물들어 자신조차 나쁜 사람이 될 사람들과는 어울리지 마라."라고 하시지 않았느냐며, 필힐은 모반을 한 사람이므로 가지 않는 것이 좋으리라는 뜻을 내비쳤다. 이에 공자는 "그래, 이 말을 한 적이 있지. 그러나 단단하지 않을쏜가 갈아도 가늘어지지 않고, 희지 않을쏜가 물들여도 검어지지 않으니! 내가 어찌 박이나 오이겠는가? 어찌 한곳에만 매달려 있어서 먹지도 못할 것이겠는가?"라고 대답하며 가겠다는 뜻을 내보였다.(『論語』, 「陽貨」: 佛肸召, 子欲往. 子路曰, "昔者由也聞諸夫子曰, '親於其身爲不善者, 君子不入也.' 佛肸以中牟畔, 子之往也, 如之何?" 子曰, "然, 有是言也. 不曰堅乎, 磨而不磷, 不曰白乎, 涅而不緇. 吾豈匏瓜也哉? 焉能繫而不食?") 그러나 공자는 결국 필힐에게 가지는 않았다고 한다.

1034 이 태괘䷹의 육삼효를 가리킨다. 그 효사에서는 "기쁨을 불러오는데 흉하다.(來兌, 凶.)"라 하고 있다. 왕부지는 『주역내전』에서 이에 대해 "'來(래)'는 불러온다는 말이다. 이 육삼효는 네 양효(⚊)들의 가운데에 자리 잡은 채, 부정한 부드러움으로써 위 · 아래로 알랑거리며 다른 이들이 불러온 기쁨에 의지하여 서로 기뻐한다. 이는 소인들이 하는 짓거리다. 그러므로 흉하다.('來'者招致之謂. 六三居四陽之中, 而以不正之柔, 上諂而下諛, 待物之來說

어 쉬려고 하면 '기쁨을 이끌어 내는' 이가[1035] 불러낸다. 사람들은 형륙(刑戮)으로부터 도피하려 하지만, 나[구사효]는 그 영예와 은택으로부터 도피하고자 하는데, 우러러보아도 굽어보아도 모두가 나[구사효]를 음예석으로만[1036] 이끈다. 그래서 세상을 피하려 해도 안 되고, 사람을 피하려 해도 안 되니, 애통한 마음에 가슴을 치며 살길을 스스로 도모해 보는데, 눈에 들어오는 것 중에는 의탁할 것이 없다. 그러니 뉘라서 나에게 쉴 곳을 주며 나[구사효]의 우뚝함을 받아 주리오?

구사효의 헤아림[商]이란 진실로 어쩔 수 없어서 하는 헤아림이다. 그런데 이 구사효는 스스로 물러남으로써 그 위(位)에 편안해하는데, 육삼효와는 몸을 달리하고 있고, 상육효는 도움을 청하기에는 구오효를 사이에 두고 있어서 안 된다. 그리하여 수고롭게 애씀을 싫어하며 그 깨끗하고 깨끗함을 온전히 하는데, 이 또한 미혹됨이 없도록 잘 고려하여 평소에 품어오던 것이 아니겠는가? 그러나 영명한 통찰력을 발휘하며 마음을 화평하게 하니, 외물들도 그를 상하게 할 수가 없다. 이 구사효에게 있는 경사는[1037] 구사효가 기대한 것이 아니다. 군자도 그 '기쁨이 있는' 도(道)를 즐기며, 처음 먹은 마음을 결단하지 않음에 대해 헐뜯음을 용납하지 않는다.

而相與說, 小人之道也, 故凶.)"라고 풀이하고 있다. 이 육삼효는 이 태괘䷹의 정괘(貞卦)에 있고, 구사효는 회괘(悔卦)에 있으므로 '이웃'이라고 칭하는 것이다.

1035 이 태괘䷹의 상육효를 가리킨다. 그 효사에서는 "기쁨을 이끌어 냄이다.(引兌.)"라 하고 있다.

1036 '음예석(淫預石)'은 양자강 가에 있는 백제성(白帝城)의 수문(水門) 서쪽에 있는 외돌을 말한다. 겨울에 물이 줄어들면 사람 키 20길만큼 드러나지만, 여름에 물이 불어나면 수몰한다고 한다.(酈道元, 『水經注』, 「江水」 1: 白帝城水門之西, 江中有孤石, 爲淫預石. 冬出水二十餘丈, 夏則沒, 亦有裁出處矣.") 이 음예석은 홀로 서서 흐르는 강물을 맞기에 주변에 험한 여울을 형성한다.

1037 이 '경사'는 이 태괘䷹의 구사효에게 있다는 '기쁨'을, 그 『상전』에서 풀이한 말이다.(九四之喜, 有慶也.)

六朝之季, 處未寧之地者, 或內絕強臣之歡而外投戎羯, 或外脫異域之網而內附簒攘. 商之未詳, 遲回以喪其守者衆矣. 晏子不從昏淫, 不與崔慶, 商之已詳, 而不知退之爲愈也. 況里克之中立祈免者乎? 耳目交而不亂, 嗜好投而不疑, 非貞生死以遺榮利者, 其孰能之!

역문 육조시대에 혼란한 땅에 살던 이들 중에는 안으로 세력이 강한 신하를 기쁘게 하는 것을 끊어 버리고 밖으로 가서 융(戎)이나 갈(羯) 족에게 투항하는 이들이 있었다. 그런가 하면, 또 거꾸로 밖에서 이역(異域)의 그물을 벗어나서 안으로 들어와 찬탈 · 물리침에 함께하는 이들이 있었다. 이렇게 하며 헤아림이 깊거나 상세하지 못하고 또 늦추는 바람에 정작 지켜야 할 것을 잃어버린 이들이 수두룩하다.

안자(晏子; B.C.578~B.C.500)[1038]는 혼란을 조장하며 음란한 이들을 따르지 않았고, 최경(崔慶)과도 함께하지 않았는데, 이들은 헤아림이 이미 상세하기는 하였으나 물러남이 더 낫다는 것을 알지 못했다.[1039] 그런데 하물며

1038 안영(晏嬰)을 가리킨다. 안영의 자는 중(仲)이고 시호는 평(平)인데, 습관적으로 사람들은 그를 '안평중'이라 부른다. 존중해서 '안자(晏子)'라 부른다. 그의 조상은 송나라 왕족인데, 그의 아버지 안약(晏弱)이 송나라의 내란을 피해 제(齊)나라로 가서 상대부(上大夫)를 지냈다. 그리고 '내지(萊地)'를 봉토(封土)로 받았다. 그래서 안영은 제나라의 외교관과 정치가로서 뛰어난 활약을 하였다.

안영은 두뇌 회전이 빠르고 말을 잘했다고 한다. 그의 아버지가 죽자 상대부를 이어받아서 제나라의 영공(靈公) · 장공(莊公) · 경공(景公) 등 세 조정에 걸쳐 50여 년을 봉사했다. 안영은 평소 검소한 생활을 하였고, 하사(下士)들에게도 겸손하였다고 한다. 그는 세 임금을 도와 국정을 잘 보좌했고, 외교적으로도 훌륭하게 역량을 발휘하여 제나라의 국격과 위엄을 잘 유지하게 했다고 한다.[이상 『춘추좌씨전』, 관련 조(條)들 참고.] 안자에 대한 더 자세한 사항은 앞 주194)를 참고하라.

1039 최경(崔慶)은 최저(崔杼; B.C.546)를 가리키는 것으로 보인다. 최저는 춘추시기 제(齊)나라의 대부로서 제나라 정공(丁公; B.C. 약 1050~B.C.975)의 후예다. 최저 당시에 제나라의 영공(靈公; ?~B.C.554)이 후처인 융희(戎姬)와의 사랑에 빠져 정비(正妃) 소생인 태자 광(光)을 제치고 융희 소생인 아(牙)를 태자로 교체하였다. 그런데 영공이 중병에 들자 최

이극(里克; ?~B.C.650)[1040]은 사건의 한가운데서 직접 일을 시행했는데 화를

저는 아(牙)가 아닌 광(光)을 '군(君)'으로 옹립하고, 융희를 죽였다. 그리고 영공이 죽지 광이 그 위(位)를 계승하게 하였다.(B.C.554.) 이 이가 제(齊)나라의 후장공(後莊公; ?~B.C.548)이다.

이 후장공은 이러한 최저의 은혜를 배반하고 최저의 마누라와 간통을 했다. 크게 화가 난 최저는 후장공을 살해할 틈을 노렸다. 후장공이 자신의 병문안을 온답시고 자신의 집으로 찾아와서 실제로는 자신의 마누라를 희롱하던 날, 역시 후장공에게 원한을 갖고 살해할 틈을 노리던 환관 가거(賈擧)와 함께 최저는 후장공을 살해해 버렸다.

이때 후장공의 신임을 받던 상대부 안영은 자살하려고도 도망가려고도 하지 않고, 최저의 집에 이르러 대성통곡을 하고는 죽은 후장공의 시체에 신하로서의 예를 다 한 뒤, 그 자리를 물러났다. 사람들은 이러한 안영을 죽이자고 하였다. 그러나 최저는 "그는 백성들의 신망을 받고 있으니, 그를 놓아주어야 백성들의 마음을 얻을 수 있다."라고 하며 안영을 그대로 놓아주었다.

최저는 후장공의 동생 저구(杵臼)를 새로운 임금으로 세웠는데, 이 이가 바로 제나라의 경공(景公; ?~B.C.490)이다. 경공은 즉위한 뒤 최저를 우상(右相)에, 경봉(慶封)을 좌상(左相)에 각각 임명하였다. 이들 두 국상(國相)은 이제 제나라의 실권을 쥐게 되었지만, 나라가 계속 동란에 휩싸일 것을 두려워하여 온 나라 사람들에게 자신들을 따르지 않으면 모두 죽일 것이라 하며, 충성을 맹세하게 하였다.

그러나 안영은 단지 자신이 임금에게 충성할 따름이고 사직을 이롭게 할 사람이라며, 여기에서 맹세하라면 하느님에게 이렇게 하겠다는 맹세를 할 따름이라 하고는, 두 사람에 대한 충성 맹세를 거부하였다. 이에 경봉이 안영을 죽이려 하였으나, 최저는 안영이 충신이므로 놓아주어야 한다고 하며 만류하였다. 나중에 최저도 골육상쟁(骨肉相爭)의 비극을 맛보고는 자살로 생을 마감하였다.(이상, 『춘추좌씨전』, 「양공(襄公)」 및 『사기』, 「제태공세가(齊太公世家)」 참고.)

1040 이극은 춘추시기 진(晉)나라의 장군이며, 정치가였다. 이극은 사소(士蘇; ?~?) · 호돌(狐突; ?~B.C.697) · 순식(荀息; ?~B.C.651) · 비정(丕鄭; ?~B.C.650) · 선단목(先丹木) 등과 함께 진헌공(晉獻公; ?~B.C.651)을 보좌했다. 그는 융적(戎狄)을 토벌하고는 공족(公族)들을 쓸어 버림으로써, 진헌공의 권력을 한층 강화해 주었다. 그리고 헌공이 후비 여희(驪姬; ?~B.C.651)와의 사랑 놀음에 빠져 판단력이 흐려진 상태에서 태자를 갈아 치우려 하자, 이극은 태자 신생(申生)을 보호하였으나 여희(驪姬)와 우시(優施) 등의 저지를 받기도 했다. 헌공이 죽은 뒤 그는 여희와 그 아들 해제(奚齊), 탁자(卓子; 여희의 여동생 少姬와 진헌공 사이의 소생) 및 해제를 옹호하던 순식을 살해하였다.(B.C.651.) 그리고는 공자 중이(重耳; 671~628. 나중에 진나라의 임금, 文公이 됨. 재위 B.C.636~B.C.628)를 옹립하려 했으나, 극예(郤芮; ?~B.C.636) · 여성(呂省; ?~B.C.636) 등의 권유를 받아들여 중이의 동생인 이오(夷吾; ?~B.C.637, 惠公. 재위: B.C.650~B.C.637)를 옹립하였다.

그런데 이 이오는 즉위한 뒤, 이극의 군권을 박탈하고, 극예를 보내 살해하려 하였다. 죄명은 이극이 두 임금과 대부 하나를 시해하였다는 것이었다. 그러자 이극은, "내가 그들을

면하기를 바라겠는가? 눈과 귀 등을 통해 보고 들으면서도 마음을 어지럽히지 않고, 즐기고 좋아하는 것을 행하면서도 의심을 일으키지 않는 것, 올곧음에 따라서 살고 죽으며 영예와 이익 따위는 돌보지 않는 이가 아니고서 과연 그 누가 이를 해낼 수 있으리오!

或曰, "'兌'陰外說而中狠, 商而不與, 忮害隨之, 而何慶之有?" 夫莫壽於龔生而膏蘭非夭, 莫富於首陽而薇蕨非飢. 君子道其常, 則四之於慶, 誠多有之, 而又何讓焉!

역문 누군가는 말한다, "태괘䷹는 겉으로는 기쁜 척하면서 속으로는 사나우며, 혼자서 헤아리기만 하고 남들과는 함께하지 않으니, 흉함과 해악이 따라오게 되어 있다. 그런데 어찌 경사가 있겠는가?"라고. 그러나 공승(龔勝; B.C.68~11A.D.)보다 더 오래 산 이는 없거늘 기름과 향초처럼 요절하지 않았고,[1041] 수양산의 백이·숙제보다 부유한 사람이 없거늘 고비가 있으니

폐(廢)하지 않았으면 임금님께서는 어찌 그 자리에 오를 수 있었겠습니까? 사람에게 죄를 들씌우자면, 설마 무슨 죄목인들 없겠습니까! 신은 명을 받들겠습니다.(不有廢也, 君何以興? 欲加之罪, 其無辭乎? 臣聞命矣.)"라 하고는 자신의 칼로 스스로 목숨을 끊었다.(이상, 『春秋左氏傳』, 「僖公」條 참고.)

1041 공생은 서한 말엽에 활약한 인물이다. 어려서부터 학문을 좋아하고 경서에 밝아서 그 능력을 인정받아, 처음에는 군리(郡吏)를 맡다가, 애제(哀帝; B.C.26~B.C.1, 재위 B.C.7~B.C.1) 때 간대부(諫大夫)에 임명되었다. 이를 틈 타 공승은 상소를 올려, 조정의 사치가 너무 심하는 것, 형법이 너무 가혹하다는 것, 부세(賦稅)가 너무 무거워서 백성들을 빈곤하게 하고 도적이 일어나게 한다는 것 등을 지적하며, 황제부터 검약(儉約)을 보여 줄 것을 청하였다. 나중에는 발해군 태수에 임명되었으나 병을 핑계로 취임하지 않았다. 왕망(王莽; B.C.45~23A.D. 재위 9~23)이 한나라를 찬탈한 뒤 사람을 보내 공생에게 강학(講學) 좨주(祭酒)를 맡아 달라고 했으나, 공승은 좨주가 두 나라[二姓]를 섬기는 것을 치욕으로 여겨 거절하였다. 그런데 왕망이 계속 맡아 달라고 압박하자 공승은 곡기를 끊은 채 죽었다.

공승이 죽고 장례를 치르는데, 이 사자(使者)와 태수가 직접 염에 참여하였으며, 상복을

굶주리지도 않았다.[1042] 군자가 그 한결같음[常]을 자신의 행동 원리로 삼는다면, 이 태괘䷊의 구사효에서처럼 진실로 얼마든지 경사가 있을 것이리니, 어찌 이를 앙보하리오!

내려 주고 예법에 맞추어 융숭하게 장례를 치러 주었다. 200명에 달하는 문인들은 마치 부모가 죽은 것처럼 곡을 하며 차(衰)·질(絰)의 상복을 입었다. 이때 은자(隱者)인 팽성(彭城)의 노인이 와서 조문하는데, 너무나 슬프게 곡을 한 뒤, "슬프다! 향초는 향기가 있기에 자신을 태우고, 기름은 불을 밝힐 수 있기에 자신을 녹인다. 공생은 마침내 요절하고 말았으니, 나의 무리가 아니다.(嗟乎! 薰以香自燒, 膏以明自銷. 龔生竟夭天年, 非吾徒也.)"라 하고는 뛰어나가 버렸다. 그런데 아무도 이 노인이 누구인 줄을 몰랐다고 한다.(이상, 『前漢書』, 「王貢兩龔鮑傳」 및 『高士傳』卷中 '彭城老父'條 참고.)

여기에서 "향초는 향기가 있기에 자신을 태우고, 기름은 불을 밝힐 수 있기에 자신을 녹인다."라는 것은, 인재가 자신이 가지고 있는 재능 때문에 자신에게 화를 초래한다는 의미다. 그런데 왕부지는 당시 상황만 놓고 보면 공승이 근본적으로 자신이 지닌 재능 때문에 이것이 화가 되어 천수를 다 누리지 못하고 요절한 것 같으나, 그가 한결같음[常]을 행동 원리고 지키고 살았다는 것으로서 그 명성은 오늘날까지 전해지니, 그보다 더 오래 산 사람이 없다고 하는 것이다. 이는 결국 경사가 많은 예라는 것이다.

1042 백이·숙제 역시 한결같음[常]을 행동 원리를 지키고 살았다는 것 때문에 그 명성이 오늘날까지 전해지며 추앙받고 있으니, 비록 그들이 고비를 따먹으며 연명하다가 죽었다고 하더라도 이들보다 더 부유한 사람은 없다는 것이다. 그러므로 당시 이들의 상황에서 표면적으로 드러나는 것과는 달리, 이들에게는 많은 경사가 있다는 의미다.

환괘

䷺渙

陽保聚以上亢, 陰護黨以下凝. 雖然, 亦各安其位而利之矣. 乃欲虧其所黨, 解其所聚, 毋亦非其所欲遷? 唯不樂已成而撓之使敗, 然後功可得而起.

역문 이 환괘䷺를 이루기 전 비괘䷋에서는 양들(☰)이 모여서 자신들을 보호하며 위에서 거들먹거리고 있었고, 음들(☷)은 제 당파를 보호하며 아래에서 응취해 있었다. 비록 그러하다고는 하지만 또한 각기 제 위(位)에서들 편안해하며 이로움을 얻고는 있었다. 그러나 자신이 속해 있던 당파를 이지러뜨리고 모여 있음을 해체하고자 하니, 이는 또한 이들이 옮겨 가고자 함이 아니던가? 이렇게 하고자 할 경우, 오직 이미 이루고 있는 것을 좋아하지 않아 흔들어서 무너뜨려 버린 뒤에라야 공(功)은 일어날 수가 있다.[1043]

1043 왕부지는 이 환괘䷺가 비괘䷋로부터 변해 온 것으로 본다. 『주역내전』에서 그는 이에 대해, "이 환괘䷺는 비괘(否卦)䷋에서 변한 것이다. 그래서 '渙(환)'자는 그 '꽉 틀어막혀 있음'을 흩트려 버린다는 의미를 지니고 있다. 이 환괘䷺는, 비괘䷋의 회괘(悔卦)를 이루고 있던 건괘☰의 맨 아래 양효(⚊)가 아래로 내려가서 2효의 자리를 차지하고 있고, 비괘의 정괘(貞卦)를 이루고 있던 곤괘☷의 가운데 음효(--)가 위로 올라가서 그 4효의 자리를 차지하

‘渙’之時亦難矣. 陽往而不復, 安於上以奠其居, 亢不以爲恤, 否不以爲憂. 使越疆而遷焉, 是始猶夫奔也. 況乎奔而入於險中, 雖終得所願, 始固非其願焉者也. 然則成‘渙’之功者, 四之績亦烈矣哉! 故曰, “撓萬物者莫善於風”始則撓而敗其塞, 終則撓而散其險, 解悖吹鬱, 疾於影響. 嗚呼! 可不謂盛與!

역문 이 환괘䷺가 상징하는 때[時]도 험난한 것이기는 하다. 양들(☰)은 원래 가서 돌아오지를 않고 위에서 안주하며 그 거처를 정한 채, 자신이 젠체하며 거들먹거리고 있다는 것조차 괘념치 않았고, 이러한 상황이 꽉 틀어막힌 것이라는 것을 우려하지 않았다. 그런데 이러한 상황에서 경계를 뛰어넘어 옮겨 간다면 이는 비로소 내달리는 것과도 같다.[1044] 하물며 내달려서 험난함 속으로 들어갔으니, 비록 끝내는 원하는 것을 얻었다고 하더라도 애당초는 진실로 그가 원하는 것이 아니었던 것이다.

그렇다면 이 환괘䷺를 이룬 공(功)은 육사효의 공적도 대단하다고 할 것이다. 그래서 “만물을 흔들리게 하는 것으로서는 바람보다 나은 것이 없

고 있다. 그래서 아래로 간 양효(—)가 안에서 주체가 되어 있으니, 음들(⚏)이 제 당파를 믿거니 하며 이 양(—)에 맞서지를 못한다. 그리고 위로 올라간 음(--)은 밖으로 양들(⚌)을 순종하며 받들고 있으니, 양들(⚌)은 이 음(--)이 들어온 것을 받아들이며 교만을 떨지 않는다.(卦自‘否’變者, 渙散其否也. ‘乾’下之陽, 下而居二; ‘坤’中之陰, 上而居四. 陽爲主於內, 則陰不得怙黨以相亢; 陰順承於外, 則陽受其入而不驕.)”라고 풀이하고 있다.

아울러 『주역』에서 비괘䷋ · 태괘䷊로부터 변한 괘들 가운데, 오로지 이 환괘䷺만이 양(—)은 득중 · 음(--)은 당위(當位)를 얻어서 제대로 된 결과를 얻고 있다고 하며, 그러므로 이 환괘䷺의 여섯 효는 모두 길하다고 하고 있다.(‘否’ · ‘泰’之變屢矣, 而獨此爲得. 陽之退, 雖不當位而得中; 陰之進, 雖失其中而得位. 物之固執而不解者, 授之以所安, 則樂於散, 而懲相拒之迷. 否塞之情改, 而上下通, 嘉會而亨矣, 故六爻皆吉.)

1044 이는 원래 비괘䷋의 상괘[悔卦]에 있던 구사효(—)가 경계를 뛰어넘어 하괘[悔卦]로 내려와서, 음들(⚏) 사이에서 득중하고 있음을 의미한다. 이 비괘䷋의 구이효사도 “흩어지도록 내달리다가 나무 그루터기를 만나서 쉼이다. 후회함이 없다.(渙奔其杌, 悔亡.)”로 되어 있다.

다.”[1045]라고 한다. 처음에는 흔들어서 그 꽉 틀어막혀 있음을 패퇴시키고, 마지막에는 흔들어서 그 험난함을 흩트린다.[1046] 그리하여 어그러진 상황을 해체해 버리고 답답한 상황을 불어서 흩트려 버리니, 영향을 미침에서 빠르도다. 오호라, 이를 ‘성대하다’고 아니 할 수 있겠는가!

夫‘渙’四之得此也, 唯无私而已矣. 陰奮出以就四, 虛其所處之位以召陽來處, 則二是已. 藉其居二也, 於己爲安, 於物爲主. 於己安, 則重遷; 爲主於物, 則物歸而不能相捨. 逮夫既去之後, 所與爲等夷者, 猶昕夕引領, 庶幾撫我以慰其思也, 此亦物情之最難決者矣. 平居相保, 斷去於一朝; 餘慕未忘, 牽留而不顧; 豈果輕去其群而恝於情也哉? 以義裁情, 捷往赴義. 昭質益彰, 不蔽於私暱; 大勞不倦, 不安於小成. ‘光大’之懷, 所可告於天人而无愧也.

역문 이 환괘䷺의 육사효(--)가 이러함을 이룰 수 있었던 것은 오직 아무런 사사로움이 없었기 때문이다. 음(--)으로서 떨치고 나가 4효의 위(位)로 감으로써 자신이 처했던 위(位)를 텅 비게 하여 양(—)을 불러서 올 곳으로 마련해 놓았으니, 이는 곧 비괘䷇에서의 육이효(--)가 한 일일 따름이다. 비괘䷇ 당시 육이효(--)로서는 2효의 위(位)를 차지하고 있음이, 스스로에게

1045 『설괘전』 제6장에 나오는 말이다. 원래는 “만물을 흔들리게 하는 것으로서는 바람보다 빠른 것이 없다.(撓萬物者, 莫疾乎風.)”라 되어 있다. 육사효(--)는 비괘䷇의 구사효(—)가 아래로 내려와 자신의 위(位)를 차지하자, 자신은 상괘[悔卦]로 옮겨 와서 위로 양효 둘과 함께 손괘☴를 이루고 있다. 취상설(取象說)에 의하면 이 손괘☴는 ‘바람’을 의미한다.

1046 이 환괘䷺의 정괘(貞卦; 下卦)를 이루고 있는 감괘☵가 취의(取義)로는 ‘험난함’을 의미한다. 이 감괘☵는 비괘䷇의 구사효(—)가 아래로 내려와 2효의 자리를 차지함으로써 이루어진 것이다. 그리하여 결과로 이 환괘䷺를 이루고 있는 것인데, 육사효(--)가 위로 올라가서 이룬 손괘☴가 ‘바람’으로서 이를 마지막으로 흩트리고 있다는 의미다.

는 편안함을 주었고 다른 이들에게는 주인이 되게 하였다. 스스로에게 편안함을 주었으니, 옮겨 감에는 그만큼 중압감을 주는 것이었다. 아울러 다른 이들에게는 주인이었으니, 다른 이들은 이 육이효에게로 귀속하여 서로가 서로를 버릴 수가 없었다.

이미 이 위(位)를 떠나 4효의 위(位)로 간 뒤에는, 함께 동등한 등급의 무리를 이루고 있던 이들은 오히려 아침저녁으로 목을 길게 늘여 빼고는 이 육사효가 자신들의 생각을 위로함으로써 위무해 주기를 바란다.[1047] 이 또한 이들의 정서 중에 가장 끊어 버리기 어려운 것이다. 평소에 함께 살아가며 서로를 보호하다가 하루아침에 이를 끊고 가 버렸는데, 이들은 아직 그에 대한 사모하는 정을 잊지 못해 붙잡고 머무르도록 하지만 돌아보지를 않는다.

그러나 이 어찌 과연 가벼이 제 무리를 떠나며 그들에게 인정머리 없이 구는 것이랴? 이는 의로움으로써 정(情)을 재단한 것이며, 그것도 서둘러서 의로움에로 나아간 것이다. 이렇게 함으로써 육사효의 밝은 질(質)이 환히 드러나고, 이것이 사적인 친밀함에 가려지지 않는 것이다. 수고롭기로 치면 얼마나 큰 것인지라 게으름을 피우지 않고, 작은 성취에 안주하지 않은 결과다. 이는 육사효가 평소 품어 온 '광대정대함'[1048]이니, 하늘에게,

---

1047 비괘䷇의 육이효가 4효의 위(位)로 와서 이 환괘䷺의 육사효가 된 뒤, 원래 같은 부류를 이루고 있던 초육 · 육삼효사의 바람을 말하는 것이다. 이 환괘䷺의 육사효사에서는, "그 무리를 흩뜨려 버림이니 크게 길하다. 흩뜨리고 구릉에 있는데, 같은 부류들로서는 생각조차 할 수 없다.(渙其羣, 元吉. 渙有丘, 匪夷所思.)"라 하고 있다. 여기에서 '같은 부류들'이라 한 것은 육사효가 원래 비괘䷇의 육이효로 있을 적에 함께 무리를 이루고 있던 초육 · 육삼효를 가리킨다.

1048 이 '광대정대함'은 환괘䷺ 육사효의 『상전』에서 그 효사를 풀이하며 하는 말이다. 그 『상전』에서는 "'그 무리를 흩뜨려 버림이니 크게 길함'은 광명정대한 것이다.('渙其羣元吉', 光大也.)"라 하고 있다.

또 사람에게, 알려서 부끄러울 수가 없는 것이다.

嗚呼! 安小成而蔽私暱者, 非直利賴存焉; 爲物所牽而不能制義者, 多有之矣. 彼剛正者或且不能自割, 而況於柔之善牽者乎? 戴之爲邱, 推之挽之以爲宗; 思之不忘, 縈之維之以爲好; 利之所集也, 勢之所趨也, 小義之不可裁, 私恩之不可負也, 而易望其解悖吹鬱之一日哉? 因物之戴, 聊與爲主, 遲回未決, 而騎虎之勢成, 宋祖不能自免於陳橋. 況曹操之僅還四縣, 而欲孫權之不踞鑪著火耶?

역문 오호라! 작은 성취에 안주하며 사사로운 친밀함에 가리는 사람은 거기에 꼭 의존함만 있어서 그러는 것이 아니다. 다른 존재들에 의해 이끌리며 의로움대로 살 수 없는 사람은 숱하다. 저 굳세고 올바른 이들도 때로는 자신을 다스릴 수 없거늘, 하물며 부드러움[柔]이라서 남들에게 잘 이끌리는 이들이야?

그런데 그를 높은 언덕으로 추대하고, 밀고 당기고 하면서 마루[宗]로 삼을 뿐만 아니라, 그와 같은 부류들은 아직도 그를 생각하며 잊지를 못하고, 그를 얽어매고 동여매며 좋다고 여긴다. 그러니 여기에 이로움이 모이고, 세(勢)도 이리로 달려가는데, 작은 의로움으로는 재단(裁斷)할 수가 없고, 사사로운 은혜 따위는 부담이 될 수 없다. 그런데 그 어그러진 상황을 해체해 버리고 답답한 상황을 불어서 흩트려 버릴 수 있는 날을 쉽게 바랄 수 있겠는가?

다른 이들의 추대로 말미암아 종주(宗主)가 되었고, 미루며 결단을 내리지 못한다고 하더라도 이미 기호지세(騎虎之勢)는 이루었으니, 송(宋)나라 태조[趙匡胤; 927~976, 재위 960~976]로서는 진교(陳橋)의 병변(兵變)[1049]을 스스로는 면할 수가 없었다. 그런데 하물며 조조(曹操; 155~220)가 겨우 4개의 현(縣)만을 돌려주면서 손권(孫權)이 화로에 걸터앉아 불을 붙이지 않기를 바라겠는가?[1050]

1049 조광윤(趙匡胤)이 군사 정변을 일으켜서 후주(後周)를 멸망시키고 송나라를 세운 사건을 가리킨다. 959년, 후주의 세종(世宗)이 죽고, 이제 겨우 7세인 아들 공제(恭帝)가 그 유훈(遺訓)에 따라 즉위하였다. 이때 전전도점검(殿前都點檢)과 귀덕군절도사(歸德軍節度使)를 겸임하고 있던 조광윤은 금군(禁軍)의 고위 장령(將領)들과 함께 군권을 장악하고 있었다. 그 이듬해 정월 초, 거란군이 북한(北漢)과 연합하여 후주를 공격해 오고 있다는 소식이 들려왔다. 이에 조정 대신들은 미처 그 진위여부를 판단하지조차 못한 채, 조광윤에게 여러 부대를 통솔하여 나가서 적을 막게 했다. 그런데 조광윤의 군대는 진교역(陳橋驛)에 도달한 뒤 후주에 반기를 드는 군사 정변을 일으켰다. 이때 그의 장수들은 조광윤에게 황포(黃袍)를 입히고 그를 황제로 추대하였다. 조광윤의 군대가 회군하여 개봉(開封)으로 돌아오자, 경성의 수장(守將)이던 석수신(石守信; 928~984)·왕심기(王審琦; 925~974) 등이 성문을 열고 조광윤 군대의 입성을 영접하였다. 이들은 사실 이전부터 조광윤과 결의형제였다. 이후 이들은 공제(恭帝)를 겁박하여 조광윤에게 선위(禪位)하도록 하였고, 결국 성공하였다. 조광윤은 즉위한 뒤 국호를 '송'으로 바꾸고, 수도는 여전히 개봉(開封)으로 삼았다. 그를 도왔던 장수들은 모두 절도사의 지위를 받았다. 이것은 오대십국 시기의 마지막 왕조 교체였고, 이로 말미암아 오대십국 시기는 끝났다.(이상, 『宋史』, 「太祖本紀」 참고.)

1050 건안(建安) 24년(219), 5월부터 위왕(魏王) 조조에게 천도를 생각할 정도로 압박하며 괴롭히던 관우(關羽)의 군대를 손권의 부하 여몽(呂蒙; 178~220)이 10월에 궤멸시키고, 12월에 손권은 사로잡은 관우를 죽였다. 그러자 조조는 손권(孫權)을 표기장군(驃騎將軍)으로 삼고, 그에게 부절(符節)을 내주었으며, 형주목(荊州牧)에 임명하고, 남창후(南昌侯)에 봉했다. 이에 손권은 자신의 교위(校尉) 양우(梁寓; ?~?)를 파견하여 조조에게 조공을 바치게 했고, 또 환성(皖城)의 싸움에서 포로로 잡은 주광(朱光; ?~?)을 비롯한 조조의 수하 장수들을 조조에게 돌려보냈다. 그리고는 조조에게 손권 자신을 '신(臣)'이라 칭하는 글을 올리며, 조조가 '천명(天命)'을 받은 것처럼 말했다. 조조는 이 손권의 편지를 사람들에게 내보이며, "이 아이가 내가 피운 화롯불 위에 걸터앉고자 하는 것인가?"라고 우쭐해하였다. 이에 시중 진군(陳羣; ?~236)을 비롯한 조조의 부하들이 이구동성으로 한(漢)나라는 이미 망했고 전하의 공덕은 높고도 높아 백성들이 모두 우러러보니, 손권이 멀리서도 신하라 칭한 것이라 하였다. 그리고 이는 하늘과 사람이 응하는 것이고, 기(氣)가 다른 것들이 같은 소리를 내는 것과 같다고 하며, 조조에게 황제의 자리에 오를 것을 권유하였다. 그러나 조조는 "만약에 천명이 내게 있다고 한다면, 나는 주문왕(周文王)이 되겠노라."라고 대답할 뿐이었다. 주문왕은 아직 은나라를 상전으로 받들며 모신 인물이다. 그의 아들 무왕이 비로소 목야(牧野)의 전투에서 은나라 주왕(紂王)을 죽이고, 주나라가 중원의 주인이 되게 하였다.(이상 『자치통감』 권68, 「漢紀, 孝獻皇帝癸」, 建安 24년 조 등 참고.)

舍中正, 即散地, 升邱而觀天位之光, 受命以還, 開戶以盪物之險, 其唯大人乎! 則天下爲功, 而鬼神可格. 劉虞有其德而无其才, 陶侃有其才而无其德, 固未足以幾此也. 聖人以正待人, 而不疑於憂患, 撓之乃以通之, 危之乃以拯之, 光大无慙, 而鬼神可假, 曾何險阻之足云!

역문 중정(中正)함을 버리고서 한산한 곳으로 간 것이며,[1051] 구릉에 올라서 천위(天位)의 광경을 관망하고 명(命)을 받아서 돌아와,[1052] 문을 열고서 다른 이들의 험난함을 싹 쓸어 버린다. 이는 오로지 대인이로다! 이러한 인물이라면 세상 사람들에게 공을 세우고, 귀신도 이르게 할 수 있다. 유우(劉虞; ?~193)에게는 이러한 덕은 있었지만 이를 실현할 재능은 없었고,[1053] 도간(陶侃; 259~334)에게는 이를 실현할 재능은 있었으나 이러한 덕이 없었다.[1054] 그러므로 이들은 본디 이 육사효에 가깝다고 하기에는 부족하다.

1051 이는 환괘䷺의 육사효가 비괘䷇의 육이효에서 간 것을 지칭하는 말이다. 비괘䷇의 육이효 자리에서는 중정한 것이었는데, 지금 가서 있는 환괘䷺의 육사효의 위(位)는 한산한 곳이라는 의미다.

1052 이는 환괘䷺의 육사효가 회괘(悔卦)에서 중정한 자리, 즉 하늘의 위(位)에 있는 구오효에 대해서 갖는 관계를 바탕으로 해서 하는 말이다.

1053 유우는 후한의 종실 후손으로서 유주자사(幽州刺史) · 감릉국상(甘陵國相) · 종정(宗正) · 다사마(大司馬) · 양분후(襄賁侯) · 태부(太傅) 등을 역임하였다. 초평(初平) 원년(190), 한복(韓馥; ?~약192) · 원소(袁紹; 154~202) 및 산동(山東)의 장군들이 그에게 천자의 위(位)에 오를 것을 추대하였으나, 그는 엄한 얼굴로 이를 거절하고 끝까지 한나라 황실에 충성을 다 바쳤다. 그래서 왕부지는 여기에서 이 유우에게 '덕이 있다'라고 말하는 것이다. 그러나 헌제(獻帝; 181~234, 재위 189~220)를 영접하려다가는 원술(袁術)에 의해 구류되는 바람에 불발되었고, 공손찬(公孫瓚; ?~199)을 치려다 오히려 그에게 죽임을 당했다. 그래서 왕부지는 여기에서 그에게 '재능이 없다'라고 말한 것이다. 유우는 당대에 명망이 극히 높았던 한나라 황실의 친척이고, 성품이 온후 · 인자한 것으로 평가받았다.(이상 『後漢書』, 「劉虞傳」 참고.)

1054 도간은 양진(兩晉) 시기의 명장이다. 한미한 가문 출신이었는데, 장창(張昌; ?~304)이 반란

성인들은 올바름으로써 사람을 대하며, 우려와 환란에 대해서 의심하지 않는다. 좌절하여서는 통하게 하고, 위태로워서는 구해 주니, 광명정대하여 부끄러워할 것이 없고, 신묘함[神]도 이를 수 있다. 그러니 일찍이 어떤 험난함이 그를 가로막을 수 있다고 할 만하겠는가!

을 일으킨 초기에 이를 진압함으로써 그 전공으로 일약 출세의 가도를 달렸다. 마지막에는 상태위(上太尉)의 지위에까지 올랐다. 그는 병권을 장악하고 팔주(八州)의 군사를 모두 그의 지휘하에 두었으며, 아울러 형주(荊州)·강주(江州)의 자사를 역임하였다. 그런데 도간은 이 형주자사로 있으면서 서진(西晉)이 멸망하는 것을 그대로 지켜보기만 했고, 동진(東晉)에 들어와서도 다시 번(藩)에서 웅거하며 자신의 세력을 키웠다는 비판을 받는다. 그래서 왕부지는 여기에서 그에게 재능은 있으나 이러한 덕이 없다고 말하는 것이다.

절괘

䷻節

陰陽分而數均, 陽皆內, 陰皆外,二陽上二陰, 一陽上一陰. 則德正. 夫如是, '節'且侔功於天地矣. 而抑有不然者. 文質, 相成者也; 恩威, 相倚者也; 男女, 相諧者也; 君子小人, 相養者也. 故'泰'之道盛矣, 不惜五位以居陰也; 享其實, 不竝取其名也. '既濟'之道得矣, 授陰以二使貞遂也; 正其分, 不更替其權也. 故質賓文而文亦有尚, 恩賓威而威亦有功, 男賓女而女亦有位, 君子賓小人而小人亦有居. 既均其數, 又賓其德, 猶復兩宅其中, 以制柔於散地, '節'於是而苦矣.

역문 이 절괘䷻에서는 음(--)과 양(—)이 나뉘어 그 수(數)에서 균형을 이루고 있을 뿐만 아니라, 양들은 안에 있고 음들은 밖에 있으므로[1055] 그 덕(德)도 올바르다. 이와 같으므로 이 절괘䷻는 또한 하늘 · 땅에 공(功)이 맞먹는다.

그러나 또한 그렇지 않은 면도 있다. 문(文)과 질(質)은 서로 이루어 주는 것들이고, 은택과 위엄은 서로 의지하는 것들이다. 그리고 남자와 여자는 서

1055 **저자 자주**(自註): (이 절괘䷻에서는) 두 양들(⚌) 위에 두 음들(⚏)이 있고, 한 양(—) 위에 한 음(--)이 있다.

로 화합(和合)하는 존재들이고, 군자와 소인은 서로 길러 주는 존재들이다.

그러므로 태괘(泰卦)䷊의 도(道)는 성대한 것이니, 그 5효의 위(位)에 음(--)이 거처한다고 해서 해석해하지 않는다. 양(—)들은 그 실질을 누릴 뿐, 그 이름까지를 아울러 취하지는 않는 것이다. 기제괘䷾도 그 도(道)는 이루어졌으니, 양(—)들은 음(--)에게 2효의 위(位)를 주어서 올곧음[貞]이 이루어지게 하고 있으며, 그 나뉨을 올바르게 할 뿐, 다시는 자신들이 그 권한을 대체하려 들지 않는다. 그러므로 이들 괘에서는 질(質)이 문(文)을 손님으로 대하여 문(文)에게도 숭상함이 있고, 은택은 위엄을 손님으로 대하여 위엄에도 공(功)이 있으며, 남자도 여자를 손님으로 대하여 여자에게도 위(位)가 있는 것이다. 또한 군자도 소인을 손님으로 대하여 소인에게도 거처할 곳이 있는 것이다.

그런데 이 절괘䷻에서는 양자(兩者) 사이에 그 수(數)가 균형을 이루고 또 한쪽이 상대의 덕(德)을 손님으로 대하면서도, 오히려 양자의 집을 그 속에서 복구함으로써 한산한 곳에서 부드러움[柔]을 제어하고 있다.[1056] 절괘䷻는 이렇게 함에서 고통스러운 것이다.[1057]

1056 이 절괘䷻의 구이 · 구오효가 가운데 위(位)를 차지하고서 음(--)들을 한산한 곳으로 내몰고 있다는 의미다.

1057 이는 이 괘䷻의 괘사를 근거로 하는 말이다. 그 괘사에서는 "쓰디쓴 절제니 올곧을 수 없다.(苦節不可貞.)"라 하고 있다. 그리고 그 상육효사에서도 "절제에 고통스러워함이다. 올곧지만 흉하다. 후회함은 없다.(苦節, 貞凶, 悔亡.)"로 되어 있다. 왕부지는 『주역내전』에서 이에 대해 "구오효가 중도를 실현하며 절제하고 있는데, 물(物)들은 이를 마음으로 달가워하며, 덜어 줄 수가 없다. 그런데 이 상육효는 오히려 이를 잘못이라고 여기고, 사람들이 정서상 감내할 수 없는 정도로 자신을 제재하며 억제하고 있다. 이 상육효에게 비록 음탕하고 안일한 과오가 없어서 '올곧다'고는 할 수 있으나, 이렇게 사람의 정서를 거스르면서까지 검소함을 고수하려는 의지를 시행하니, 이는 흉함을 초래하는 길이다.(五以中道爲節, 而物情甘之, 不可損也. 上猶以爲過, 而裁抑之以人情之所不堪, 雖無淫泆之過, 可謂貞矣, 而違物以行其儉固之志, 凶道也.)"라고 풀이하고 있다.

可以惟吾意之所欲爲, 施之物而不敢違, 傳之天下後世而不得議, 吾自甘之, 能俾天下之不苦之乎? 孤行自尙, 苦不可貞, 亦危矣哉! 履正位而不慙, 制萬有而爲之主, 五可行也, 二則何居? 察閨門之細過, 則釁起於蕭牆; 尸百職之小事, 則人離其心德. 虔矯逮於用恩之地, 則和氣戾於周親; 堅忍去其不容已之文, 則至情因而吝僿. 規規然以宰制天下之大綱, 爲門庭之細目, 蔑論人也, 卽自顧其身心, 亦苶檗終年而不見道之可樂矣. 乃苟以謝於人曰: 我與彼之數均而非有餘也, 我自宜爲主, 而賓之乃以安之也. 又誰信之!

역문 오직 내 생각에 하고 싶은 것이라 하여 남들에게 시행하더라도, 그들이 감히 어기지를 못하고, 후세 사람들에게 전해지더라도 이러쿵저러쿵 의론할 수가 없다면, 나 자신에게는 이것이 달콤할 것이다. 그러나 세상 사람들이 고통스러워하지 않게 할 수 있을까? 남의 눈치 안 보고 자기 하고 싶은 대로 하며 자신을 높이 치는 것은, 고통스럽고 올곧을 수가 없으며, 또한 위험한 것일지어다!

올바른 위(位)를 차지하여 부끄러워하지 않고, 존재하는 모든 것들을 통제하며 주인이 되는 것을 이 절괘䷻의 구오효는 할 수 있다. 그러나 구이효라면 어떻게 이것이 가능하겠는가? 규방의 문틈으로 미세하게 지나가는 것들을 살피면 불화의 발단이 담장 안에서 일어나고, 여러 사람이 해야 할 자질구레한 일들을 혼자서 주관하려 들면 사람들은 그 마음 씀씀이에 기가 질려 떠나게 된다. 윗사람의 명(命)을 사칭하여 남의 재물을 강탈함이 은혜를 베풀어야 할 곳에까지 미친다면, 화목한 기운은 모두와 두루 친하지 않게 펼쳐질 것이다. 또 굳게 참고 견딤만을 강조하여 어찌할 도리가 없는 문(文)을 떠나게 한다면, 사람들의 지극한 정(情)도 덩달아서 인색해지고 엷어진다. 그리고 자질구레한 것들에 얽매인 태도로써 사람 세상을 이루는 큰 강령을 얽어매면 그것은 마치 한 가정의 세목(細目)처럼 될 것이며, 사람을 논함에 대해 모멸감을 줄 것이다. 그리하여 스스로 그 몸과 마음을 돌아보더라도 죽을 때까지 쓰디쓴 맛만을 볼 뿐 도(道)를 즐길 수 있다는 것을 알지 못할 것이다. 그런데도 그는 구차하게 사람들에게 감사하며, "나와 저들의 수(數)는 균등하여 남는 것이 없지만, 나 스스로 마땅히 주인이 되어서 저들을 손님으로 모심으로써 편안하게 한다."라고 말한다. 그러나 뉘라서 이 말을 믿으리오![1058]

嗚呼! 古今之不相若, 厚薄之差也. 三代不可復矣, 刑賞皆其忠厚, 清議亦尚含弘. 至於漢而德意猶有存者, 故史遷·班固之傳酷吏也, 皆其礪節亢行, 損物而先自損者也. 至於宋而公論移矣. 包拯之酷也, 而天下頌之. 然在當時, 猶有憂其亂天下者. 流及於海瑞, 而合廷野之人心, 蔑不翕然焉. 夫拯與瑞, 則'不出門庭'之智計而已. 管仲匡天下, 而猶曰'器小', 況拯與瑞之區區者乎! '泰'遜天位以永安, '既濟'予禴祭以錫福, 君子之道固如此. '不可貞'者, 自鳴其貞, 而天下之害烈矣. 始於相苦也, 終於相激也, 故天下之害烈也.

1058 이 절괘䷻ 구이효사는 "대문이나 집을 나서지 않음이다. 흉하다.(不出門庭, 凶.)"로 되어 있다. 이에 대해 왕부지는 『주역내전』에서 "여기에서 '門(문)'은 대문을 의미하고, '庭(정)'은 집을 의미한다. 이미 안에서 삼가야 한다는 것을 살피고 밖으로 나온 것이니, 행동에 옮겨도 된다. 그런데 초육효의 원리를 좇아서 절제해 버리니, 삼가기만 할 뿐 예에 맞게 행동함은 없는 것이다. 이 구이효의 굳셈은 제자리가 아닌 곳에 와 있고, 막힘의 원리에 대해서만 알 뿐 나가서 통하게 해야 한다는 것은 모른다. 그래서 흉하다.(門, 大門; 庭, 其廡也. 既審愼於內而出於外矣, 則行焉可矣, 又從而節之, 愼而無禮者也. 剛非其位, 知塞而不知通, 故凶.)"라 풀이하고 있다.

역문 오호라! 옛날과 지금은 같지 않아서 두텁고 엷음의 차이가 있다. 삼대(三代)는 회복할 수 없지만, 그 시대의 형(刑)과 상(賞)은 모두 진실·관대하였고, 진실하고 공정한 의론을 하였으면서도 넓고 두터움을 높이 쳤다. 한대(漢代)에 이르러서도 은덕을 베풀고자 하는 마음과 뜻이 오히려 존재하였다. 그래서 사마천(司馬遷)과 반고(班固)는 그들의 역사서에서 혹리(酷吏)들에 관해 전하고 있다. 여기에서 전하고 있는 혹리들은 한결같이 숫돌에 갈아 낸 듯한 절의와 지나친 행동으로써 남들에게 손해를 입히면서도 먼저 자신이 손해를 입은 이들이다.

송대(宋代)에 이르러서는 공론(公論)이 바뀌었다. 그래서 포증(包拯; 999~1062)이 혹독하게 일을 처리하였음에 대해 세상 사람들이 칭송함은 사실이다. 그러나 포증은 당시 사람들에게 오히려 세상을 어지럽히고 있다는 우려를 주었다.[1059] 이러한 흐름은 해서(海瑞; 1514~1587)에 이르러 조정과

1059 포증(999~1062) 중국 북송 시대의 관리다. 과거에 급제하여 관로에 나아간 포증은, 감찰어사(처음에는 監察禦史裏行이었다가 나중에 정식으로 監察禦史가 됨)가 되어 탐관(貪官)들을 징치하였다. 이때 그는 관리의 복무태도로서 '청렴'이 백성들의 본보기가 되어야 한다고 여겼으며, 그에 반하여 '탐장(貪贓)'은 백성들을 도둑질하는 것이라 여겼다.

인종(仁宗) 가우(嘉祐) 2년(1057) 3월에 포증은 개봉부윤(開封府尹)에 임명되어 1년 3개월 동안 직책을 수행하였는데, 이 짧은 기간 동안 그는 당시 누구도 다스리지 못하리라고 정평이 나 있던 개봉부를 맑고 깨끗한 곳으로 바꾸어 놓았다. 이때 그는 권문세족들의 불법 행위를 과감하게 처단하였고, 개봉부 관리들의 오만하고 제멋대로인 근무 태도를 단호하게 제지하였으며, 무고한 백성들의 억울한 사안을 그때그때 정확하게 처리하여 주었다.

그 3년 뒤(1061)에는 추밀부사((樞密副使)가 되어 송나라 최고 결책(決策) 기관인 '2부(二府; 中書省과 樞密院을 합쳐서 부르는 말)'의 한 구성원이 되었지만, 먹는 것이나 입는 것, 사용하는 도구들이 여전히 평민일 적 그대로여서, 중국 '청관(淸官; 엄정하고 염결한 관리)'의 전형으로 꼽힌다. 포증의 이러한 복무 태도에 대해 당시 사람들 가운데는 '황하의 물이 백 년이 간들 맑아질쏘냐!' 하는 의미에서 '황하청(黃河清)'에 비유하며 그를 비웃기도 하였다. 그러나 그와 함께 조정에서 일하였던 구양수(歐陽修), 사마광(司馬光)은 물론 후대의 주희(朱熹), 유창(劉敞), 호적(胡適), 노신(魯迅) 등은 그에 대해 대단히 높이 평가하고 있다.

다만 왕부지가 여기에서 포증을 비판하는 근거는, 그가 아랫사람들의 능력은 전혀 고려

재야의 사람 마음을 화합하였고, 여기에 동조하지 않는 사람은 멸시하였다.[1060] 그러나 포증과 해서는 '대문이나 집을 나서지 않은'[1061] 지모와 계책

하지 않고 천편일률적으로 원칙만을 지나치게 강조하며 그대로 밀어붙였다는 점에서다. 이렇게 하면 능력이 안 되는 사람들로서는 그 자체가 불안 요인이 되기 때문이다.

그는 중국 역사상 '맑고 바르며 굳세고 곧은(清正剛直)' 관리의 대명사로 평가받는다. 그래서 그를 '포청천(包青天)'이라 부르는데, 이는 티브이 드라마를 통해서도 우리나라 사람들에게 잘 알려진 그의 별명이다. 중국의 민간신앙에서는 그를 '신명(神明)'으로 여기며 숭배의 대상으로 삼고 있다. 또 그를 문곡성(文曲星)이 사람의 형상으로 세상에 내려온 것이라 여긴다. 죽은 뒤에는 지옥의 염라대왕이 되었다고 한다. 그의 얼굴빛이 검다는 것 때문에 '포흑자(包黑子)', '포흑탄(包黑炭)'이라는 별명으로도 불렸다.

1060 해서는 명나라 때의 정치가, 언관(言官), 청관(淸官)이다. 과거에 급급하지 않았던 해서는 37세에야 겨우 향시에 급제하여, 거인(擧人)으로서 벼슬길에 올랐다. 그리하여 그이 나이 40세 되던 해(1553), 해서는 복건(福建)의 남평현(南平縣) 교유(敎諭)에 임명되는 것으로서 벼슬살이를 시작하게 된다. 그리고 45세 되던 해(1558), 해서는 절강(浙江)의 순안현(淳安縣) 지현(知縣)으로 승진하였다. 이때 그는 토지를 새로이 정확하게 측량하고 요역을 고르게 하였으며, 현민들에게 세금 이외의 부담을 줄여 주었다.

지방 관직을 전전하던 해서는 51세 되던 해(1564)에 호부(戶部)의 운남사(雲南司) 주사(主事)로 승진함으로써, 비로소 중앙 관로에 올랐다. 이듬해(1565) 해서는 가정제(嘉靖帝; 1507~1567, 재위 1521~1567)에게 「치안소(治安疏)」를 올려, 가정제가 즉위 초에는 훌륭한 정치를 했으나, 날이 갈수록 조정의 기강이 시들해지고, 관원들이 부패하여 백성들이 괴로워하고 있다고 주장하며, 가정제에게 심기일전하여 황제로서의 위엄과 상응하는 치적을 보여 주라고 요구하였다. 그러나 이것이 가정제의 진노를 샀다. 그런데 그 내용이 구구절절이 옳은 말이어서 더욱 분이 풀리지 않은 가정제는 해서를 궁중의 감옥에 가두어 버렸다. 이듬해(1567) 겨울 가정제가 죽고, 대를 이어 융경제(隆慶帝; 1537~1572, 재위 1567~1572)가 즉위해서는 가정제의 유언을 받들어 해서를 석방하였다. 석방된 뒤 해서는 승진에 승진을 거듭하였다.

그의 나이 56세 되던 해(1569), 해서는 응천부(應天府) 순무(巡撫)를 맡아 외직으로 나갔다. 마침 양자강이 범람한 것을 목도하고는, 그 고을 수령으로서 해서는 그의 혜안을 발휘하여, 수십 년 동안 해결하지 못하던 치수(治水) 사업을 성공리에 이끌었다. 황포강 가에 있던 상해현(上海縣)이 이로부터 발전하여 오늘날 중국에서 가장 큰 도시가 될 수 있었다. 해서의 공은 그만큼 크다고 할 수 있다.

또 강남순무(江南巡撫)가 되었을 적에 해서는, 가문 대대로 24만 무(畝)의 농지를 과점하여 백성들의 원성을 사고 있던 서계(徐階; 1503~1583)에게 농지를 양보하지 않을 수 없도록 조여 붙여서, 그의 농지 절반을 할양받았다. 이러한 해서에 대해 당시 백성들은 '해청천(海青天)'이라 부르며, "포공(包公; 포청천)이 다시 세상에 나타났다.[包公再世.]"라고 칭송하였다.

을 낸 정도에 지나지 않을 따름이다. 이에 비해 관중(管仲; B.C. 약 725~B.C.645)은 사람 세상을 올바르게 하며 사람들을 구제하였음에도, 공자는 이 관중에 대해 오히려 '그릇이 작다'라고 평가하였거늘,[1062] 하물며 포증과 해서의 구구(區區)함에 대해서랴!

태괘☷에서 양(—)들은 음(--)에게 하늘의 위(位)를 양보하여 영원한 평안을 얻고 있고, 기제괘☵에서는 구오효가 육사효에게 약제(禴祭)를 지내게 하여 복을 내리게 한다.[1063] 군자의 도(道)가 본디 이와 같다. 그런데 이

그런데 해서에게서 이러한 조치를 강요당한 서계도 사실은 만만치 않은 인물이었다. 서계는 당시 수보(首輔)의 직위에 있었는데, 이는 내각의 수석 태학사(太學士)로서, 실제로는 재상의 권한을 행사하던 최고위직이었다. 서계는 가정제에서 융경제로 이어지는 동안 총 17년을 내각에서 역임하고, 원보(元輔)를 7년이나 역임하는 등, 40년 넘게 관직에 있던 인물이었다. 그래서 당시 사람들은 서계를 '원신(元臣)'으로 부를 정도였다. 이러한 서계에게서 그 농지를 절반이나 할양받아서 농민들에게 돌려준 해서의 능력은 그만큼 높다고 할 수 있다.

이러한 해서도 말년에는 세를 잃고 한직을 떠돌다가 죽었다. 그가 죽었을 때 그의 집에는 염(殮)하며 입힐 만한 옷조차 없을 정도로 해서는 청빈한 삶을 살았다. 이에 감동한 그 관리는 눈물을 흘렸다고 한다. 다행히 동료들의 도움을 받아 그의 장례를 치를 수 있었다고 한다. 그의 마지막 가는 길을 배송하려고 나온 백성들이 강의 양 둑을 가득 메웠으며, 뇌주(酹酒)를 하며 곡을 하는 사람이 100리에 이르렀다고 한다.(이상 『海瑞集』, 『海忠介公全集』 및 『世經堂集』, 『明儒學案』 등 참고.)

1061 이는 절괘☵의 구이효사에 나오는 말이다. 이 효사에서는 "대문이나 집을 나서지 않음이다. 흉하다.(不出門庭, 凶.)"라 하고 있다. 이에 대해 『주역내전』에서 왕부지는, "이미 집안에서 삼가야 한다는 것을 살피고 밖으로 나온 것이니, 행동에 옮겨도 된다. 그런데 초육효의 원리를 좇아서 절제해버리니, 삼가기만 할 뿐 예에 맞게 행동함은 없는 것이다. 이 구이효의 굳셈은 제자리가 아닌 곳에 와 있고, 막힘의 원리에 대해서만 알 뿐 나가서 통하게 해야 한다는 것은 모른다. 그래서 흉하다.(既審愼於內而出於外矣, 則行焉可矣, 又從而節之, 愼而無禮者也. 剛非其位, 知塞而不知通, 故凶.)"라고 풀이하고 있다.

1062 『論語』, 「八佾」: 子曰, "管仲之器, 小哉!"

1063 기제괘☵의 구오효사는 "동쪽 이웃이 소를 잡아 제사를 지냄이 서쪽 이웃의 약제(禴祭)만 못하다. 실로 그 복을 받는다.(東鄰殺牛, 不如西鄰之禴祭, 實受其福.)"로 되어 있다. 그런데 왕부지는 이 효사에서 동쪽 이웃은 상육효, 서쪽 이웃은 구사효라고 한다. 주례(周禮)를 근거로 할 때, 북쪽에 있는 사람이 주인공이면 동쪽은 높은 사람, 서쪽은 낮은 사람이 자리 잡는다고 한다. 왕부지는 『주역패소』에서 이에 대해 설명하고 있다. 윗사람이 아랫사람에

와는 달리 이 절괘䷻의 괘사에서 '올곧을 수 없다'라고 한 것은 스스로 그 올곧음을 울려 댐이니, 세상에 끼치는 해로움이 매서운 것이다. 이 절괘䷻에서는 서로 괴로움을 주는 데서 시작하였다가 서로 격동하는 것으로 끝난다. 그래서 세상 사람들이 입는 피해가 그만큼 매서운 것이다.

게 임할 적에는 신분이 높은 사람이 왼쪽에 서고 신분이 낮은 사람들이 오른쪽에 선다고 한다. 그래서 윗사람이 북쪽에서 남쪽을 바라보고 있다면 왼쪽이 동쪽으로서 신분이 높은 사람들이 서 있고, 오른쪽이 서쪽으로서 신분이 낮은 사람들이 서 있게 된다. 예(禮)와 관련된 문헌들에서는 모두 이렇게 기술하고 있다는 것이다. 제사상 차림의 원리도 이와 같다. 그러므로 천자를 상징하는 이 구오효사의 입장에서 보면, 동쪽 이웃은 상육효가 되고, 서쪽 이웃은 육사효가 된다. 그런데 상육효는 이미 다 건너갔다고 하여 교만하고, 육사효는 건너가야 할 입장이기 때문에 행동을 삼간다. 그러므로 이 구오효는 오직 육사효에게만 복을 준다는 것이다. 그런데 상육효는 지극히 높은 자리에 올라 도리에 어긋나게 함부로 천자가 하늘과 땅에게 지내는 제사[郊禮]를 지내고 있으니, 신(神)이 그 제물을 흠향(歆饗)하지도 않고 복을 주지도 않는다는 것이다.(『周易稗疏』, '東鄰殺牛不如西鄰之禴祭'條: 自上臨下, 上者左而下者右, 左爲東, 右爲西, 『禮』文每以此言. 東西隣者, 九五之隣, 上六其東隣, 六四其西隣也. 上六已濟而驕, 六四求濟而愼, 故五之福之, 獨施於四. … 上六躋于至高之位, 僭行郊禮, 故神不享而福不降. 禴祭以愼受福, 亦非以儉而勝豊.)

중부괘

䷼中孚

夫欲施信於天下, 則內不失己, 外不廢物, 以作之量. 廢物, 則己无所載, '大過'擯陰, 棟之撓也; 失己, 則物无與依, '小過'去中, 飛鳥之凶也. 稱情以爲本末, 而末无廢位; 要禮以爲重輕, 而重无失權. 陽中而陰內, 夫乃以情理盡而疑或消, 則'中孚'是已.

역문 세상 사람들에게 믿음을 주려면, 안으로 자신을 잃지 않고 밖으로 남들을 배척하지 않음으로써 자신의 국량을 키워야 한다. 남들을 버리면 자기를 실어 줄 사람들이 없다. 대과괘䷛가 음(--)들을 물리쳐서 용마루가 휘어 버림[1064]이 이를 상징한다. 이에 비해 자신을 잃어버리면 남들로서 의거할 곳이 없다. 소과괘䷽에서 양들(⚌)이 모두 구이·구오효의 중위(中位)들을 떠나 있어서 날아가는 새들의 흉함을 이루고 있음[1065]이 이를 상징한다.

실정을 저울질해서 본(本)·말(末)을 정하는 것인데, 말(末)이라 하여 그

1064 대과괘䷛의 괘사에 나오는 말이다. 이 대과괘䷛에서는 양(—)들이 음(--)들을 밖으로 내모는 상(象)을 이루고 있다.

1065 소과괘䷽의 괘사 가운데 나오는 구절이다. 이 괘사에서는, "날아가는 새가 소리를 남기니, 올라가는 것은 마땅치 않고 내려가는 것이 마땅하다.(飛鳥遺之音, 不宜上, 宜下.)"라 하고 있다.

위(位)를 폐하지 않는다. 또 예(禮)에 맞추어서 경(輕) · 중(重)을 정하는 것인데, 중(重)한 것이 권세를 잃어버려서는 안 된다. 양들(⚌)은 구이 · 구오효의 중위들을 차지하고 있고 음들(⚏)은 안의 위(位)들을 차지하고 있음으로써, 정(情)을 다하고 이치에 다 맞게 하면서도 혹시라도 의심 내는 것들을 해소할 수 있는 것, 중부괘䷼가 바로 이러하다.[1066]

且夫陽, 主陰者也. 主陰者, 統陰而交之也. 統之而與爲交, 而先授之以必疑必貳之勢, 推釁端者必以咎陽心之不固焉. 將往主之, 必先有以宅之; 擯之而疑生, 則亦納之而疑釋矣. 將欲交之, 必固有以與之; 居約而予之者儉, 則意不厭而貳; 如其處實而予之者豐, 則欲可給而壹矣.

역문 양(陽)은 음(陰)을 주재하는 존재다. 음을 주재함이란 음을 통어(統御)하면서 그와 사귐을 의미한다. 음을 통어하며 더불어 사귀되, 그들에게 반드시 의심을 내게 하고 반드시 두 마음을 품게 할 세(勢)를 먼저 내준다면, 싸움을 일으킬 실마리를 이끌어내는 것이 반드시 견고하지 못한 양의 마음에 허물로 다가온다. 가서 음들을 주재하려 할 적에는 반드시 먼저 그들에게 살 집을 주어야 한다. 또 그들을 배척하여 의심을 일으키게 된다면, 그들을 용납해야 그 의심이 풀린다. 그들과 사귀려 하면 반드시 자신에게 본래 있는 것들을 그들에게 주어야 한다. 예컨대 자신이 간소하게 살아가면서 그들에게 주는 것이 검박(儉薄)하면, 그들은 생각 속에서 이를 싫어하

1066 이 중부괘䷼에서는 양들(⚌)이 구이 · 구오효의 중위들을 차지하고 있음으로써 권세를 잃지 않고 있고, 음들(⚏)도 안에서 3 · 4효의 위(位)들을 차지하고 있음으로써 위(位)를 잃지 않고 있다는 것이다.

며 두 마음을 품거나 하지 않는다. 또 현실적인 문제들을 잘 처리하면서도 주는 것이 풍성하면, 그들의 욕구를 충족시켜 줄 수 있어서 자신과 한마음이 되는 것이다.

是故三·四位散, 二·五位正, '中孚'之奠陰陽於所麗者, 既截然以分其貴賤之區. 然'兌'·'巽'皆陰, 二·五得中而非其世, 則權終不盛; 三·四爲'兌'·'巽'之主, 宅散而不得正, 則位非所安. 而'中孚'之交·盡於情理者, 二·五積陽於初·上, 固得輔以自強; 三·四連陰於異體, 樂處內以益親. 得輔以強, 陽有留中而不替; 處內益親, 陰且外比而不憂. 揆之理, 絜之情, 存大正而授物以安, 疑貳之消, 不待合於介紹矣.

역문 그러므로 3·4위(位)는 한산하고 2·5위(位)는 올바른 것으로서, 이 중부괘䷼에서는 음·양을 자리 잡고 있을 곳에다 정해 놓고 있다. 또 음·양 사이를 이미 확실하게 맺고 끊어서 귀·천의 구역을 나누고 있다.

이에 비해 태괘䷹·손괘䷸는 모두 음(陰)의 괘들이기는 하지만, 양(⚊)들이 2·5위(位)에서 득중하고 있어서 이들의 세상이 아니다. 그리하여 이 두 괘에서는 음들의 권력이 끝내 성대하지 않다. 이들 괘에서 3효와 4효는 각각 태괘䷹·손괘䷸의 주효(主爻)이지만, 사는 집이 한미한 곳에 있고 올바름을 얻지 못하였으니, 지금의 그 위(位)들이 이들에게는 편하지 않다.

이 중부괘䷼에서는 양(陽)들이 음(陰)들과 정(情)을 다하며 이치에도 다 맞게 사귀고 있다. 또 구이·구오 두 효는 양(⚊)을 초·상효의 위(位)에서부터 누적하고 있는데, 진실로 이들의 도움을 얻어서 스스로 강해지고 있다. 그런가 하면 육삼·육사효는 자신들과 다른 몸들 속에서 그 음들(⚋)

을 잇닿고 있으니, 안에서 거처함을 즐기면서 더욱 친해진다. 즉 도움을 얻어서 강해지니 양(⚊)들은 중위(中位)에 머물면서 교체하지 않고, 안에서 거처하며 더욱 친해지니 음들(⚏)은 밖으로 양들(⚌)과 나란히 하면서도 걱정하지 않는다. 이치에 맞게 하고, 정(情)이 순결하니, 크고 올바름을 보존하여 남들에게 편안함을 주며, 의심과 두 마음을 해소해 버린다. 그리하여 굳이 중간에서 간여하는 것에 의존하지 않더라도 합치함을 이룬다.

夫陰陽非類也, 其相與非應也, 時與位其尤不齊也, 而且孚以无間, 由是天下豈有不可施之信哉! 執己之堅而擯物, 然後物起而疑之; 隨物以諧而喪己, 然後物得而貳之. 況夫陰之柔弱而僅相保者, 亦深願樹陽以爲藩屛, 而冥處於奧區乎!

역문 음(陰)과 양(陽)은 같은 부류가 아니고, 이들이 서로 함께함도 제대로 응함[正應]이 아닌데, 이 중부괘䷼에서는 이들의 시(時)와 위(位)가 더욱 고르지 않다. 그런데도 이들이 틈이 없이 서로 믿고 있다. 이러할진대 이 세상에 어찌 믿음을 펼칠 수 없겠는가!

자기를 고집하는 것이 완고한 채로 남들을 배척한 뒤에는, 남들이 일어나서 그를 의심하는 것이다. 그런가 하면 남들과 어울리기에 급급하여 남들을 좇아가다가 자신을 상실해 버린 뒤에는, 남들이 그에게 두 마음을 품을 수가 있는 것이다. 하물며 이 중부괘䷼에서는 음(陰)들이 유약한 채로 겨우 서로를 보호하고 있고, 또한 양(陽)들을 그들의 울타리로 세워서 보호막으로 삼고자 깊이 원하며, 그윽한 구역에서 남들의 눈에 잘 띄지 않게 처신하고 있는대야!

故就暵以息肩，深藏以保富，授之樂土而无吝，貞其疆域而不干，則始於說以消懟，終於順以革亢，'豚魚'可格，无往不孚，陽之所受，亦弘矣哉！樞機在我，而'好爵'无私，孚乃'化邦'，豈有爽與！

역문 그러므로 따뜻한 곳으로 가서 휴식하고, 깊이 감추어서 자신의 부유함을 보존하고, 낙토(樂土)를 제공하기에 인색함이 없고, 서로의 영역을 확실히 하여 간섭하지 않는다면, 처음에는 그에게 기뻐하며 원망을 해소하는 정도이다가 마지막에는 그에게 맞서던 태도를 바꾸고는 그를 따른다. '돼지 · 물고기처럼 미천하고 은미한 것들'[1067]이 이를 수 있는 정도이니, 어디를 가더라도 믿지 않는 이들이 없다. 이러할진대 양(陽)들이 받는 바가 또한 크도다!

이렇게 할 수 있는 관건은 자신에게 달려 있다. '(나에게 있는) 좋은 술잔'[1068]을 아무런 사심이 없이 주고받으니, 나에 대한 믿음이 넘쳐 '나라를 교화함'[1069]에 어찌 걸리적거릴 것이 있겠는가!

若夫貶己徇物以效其懇懇，拒物全己以守其硜硜，而徇物則賊己，拒物則絕好，信之蔽也賊，末之免矣．上亢而不親，初'有他'而不定，己與人之間，情理未盡，則僅爲二 · 五之輔而不足也．

역문 자기 자신을 깎아내리며 남들을 졸졸 따라감으로써 간곡(懇曲)하다는 것을 드러내거나, 이와는 반대로 남들을 거절하고 자신을 보전함으로써 그

1067 이 중부괘䷼의 괘사에 나오는 말이다.

1068 이 중부괘䷼의 구이효사에 나오는 말이다.

1069 이 중부괘䷼의 『단전』에 나오는 말이다.

천루(淺陋)하고 고집스러움을 고수하려 하는 이들이 있다. 여기에서 남들을 졸졸 따라가는 것은 자기 자신을 해치는 것이고, 남들을 거절함은 그들과의 좋은 관계를 끊어 버림이니, 믿음이 가려져 자신을 해침을 면하지 못한다. 아울러 상구효가 젠체하며 남들과 친하지 않고, 초구효에 무언가 '다른 것이 있어서' 자기의 마음을 정하지 않아, 자기와 남들 사이에 주고받는 정(情)이 미진하고 다 이치에 맞게 행하지 못한다면, 이들은 겨우 구이 · 구오효에게 도움을 주기에도 부족할 것이다.

소과괘

䷽小過

‘中孚’, 陽之盛也, 而卦皆陰; ‘小過’, 陰之盛也, 而卦皆陽. 德不乘時, 才不勝勢, 故以‘中孚’之陽履乎中, 且保陰而結以信, 況‘小過’之陰柔, 而能怙過以終乎? 雖然, 乘有餘而取贏, 不量德而求勝, 則陰恒有之而未肯戢也.

역문 중부괘䷼는 양(陽)들이 왕성한데 상 · 하 두 괘는 모두 음의 괘들이고, 이와 반대로 이 소과괘䷽는 음(陰)들이 왕성한데 상 · 하 두 괘는 모두 양의 괘들이다. 덕이 제때를 타지 않고, 재능이 세(勢)를 이기지 못하기 때문에 중부괘䷼의 양들은 상 · 하 각 괘들에서 중위(中位)를 차지하여 음들(⚏)을 보호하며 서로 간에 믿음으로써 관계를 맺고 있다. 그런데 하물며 이 소과괘䷽의 음들은 부드러운데[柔] 지나침을 견지한 채 제대로 끝마칠 수 있으랴? 비록 그렇기는 하지만, 이 소과괘䷽의 음들은 지금 여유가 있음을 타고 있고 그 남음이 있음을 취하여서, 자신의 덕은 헤아리지 않은 채 이기기를 구하니, 이는 음들에게 늘 있는 일이며 이들은 그만 둠을 달가워하지 않는다.

今夫魚, 陰也, 故‘中孚’以之; 鳥, 陽也, 故‘小過’以之. 魚火屬而性沉, 鳥水屬而性浮. ‘中孚’象‘離’, ‘小過’象‘坎’. 火必麗木, 依於實也, 故魚投之空則死; 水流於不盈之地, 託於虛也, 故鳥蹠乎實則擒. 然陽躁而和, 和者无必得之勢; 陰靜而狠, 狠者无思徙之心; 故鳥可下而魚不可使上. 火麗實而利於虛, 水流虛而載於實, 則情與德有相貿之殊致, 以各成其利賴. 而要之, 上野而下室, 上往而下來, 上威而下恩, 上施而下受, 莫不以[下]爲吉焉. 是以鳥可下而魚必不可使上也. 下者進, 上 者退, 進者伸, 退者屈, 故陰陽亦莫不爭下以爲吉.

역문 물고기는 음의 성질을 지닌 짐승이다. 그러므로 중부괘䷼에서는 이 물고기를 가지고 말하고 있다. 이에 비해 새는 양의 성질을 지닌 짐승이다. 그러므로 이 소과괘䷽에서는 이 새를 가지고 말하고 있다. 물고기는 화(火)에 속하는데 성질은 가라앉는 것이며, 새는 수(水)에 속하는데 성질은 떠오르는 것이다. 중부괘䷼는 리괘☲의 상(象)을 가지고 있고, 소과괘䷽는 감괘☵의 상을 가지고 있다.[1070] 불은 반드시 나무에 붙으니 실함에 의존한다. 그러므로 물고기는 허공에 던지면 죽는다. 이에 비해 물은 가득 차지 않은 곳으로 흐르니 허함에 의탁한다. 그러므로 새는 실한 것을 밟고 있으면 잡힌다.

그러나 양은 조급하게 움직이면서도 화합하는데, 이 화합하는 이에게 필득(必得)의 세(勢)가 없다. 이에 비해 음은 고요히 가만있으면서도 사나운데, 이 사나운 이에게 옮겨 가기를 생각하는 마음이 없다. 그러므로 새

1070 중부괘䷼와 소과괘䷽를 $\frac{1}{2}$로 줄이면 각각 리괘☲와 감괘☵가 된다. 리괘☲는 화(火)에, 감괘☵는 수(水)에 속한다.

는 아래로 내려갈 수 있지만, 물고기는 위로 올라가게 할 수 없다. 또 불은 실한 것에 붙지만 허한 것에서 이로움을 얻고, 물은 허한 곳으로 흐르지만 실한 데에 실린다. 이렇듯 이들의 실정과 특성[德]에는 서로 뒤바뀐 색다름이 있는데, 이렇게 하여 이들은 각기 그 의존하는 것을 이룬다.

요컨대, 위에는 들판이고 아래는 집이며, 위에는 가고 아래는 온다. 또 위에는 위엄이 있고, 아래에는 은택이 있다. 나아가 위에서는 베풀고 아래에서는 받다. 그리하여 아래가 귀하지 않음이 없다. 이러한 까닭에 새는 아래로 내려갈 수 있지만, 물고기는 절대로 위로 올라가게 할 수 없는 것이다. 아래 있는 것은 나아가고 위에 있는 것은 물러나는데, 나아가는 것은 펼치고 물러나는 것은 오그라든다. 그러므로 음·양은 또한 다들 아래로 내려가 길하려고 서로 다툰다.

'中孚'之陰, '小過'之陽, 皆在中而未有上下之勢. 未上未下, 可上可下. 於是'中孚'之陰, '小過'之陽, 各有欲下之情, 其理勢然也.

역문 중부괘䷼의 음들(⚋)과 소과괘䷽의 양들(⚊)은 모두 가운데 있으며 위·아래의 세(勢)를 타고 있지 않다. 그래서 위도 아니고 아래도 아니며, 반대로 위도 될 수 있고 아래도 될 수 있다. 이러하기에 중부괘䷼의 음들(⚋)과 소과괘䷽의 양들(⚊)에게 각기 아래로 내려가고자 하는 정서가 있음은 사리로든 기세로든 다 당연하다고 할 수 있다.

陽无必得之勢, 陰无思徙之心. 在'中孚', 而陰之欲沈, 陽和而不爭, 雖處極盛, 僅與敦信以遂其志. 幸而陰安其未上未下者, 則陽坦然矣. 在'小過', 則陽爲'震'·'艮'之主, 可決陰以必下而遂其志; 然陰且怗其盛滿宅中之勢, 挾陽以破樊而遊於虛. 虛者陰之鄕, 下者陽之利, 背利以適非其鄕, 而陽猶靡然以聽其以, 以者不以者也, 靡然聽其以而莫能自主.

역문 양(陽)에게는 필득(必得)의 세(勢)가 없고, 음(陰)에게는 옮겨 가려고 생각하는 마음이 없다. 중부괘䷼에서는 음들(⚏)이 가라앉으려 하고, 네 양(—)들은 화목하여 다투지 않으니, 비록 이 양(—)들이 극히 왕성한 곳에 처해 있다고 하더라도, 겨우 음들(⚏)과 믿음을 두터이 하여 그 뜻함을 완수한다. 다행스럽게도 음들(⚏)은 그 위도 아니고 아래도 아닌 곳에서 편안해하니, 네 양(—)들은 마음이 놓여서 평온해진다.

이에 비해 소과괘䷽에서는 양들(⚌)이 각각 진괘☳ · 간괘☶의 주체가 되어 있다. 음(--)들이 반드시 아래로 내려가 그 뜻함을 완수하도록 결단할 수가 있다. 그러나 음(--)들은 집의 한가운데를 성대하게 채우고 있는 현재의 형세를 믿고 으스대며, 양들(⚌)을 옆에 끼고서 둥지를 파괴해 버리고는 텅 빈 하늘에서 노닌다. 텅 빔은 음들의 고향이고, 아래로 내려감은 양들(⚌)에게 이롭다. 그러므로 이 양들(⚌)의 입장에서는 지금 자신들에게 이로움을 등진 채 제 고향도 아닌 곳으로 가는 것이다. 그런데도 이 양들(⚌)은 오히려 음들에게 휩쓸리며 그들의 부림을 받아들인다. 하지만 지금 양들(⚌)을 부리는 이 음들은 원래 누구를 부리는 이들이 아닌데, 양들(⚌)은 그 부림을 받아들이니 스스로 주체가 될 수 없다.

嗚呼! 婦乘夫, 子脅父, 臣制君, 挾以翺翔而不適有居. 甚矣, 陰之狠也! 惟然, 而陽之或'戕'或'厲', 終不能免於悲鳴矣. 而乃以激天下忠臣孝子之心, 懣菀憤起, 而爭之以下. 故極重而返, 亂極而復, 挾主周旋而能長保其飛揚跋扈之雄, 有是理哉! 逆彌甚, 失彌速, 見晛消, 密雲散, 君子有以預知其'大吉'矣.

역문 오호라! 지어미가 지아비를 올라타고, 자식이 부모를 협박하고, 신하가 임금을 제어하며, 옆에 끼고서 텅 빈 하늘을 빙빙 돌며 유유자적할 뿐 거처할 곳으로 가지 않으니, 심하도다, 음들의 사나움이여! 오직 이러하기에 양들(⚌)은 '죽임을 당하기도'하고 '위태로움'을 당하여서[1071] 끝내 비명(悲鳴)에서 벗어날 수가 없다.

그러나 이것이 이 세상 충신·효자들의 마음을 자극하니, 이들이 번민과 답답함에 분격하여 일어나서 이 음의 무리와 다투어서 밑으로 내려오게 한다. 그러므로 무겁게 양들을 거스름이 극에 달하였다가 되돌아오고 혼란이 극에 달하였다가 회복되니, 주체를 옆에 끼고서 조종하며 잘난 척 거들먹거리고 제 마음대로 날뛰며 행동하는 영웅을 오래도록 보존할 수 있게 함에는 이러한 이치가 있는 것이로다! 거스름이 심하면 심할수록 잃어버림도 그만큼 신속하며, 하늘이 맑고 따스한 햇볕이 내리쬠이 사라졌다가 두껍게 낀 구름이 흩어진다. 그래서 군자는 그 '크게 길함'[1072]을 미리 알아차리는 것이다.

夫陰陽之往復, 物理誠有之, 而人之於性情也亦然. 性處情中, 而情盛乘權, 則挾性以浮遊於无實之地, 逐物遷流, 喪其起元之貞, 性亦无如之何矣. 迨乎吝而失, 失而悔, 退憂戕敗, 進處危機, 則情發於

1071 이들은 각각 이 소과괘䷽의 구삼·구사효사에 나오는 말들이다.

1072 '크게 길함'은 이 소과괘䷽의 괘사에 나오는 말이다.

中而生怨艾之音, 亦中人以上之必然者. 然後矯所挾以來復, 性情各安其所, 而終返乎其根. 故曰, "人恒過, 然後能改".

역문 음과 양이 왔다[來] 갔다[往] 함은 물(物)들의 이치에 진실로 있는 것이며, 사람의 성(性)·정(情)도 그러하다. 성(性)은 정(情) 속에 있다. 그래서 정(情)이 왕성하여 권세를 타고 있으면, 성(性)을 옆에 끼고 어떤 실질도 없는 곳에서 떠돌아다닌다. 그리하여 외물을 좇아서 이리저리 옮겨 다니다가 시작을 일으키는 올곧음[貞]조차 잃어버린다. 이에 대해서는 성(性)도 도대체 어찌해 볼 수가 없다. 인색하여 잃어버림에 이르러서는 잃어버리고 후회하는데, 물러나서는 우울해하고 마음을 상하며, 나아가서는 위기에 처한다. 그래서 정(情)이 이러한 가운데서 발현하여 회한(悔恨)에 젖은 소리를 냄은, 중간 이상의 사람들에게서는 또한 필연적으로 있는 일이다. 이렇게 한 뒤에라야 옆에 낀 채 떠돌던 것을 교정하여 와서 회복하는데, 그리하여 성(性)·정(情)이 각기 제 있을 곳에서 편안해지며 마침내 그 뿌리로 돌아간다. 그러므로 "사람은 과오를 저지른 뒤에야 고칠 수 있다."[1073]라고 말하는 것이다.

惟然, 而'弋取'之勞亦甚矣. 非不憚其'在穴'之難, 獲者不能得也. 故'震'之動偉矣. 治亂之數, 止不勝止, 動則興也. 理欲之數, 遏不勝遏, 求乃得也. 九三之'防', 所由不及九四之'遇'也. 夫'密雲'无久沍之陰, '在穴'有得禽之理, 情不敵性, 邪不勝正, 雖'或戕之', 大有爲者之資也. 以爲无可奈何而安之若命, '飛鳥以凶', 尚誰咎乎!

1073 『맹자』, 「고자(告子) 하」 편에 나오는 말이다.

역문 오직 그렇기는 하지만, '주살로 취함'에서는 역시 수고로움만 심할 따름이다. '동굴 속에 있어서' 효과를 내기가 어렵다는 것을 알면서도 꺼리지 않고 주살을 던져 보지만, 얻을 것이라고는 전혀 없다.[1074] 그러므로 진괘☳[1075]의 공훈은 위대한 것이다. 치(治)와 난(亂)을 일으키는 수(數)를 이루면 그치게 해보려고 해도 그치게 할 수 없고, 움직이면 흉한다. 천리(天理)와 인욕(人欲)을 일으키는 수(數)는 틀어막으려도 틀어막을 수가 없고, 구하면 얻는 것이다. 구삼효의 '방지'함보다는 구사효의 '영합함'이 일으키는 효과가 더 크다. '두껍게 낀 구름'이라 해도 항구히 응결해 있는 음(陰)은 없고, '동굴 속에 있음'이라 해도 잡히는 이치는 있다. 정(情)은 성(性)에 대적할 수 없고, 사(邪)는 정(正)을 이기지 못한다. 비록 '혹은 죽이기도 한다.'[1076]라고 해도, 크게 일을 하는 사람에게 바탕이 될 뿐이다. 어찌할 수 없다고 여기며 그저 나의 명(命)이거니 하며 편안해해야 한다. '나는 새이기 때문에 흉하다.'[1077]라고 하는데, 오히려 누구를 탓할 수 있으랴!

1074 여기에서 '주살로 취함' · '동굴 속에 있어서' 등은 이 소과괘䷽의 육오효사에 나오는 말이다. 왕부지는 『주역내전』에서 주살질을 하는 이를 이 소과괘䷽의 구사효로 보며, 이 구사효가 육오효를 만나서 영합하려 하지만 이것이 불가능하다고 하고 있다. 그러면서 드는 비유가, 주살은 허공을 날아가는 새에게나 효과가 있을 뿐, 동굴 속에 있는 것에게는 전혀 유용하지 않다는 것이다.(六五據位深處, 在穴之象. 四欲遇五, 而不能得, 如弋本以射飛鳥, 而施之於穴, 固不能入, 蓋終無如之何也.)

1075 이 진괘☳는 이 소과괘䷽의 회괘(悔卦; 上卦)를 지칭하는 것이다.

1076 이 소과괘䷽의 구삼효사에 나오는 말이다.

1077 이 소과괘䷽의 초육효사에 나오는 말이다.

기제괘

䷾既濟

一陰一陽之謂道, 无偏勝也. 然當其一一而建之, 定中和之交, 亦秩然順承其大紀, 非屑屑焉逐位授才而一一之也. 此天地之所以大, 雖交不密·敘不察, 而无損於道, 則'泰'是已. 若屑屑焉一一建之, 因一一和以交之, 此人事之有造, 終不及天地之无憂矣. 故濟者人事也. 舟之方之, 榜之帆之, 以通旁午, 以越險阻, 亦勞矣哉!

역문 한 번은 음이 되었다 한 번은 양이 되었다 함을 '도'라 하는데, 여기에서는 음과 양 어느 한쪽이 다른 한쪽을 이김이 없다. 그러나 음과 양이 한 번씩 한 번씩 세움에서는 반드시 중화(中和)를 이루는 교접을 하게 되어 있고, 또한 우주의 거대한 기강을 질서정연하게 따르며 계승한다. 결코 음과 양이 어떤 의도를 가지고 위치를 좇아서 자기들 재능을 발휘하며 한 번씩 한 번씩 하는 것이 아니다. 바로 이러하므로 하늘·땅은 위대한 것이며, 비록 이들의 사귐이 친밀하지 않고 펼쳐냄도 찬찬하지 않기는 하지만 결코 도(道)에 손해를 입힘이 없다. 태괘䷊가 이를 잘 반영하고 있다.

음과 양이 어떤 의도를 가지고 한 번씩 한 번씩 세워 나아가고, 이렇게 한 번씩 한 번씩 하는 방식으로 화합을 이루며 사귀는 것은, 사람의 일에서 지어내는 방식이다. 이렇게 하는 것으로는 끝까지라도 하늘 · 땅이 아무런 근심 없이 해냄에 미치지 못할 것이다. 그러므로 '건넘[濟]'은 사람의 일이다. 배를 띄우고 뗏목을 띄워서, 노를 젓고 돛을 달아서, 사면팔방으로 통함으로써 험난하고 꽉 막힘을 건너니, 또한 수고로우리로다!

天地之可大, 天地之可久也. 久以持大, 大以成久. 若其讓天地之大, 則終不及天地之久. 有'初'有'終', 有'吉'有'亂', 功成一曲, 日月无窮. 方其既而不能保, 亦不足以配天地之終始循環, 无與測其垠鄂者焉.

역문 하늘 · 땅은 거대할 수 있고, 하늘 · 땅은 유구할 수 있다. 유구하기에 거대함을 유지하고, 또 거대하기에 유구함을 이룬다. 만약에 하늘 · 땅의 거대함을 양보한다면, 끝내 하늘 · 땅의 유구함에 미치지 못할 것이다. 그리하여서는 '처음'이 있기도 하고 '끝남'이 있기도 하며, '길함'이 있기도 하고 '혼란'이 있기도 하여, 그 공(功)은 겨우 한 굽이를 이루어 내고, 해와 달은 무궁하다. 바야흐로 그 이미 이루어짐[既濟]에서 보전할 수 없으면, 또한 하늘 · 땅의 끝났다 시작했다 하며 순환함에 짝할 수 없으니, 그 경계를 짐작조차 하지 못할 것이다.

豈惟其衰, 盛亦有之. 陽內進而長, 陰外退而窮, 各就其位, 互致其交, 此得不謂人事之最盛者與? 而君子鰓鰓然思而防之, 方自此始, 則何也?

역문 하늘 · 땅이 어찌 쇠하기만 하리오, 융성함도 있다. 양(⚊)들은 안에서 나아가며 자라나고, 음(⚋)들은 밖에서 물러나며 궁해지는데,[1078] 각기 자신들의 위(位)로 나아가며 서로 교접함을 이룬다. 이러니 이렇게 하여 이루어진 이미 이루어짐[旣濟]이 어찌 사람일 가운데 가장 성대한 것이라 하지 않을 수 있으랴? 그러나 군자는 바로 이 이미 이루어짐[旣濟]에서 두려워하며 생각하여 방비하니, 바야흐로 이즈음으로부터 시작한다면 무슨 어려움이 있겠는가?[1079]

天下之方興也, 國是无大辨於廷, 淸議无成言于野, 非有楚楚然必定之淸濁也. 承經綸之方起, 上下各盡其能而如不逮, 固无餘力以及此焉. 而萬物之相與各趨其用也, 用之旣趨, 功必求當, 人心有餘, 而規模日起. 擇位爭時, 以大剖陰陽之界, 經制明而公論彰, 區別建立之繁, 无遺地而親疏分, 勢乃繇此而定. 則盡人事者, 固已極盛而无所加. 一以爲陽, 確然而授之以位; 一以爲陰, 確然而授之以位. 安不慭之素, 合不僭之交, 竭往來之情, 歷正變之久, 相與爭於繁蕪雜互之地, 乃以得此一日, 則中流鼓枻而津岸已登矣. 夫此一日者, 豈可久之日哉! 自'屯'之始交而方遇此一日也, 顧'未濟'之且亂而僅有此一日也, 則其爲幾, 亦岌岌矣.

역문 천하가 막 흥할 적에는 제후국들에도 조정에서 크게 변별할 것이 없고, 재야에서도 청의(淸議)가 일지 않으며, 청(淸)·탁(濁)을 선명하게 반드시 정해야 할 일도 없다. 훌륭한 지도자의 경륜이 바야흐로 일어남을 이어받

1078 이 기제괘䷾에서는 초·3·5효에 양(—)들이 와 있고, 2·4·상효에는 음(--)들이 와 있다. 그래서 양(—)들은 음(--)들에 비해 상대적으로 안에 있다고 할 수 있고, 역으로 음(--)들은 밖에 있다고 할 수 있다.

1079 이는 이 기제괘䷾의 『대상전』에 나오는 말을 전제로 하는 말이다. 『대상전』에서는 "물이 불 위에 있는 것이 기제괘다. 군자는 이를 보고 환란이 올 것을 생각하며, 미리 방비한다.(水在火上, '旣濟', 君子以思患而豫防之.)"라 하고 있다. 이미 이루어졌다고 하여[旣濟] 안심하거나 만심하지 않고 새로운 환란이 일 수도 있음을 생각하여 미리 방비한다는 의미다.

아서 위 · 아래 사람들이 각기 그 능력을 다 발휘하면서도 마치 자신에게 부족한 점이 있지나 않을까 하니, 진실로 여력이 없어서라도 이러한 것들[1080]에 이를 수가 없을 것이다. 만물도 서로 함께하며 각기 저마다의 작용을 일으키며 달려가는데, 작용을 일으키며 이미 다 달려가고 나서는 이룬 공(功)이 반드시 합당함을 불러들이고, 사람들의 마음에도 여유가 있어서 본보기가 될 만한 것들이 날로 일어난다. 때[時]를 다투어 위치를 택함으로써 음 · 양의 경계를 크게 명확히 하니, 치국의 제도가 밝아지고 공론이 밝게 드러난다. 번다한 것들을 구별하여 건립하며 남김없이 친(親) · 소(疏)를 구분하니, 세(勢)는 이로 말미암아서 확정된다. 그리하여 사람의 일을 다한 이는 진실로 이미 지극히 성대하여, 그 어떤 것도 더 보탤 것이 없다.

이 기제괘䷾에서는, 한 번은 양(陽)이 되는데 확연하여 알맞은 위(位)를 주고, 한 번은 음(陰)이 되는데 확연하여 알맞은 위(位)를 준다. 음 · 양이 모두 과오가 없는 본바탕에 편안해하고, 분수를 넘지 않는 교접에 화합하며, 왔다 갔다 하는 정(情)을 다하고, 정(正)과 변(變)의 유구함을 거치며, 번잡 · 무성하며 잡다하게 교호(交互)하는 곳에서 더불어 서로 다툰다. 그러나 이렇게 해서 이 기제괘䷾가 상징하는 하루를 얻으면, 중류(中流)에서 노를 저어 나루 언덕에 다다라 올라가는 것이다. 그러나 이 하루가 어찌 유구할 수 있는 날이리오! 준괘䷂에서 음 · 양이 처음 교접하여 바야흐로 이 하루를 만난 것인데, 곧 미제괘䷿가 상징하는 날에 또한 어지러워질 텐데 겨우 이 하루가 있음을 고려한다면, 그것이 얼마나 되리오, 역시 아슬

1080 앞에서 거론한 것들로서, 조정에서 크게 변별해야 할 것, 재야에서 청의(淸議)가 이는 것, 청(淸) · 탁(濁)을 선명하게 반드시 정해야 하는 것 등을 가리킨다.

아슬하게 위급한 것이다.

且夫陽來下以致功, 陰往上以受感, 陽安而陰恒危. 陽躁而樂, 陰靜而憂, 樂者忘而憂者思. 以其忘危, 敵其思安. 鼓瑟於宮中, 而聚謀於沙上, 是陽固授陰以且懼且謀之藥石而激之興也. 又況夫迭建迭交, 瑣瑣焉以夾持之也! 如是, 則小固未亨而亨自此而起. 小之亨, 大之亂, 如衡首尾之低昂而无爽矣. 是故亂終自此而生.

역문 또한 양(⚊)은 아래로 와서 공을 이루고, 음(⚋)은 위로 가서 그 느낌을 받아들이니, 양은 편안하며 음은 늘 위태롭다. 양은 바스대며 즐거워하고 음은 고요하면서도 우려하는데, 즐거워하는 이는 잊고 우려하는 이는 생각에 젖는다. 위태로움을 잊기 때문에, 편안하기를 생각함을 적으로 돌린다. 궁중에서는 북을 치고 비파를 뜯으며 모래밭 위에서는 모여서 도모하니, 이는 양이 본디 음에게 두려움과 도모함의 약석(藥石)을 주며 홍하도록 자극함이다. 또한 하물며 이들 양은 음들과 갈마들며 세우고 갈마들며 교접하는 등, 번쇄함을 무릅쓰고서 음을 끼고 지탱함에랴! 이러하기에 작은 것은 본래 형통하지 않지만, 그 형통함이 이로부터 일어나는 것이다. 그리하여 작은 것은 형통하고 큰 것은 혼란에 빠지니, 이는 마치 머리와 꼬리가 높고 낮음이 균형을 이루어서 어느 한쪽으로 기울어짐이 없는 것과도 같다. 그러므로 혼란은 마침내 이로부터 생기는 것이다.[1081]

1081 여기에서 '작은 것[小]'은 음(⚋)을 상징하고 '큰 것'은 양(⚊)을 상징한다. 그리고 이곳의 말들은 이 기제괘䷾의 괘사를 전제로 한다. 그 괘사는 "형통하다. 소인이 이롭고 올곧으며, 처음에는 길하지만 끝내는 혼란해진다.(亨, 小利貞, 初吉終亂.)"로 되어 있다.

二處譽, 則七日勿逐以老敵; 四處懼, 則終日疑戒以求安. 非上六之无位以窮者, 皆未有須臾忘也. 清濁太別而疑戰承之, 豈或爽哉! 甘·傅申訓之後, 尹·仲作誦以還, 汝南月旦之方明, 洛·蜀是非之既定, 商·周·漢·宋, 此四代者, 亦由是而不延, 故君子誠患之也, 誠防之也.

역문 이 기제괘䷾에서 육이효는 영예로운 곳에 거처하고 있으니,[1082] 7일이면 얻을 것이고 늙은 적(敵)이기 때문에 쫓지 않아도 된다. 육사효는 두려워할 곳에 거처하고 있으니, 종일토록 의심하고 경계하여서 편안함을 구한다. 그러나 이들은 위(位)가 없어서 궁색한 상육효와는 다르며, 이들 모두에게는 상육효의 경우를 잠시라도 잊음이 없다.

청(淸)과 탁(濁)을 지나치게 구별하여서는 의심을 일으키고 싸움을 벌임으로 이어지니, 어찌 이를 혹시라도 어기리오! 감반(甘盤; ?~?)[1083]·부열(傅說; ?~?)[1084]이 교훈을 준 뒤,[1085] 윤길보(尹吉甫, ?~?)·중산보(仲山甫)가 송(誦)

1082 육이효는 이 기제괘䷾의 정괘(貞卦)인 리괘☲에서 중정(中正)한 위(位)를 차지하고 있다. 그래서 이렇게 말하는 것이다.

1083 감반은 중국 상(商)나라의 대신이며 감씨(甘氏)의 시조다. 감반은 상왕 소을(小乙)의 대신이었는데, 소을 6년에 그의 명을 받아서 태자인 무정(武丁; ?~B.C.1192)을 가르쳤다. 무정은 임금의 자리에 오른 뒤 감반을 경사(卿士)로 봉하고 주요한 대신 중의 하나로 삼았다. 이 무정이 은나라의 고종이다. 고종은 감반에게서 선왕들의 도를 배웠다고 술회하고 있다.(이상 『서경』, 「商書·說命」 참고.)

1084 부열은 우(虞)나라 출신의 노예로서 은나라 고종 때 대신이 되어 고종을 보좌한 인물이다. 부열은 매우 총명하고 덕이 있는 인물로 알려져 있다. 부열은, 고종의 꿈에 하느님이 나타나 고종을 도와줄 인재로서 천거한 인물이다. 고종은 꿈속에서 본 이 인물을 화공에게 그리게 하여 전국에 수배하였고, 부암(傅巖; 오늘날의 산서성 平陸 동쪽 지역에 해당)에서 노역을 하고 있던 부열을 발견하여 발탁하였다. 고종은 부열을 대신으로 기용하여, 국가 경영에서 부열의 간언을 금과옥조로 여기며 반영하고는 하였다. 『서경』의 「부열(傅說) 상·중·하」 3편에 이와 관련된 사실이 적시되어 있다.

1085 고종은 감반과 부열의 보좌를 받아서 부국강병에 성공하였다. 그래서 그를 '중흥의 왕(中

을 지은 이래,[1086] 여남(汝南)의 월단(月旦) 평가가 한창 밝은 것,[1087] 낙당(洛

興之王)', 또는 '무정 대제(大帝)'라고도 부른다. 그의 재위 기간은 59년이다. 그런데 이 기제괘䷾에서 육이효와 육사효 사이에 낀 구삼효사는 "고종이 귀방(鬼方; 荊楚) 정벌에 나서 3년 걸려 극복함이다. 소인은 쓰지 마라!(高宗伐鬼方, 三年克之, 小人勿用.)"라고 하여, 이 고종과 관련된 일을 언급하고 있다. 물론 이 '고종'이 누구냐에 대해서는 설이 분분하지만, 왕부지는 은나라의 이 고종으로 본다. 그리고 이 구삼효사의 『상전』에서는 "'3년 걸려 극복함이다'라는 것은 고달프다는 것을 의미한다.('三年克之', 憊也.)"라 하고 있다. 여기에서 보듯이, 고종이 이 귀방 정벌에 국력을 너무 쏟은 나머지 이후 은나라는 기울기 시작했다고 한다. 그래서 왕부지는 이를 청(淸)과 탁(濁)을 지나치게 구별해서는 안 될 예로서 인용하는 것으로 보인다. 귀방(鬼方), 즉 형초(荊楚) 지역에 있는 변방 민족들을 꼭 이렇게 정벌해야 했느냐 하는 것이다. 그런데 감반과 부열이 고종에게 준 훈(訓)에는 이들과 함께할 수 없는 족속으로 여겨 정벌해야 한다는 주조를 지니고 있고, 그 여파가 고종의 귀방 정벌에까지 영향을 미쳐, 결국은 은나라의 국운을 기울게 했다는 것이다.

1086 윤길보(尹吉甫)는 '증민(烝民)'이라는 시를 지어 주선왕(周宣王)과 중산보(仲山甫)를 미화하며 찬양했다. 이 시에서는 주선왕이 훌륭하였기에 하느님은 그의 아들[周宣王]을 어여삐 여겨 중산보라는 인물을 그 보좌로 내려 주었고, 이 중산보의 덕이 훌륭함에 주선왕은 그에게 명령하여 모든 제후의 모범이 되고 자신을 잘 보좌하도록 하였다는 것이다. 그리고 중산보는 이를 잘 수행한 나머지 주나라 황실을 중흥하게 하였다는 내용으로 되어 있다.

그런데 사마천은, 주선왕이 1천 마지기에 이르는 적전(籍田), 즉 천무(千畝)의 경작을 게을리하자, 괵(虢)나라 후손인 문공(文公)이 "이렇게 해서는 안 됩니다."라고 간했으나, 주선왕이 듣지 않았다고 한다. '천무'는 주나라 천자들이 친히 경작하는 농지다. 이들 스스로 농사짓는 모범을 보임으로써 농업을 권장하기 위해 설치한 것이다. 그런데 주선왕의 이러한 행실에서 드러나듯이 주선왕 39년(B.C.789), 이 천무에서의 싸움에서 주선왕의 군대는 강씨(姜氏)의 융(戎)족에게 대패했다고 한다. 또 주선왕이 남국(南國)에서 징발한 군대를 잃자 주선왕은 이를 보충하기 위해 태원(太原)에서 징병하고자 그 백성의 수를 조사하려 들었다. 이에 중산보는, "백성의 수를 일일이 헤아리는 것은 불가합니다."라고 간언했으나, 주선왕은 듣지 않고 마침내 백성의 수를 조사했다고 한다.[『사기』, 「주본기(周本紀)」: 宣王不脩籍於千畝, 虢文公諫曰"不可", 王弗聽. 三十九年, 戰于千畝, 王師敗績于姜氏之戎. 宣王旣亡南國之師, 乃料民於太原. 仲山甫諫曰, "民不可料也." 宣王不聽, 卒料民.]

이는 주선왕에 의해 주나라가 기울어 가는 단면을 보여 주는 것이라 할 수 있다. 왕부지는 이를 청(淸)과 탁(濁)을 지나치게 구별하는 예로서 거론하고 있다.

1087 '여남월단(汝南月旦)'이라는 사자성어가 있다. 이는 동한 말의 허소(許劭; 150~195)와 그의 사촌 형 허정(許靖; 147~222)이 매월 초하루(月旦)에 만나서 품제(品題)를 바꾸어 가며 그 고을의 인물평을 하던 것에서 유래한 말이다. 이들이 살던 곳이 여남(汝南)이었다. 그래서 여남에는 '초하루의 인물 품평[月旦評]'이라는 풍속이 생겼다고 한다. 왕부지는 여기에서 청(淸)과 탁(濁)을 지나치게 구별하는 예로서 이를 인용하고 있다.(『後漢書』 권68, 「郭符許列傳 · 許劭」: 劭邑人李逵, 壯直有高氣, 劭初善之, 而後爲隙, 又與從兄靖不睦, 時議以此

黨)과 촉당(蜀黨) 사이에 시비의 골이 깊이 팬 것[1088] 등, 상(商) · 주(周) · 한

少之. 初, 劭與靖俱有高名, 好共核論鄉黨人物. 每月輒更其品題, 故汝南俗有"月旦評"焉.)

1088 '낙 · 촉 당쟁'을 말한다. 낙 · 촉 당쟁은 중국 송나라 철종(1077~1100, 재위 1085~1100) 원년 9월 거행한 명당(明堂)의 낙성식에서 비롯되었다. 이 낙성을 기념하고 축하하기 위해 신료들은 대대적으로 참여하여 제례를 올렸는데, 여기에 참여한 대신들은 마침 이 무렵에 죽은 사마광(1019~1086)의 죽음에 아직 조문도 못 하고 있다는 사실을 깨닫고 마음이 급했다. 그래서 낙성식이 끝나고 급히 조문을 가려 하는데, 당시 황제의 시강(侍講)으로 있던 정이(程頤)가 이에 제동을 걸었다. "같은 날 곡(哭)을 하였으면 노래를 불러서는 안 된다.(『論語』. 「述而」: 子於是日哭則不歌.)"라는 공자의 말을 인용하며, 같은 날 길례(吉禮)에 참여하고 또 상례(喪禮)에 참여하는 것이 예에 어긋난다는 것이다. 이에 좌중의 사람들이, 공자의 말은 "곡을 하였으면 노래를 부르지 마라!(哭則不歌.)"라는 것이니 이는 "노래를 불렀으면 곡을 하지 마라!(歌則不哭.)"라는 의미는 아니지 않느냐며 이의를 제기하였다. 함께 있던 소식(蘇軾)은 여기서 한 걸음 더 나아가 "당신이 지금 주장하고 있는 예는 다름 아니라 숙손통이 제정한 예다.(此乃枉死市叔孫通所制禮也.)"라고 하며 정이를 조롱하였다.

이 숙손통의 예(禮)는 고례(古禮)를 변형한 것으로서 황제인 한고조(漢高祖)의 절대 권력을 과시하며 공고히 하는 것을 주조로 하고 있다. 이 숙손통의 예에 대해 사마천(司馬遷) 같은 이는 시대에 맞게 변화시킨 것으로서 대의(大義)를 위해 소절(小節) 따위에 구속받지 않은 것이라고 높은 평가를 한다. 그러나 사마광은 한대(漢代) 당시의 실정에 부합한다는 긍정적 측면은 있을지 몰라도 이것 때문에 고례는 역사에서 완전히 자취를 감추고 말았다며 혹평한다.

이 사마광의 관점이 이 명당의 낙성식에 참여한 이들에게는 정론이었다. 이뿐만 아니라, 숙손통은 그 삶의 행적이 아부꾼, 변절자, 부패한 인물의 전형으로서 당시 송나라의 사대부들에게 낙인찍힌 인물이다. 그런데 이러한 인물의 경우를 끌어다 조롱하였으니, 정이로서는 참을 수 없는 모욕을 느낄 수밖에 없었다. 이 뒤로부터 정이를 우두머리로 하고 주광정(朱光庭)을 둘째로 하는 낙당(洛黨), 소식을 우두머리로 하고 여도(呂陶)를 둘째로 하는 촉당(蜀黨) 사이에 장장 7년에 걸친 당쟁이 전개되었다.(李燾, 『續資治通鑑長編』 권393, 哲宗: 明堂降赦, 臣僚稱賀訖, 兩省官欲往奠司馬光. 程頤言曰, "子於是日哭則不歌, 豈可賀? 赦才了, 卻往吊喪." 坐客有難之曰, "孔子言哭則不歌, 即不言歌則不哭." 蘇軾遂戲程頤云, "此乃枉死市, 叔孫通所制禮也." 眾皆大笑. 結怨之端, 蓋自此始. 軾非無過也.)

이를 '낙 · 촉 당쟁'이라 한다. 이들은 왕안석(1021~1086)의 신법을 반대하며 그 폐해로부터 빨리 회복해야 한다는 점에서는 같았다. 그런데 철저하게 성현의 말을 근거로 하며 고례(古禮)와 고제(古制)의 회복을 주장하는 교조적 입장을 보인 것이 낙당이었고, 자유로운 입장에서 이를 시세에 맞게 변형시킬 것을 주장한 것이 촉당이었다. 그러나 이들을 뒷받침하며 섭정을 하던 선인(宣仁) 태후(太后)가 죽고(1094), 철종이 친정을 하며 장돈(章惇) · 채경(蔡京) 등 신법당을 다시 끌어들여 선제(先帝)의 정책노선을 따르자(紹聖紹述), 이들은 신법당에 의해 더욱 혹독하게 보복을 당한다. 정이와 소식 모두 유배당하는 비운을 맞게 만든다.

(漢)・송(宋) 4대(代)는 또한 이로 말미암아 더 늘여 가지를 못했다. 그러므로 군자는 진심으로 이를 두려워하며, 진심으로 이를 방비한다.

老子曰, "大道廢, 有仁義; 慧智出, 有大僞; 六親不和, 有孝慈; 國家昏亂, 有忠臣." 其感此而激爲言, 似之矣. 雖然, 存亡者天也, 得失者人也. 三年伐鬼方而旣憊, 抑不克鬼方而抑何以爲高宗? 時會遷流, 因而自弛, 則亦終无此'旣濟'之一日, 又豈可哉! 不能使河无波, 亦不能使无渡河也.

역문 노자는 "위대한 도가 폐기되자 인(仁)・의(義)가 드러났다. 머리 좋은 이들이 출현하자 거대한 허위가 있게 되었다. 부모와 자식, 형과 동생, 지아비와 지어미 사이에 불화가 일자 효(孝)와 자애를 강조하게 되었다. 국가가 제대로 돌아가지 않으며 혼란에 빠지자 충신이 있게 되더라."[1089]라고 하였다. 그는 이렇게 느꼈기에 감격하여 말을 했고, 그럴싸해 보이기는 하다.

비록 그렇기는 하지만 한 나라의 존・망을 결정하는 것은 하늘이고, 얻음[得]・잃음[失]을 초래하는 것은 사람이다. 3년에 걸쳐서 귀방(鬼方; 荊楚)을 정벌하였으니 이미 고달플 것은 사실이다. 그러나 이 귀방을 이기지 않고서 어떻게 고종이 되었겠는가. 시간이 가져오는 좋은 기회는 시간과 함께 흘러가 버린다고 여겨 스스로 해이해진다면, 역시 끝내 이 기제(旣濟)의 하루는 없을 것이다. 그러니 또한 어찌할 수 있겠는가! 강물에 물결을 일게 할 수 없다면, 역시 그 강을 건너게 할 수도 없다.

1089 『노자』 제18장에 나오는 말이다.

人事之所爭, 屑屑而不能及天地之大者, 命也. 學焉而必致其精微, 以肖天地之正者, 性也. 知其不能及天地, 故君子樂天; 知不能及, 而肖其正以自奠其位, 故君子盡人. 窮理盡性而至於命, 亦曰防之, 而豈早計以吹齏之幸免與!

역문 사람 일로 다투면서 자질구레한 것까지를 파고들지만 하늘 · 땅의 거대한 것에 미칠 수 없음은 명(命) 때문이다. 배워서 반드시 그 정미함을 이룸으로써 하늘 · 땅의 올바름을 본받는 것은 성(性)이다. 하늘 · 땅에 미칠 수 없다는 것을 알기 때문에 군자는 자신에게 주어진 상황을 즐기고, 미칠 수 없음을 알기에 하늘 · 땅의 올바름을 본받아서 스스로 그 위(位)를 정한다. 그러므로 군자는 사람의 일을 다한다. 이치를 궁구하고 성(性)을 다 발휘하여 주어진 명(命)에 이르니, 또한 "방비한다."라고 하더라도,[1090] 어찌 터무니없이 너무나 일찌감치 계획을 세워서[1091] 뜨거운 국에 덴 사람이 냉채도 불어 가며 먹는 것처럼 해서 요행히 면하리오!

秦燔『詩』·『書』, 仁義廢矣; 晉尚玄虛, 智慧隱矣; 平王忘犬戎之讐, 孝慈薄矣; 礁周 · 憑道受賣國之賞, 忠臣寢矣. 曾不足以防患, 而終於沈溺. 老氏將誰欺哉!

1090 이는 이 기제괘䷾의 『대상전』에 나오는 말이다. 이 『대상전』에서는, "물이 불 위에 있는 것이 기제괘다. 군자는 이를 보고 환란이 올 것을 생각하며 미리 방비한다.(水在火上, '旣濟', 君子以思患而豫防之.)"라 하고 있다.

1091 여기에서 '터무니없이 너무나도 일찌감치 계획을 세워서'라고 번역한 '조계(早計)'는 『장자』의 「제물론」에 나오는 말이다. 달걀을 보고서 벌써 이것이 깨서 자라난 닭을 잡아먹을 생각을 하고, 탄환을 보고서 이 탄환으로 부엉이를 잡아 구이 해먹을 생각을 하는 것을 말한다.(且女亦大早計, 見卵而求時夜, 見彈而求鴞炙.)

역문 진(秦)나라에서는 『시경』·『서경』을 불태워서 인(仁)·의(義)가 폐기되어 버렸고, 진(晉)나라에서는 현허(玄虛)를 숭상하여 지혜(智慧)가 숨어 버렸다. 주(周)나라 평왕(平王; B.C.781~B.C.720, 재위 B.C.770~B.C.720)은 견융(犬戎)에게 복수해야 함을 잊었으니 효(孝)·자(慈)가 엷어졌다.[1092] 초주(譙周)[1093]와 풍도(馮道)[1094]가 나라를 팔아먹고 그 공로로 상(賞)을 받음으로써

1092 주나라 평왕은 주나라의 제13대 왕으로서, 유왕(幽王; ?~B.C.771, 재위 B.C.781~B.C.771)과 신후(申后; ?~?) 사이에 난 아들이다. 원래는 태자였는데, 나중에 유왕이 포사(褒姒)와의 사랑놀이에 빠져 그 사이에서 백복(伯服; B.C.779~B.C.771)이 태어나자, 어머니 신후는 왕후의 자리에서, 평왕(당시 이름 宜臼)은 태자의 지위에서 폐기되었다. 이에 격분한 신후(申后)의 아버지 신후(申侯; ?~?)는 견융(犬戎) 지역으로 들어갔다가, 증국(鄫國)과 연합하고 견융의 군대를 이끌고 와서 유왕과 백복을 죽였다.(B.C.771.) 포사는 견융에 의해 포로로 끌려 갔다. 평왕은 어머니 신후와 함께 다시 이전의 지위를 찾았고, 제후들의 추대를 받아 주나라 왕의 자리에 올랐다. 그리고는 견융의 침입으로 폐허가 된 호경(鎬京; 지금의 西安)을 버리고 낙양(洛陽)으로 도읍을 옮겼다. 이렇게 해서 서주 시대가 막을 내리고 동주(東周) 시대, 즉 춘추전국시대가 열렸다. 평왕은 이 천도(遷都)를 도와주고 자신의 지위를 보장해 준 진(晉)·정(鄭)나라의 제후들에게 실권을 내주고는 자신은 이들에게 업혀서 가는 형국(形局)을 감수했던 것이다.

『시경』, 「국풍(國風), 왕풍(王風)」의 '양지수(揚之水)'라는 시에서는, 수자리 서는 병사들이 아내에 대한 그리움과 함께 그 고달픔과 외로움을 토로하며 언제쯤 고향으로 돌아갈 수 있을까 하는 정서를 토로하고 있다.(揚之水, 不流束薪. 彼其之子, 不與我戍申. 懷哉懷哉, 曷月予還歸哉? 揚之水, 不流束楚. 彼其之子, 不與我戍甫. 懷哉懷哉, 曷月予還歸哉? 揚之水, 不流束蒲. 彼其之子, 不與我戍許. 懷哉懷哉, 曷月予還歸哉.) 주희(朱熹; 1130~ 1200)는 『시경집전(詩經集傳)』에서 이 시에 대해, 평왕이 자신의 아버지를 죽인 불구대천의 원수 견융과 신후(申侯)에게 복수하기는커녕, 자신을 왕으로 만들어 주는 은혜를 입혔다는 점만을 들어서, 원수들을 토벌하는 데 동원해야 할 주나라 군사들에게 머나먼 신(申)나라로 가서 수자리를 서게 하니, 이를 원망하며 고향에 돌아갈 날을 그리워하는 주나라 군사들의 정서를 읊고 있다고 평하고 있다. 또 이렇게 해서 춘추시대가 열렸다고 한다.(申侯與犬戎, 攻宗周而弑幽王, 則申侯者, 王法必誅不赦之賊. 而平王與其臣庶, 不共戴天之讐也. 今平王, 知有母而不知有父, 知其立己爲有德, 而不知其弑父爲可怨, 至使復讐討賊之師, 反爲報施酬恩之擧, 則其忘親逆理, 而得罪於天, 已甚矣. 又況先王之制, 諸侯有故, 則方伯連帥以諸侯之師, 討之, 王室有故, 則方伯連帥以諸侯之師, 救之, 天子鄕遂之民, 供貢賦, 衛王室而已. 今平王不能行其威令於天下, 無以保其母家, 乃勞天子之民, 遠爲諸侯戍守. 故周人之戍申者, 又以非其職而怨思焉, 則其衰懦微弱, 而得罪於民, 又可見矣. 嗚呼, 『詩』亡而後, 『春秋』作, 其不以此也哉.)

1093 초주(201?~270)는 삼국시대 촉한의 학자요, 관리다. 파서(巴西)의 서충국(西充國; 지금의 四川省 西充) 출신이다. 어려서 아버지를 잃고 매우 가난하게 생활하였으나 열심히 육경(六經)을 공부하여 촉(蜀) 지방의 대유(大儒)가 되었다. 그래서 그를 '촉중공자(蜀中孔子)'라고 불렀다. 특히 천문(天文)에 대한 소양이 대단히 컸다. 그 문하에서 『삼국지』를 쓴 진수(陳壽)와 나헌(羅憲) 등의 저명한 학자들이 배출되었다. 제갈량이 익주(益州)의 목사(牧士)로 있을 적에 그를 권학종사(勸學從事)에 임명하였고, 유선(劉禪)을 태자로 세울 적에는 태자복(太子僕)에 임명하였다가 가령(家令)으로 전보하였다. 나중에는 중산대부(中散大夫), 광록대부(光祿大夫)가 되었다.

그는 나라에 대한 충성심과 의리가 대단하였고 백성에 대한 사랑과 우환이 남달랐다. 여러 차례 군대를 따라 출정하면서 그는 수년간의 전쟁 때문에 백성들의 삶이 얼마나 피폐해졌는지를 잘 알게 되었다. 그래서 그는 위(魏)나라와 전쟁을 벌이는 북벌(北伐) 전쟁에 일관되게 반대하였다. 국력을 소모하고 백성을 힘들게 한다는 이유에서였다. 그는 당시 촉나라에 가장 절실한 것은 백성들을 쉬게 하고 병력을 줄이는 것이라 하였다. 그는 전쟁을 벌였을 때의 이해득실을 놓고 상서령(尚書令) 진기(陳祗)와 논쟁을 벌이다 결론이 나지 않자 물러나서 글을 지었다. 이것이 『구국론(仇國論)』이다. 경요(景耀) 6년(263), 위(魏)의 대장군 등애(鄧艾)가 촉나라를 침입하여 여러 고을을 유린할 적에 견디지 못한 백성들이 산야로 달아났다. 촉나라의 후주 유선(劉禪)은 속수무책이었다. 이에 열린 군신회의(群臣會議)에서 초주는 위나라에의 투항을 건의하였다. 그리고 회의 결과는 그의 주장대로 되었다. 위나라에서는 그에게 전국을 경영할 만한 능력이 있다고 보고 양성정후(陽城亭侯)에 봉하였다. 왕부지가 여기서, 초주가 나라를 팔고 상을 받았다고 지적하는 점은, 바로 이것으로 보인다.

나중에 진(晉)나라를 연 사마씨(司馬氏)의 정권에서는 초주의 인물됨을 높이 평가하여 기도위(騎都尉), 산기상시(散騎常侍)에 임명하였다. 그러나 그는 작위와 봉토를 돌려주려고 하였으나 뜻을 이루지 못했고, 산기상시에는 병이 위중하여 부임하지는 못한 채 죽었다. 『구국론』 외에도 『고사고(古史考)』, 『촉본기(蜀本紀)』, 『논어주(論語注)』, 『오경연부론(五經然否論)』 등이 있으나 모두 오늘날에 전하지는 않는다.(이상 『三國志』, 「蜀書, 譙周傳」 등 참고.)

1094 풍도(882~954)는 자가 가도(可道), 호가 장락로(長樂老)였다. 모두 그의 일생을 드러내기에 충분한 이름들이다. 영주(瀛州)의 경성(景城; 지금의 河北省 泊頭市 交河鎭) 출신이다. 중국에서 대규모로 유가 경전을 판각하는 일을 창시한 인물로 꼽힌다. 그는 중국 역사에서 극도로 혼란한 시대였던 5대 10국의 시대를 살았던 인물이다. 그래서 5조(朝), 8성(姓), 13제(帝)를 받든 인물로 유명하다. 그는 "여러 조대를 이어 가며 장상(將相), 삼공(三公), 삼사(三師)의 지위를 떠난 적이 없었다.(司馬光, 『資治通鑑』 권291, 「後周紀二, 太祖聖神恭肅文武孝皇帝中」: 累朝不離將相三公三師之位.)"라고 할 정도로 40여 년에 걸쳐 관리 생활을 하였으니, 중국 관리사에서 하나의 '오뚜기(不倒翁)'로 평가받는다.

이러한 풍도의 행적에 대해서는 수많은 역사가들의 평가가 극단적으로 갈린다. 구양수는 '염치를 모르는 인물[不知廉恥爲何物]'로 평가하였고(『新五代史』), 사마광은 '간신 중에 충신들이 없어졌다.[1095] 이들처럼 해서는 일찍이 환란을 방비하지도 못했을 뿐만 아니라, 끝내는 침닉(沈溺)에 빠지고 말았다. 그런데도 노자[老子]는 장차 누구를 속이려 드는가!

君子之愼微明辨, 爭位於紛雜之餘, 正交於肆應之地者, 不敢憚勞, 非曰永固, 亦以延天地之盛於一日, 則後起者弗以澌滅而不可繼. 固勿庸以'既濟'爲戒塗, 而倒行於雌雄·黑白之間, 依'不盈'·'不足'以自保也.

역문 군자로서 은미한 상황에서 신중히 생각하고 명확하게 분별하며, 번잡하게 뒤섞여서 어지러운 상황에서 지위를 다투고, 여러 가지 사정에 대해 잘 대처하는 곳에서 올바르게 교접하는 자는, 감히 수고로움을 꺼리지 않고

서도 더욱 두드러진다[乃奸臣之尤]'고 평가하였다(『資治通鑑』). 이렇게 보면 그에 대해서는 부정적인 평가가 좀 더 두드러진다고 해야 할 것이다. 특히 임금을 섬기는 사람으로서 충성을 다하지 않았다는 측면에서 내리는 평가가 이러하였다. 그러나 부모 섬김[事親], 백성 구제[濟民], 정치 주도[主政], 현명하고 어진 사람들과의 제휴 등의 부문에서 풍도는 전통적인 군자나 성현의 표준에 들어맞는다는 평가를 받는다. 그래서 그는 오대(五代)에서 "당시 선비들은 현명한 이든 어리석은 이든 모두 그의 됨됨이를 추앙하여 원로로 받들었고 기꺼이 명예로운 인물로 칭송하였다.(歐陽修, 『五代史』 권54, 「雜傳」: 當世之士無賢愚, 皆仰道爲元老, 而喜爲之稱譽.)"라고 하는가 하면, 전통 유학자들이 '지선(至善) 대 극악(極惡)'이라는 전통적인 이분법으로는 그를 평가하기 어려운 특별한 예에 속하는 것으로 여기는 이들도 있다.

1095 그런데 왕부지는 이 『주역외전』을 쓴 뒤로 30년의 『주역』 공부를 더해 쓴 『주역내전』에서는 이들에 대해, 때를 따르며 수용함을 취했다는 점에서 긍정적으로 평가하고 있다. 그는 여기에서 이들의 행위를, 비괘(否卦)䷋「단전」에서 '때를 따르는 의의의 위대함을 찬탄하는 것[隨時之義大矣哉!]'에 해당하는 것으로 본다. 다만 왕부지 당시의 소인들이 이들의 행위를 자신들의 행위에 가져다 맞추며 정당화하는 것에 대해서는, 염치를 상실한 것일 뿐만 아니라 세상의 근심거리가 됨이 깊다고 비판하고 있다.(『주역내전』, 「단전」, 비괘䷋ 주: 撥亂反正·唯聖人順天道以行大用, 然後可以隨時, 故歎其時義之大, 非可輕用, 以枉道從人. 近世無忌憚之小人以譙周·馮道隨時取容當之, 則廉恥喪, 而爲世患深矣.)

'영원하고 견고하다'라고 말하지 않으며, 또한 하루에라도 하늘 · 땅의 성대함을 늘인다. 그래서 그 뒤에 일어난 이들이 소실되거나 하여 계승할 수 없지가 않다. 진실로 '기제(旣濟)'에 담긴 의미를 가지고서 자신이 가는 길을 경계하고 대비할 필요가 없고, 나아가 암컷과 수컷, 흑과 백 사이에서 도리에 어긋나게 행할 필요도 없다. 그저 '가득 채우지 않음' · '부족함'에 의해서 스스로 보호하면 된다.

미제괘

䷿未濟

一

水火之爲功, 不及天地之盛, 因是而爲害亦不如陰陽亢戰之窮. 遜其可大, 故其成也小; 讓其可久, 故其毁也不長. 故天地而无毁也. 藉有毁天地之一日, 豈復望其亥閉而子開, 如邵子之說也哉! 成之小者不足以始, 故『易』首'乾''坤'而不首'坎''離'; 據'天一生水', 則當首'坎'矣. 毁之長者不可以終, 故『易』終未濟而不終'坤'.

역문 감괘☵가 상징하는 물 · 리괘☲가 상징하는 불이 일으키는 공능은 하늘 · 땅의 성대함에는 미치지 못한다.[1096] 이러한 이유에서 물과 불이 일으키는 해로움도 음과 양이 젠체하며 싸움에서 초래하는 궁색함에는 미치지 못한다. 비록 크게 할 수 있다 하더라도 이에 대해 겸손하기에 그 이루어냄이 작다. 또 비록 유구하게 할 수 있다 하더라도 이에 대해 겸양하니, 그

1096 이 미제괘䷿가 정괘(貞卦)는 감괘☵, 회괘(悔卦)는 리괘☲로 이루어져 있음을 전제로 해서 하는 것이다. 참고로 하늘을 상징하는 괘는 건괘䷀ · ☰이고 땅을 상징하는 괘는 곤괘䷁ · ☷다.

허물어진 상태를 오래 두지 않는다. 그러므로 하늘 · 땅에는 헐어 버림이 없다.

가령 하늘 · 땅을 헐어 버리는 어느 하루가 있다고 한다면, 어찌 소자(邵子; 1011~1077)가 말하는 것처럼 해(亥)에서 닫혔다가 자(子)에서 열리는 것[1097]을 다시 바라겠는가![1098] 이루어 냄이 작은 것으로서는 시작이 될 수가 없다. 그러므로 『주역』에서는 건괘䷀ · 곤괘䷁를 머리로 삼지 감괘䷜ · 리괘䷝를 머리로 삼고 있지 않은 것이다.[1099] 헐어 버림을 이끄는 이는 종말이 될 수가 없다. 그러므로 『주역』에서는 미제괘䷿로 끝내는 것이며, 곤

1097 소옹(邵雍)은 『황극경세서(皇極經世書)』에서 단지 "하늘은 자(子)에서 열리고, 땅은 축(丑)에서 열리며, 사람은 인(寅)에서 생긴다."라고 말한 것 같다.(王植, 『皇極經世書解』 卷首下: 問, "天開於子, 地闢於丑, 人生於寅, 其說是如何?" 曰, "此是邵子皇極經世中說. 今不可知, 但只是以數推得如此.") 이로 미루어 보건대, 하늘은 자(子)에서 열리고 해(亥)에서 닫히며, 다시 자에서 열리고 해에서 닫히는 식으로 순환한다는 것이 소옹의 견해로 보인다.

1098 하늘 · 땅, 즉 이 세상이 헐려 버린다면 어떻게 다시 열릴 수가 있느냐 하는 것이, 이곳에서 왕부지가 반문하고 있는 것의 의미다. 즉 하늘 · 땅이 헐려 버림은 바로 이 세상의 종말로서 이후는 없으니, 다시 열릴 수도 없다는 것이다. 이에 비해 왕부지는, 이 세계는 열렸다 닫혔다 하는 것이 아니라 영원한 움직임 속에 있으며[恒動], 동(動) · 정(靜)도 영원한 움직임 속의 동[動之動] · 정[動之靜]이라고 본다.

1099 **저자 자주**: '하늘1이 수(水)를 낳는다.'라는 설에 의거한다면, 『주역』에서는 마땅히 감괘䷜를 맨 첫 괘로 삼아야 옳다. /**역자 주**: '하늘1이 물을 낳는다'라는 설은 「하도(河圖)」를 근거로 한 것으로서, 오행의 생겨남을 동 · 서 · 남 · 북 · 중앙에 맞추어 설명하는 것이다. 즉 "하늘1은 북쪽에서 수(水)를 낳고, 땅2는 남쪽에서 목(木)을 낳고, 하늘3은 동쪽에서 목(木)을 낳고, 땅4는 서쪽에서 금(金)을 낳고, 하늘5는 중앙에서 토(土)를 낳는데, 이들은 양에도 짝이 없고 음에도 짝이 없어서 아직 서로 함께 이룸은 없다. 그러다가 땅6이 북쪽에서 수(水)를 이루며 하늘1과 함께하고, 하늘7은 남쪽에서 화(火)를 이루며 땅2와 함께하고, 땅8은 동쪽에서 목(木)을 이루며 하늘3과 함께하고, 하늘9는 서쪽에서 금(金)을 이루며 땅4와 함께하고, 땅은 중앙에서 토(土)를 이루며 하늘5와 함께한다.(王應麟編, 『周易鄭康成注』: 天一生水於北, 地二生火於南, 天三生木於東, 地四生金於西, 天五生土於中, 陽无耦 · 陰无配, 未得相成; 地六成水於北, 與天一幷, 天七成火於南, 與地二幷, 地八成木於東, 與天三幷, 天九成金於西, 與地四幷, 地十成土於中, 與天五幷也.)"라고 함이 그것이다. 이 설은 정현(鄭玄; 127~200)이 주장한 이래 한대(漢代) 이후의 학자들에게서 일반적으로 유지되어 왔다. 그러나 왕부지는 이를 비판적으로 보는 것이다.

괘䷿로 끝내지 않는다.

且夫火, 陰也, 而以陽爲郛; 水, 陽也, 而以陰爲輿. 非郛不守, 非輿不載, 憑之以爲固, 含之以爲光. 旣不能顯出其神明, 以備陰陽之盛; 抑不欲孤恃其鋒稜, 以致窮亢之災. 得數少而氣承其伸, 則物不能長盛而不終, 亦非有久終而不返. 水火之撰, 固有然矣.

역문 또한 화(火)는 음인데 양이 그것을 둘러싼 성곽이 되어 있다. 이에 비해 수(水)는 양인데 음이 그것을 싣는 수레가 되어 있다.[1100] 성곽이 아니면 지키지를 못하고, 수레가 아니면 싣지를 못한다. 성곽에 의거하여 견고해지고, 속에 함유하여 빛이 된다. 이들은 이미 그 신명(神明)을 드러내어서 음·양의 성대함을 갖출 수가 없고, 또한 외로이 치열한 기세에 의지하며 궁극에 이르기까지 젠체하다가 거기에서 오는 재앙을 초래하려고 하지 않는다. 수적으로 적음을 얻어서는 그 기(氣)가 펼침을 이어받으니, 물(物)들은 자라나서 성대하다가 끝나지 않을 수가 없고, 오래도록 끝났다가는 돌이키지 않음이 없다. 수(水)·화(火)가 하는 일에는 진실로 이러함이 있는 것이다.

若夫天地之所爲大始者, 則道也, 道固不容於缺也. 不容於缺, 必用其全. 健全而'乾', 順全而'坤'. 因是而山·澤·雷·風·水·火, 皆繁然取給於至足之'乾''坤', 以極宇宙之盛, 而非有漸次以嚮於備. 何

1100 화(火)를 상징하는 리괘☲는 음(--)이 가운데에 있고, 양효 둘(⚌)이 그 밖을 성곽처럼 둘러싸고 있다. 그래서 이 리괘의 특성[德]은 음이다. 이에 비해 수(水)를 상징하는 감괘☵는 양(—)이 가운데에 있고, 음효 둘(⚏)이 수레처럼 양(—)을 싣고 가는 상(象)으로 되어 있다. 그래서 이 감괘의 특성[德]은 양이다. 이 이하는 이를 전제로 하여 전개하는 말이다.

也? 道无思而无爲. 漸次以嚮於備, 則有爲吝留, 有爲增益, 是且有思而有爲, 其不足以建天地之大也久矣.

역문 하늘·땅이 위대한 시작이 되도록 하는 것은 바로 도(道)다. 도는 본디 결핍을 허용하지 않는다. 결핍을 허용하지 않고 반드시 그 온전함을 사용한다. 씩씩함[健]이 온전하니 건괘䷀가 이를 상징하고, 따름[順]이 온전하니 곤괘䷁가 이를 상징한다. 이러한 까닭에 산[☶]·연못[☱]·우레[☳]·바람[☴]·물[☵]·불[☲] 등은 모두 지극히 충족한 건괘䷀·곤괘䷁ 속에서 번성하며 취하기도 하고 주기도 함으로써 우주의 성대함을 극도로 한다. 여기에는 결코 점차 완비함으로 향함은 있지 않다. 왜 그럴까? 도는 사려함이 없으며[無思] 의도하여 행위를 함도 없기[無爲] 때문이다. 점차 완비함으로 향한다면 인색하게 남겨 둠도 있고 보태 주어 이익이 되게 함도 있을 것이다. 이러함은 바로 사려함이 있는 것이고[有思] 의도하여 행위를 함도 있는[有爲] 것이니, 이렇게 해서는 하늘·땅의 위대함을 세움이 유구할 수가 없다.

'震'·'巽'·'坎'·'離'·'艮'·'兌', 男女之辨, 長少之差, 因氣之盈縮而分老壯, 非長先而少後也. 終古也, 一歲也, 一日也, 一息也, 道之流動而周給者, 動止·散潤·暄說皆備於兩間, 萬物各以其材量爲受, 遂因之以有終始. 始无待以漸生, 中无序以徐給, 則終无耗以嚮消也. 其耗以嚮消者或亦有之, 則陰陽之紛錯偶失其居, 而氣近於毁. 此亦終日有之, 終歲有之, 終古有之, 要非竟有否塞晦冥·傾壞不立之一日矣.

역문 진괘☳·손괘☴·감괘☵·리괘☲·간괘☶·태괘☱ 등은 남·여를 변별하고, 연장자 · 연소자의 차이를 드러내며, 기(氣)의 가득 찼다[盈] 오그라들었다[縮] 함에 따라 노쇠함[老] · 건장함[壯]으로 나뉘는데, 여기에서는 연장자가 앞이고 연소자가 뒤가 아니다. 아득한 영원한 속에서든, 1년 속에서든, 하루에서든, 한순간에서든 도(道)는 유행하고 움직이면서 널리 공급하니, 움직임과 멈춤 · 흩트림과 적심 · 말림과 기쁨 등이 모두 하늘과 땅 사이에서 갖추어져 있어서,[1101] 만물은 각기 나름의 재주와 국량대로 이를 받아들이고, 마침내는 이렇게 하다가 시작과 종말을 맞는다. 시작함에서는 무엇엔가 의지하여 점차 생겨남이 없고, 중간에는 순서에 따라서 서서히 공급함이 없으니, 종말에도 소모하면서 소멸로 향함이 없다. 물론 소모하면서 소멸로 향하는 것이 어쩌다 있기는 하지만, 음 · 양이 번잡하고 난잡하여 우연히 그 거처를 잃은 것일 뿐, 기(氣)는 헐림[毁]으로 다가간다. 이렇게 하므로 또한 하루의 종말이 있고, 한 해의 종말이 있으며, 아득한 예부터 지금까지도 있다. 그러나 결코 마침내 꽉 틀어막힌 어둠, 기울고 허물어져 다시는 서지 못하는 날이 있는 것은 아니다.

嘗試驗之. 天地之生亦繁矣, 倮介 · 羽毛 · 動植 · 靈冥, 類以相續爲蕃衍. 由父得子, 由小嚮大, 由一致萬, 固宜今日之人物充足兩間而无所容. 而土足以居, 毛足以養, 邃古无曠地, 今日无餘物, 其消謝生育, 相値而償其登耗者, 適相均也. 是人之兵疫饑饉, 率歷年而一

1101 이는 『설괘전』 제5장에 나오는 말을 전제로 해서 하는 말이다. 거기에서는 "우레가 움직이게 하고, 바람이 흩어지게 하며, 비가 적셔 주고, 해가 말려 주며, 간괘는 멈추게 하고, 태괘는 기뻐하게 한다. 건괘(乾卦)는 임금이 되어 이들을 통괄하고 곤괘(坤卦)는 저장해 준다. (雷以動之, 風以散之, 雨以潤之, 日以烜之, 艮以止之, 兌以說之, 乾以君之, 坤以藏之.)"라 하고 있다. 본문에서 말하는 진괘☳ · 손괘☴ · 감괘☵ · 리괘☲ · 간괘☶ · 태괘☱는 이 『설괘전』의 말에 따라 차례대로 열거한 것이다.

遇, 則既有傳聞以紀之. 若鳥獸草木登耗之數, 特微遠而莫察, 乃鷙攫·凍暍·野燒·淫漲之所耗者, 亦可億而知其不盈. 則亦與夏晝冬夜長短之暗移, 无有殊焉. 要其至足之健順, 與爲廣生, 與爲大生, 日可以作萬物之始. 有所缺, 則亦无有一物而不備矣. 无物不備, 亦无物而或盈. 夫惟大盈者得大虛. 今日之不盈, 豈慮將來之或虛哉! 故『易』成於'既濟'而終'未濟', '未濟'之世, 亦'乾''坤'之世, 而非先後之始終也.

역문 시험 삼아 말해 보겠다. 나충(裸蟲)과 갑각류, 새와 짐승, 동물과 식물, 총명한 것과 아둔한 것 등은 제 유(類)에 따라서 서로 이어 가며 번성한다. 이들 모두 부모로 말미암아 자식을 얻고, 작은 것으로부터 커 가며, 하나로부터 만(萬)을 이루니, 본래 마땅히 오늘의 사람과 물(物)이 하늘과 땅 사이를 가득 채우고 있어서 더는 수용할 수 없다. 토지는 충분히 거처할 만하고, 털은 충분히 보양(保養)할 만하며, 아득한 예부터 지금까지 비워 둔 땅이 없으니, 오늘날 여기에서 벗어나는 물(物)은 없다. 그리고 사라져 가는 것들과 생겨나 자라는 것들이 서로 딱 들어맞아서 그 증감(增減)에 보상해 주니, 알맞게 균형을 이룬다. 우리 사람 세상에 병란과 역병, 기근 등이 대강 몇 년에 한 번씩 오는데, 이미 전해 들은 대로 기록하고 있으니 이는 분명하다. 그런데 새와 짐승, 풀과 나무 등은 그 증감하는 수가 특별히 미미하고 멀어서 사람이 살피지를 못하지만, 맹금에 잡아먹히거나, 얼어 죽거나 더위에 죽거나, 들에 불이 나서 죽거나, 장마에 물이 범람하여 없어진 것들을 근거로 또한 짐작하여, 이들이 가득 채우지 않으리라는 것을 알 수 있다. 그러므로 또한 여름 낮·겨울밤의 길고 짧음과 함께 은연중에 옮겨 가기는 하지만, 이들에 특별하게 다름은 없는 것이다. 요컨대 지극히 충족한 씩씩함[健]·따름[順]이 더불어서 널리 생하고 더불어서 크게 생하니,[1102] 날마다 만물의 시작이 될 수 있다.

만약에 모자람이 있다면 또한 어떤 물(物)이라 하더라도 갖추지 않음이 없을 것이다. 어떤 물(物)도 갖추지 않음이 없으며, 또한 어떤 물(物)도 가득 차는 경우가 없다. 오직 크게 가득 차는 것은 크게 텅 빈다. 그러니 오늘 가득 차지 않았다고 하여, 어찌 장래에 혹시 텅 빌 수도 있다고 염려하리오! 그러므로 『주역』은 기제괘䷾에서 이루어지고 미제괘䷿에서 끝나는데, 미제괘䷿의 세상도 건괘䷀·곤괘䷁의 세상이며, 이들 사이에 앞과 뒤로 구분되는 시작과 끝은 없다.

'未濟'與'乾''坤'同世, 而'未濟'之足以一終者, 何也? 陰陽之未交也, 則爲'乾''坤'. 由其未交, 可以得交. 乃既交而風雷·山澤亦變矣. 其尤變者, 則莫若水火. 一陽而上生一陰, 一陰而上生一陽以爲'離'. 一陰而上生一陽, 一陽而上生一陰以爲'坎', 互入以交, 三位相錯, 間而不純. 既或以爲'坎', 或以爲'離'矣, 因而重之: '離'與'坎'遇, '離'三之陽, 上生一陰, 因以成'坎', 而爲'既濟'; '坎'與'離'遇, '坎'三之陰, 上生一陽, 因以成'離', 而爲'未濟'. 互交以交, 六位相錯, 間而不純. 陰陽之交, 極乎是而甚. 故此二卦者, '乾''坤'之至變者也. 由其盡交, 非有未交, 交極乎雜, 无可復變, 是故有終道焉.

역문 미제괘䷿가 건괘䷀·곤괘䷁와 세상을 같이하고, 또 미제괘䷿가 족히 하나의 종말을 이루는 것은 무슨 까닭일까. 음·양이 교접하지 않을 적에는

1102 크게 생하는 것[大生]은 건괘䷀의 덕인 씩씩함[健]이고, 널리 생하는 것[廣生]은 곤괘䷁의 덕인 따름[順]이다.

건괘☰ · 곤괘☷ 그대로다. 그리고 이들은 교접하지 않고 있다는 것으로 말미암아서 교접할 수가 있다. 이렇게 하여 이미 교접해서 바람[☴]과 우레[☳], 산[☶]과 연못[☱]이 된 것은 역시 건괘☰ · 곤괘☷가 변한 것들이다. 그런데 이들보다 더 변함이 심한 것으로는 물[☵]과 불[☲]만 한 것이 없다. 즉 하나의 양(—)이 위로 하나의 음(--)을 생하고, 그 하나의 음(--)이 또 위로 하나의 양(—)을 생하여 리괘☲가 된다. 그런가 하면 하나의 음(--)이 위로 하나의 양(—)을 생하고, 그 하나의 양(—)이 또 위로 하나의 음(--)을 생하여 감괘☵가 된다. 이렇듯 이들 두 괘에서는 음(--)과 양(—)이 서로에게 들어가 교접하며 세 위(位)에서 서로 엇갈리게 뒤섞이고, 서로 사이에 끼어 있어서 순수하지 않다.

이렇게 하여 이미 감괘☵가 되거나 혹은 리괘☲가 되면, 이제 이들을 중첩하여 두 가지 결과를 얻는다. 하나는 리괘☲가 감괘☵와 만나는 경우다. 이 경우에는 리괘☲ 3위(位)의 양(—)이 위로 하나의 음(--)을 생하고, 이로 말미암아 그 회괘(悔卦)에서 감괘☵를 이루어서는 기제괘䷾가 된다. 또 하나는 감괘☵가 리괘☲를 만나는 경우다. 이 경우에는 감괘☵의 3위(位)의 음(--)이 위로 하나의 양(—)을 생하고, 이로 말미암아 그 회괘에서 리괘☲를 이루어서는 미제괘䷿가 된다. 이들 기제괘䷾와 미제괘䷿도 음(--)과 양(—)이 서로 교접하는 방식으로 교접하는데, 여섯 위(位)에서 음(--)과 양(—)이 엇갈리게 뒤섞이며 서로 사이에 끼어 있어서 순수하지 않다.

음(--)과 양(—)이 서로 교접함은 이들 두 괘에서 극을 이루며 막심하다. 그러므로 이들 두 괘는 건괘䷀ · 곤괘䷁가 지극하게 변한 것들이다. 이렇게 하여 다 교접함으로써 더는 교접하지 않은 것이 없으니, 이들 두 괘는 교접함이 극도로 잡다하여 다시는 변할 수가 없다. 이러한 까닭에 이들 두 괘에는 끝남의 도(道)가 있는 것이다.

'既濟'得居, '未濟'失居, 雜而失居, 傷之者至矣. 水胎陽而利降, 火胎而利升. '既濟'水升火降, 升者有餘位以降, 降者有餘位以升. '未濟'水降火升, 降極而无可復降, 升極而无可復升. 性流於情, 情孳於生, 交極位終, 則'既濟'成而'未濟'終. 固一日之間, 一物之生, 皆有此必終之理行乎陰陽, 聽萬物材量之自受, 則'未濟'亦可以一終矣.

역문 기제괘䷾에서는 음(--)과 양(—)이 있을 거처를 얻고 있고, 미제괘䷿에서는 거처를 잃고 있는데, 뒤섞인 채 거처를 잃고 있으니 그를 상하게 하는 것이 이른다. 물[☵]은 양(—)을 잉태하여 내려옴을 이롭게 하고, 불[☲]은 음(--)을 잉태하여 올라감을 이롭게 한다. 기제괘䷾는 물[☵]이 올라가고 불[☲]은 내려온 것인데, 올라간 것은 남는 위(位)가 있어서 내려오고, 내려온 것은 남는 위(位)가 있어서 올라간다. 미제괘䷿는 물[☵]은 내려오고 불[☲]은 올라간 것인데, 내려온 것은 극에 이르렀기에 더는 내려갈 수가 없고, 올라간 것도 극에 이르러서 더는 올라갈 수가 없다.

성(性)은 정(情)에서 유행하고 정(情)은 생겨남에서 불어나는데, 교접함이 극에 이르고 위(位)가 종국에 이르렀으니, 기제괘䷾는 이루고 미제괘䷿는 끝낸다. 본디 하루 사이에도, 한 물(物)의 생겨남에도, 모두 이 반드시 끝나게 하는 리(理)가 음・양에서 행하며 만물이 각기 자신들의 재주와 국량대로 스스로 받아들이도록 하니, 미제괘䷿는 역시 하나의 끝맺음을 이룰 수가 있는 것이다.

然而交則極也, 陰陽則未極. 陰陽之極者, 未交則'乾''坤'也, 已交而得居則'泰'也, 已交而失居則'否'也. '乾''坤'之極, 既已爲始; '否'之極, 又不可終. 非'乾'則'坤', 非'坤'則'乾'. 十二位之間, 嚮背而陰陽各足,既不容毁'乾'而无'坤', 毁'坤'而无'乾', 又不得絕'否'之往來以終於晦塞. 惟夫往來皆雜, 十二位相錯, 而未有純者, 則'未濟'遂足以一終.

역문 그러나 교접함은 극에 이르지만, 음·양은 극에 이르지 않는다. 음·양의 극이란 교접하지 않으면 건☰·곤☷이고, 이미 교접하여 거처할 곳을 얻으면 태(泰)䷊이며, 이미 교접하여 거처를 잃었으면 비(否)䷋다. 건☰·곤☷의 극은 이미 시작함이 되고, 비(否)䷋의 극에서는 또한 끝낼 수가 없다. 건☰이 아니면 곤☷이고, 곤☷이 아니면 건☰이다. 12위(位)에서 앞쪽(嚮)·뒤쪽(背)으로 음·양은 각기 충족하기에, 이미 건☰을 헐어 내서 곤☷이 없음을 허용하지 않고, 곤☷을 헐어 내서 건☰이 없음을 허용하지 않으며, 또한 비(否)䷋에서의 왔다[來] 갔다[往] 함을 끊어 버려서 어둡고 꽉 틀어막힘에서 끝나도록 할 수가 없다. 오로지 왔다[來] 갔다[往] 함이 모두 잡다하여 12위(位)에서 서로 뒤섞여 순수한 것이 없으니, 미제괘䷿는 마침내 족히 하나의 끝맺음을 이룬다.

乃一陰立而旋陽, 一陽立而旋陰, 陰陽皆死生於俄頃, 非得有所謂"地毁於戌, 天毁於亥."也. 蓋陰孤而不可毁陽, 陽孤而不可毁陰. '未濟'之象, 亦一陰一陽之道, 而特際其亂者爾.

역문 하나의 음(--)이 서서는 양(—)으로 돌고, 하나의 양(—)이 서서는 음(--)으로 도니, 음·양은 모두 순식간에 죽었다 살았다 하여, "땅은 술(戌)에서 헐리고 하늘은 해(亥)에서 헐린다."라고 말할 수가 없다. 왜냐하면 음(--)은 홀로이면서 양(—)을 헐어 없애 버릴 수가 없고, 양(—)도 홀로이면서 음(--)을 헐어 없애 버릴 수가 없기 때문이다. 미제괘䷿의 상(象)은 역시

'한 번은 음이었다 한 번은 양이었다 함'의 도(道)를 드러내고 있는데, 특히 그 어지러운 상황을 접하고 있을 따름이다.

先天之位, '未濟'居申, 申者日之所入也. 日繞於大圜之墟, 而出入因地以漸移, 則申有定位而无定時. 无定時, 則亦且无定位. 是終日可寅, 終日可申, 終日終而終日始, 拘於所見者莫之察爾. 且申爲秋始, 秋司刑殺. 百穀落而函活藏於甲核, 昆蟲熊燕蟄而生理息於膻宮, 則亦貌殺非殺, 而特就於替也. '未濟'亦替而已矣, 豈有殺哉! 非殺不成乎永終, 天地无永終之日矣.

역문 「복희선천도(伏羲先天圖)」의 위(位)에서 미제괘䷿는 신(申)에 자리 잡고 있는데, 이 신(申)은 해가 들어가는 곳이다. 해는 거대한 원을 이루고 있는 터를 돌고 있는데, 땅을 들고나면서 점점 이동한다. 그래서 신(申)에 정해진 위(位)는 있지만 정해진 때[時]는 없다. 정해진 때[時]가 없으니, 또한 정해진 위(位)도 없다.

하루의 마침은 인(寅)에서 끝날 수도 있고, 신(申)에서 끝날 수도 있다. 이처럼 하루는 끝나면서 하루는 시작되는데, 자신의 관점에 구애받고 있는 이들은 이를 살피지 못할 따름이다. 그리고 신(申)은 가을의 시작인데, 이 가을은 형살(刑殺)을 맡는다. 그래서 가을에는 백곡(百穀)이 떨어지지만, 활기를 함유한 것을 껍질과 씨앗에다 저장하고, 곤충·곰·제비는 칩거하며 생리(生理)는 단궁(膻宮)[1103]에서 쉬고 있다. 그래서 또한 겉으로는 죽이는 것처럼 드러나지만, 사실은 죽이는 것이 아니다. 다만 교체함으로

1103 심장 아래에 있는 격막을 의미하는 것 같다.

나아갈 따름이다. 미제괘䷿가 상징하는 것도 교체함일 따름이니, 어찌 죽임이 있으리오! 죽임이 아니면 영원한 끝맺음을 이루지 못하는데, 하늘·땅에는 영원히 끝맺는 날이 없다.

且雷·風·山·澤之代天以主物也, 非暄潤不爲功. 故人物非水火不生, 而其終也亦非水火不殺. 雷·風·山·澤, 不能殺物者也. 因其任殺, 故亦可以一終. 而水火之殺, 則亦惟水火之不盛也. 陽亢而陰凝則盛, 故雷風之用著, 水火之用微; 山澤之體實, 水火之體虛. 陰間乎陽而爲'離', 陽不得亢; 陽間乎陰而爲'坎', 陰不得凝. 其在'未濟'也, '離'火南上而息乎金, 失木之養; '坎'水北下而注於木, 失金之滋; 尤非有炎爍泛瀾之勢也. 特以交之已雜, 成乎一時之衰, 而物遂受其凋敝. 故盛爲生, 衰爲殺. 盛衰者偶也, 生殺者互相養者也. 豈有極重難返之勢, 以吃於大終而待其更始乎!

역문 우레[☳]·바람[☴]·산[☶]·연못[☱] 등이 하늘을 대신하여 물(物)들을 맡고 있지만, 불[☲]의 말림·물[☵]의 적심이 아니면 그 공(功)을 이루지 못한다. 그러므로 사람과 물(物)들은 물·불이 아니면 생겨나지를 못하고, 그 끝마침에서도 물·불이 아니면 죽이지 못한다. 우레·바람·산·연못 등은 물(物)들을 죽일 수 없는 것들이다. 그런데 물·불은 죽임을 맡고 있으므로, 이들도 하나의 끝맺음을 맞이할 수 있다.

물·불은 죽이기 때문에, 또한 오직 물·불만이 성대하지 못한다. 양(陽)이 젠체하며 오만하게 굴고 음(陰)이 엉기면 성대해진다. 그러므로 우레·바람은 현저함을 사용하고, 물·불은 은미함을 사용한다. 또 산·연못의 몸은 실하지만, 물·불의 몸은 허하다.

음(--)이 양들(⚌) 사이에 끼면 불을 상징하는 리괘☲가 되는데, 여기에서 양(—)은 젠체하며 오만하게 굴 수가 없다. 그리고 양(—)이 음들(⚏) 사이에 끼면 물을 상징하는 감괘☵가 되는데, 여기에서 음(--)은 엉기지 못한다. 미제괘䷿에서 리괘☲는 불로서 남쪽의 위에 있고, 금(金)에서 식으며, 목(木)의 길러 냄을 잃고 있다. 감괘☵는 북쪽의 아래에 있고, 목(木)에게 물을 대주고 있으며 금(金)의 번식함을 잃고 있다. 더욱이 이들에게서는 불꽃이 작열하고 물이 범람하는 세(勢)가 있지 않다. 다만 미제괘䷿에서는 이들의 교접함이 이미 잡다하기에 한때의 쇠미함을 이루고, 물(物)들도 마침내 그 시들고 낡음을 받아들인다.

그러므로 성대함은 살림[生]이 되고, 쇠미함은 죽임[殺]이 된다. 성대함과 쇠미함은 서로 짝을 이루고, 살림과 죽임은 서로 길러 낸다. 그러니 어찌 무언가 극히 무겁고 돌이키기 어려운 세(勢)가 있어서, 거대한 종말[大終]에 이르러 다시 시작함을 기대하리오!

釋氏之言曰, "劫之將壞, 有水災焉, 有火災焉." 以'未濟'觀之, 火上散而水下漏, 水火不給於暄潤, 則於人物爲死, 於天地爲消. 其无有焞焞之燄, 滔滔之波, 以滅萬物 · 毁二儀而壞之, 亦明矣.

역문 석씨[석가모니]가 하는 말에 "하나의 겁(劫)이 무너지려고 함[1104]에서는 수재(水災)가 있고, 화재(火災)가 있다."라고 한다. 미제괘䷿를 가지고 보면, 불[☲]은 위에서 흩어지고 물[☵]은 아래로 새서 이 물과 불이 말림과 적심

1104 '겁(劫)'은 원래 브라만교(Brahmanism)에서 시간의 가장 긴 단위를 의미하였는데, 이후 불교에서도 이를 그대로 받아들여 사용하고 있다. '겁이 무너진다'라는 것은, 이 시간 단위가 끝난다는 의미다.

의 역할을 하지 못한다. 사람과 물(物)에게는 이것이 죽음이 되고 하늘·땅에는 소멸함이 된다. 이를 근거로 보건대, 성대한 불꽃과 그득히 퍼져 흐르는 물결로써 만물을 멸하고, 양의(兩儀)를 허물어서 이 세계를 괴멸시킴은 있지 않음이 역시 명확하다고 할 것이다.

天地之終, 不可得而測也. 以理求之, 天地始者今日也, 天地終者今日也. 其始也, 人不見其始; 其終也, 人不見其終; 其不見也, 遂以爲邃古之前, 有一物初生之始; 將來之日, 有萬物皆盡之終; 亦愚矣哉!

역문 하늘·땅의 종말은 예측할 수가 없다. 리(理)로써 본다면, 하늘·땅의 시작도 오늘이고, 하늘·땅의 끝남도 오늘이다. 시작할 적에도 사람으로서는 그 시작함을 보지 못하고, 그 끝남에서도 사람은 그 끝남을 보지 못한다. 이렇듯 사람으로서는 볼 수가 없는데도, 마침내 아득한 옛적에 어떤 물(物)이 막 생겨남이 있다고 여기고, 앞으로 다가올 어느 날에 만물이 모두 죄다 끝나 버리는 날이 있다고 하니, 역시 어리석도다!

是故窮理盡性以至於命者, 原始要終, 修其實有, 取之現存, 以盡循環无窮之理, 則可以知生死之情狀而不惑, 合天地之運行而不慙, 集義養心, 充塞兩間而不餒. 嗚呼! 盡之矣.

역문 그러므로 이치를 궁구하고 사람다움을 다하여 자신의 명(命)이 무엇인지를 깨달은 사람은, 이 세계의 시원과 종말을 근원적으로 고찰하고, 실제로 존재하는 것을 아름답게 하며, 현존하는 것들을 취함으로써 무궁하게 순환하는 이치를 다 실현한다. 그래서 삶과 죽음의 진실한 상태를 알아서 미혹되지 않을 수 있다. 그리고 하늘·땅의 운행에 합치하여 부끄러운 것이 없고, 의로움을 집적하고 마음을 함양하여 하늘과 땅 사이에 꽉 채우더라도 부족함이 없다. 오호라! 이것이 바로 사람 노릇을 다하는 것이다.

二

凡夫萬有之化, 流行而成用. 同此一日之內, 同此天地之間, 未有殊才異情, 能相安而不毁者也.

역문 무릇 존재하는 모든 것들의 화함은 끊임없이 널리 행하면서 그 쓰임새를 이룬다. 이 똑같은 하루 속에서, 이 똑같은 하늘 · 땅 사이에서, 특수한 재(才) · 특이한 정(情)은 있지 않기에, 서로 편안하며 서로를 헐어 버리지 않을 수 있다.

情以御才, 才以給情. 情才同原於性, 性原於道, 道則一而已矣. 一者, 保合和同而秩然相節者也. 始於道, 成於性, 動於情, 變於才. 才以就功, 功以致效, 功效散著於多而協於一, 則又終合於道而以始, 是故始於一, 中於萬, 終於一. 始於一, 故曰, "一本而萬殊"; 終於一而以始, 故曰, "同歸而殊途".

역문 정(情)은 재(才)를 다스리고, 재(才)는 정(情)의 수요(須要)에 부응한다. 이들 정과 재는 똑같이 성(性)에 근원이 있고, 이 성은 도(道)에 근원이 있다. 그래서 도는 '모든 것을 아우르는 하나[一]'일 따름이다. '모든 것을 아우르는 하나'란 이 세계의 조화를 이루고 거기에 합치하도록 하며, 전체로는 질서정연하면서도 서로 간에 절도를 지킴을 의미한다. 그리하여 도에서 비롯하여 성에서 이루어지고, 정에서 움직임을 일으키며 재에서 변한다. 이 재가 공(功)을 성취하고, 공은 효과를 드러내며, 이 공효가 '이 세상 무수한 존재들[多]'에 흩어져 드러나면서도 '모든 것을 아우르는 하나[一]'에 협화(協和)한다. 그래서 마침내는 도에서 합했다가 비롯한다. 한마디로 '모든 것을 아우르는 하나'에서 비롯하고, '수많은 존재[萬]' 가운데 있으며, '모든 것을 아우르는 하나'에서 마친다. 이렇듯 '모든 것을 아우르는 하나'에서 비롯하므로 "근본은 하나지만 만 가지로 다 다르다."[1105]라고 하며, '모든 것을 아우르는 하나'에서 끝났다가 비롯하므로 "돌아가는 곳은 다 같지만, 거기에 이르는 길은 다 다르다."[1106]라고 한다.

夫惟其一也, 故殊形絕質而不可離也, 強刑弱害而不可舍也. 舍之以爲遠害, 離之以爲保質, 萬化遂有不相濟之情才. 不相濟曰'未濟', 則何以登情才而成流行之用乎? 舍之離之, 因萬化之繁然者, 見其殊絕之刑害, 而分以爲二. 旣已分之, 則披紛解散, 而又憂其不合, 乃抑矯揉銷歸以強之同, 則將始於二, 成於一. 故曰, 異端二本而无分.

1105 이는 주희가 천지지성(天地之性), 즉 본연지성과 기질지성의 관계에 대해 한 말이다. 천지지성은 태극 본연의 오묘함이자 만수(萬殊)의 근본으로서 같지만, 수많은 개체 속에 있는 기질지성은 다 다르다는 것이다.(『性理大全』 권30, 「性理 2, 氣質之性: 朱子曰, "有天地之性, 有氣質之性. 天地之性, 則太極本然之妙, 萬殊之一本也; 氣質之性, 則二氣交運而生, 一本而萬殊也.") 사실 이 말은 주돈이의 『태극도설』에서 무극·태극과 음양 양의(兩儀), 오행의 관계에 대해 말한 것(五行一陰陽也, 陰陽一太極也, 太極本無極也. 五行之生也, 各一其性.)과 궤를 같이하는 것이며, 불교의 '일즉다(一卽多), 다즉일(多卽一)'과도 맥을 같이하는 것이라 할 수 있다.

1106 이는 「계사하전」 제5장에 나오는 말이다. 거기에서는 "천하 만물은 다 같은 곳으로 돌아가면서도 거기에 이르는 길은 다 달리하고, 이루려는 것은 다 같으면서도 그 방법은 다 다르게 고려한다.(天下同歸而殊塗, 一致而百慮.)"라 하고 있다.

역문 오직 '모든 것을 아우르는 하나'이기 때문에, 특수한 형체 · 독특한 질(質)을 가졌다고 하여 이에서 벗어날 수가 없고, 강한 것은 형(刑)을 주고 악한 것은 해(害)를 주더라도 버릴 수가 없다. 버림으로써 해(害)를 멀리한다고 여기고 벗어남으로써 질(質)을 보존한다고 여기지만, 이렇게 하면 만사(萬事) · 만물(萬物)에 드디어 서로 이루어 주지 못하는 정(情) · 재(才)가 있게 된다. 서로 이루어 주지 못함을 '미제(未濟)'라 하니, 어떻게 정(情) · 재(才)를 끌어올려서 널리 행하는 쓰임을 이루게 할까. 버리는 것 · 벗어나는 것은, 만사 · 만물의 풍부하고 다양함 속에서 특수 · 독특한 형(刑) · 해(害)를 보고서는 나누어 둘로 하는 것이다. 그런데 이렇게 이미 나뉘게 되면, 흐트러져 어지럽고 풀어져서 분산되어 이제 합치하지 못함을 근심하게 된다. 이에 손질해서 바로잡고 녹여서 융합하여 억지로 똑같게 하니, 둘[다름]에서 시작했던 것들이 하나[같음]에서 이루어진다. 그러므로 말하기를 "이단(異端; 墨家)은 근본을 둘로 하면서도 나눔이 없다."[1107]라고 한다.

老氏析抱陽負陰之旨, 而欲復歸於一; 釋氏建八還之義, 而欲通之以

1107 이는 정이(程頤; 1033~1107)의 말이다. 정이의 고제(高弟) 양시(楊時; 1053~1135)가 정이에게, 장재(張載; 1020~1077)의 『서명(西銘)』은 본체[體]만 말하고 작용[用]은 말하지 않고 있으므로 묵자의 겸애설과 비슷하다고 평을 하며, 스승의 견해를 물었다. 이에 대해 정이는, 장재의 저술 중 『정몽』에는 좀 과한 말들이 있지만, 『서명』은 이치를 미루어서 의(義)를 밝히고 있다고 하며, 이전의 성인들께서 드러내지 않은 것을 확충하고 있으니 유가에 맹자의 성선설 · 호연지기론에 못지않은 공(功)을 이룬 것으로서, 묵씨에 비할 비가 아니라고 하였다. 그러면서 『서명』은 '리(理)는 하나지만 나뉘어서는 다 다르다[理一分殊]'는 것을 밝히고 있음에 비해, 묵자의 겸애설은 근본을 둘로 하면서도 나눔이 없으니, 횡거의 『서명』을 묵자의 겸애설에 비교해서는 안 된다고 하고 있다.(『張子全書』 卷15, 「附錄」: 楊時致書伊川先生曰, "西銘言體而不及用, 恐其流遂至于兼愛." 先生答之曰, "橫渠立言誠有過者, 乃在『正蒙』. 『西銘』之爲書, 推理以存義, 擴前聖所未發, 與孟子性善 · 養氣之論同功, 豈墨氏之比哉? 『西銘』明理一而分殊, 墨氏則二本而無分, 子比而同之過矣.")

圓. 蓋率以道之中於萬者以爲大始, 而昧其本. 則情才之各致, 或有相爲悖害者, 固變化之不齊, 而以此疑爲不足據, 乃從而歸竝於无有, 不亦宜乎!

역문 노씨[老子]는 '양을 품에 안고 음을 등에 짊어진다[抱陽負陰]'[1108]라는 뜻을 분석하여, '모든 것을 아우르는 하나'로 되돌아가려고 했다. 또 석씨[석가모니]는 팔환(八還)[1109]의 뜻을 세워서 원만함으로 통하게 하려고 했다. 내가 보기에, 이들은 대개 도(道)가 만사 · 만물 속에 있다는 것을 가지고서 위대한 시작으로 여기는 것 같다. 그래서 이들은 근본에 대해 못 보고 있는 것이다. 그 결과 이들은, 정(情) · 재(才)가 각기 제 역할을 하는 속에 어쩌다 서로 거스르고 피해를 주는 것들이 있어서, 본디 변화의 고르지 못함을 이루는 것을 가지고서 의심을 일으키며, 현상은 의거할 수 없는 것이라 여긴다. 그리고는 모든 것을 싸잡아서 있지 않은 것으로 돌려 버림은, 역시 이들에게서 필연적인 귀결이 아니겠는가!

夫同者所以統異也, 異者所以貞同也, 是以君子善其交而不畏其爭. 今夫天地, 則陰陽判矣; 雷風 · 水火 · 山澤, 則剛柔分矣. 是皆其異

1108 『노자』 제42장에 나오는 말이다. 거기에서는 "도는 하나를 낳고, 하나는 둘을 낳으며, 둘은 셋을 낳는데, 셋은 만물을 낳는다. 만물은 음을 등에 짊어지고 양을 가슴에 품고 있는데, 충기(冲氣)가 화합한다.(道生一, 一生二, 二生三, 三生萬物. 萬物負陰而抱陽, 沖氣以爲和.)"라 하고 있다.

1109 '팔환'은 모든 변화상이 각기 본래 원인을 일으켰던 곳으로 돌아가는데, 여기에 여덟 가지가 있다는 것이다.(『楞嚴經』: 佛告阿難, "汝咸看此諸變化相, 吾今各還本所因處. 云何'本因'? 阿難! 此諸變化, 明還日輪. 何以故? 無日不明, 明因屬日, 是故還日. 暗還黑月, 通還戶牖, 壅還牆宇, 緣還分別, 頑虛還空, 鬱埻還塵, 清明還霽, 則諸世間一切所有, 不出斯類. 汝見八種見精明性, 當欲誰還.")

焉者也. 而君子必樂其同, 此豈有所強哉? 迅雷之朝, 疾風以作; 名山之下, 大澤以流; '震''巽'·'艮''兌'之同而无所強者固然矣, 而抑又不足以相害. 若夫水火, 吾未見其可共而處也, 抑又未見其處而不爭也. 處而不爭, 則必各順其性, 利其情, 相舍相離, 而後可同域而安. 火炎上, 因而上之; 水潤下, 因而下之; 則已異矣. 炎不熯水, 潤不滅火, 則又以爲同矣. 嗚呼! 此'未濟'之世, 遠害而'亨', 而卒以'无攸利'於天下, 而『易』且以一終者也, 可不 愼與!

역문 같음은 다름을 통괄하고, 다름은 같음을 올곧게 한다. 그래서 군자는 그 교접함을 잘하고 다툼을 두려워하지 않는다. 하늘·땅은 음·양이 판연(判然)하고, 우레[☳]·바람[☴], 산[☶]·연못[☱], 물[☵]·불[☲] 등은 굳셈(剛)·부드러움(柔)이 나뉘어 있다. 이들 모두는 다름을 이루는 것들이다. 그러나 군자는 꼭 같음을 즐기니, 이것이 어찌 그에게 강요해서 그러한 것이리오. 번쩍 우레가 치는 아침에 질풍이 일고, 명산의 아래에 큰 연못이 있어서 물이 흘러드니, 이러한 관점에서 보면 진괘[☳]와 손괘[☴], 간괘[☶]와 태괘[☱]는 같다. 그리고 이들의 같음에 대해서는 그 무엇도 억지로 본디 이러하게 하는 것이 없는 것이다. 그러니 또한 이들은 서로 해를 입히지도 않는다.

물[☵]과 불[☲]의 경우는, 이들이 함께 같은 곳에 있을 수 있다는 가능성을 우리가 보지 못하고, 또 이들이 함께 있으면서 싸우지 않는 것을 보지도 못한다. 이러함은 이들이 필연코 각기 그 성(性)을 따름이며, 그 발현, 즉 정(情)을 이롭게 하는 것이어서, 서로 버리고 서로 분리한 뒤에라야 같은 지역에서 편안할 수가 있다. 불은 불꽃을 내며 위로 타오르니 위로 올라가고, 물은 아래로 적셔 주니 아래로 내려간다. 그래서 이들은 벌써 다른 것이다. 그러나 불꽃은 물을 말리지 않고, 적심은 불을 멸하지 않으니, 또한 이들은 같기도 하다.

오호라! 미제괘䷿가 상징하는 세상에서도 해로움을 멀리하여 '형통하다'라 하고, 마침내 이 세상에 '이로울 바가 없다'라 하고 있으니,[1110] 『주역』은 이렇게 하나의 끝맺음을 하고 있다. 그러니 신중하지 않을 수 있겠는가!

今夫物之未生, 方之未立, 一而已矣. 成材而爲物, 則翼以翔空, 蹠以蹈實, 而辨立; 準情而建方, 則耳目知左, 手足知右, 而居奠. 雖有父母師保, 而不能強之以不異. 雖然, 其異焉者, 中固有同然者, 特忘本者未之察耳.

역문 지금 물(物)이 생기지 않고, 이것들이 있을 곳이 세워지지 않을 적에는, '모든 것을 아우르는 하나'일 따름이다. 그러다 재질이 이루어져서 물(物)이 되면, 날개로써 허공을 날고 발바닥으로써 실한 곳을 밟으니, 변별이 성립한다. 그리하여 그 됨됨이의 발현, 즉 정(情)에 준하여 이들은 있을 곳을 세우니, 귀와 눈은 왼쪽을 알고 손과 발은 오른쪽을 알아서 거처가 정해진다. 이에 대해서는 비록 부모와 태사 · 태보가 있다 하더라도 억지로 다르지 않게 할 수가 없다. 비록 이러하기는 하지만, 이렇게 다름 속에 본디 같음이 있다. 다만 근본을 잊은 자들은 이를 살피지 못할 따름이다.

故極乎陰陽之必異, 莫甚於水火. 火以熯水, 所熯之水何往? 水以滅

1110 이는 미제괘䷿의 괘사를 근거로 해서 하는 말이다. 이 괘사에서는 "형통하다. 작은 여우가 물을 거의 다 건넜는데 그 꼬리를 적심이다. 이로울 바가 없다.(亨, 小狐汔濟, 濡其尾, 无攸利.)"라 하고 있다. 미제괘䷿는 물을 상징하는 감괘☵와 불을 상징하는 리괘☲가 합쳐져서 이루어져 있다. 그래서 왕부지는 이 단락에서 이렇게 서술하고 있는 것이다.

火, 所滅之火何歸? 水凝而不化, 熯之者所以盪而善其化; 火燥而易窮, 滅之者所以息而養其窮; 則莫不相需以致其功矣.

역문 그러므로 음과 양이 반드시 다름의 면에서 극을 보여 주는 것으로는, 물과 불보다 심한 것이 없다. 불은 물을 말려 버리는데, 이렇게 해서 말린 물은 어디로 가는 것일까? 물은 불을 꺼 버리는데, 이렇게 해서 꺼진 불은 어디로 돌아갈까? 물은 엉겨서는 화하지 않기 때문에, 불은 말림을 통해 이를 흔들어 대서 잘 화하도록 한다. 그리고 불은 마르면 쉽게 없어지기 때문에, 물은 꺼뜨림을 통해 이를 그치게 하여서 없어지는 것을 길러 낸다. 이렇듯 물과 불은 서로 의존하여 그 공을 이루는 것이다.

需以互交, 先難而後易, 情德而貌刑, 故忘本者尤恝然而畏其爭. 將以爲本異而不可同也, 於是析兄弟之居, 察情欲之辨, 解而散之, 因而仍之. 因而仍之以爲自然, 解而散之以爲解脫. 之說也, 其於道也, 猶洴澼絖之於淵魚也. 萬化之終協於一以藏大始者, 固不因之以匱. 彼益傲然曰, "其成也固然, 而欲互交以致功者, 亦拂陰陽之性而无當於成敗." 其迷也, 亦可謂大哀也矣.

역문 이들이 의존하여 상호 교접함을 보면, 먼저는 어렵다가 나중에는 쉽고, 덕을 정(情)으로 발현하면서도 겉으로는 형(刑)을 주는 것처럼 드러낸다. 그러므로 근본을 잊은 자들[1111]은 더욱 이에 관심을 기울이지 않은 채, 물과 불이 싸운다고 두려워한다. 결국 이들은 물과 불이 근본이 달라서 같을 수가 없다고 여기고는, 나아가 물과 불이 형제처럼 살아가고 있는 것을 쪼

1111 유가 이외의 사람들을 말한다. 예컨대 도(道) · 불(佛) 양가(兩家)와 묵가 등.

개 버리고, 물과 불의 정(情)과 욕(欲)에 어떻게 다른지를 살피고는 해체하여 흩트려 버리거나 말미암으며 그대로 따른다. 그리하여 말미암으며 그대로 따름을 '저절로 그러함[自然]'이라 여기기도 하고, 해체하여 흩트려 버림을 '해탈'이라 여기기도 한다. 이러한 설들은 도(道)에다 대면, 물가에서 솜옷을 빨아 주면서 먹고 사는 사람[1112]이 물고기가 연못을 벗어날 수 없음[1113]과 같을 것이다.

만물의 무궁무진하게 화함은 '모든 것을 아우르는 하나'에 협화(協和)함으로서 끝나면서도 이러한 속에 위대한 시작을 저장하고 있으니, 진실로 이 끝남으로 말미암아서 다하지 않는다. 그리하여 저들은 더욱 오만하게 "이들이 이루어짐은 본디 그러한 것이지만, 이들의 욕구가 서로 교접하여

1112 『장자』, 「소요유」 편에 나오는 말이다. '작은 솜씨'를 가진 사람을 의미하는 말로서, 큰일, 큰 쓰임은 감당할 수 없음을 일컫는다. 겨울에 물가에서 남의 솜옷을 빨아 주며 먹고 살던 사람들은 손이 잘 트기 마련이다. 그래서 이를 업으로 하던 이 집안에는 손을 안 트게 하는 약을 제조하는 비방이 있었다. 그런데 이들은 그저 이를 빨래하는 손이 안 트게 하는 데서만 활용할 뿐이었다. 이 소문을 들은 객은 이들이 생각하기에는 큰돈[百金]을 주고 샀고, 이를 겨울철 수전(水戰)에서 병사들이 손을 트지 않게 하는 데 활용함으로써 싸움을 승리로 이끌었다. 그리고 그 공으로 제후에 봉해졌다. 똑같은 약으로써 어떤 사람은 대대로 남의 솜옷을 빨아 주며 먹고 사는 데 그쳤지만, 어떤 사람은 수전에 활용하여 제후가 되었으니, 쓸 줄 아는 격이 다르다는 것이다.(莊子曰, "夫子固拙於用大矣. 宋人有善爲不龜手之藥者, 世世以洴澼絖爲事. 客聞之, 請買其方以百金. 聚族而謀曰, '我世世爲洴澼絖, 不過數金; 今一朝而鬻技百金, 請與之.' 客得之, 以說吳王. 越有難, 吳王使之將, 冬與越人水戰, 大敗越人, 裂地而封之. 能不龜手, 一也; 或以封, 或不免於洴澼絖, 則所用之異也. 今子有五石之瓠, 何不慮以爲大樽而浮乎江湖, 而憂其瓠落無所用? 則夫子猶有蓬之心也夫!")

1113 『노자』 제36장에 나오는 말이다. 물고기가 물을 벗어날 수 없으니, 물을 벗어나면 물고기를 잃어버리기 때문이다. 마찬가지로 나라의 이로운 기물도 사람들에게 보여 주면 잃어버리게 되니, 물고기든, 나라의 이로운 기물이든, 그대로 두라는 의미다.(魚不可脫於淵, 國之利器, 不可以示人.) 『장자』에서는 이 말을 끌어다가 국가의 이로운 기물을 유가에서 말하는 성현(聖賢)에 빗대며, 물고기를 연못 밖으로 끌어낼 수 없듯이, 이들을 세상 사람들에게 본보기로 내보이지 않아야 큰 도둑이든 작은 도둑이든 생겨나지 않는다고 하고 있다.(『莊子』, 「胠篋」: 故曰, "魚不可脫於淵, 國之利器不可以示人." 彼聖人者, 天下之利器也, 非所以明天下也. 故絶聖棄知大盜乃止.)

서 공을 이룸은 역시 음·양의 성(性)을 털어내 버린 것이어서 성패에는 해당함이 없다."라고 말한다. 이러니 이들의 미혹됨은 역시 "너무나 애잔하다."라고 할 것이로다.

天地之正, 不聽彼之亂之. 聖人之教, 輔相以合之者, 又維繫之. 彼既任其相離相舍, 則亦徒有其說而无其事, 故无能大損於道也. 藉其不然, 胥古今上下以'未濟', 則一終者將以永終, 且亦不可以得一終也, 則可不謂大哀者與!

역문 하늘·땅의 올바름은 저들이 어지럽히는 대로 되지 않는다. 성인들의 가르침은 우리를 도와서 저 하늘·땅의 올바름에 합치하게 하며, 또 오직 이것에 연계한다. 그런데 저들은 이미 서로 분리되고 서로 버림에 내맡기고 있으니, 역시 한갓 입으로만 떠벌릴 뿐, 그 무엇도 해내는 일이 없다. 그래서 도(道)에 크게 손해를 입힐 수 없다. 설사 그렇지 않다고 하더라도, 저들은 고금·상하를 미제괘䷿로써 싸잡아 버리니, 하나의 끝마침이 곧 영원한 종말이 되어 버려서 또한 하나의 끝마침조차 얻을 수가 없다. 그러니 "너무나 애잔하도다."라고 말하지 않을 수 있겠는가!

嗚呼! 君子之慎'未濟'也, 亦爲其難而已矣. 情異則利用其才, 情才俱異則胥匡以道. 沈潛剛克, 高明柔克, 以自治也; 禮以齊之, 刑以成之, 以治人也. 然後凝者不以寒沈而洩, 燥者不以浮焰而衰. 斟酌融通, 慮始難而圖成易. 則天地之間, 昭明流動, 保合而无背馳瓦解之憂, 元化且恃之以成矣. 是故'未濟'之慎, 則其可以濟之秋也.

역문 오호라! 군자가 이 미제괘䷿의 세상을 살아가면서 신중해야 하는 까닭은 역시 그만큼 어렵기 때문이다. 정(情)이 다르면 그 재(才)를 이용하고, 정과 재가 다 다르면 도(道)로써 바로잡는다. 침잠하려 함에는 굳셈[剛]으로 다스리고, 고명함에는 부드러움[柔]으로 다스림으로써 자신을 다스린다.[1114] 이에 비해 예(禮)로써 질서정연하게 하고, 형(刑)으로써 이루는 방식으로 남을 다스린다. 이러한 뒤에라야 엉긴 것이 추워서 가라앉더라도 새지 않고, 말린 것이 떠오르며 불이 붙더라도 쇠하지 않는다.[1115] 어림짐작으로 헤아려서 융통하고, 시작이 어려움을 고려하여 쉬운 것을 이루려 도모한다. 이렇게 하면 하늘·땅 사이가 밝고 또렷하며 끊임없이 널리 움직이고, 화합함을 보전하기에 서로 등지며 와해해 버릴 근심이 없어진다. 하늘·땅의 조화(造化)는 이렇게 하여 이루어진다. 그러므로 이 미제괘䷿의 세상에서 신중함은 이루어 낼 수 있는 가을이라 할 것이다.

夫水沈而舟浮, 舟靜而楫動, 而理之相因一也. 從其情才之迹而任之; 以舟撐舟, 以水運水, 人且望洋而退, 豈有賴哉! 故卦凶而受或免, 亦以其應而已矣. 火之刑水, 其害薄; 水之刑火, 其害酷. '離'可

1114 여기에서 말하는 강극(剛克), 고명(高明)·유극(柔克), 침잠(沈潛), 고명(高明) 등은 『서경』에서 3덕(德)을 말하는 가운데 나온다. 3덕은 정직·강극·유극인데, 세상이 평안하면 정직으로써 다스리고, 뻣뻣하게 굴며 순종하지 않으면 굳셈[剛]으로 다스려야 효과를 낼 수 있으며, 화합하며 순종하면 부드러움[柔]으로 다스려야 효과를 볼 수 있다는 것이다. 또 침잠하는 것은 굳셈으로 다스려야 효과를 내고, 고명한 것은 부드러움으로 다스려야 효과를 낸다고 한다.(『書經』, 「周書, 洪範」: 三德: 一曰正直, 二曰剛克, 三曰柔克. 平康正直, 彊弗友剛克, 燮友柔克. 沈潛剛克, 高明柔克.)

1115 이 미제괘䷿가 위[悔卦]는 불을 상징하는 리괘☲로 이루어져 있고, 아래[貞卦]는 물을 상징하는 감괘☵로 이루어져 있음을 전제로 해서 하는 말이다. 침잠하려 함에는 굳셈[剛]으로 다스린다는 것과 형(刑)으로써 이루는 방식은 감괘☵를 두고 하는 말이고, 고명함에는 부드러움[柔]으로 다스린다는 것과 예(禮)로써 질서정연하게 한다는 것은 리괘☲를 두고 하는 말이다.

以引退, 不恤其害, 猶與交應, 則'離'賢矣. 明者下燭而有孚, 險者怙終而自曳. 六三位進而才退, 棄餘光而保險, '未濟'之害, 獨多有之, 則凶亦至矣. '離'賢於'坎', '坎'利於'離', 得害多者, 君子之常; 避禍速者, 小人之智. 成'未濟'者'坎'也, 而老子曰, "上善若水", 其爲術可知矣.

역문 물은 가라앉고 배는 뜨며, 배는 고요하고 노가 배를 움직이니, 이치로 볼 때 이들 물·배·노는 서로 '모든 것을 아우르는 하나'로 말미암고 있다. 이들의 정(情)·재(才)가 현상 속에서 드러냄을 좇아 일을 맡기면, 배로써 배를 지탱하고 물로써 물을 운반하는데, 사람은 그저 그 아득하게 넓은 모양을 보고서 물러나니, 어찌 신뢰가 있겠는가! 그러므로 이 미제괘䷿는 흉하지만 효(爻)들 중에는 이를 받아들임에서 면하는 것이 있으니, 이는 또한 그 응함 때문이다.

불이 물에게 형(刑)을 주어 보았자 물이 입는 피해는 얼마 안 된다.[1116] 이에 비해 물이 불에 형을 주면 불이 입는 피해는 혹독하다. 그런데 이 미제괘䷿에서 리괘☲는 물러나 피할 수 있으며, 그 피해를 염두에 두지 않는다. 그리고 오히려 피해를 주는 감괘☵와 더불어 교접하며 응하니, 리괘☲는 현명한 것이다. 밝은 이는 아래에 불을 밝혀 믿음을 주며, 험난한 이는 종말을 믿으며 스스로 끌고 간다.

이 미제괘䷿의 육삼효는 위(位)는 나아가는 것인데 그가 가진 재(才)는 물러남이어서 남은 불빛을 버리고 험난함을 보전한다.[1117] 그래서 이 육삼

1116 이 이하는 이 미제괘䷿가 물을 상징하는 감괘☵[貞卦], 불을 상징하는 리괘☲[悔卦]로 이루어져 있음을 전제로 해서 하는 말이다.

1117 3효의 위(位)는 정괘(貞卦)의 맨 위 효이고 바로 위로 회괘(悔卦)를 접하고 있으니, 일반적으로 '나아감'의 효라고 본다. 그런데 이 육삼효는 음(--)이기 때문에 가진 재(才)는 물러남이라고 하는 것 같다. 그리고 이 육삼효는 위로 밝음을 상징하는 리괘☲와 접하고 있지만,

효는 미제괘䷿의 해로움을 홀로 많이 가지고 있다. 그래서 흉함도 그에게 이른 것이다.[1118] 리괘☲는 감괘☵보다 현명하고, 감괘☵는 리괘☲보다 이로운데, 해로움을 얻음이 많음은 군자의 상도(常度)다. 이에 비해 화를 피함에서 재빠름은 소인의 기지(機智)다. 이 미제괘䷿의 특성을 이루는 것은 감괘☵다. 그러니 노자가 "최고의 선(善)은 물과 같다."라고 하는 것이 술수가 됨을 알 수가 있다.

현재의 위치는 험난함을 상징하는 감괘☵와 한몸을 이루고 있다. 그래서 이렇게 풀이하는 것으로 보인다.

1118 이 미제괘䷿의 육삼효사는 "다 이루지 못하며 정벌을 나가서는 흉하다. 큰 하천을 건넘에 이롭다.(未濟征凶, 利涉大川.)"로 되어 있다.

계사상전 제1장

繫辭上傳第一章 章句依朱子『本義』[1119]

一

夫『易』, 天人之合用也. 天成乎天, 地成乎地, 人成乎人, 不相易者也. 天之所以天, 地之所以地, 人之所以人, 不相離者也. 易之則无體, 離之則无用. 用此以爲體, 體此以爲用. 所以然者, 徹乎天地與人, 惟此而已矣. 故『易』顯其用焉.

역문 『주역』은 하늘과 사람의 작용[用]을 합해 놓은 것이다. 하늘은 하늘에서 이루고, 땅은 땅에서 이루며, 사람은 사람에게서 이루니, 이는 서로 바뀔 수 없는 것들이다. 그런가 하면, 하늘이 하늘이 되는 까닭, 땅이 땅이 되는 까닭, 사람이 사람이 되는 까닭은 서로 분리할 수 없는 것들이다. 서로 바뀔 수 없는 것들이 바뀌면 몸이 없어지고, 서로 분리할 수 없는 것들을 분리하면 작용이 안 된다. 이렇게 작용[用]하는 것이 몸[體]이 되고, 이를 몸[體]으로 하여 작용한다. 이렇게 되도록 하는 것은 하늘 · 땅과 사람을 꿰뚫어도 오직 이러할 따름이다. 그러므로 『주역』은 그 작용[用]을 드러내고

1119 **저자 자주**: 이 『계사전』의 장구는 주자의 『주역본의』에 의거하였다.

있다.

夫天下之大用二, 知·能是也; 而成乎體, 則德業相因而一. 知者天事也, 能者地事也, 知能者人事也. 今夫天, 知之所自開, 而天不可以知名也. 今夫地, 能之所已著, 而不見其所以能也. 清虛者无思, 一大者无慮, 自有其理, 非知他者也, 而惡得以知名之! 塊然者已實而不可變, 委然者已靜而不可興, 出於地上者功歸於天, 无從而見其能爲也. 雖然, 此則天成乎天, 地成乎地. 人旣離之以有其生而成乎人, 則不相爲用者矣. 此之謂'不易'也.

역문 이 세상의 위대한 작용에는 둘이 있으니, 앎[知]과 능함[能]이 바로 그것이다. 하늘·땅과 사람이 각기 몸을 이루면, 하늘의 덕(德)과 땅의 업(業)은 서로 말미암아 하나가 된다. 앎이란 하늘의 일이고, 능함이란 땅의 일이며, 앎·능함은 사람의 일이다. 지금 하늘은 앎이 스스로 열리지만, '앎'으로써 이름 지을 수는 없다. 땅도 능함이 이미 현저하지만 어떻게 능한지를 보여 주지 않는다. 하늘의 '맑게 텅 빔[淸虛]'은 생각함이 없고, '하나의 커다람[一大]'은 고려함이 없어서, 자신에게 이치가 있을 뿐 他者를 알지 못하니, 어떻게 '앎'으로써 이름을 붙이리오! 땅이 아무런 느낌도 없이 그저 흙무더기로 있는 것은 이미 실하여 변할 수 없고, 널브러져 있음은 이미 고요하여 일어날 수가 없는데, 땅 위로 나온 것은 공을 하늘에게로 돌리고, 그것이 능히 하는지를 도대체 어디를 좇아 알 수가 없다. 비록 그렇다고는 하여도, 이렇게 하는 것이 바로 하늘은 하늘에서 이루고, 땅은 땅에서 이룸이다. 사람은 이미 이들과 분리된 채 그 생명을 갖고서 사람에게서 이루니, 서로를 위해 작용하지를 못한다. 이러한 점을 일컬어 '바뀔 수 없음[不

易]'이라 한다.

乃天則有其德, 地則有其業, 是之謂'乾''坤', 知·能者, '乾''坤'之所效也. 夫知之所廢者多矣, 而莫大乎其忘之. 忘之者, 中有間也. 萬變之理, 相類相續而後成乎其章, 於其始統其終, 於其終如其始. 非天下之至健者, 其孰能彌亙以通理而不忘? 故以知: 知者惟其健, 健者知之實也. 能之所窮, 不窮於其不專, 而莫窮乎窒中而執一. 執一而窒其中, 一事之變而不能成, 而奚況其賾! 至善之極, 隨事隨物而分其用, 虛其中, 析其理, 理之所至而咸至之. 非天下之至順者, 其孰能盡亹亹之施而不執乎一? 故以知: 能者惟其順, 順者能之實也.

역문 그러나 하늘은 그 덕(德)을 가지고 있고, 땅은 그 업(業)을 가지고 있으니, 이들을 일컬어 '건(乾)'·'곤(坤)'이라 하며, 앎[知]·능함[能]이란 이 '건'과 '곤'이 내는 효과다. 앎이 폐기된 것은 많은데, 그중에서도 가장 큰 것은 망각이다. 망각이란 도중에 연속되지 못하는 사이가 있는 것이다. 만물이 변하게 하는 이치에 의해 같은 유(類)끼리 서로 이어 가는데, 이러한 뒤에 그 장(章)을 이루니, 그 시작에서 그 끝남을 통괄하고, 그 끝남에서 그 시작과 같이한다. 이 세상에서 가장 씩씩한 것이 아니면 뉘라서 끊임없이 이어져서 이치에 통하며 망각하지 않게 할 수 있겠는가? 그러므로 '앎'으로써 하는 것이다. 앎이란 오직 그 씩씩함이니, 씩씩함은 앎의 실질이다.

능함이 궁해지는 것도 독단으로 하지 않음에서는 궁해지지 않는데, 가운데가 막혀서 하나만을 고집하는 것보다 더 궁해지는 것은 없다. 하나를 고집하며 그 가운데가 막히면, 한 가지 일이 변하여서 이루어질 수 없거늘, 어찌 하물며 그 잡다함이야! 가장 선함의 극은 일에 따라서 물(物)에 따라서 그 작용을 나누고, 가운데를 비워서 그 이치를 분석하고 이치가 이르는 곳마다 다 이르는 것이다. 이 세상에서 가장 순종하는 것이 아니라면 뉘라서 게으름을 피우지 않고 부지런히 베풂을 다하면서 어느 하나에 집착하지 않음을 해내겠는가? 그러므로 '앎'으로써 하는 것이다. 그리고 '능함'이란 오직 순종함이며, 이 순종함은 능함의 실질이다.

夫太極◯之生元氣, 陰陽者, 元氣之闔闢也. 直而展之, 極乎數之盛而爲九. 九者數之極, 十則仍歸乎一矣. 因'坤'之二而一盈其中爲三, 統九三而貫之爲一, 其象奇一. 始末相類, 條貫相續, 貞常而不屈, 是可徹萬里於一致矣. 而三位純焉; 因而重之, 六位純焉. 斯以爲天下之至健者也. 元氣以斂而成形, 形則有所不逮矣. 地體小於天. 均而置之, 三分九而虛其一爲六, 三分三而虛其一爲二, 其象偶--. 天之所至, 效法必至, 寧中不足而外必及. 中不足者, 以受天之化也. 虛其中以受益, 勉其所至以盡功, 是可悉物理而因之, 而三位純焉; 因而重之, 六位純焉. 斯以爲天下之至順者也. 故曰, "'乾'知大始, '坤'作成物". 无思无慮而思慮之所自徹, 塊然委然而不逆以資物之生, 則不可以知名而固爲知, 不見其能而能著矣. 而夫人者, 合知 · 能而載之一心也. 故曰, "天人之合用", 人合天地之用也.

역문 태극◯이 원기(元氣)를 낳는데,[1120] 이 원기는 곧게 쭉 펼쳐진다. 그래서 수(數)로서는 성대함에서 극에 이르러 '9'가 된다.[1121] 그리고 '곤'의 둘[2]에는 하나[1]가 그 가운데를 채워서 '3'이 된다. 그리하여 이들 9 · 3을 통괄하

1120 **저자 자주**: 음 · 양이란 이 원기가 닫혔다 열렸다 함이다.

1121 **저자 자주**: '9'는 수의 극이다. '10'은 거듭하여 '1'로 돌아간다.

며 꿰뚫어서 하나가 된다. 그 상(象)은 '홀'로서 '—'이다. 이는 시작과 끝이 서로 같은 유(類)로서 조리(條理)가 서로 이어져 올곧고 한결같으며 절대로 굽히지 않는다. 이렇게 하여 만리(萬里)까지라도 꿰뚫어서 일치를 이룬다. 그런데 3위(位)에서 이 순수함을 유지하는데,[1122] 이것을 중첩하여서는 6위(位)에서 순수하다.[1123] 이것이 바로 이 세상에서 가장 씩씩한 존재[至健者]다.

원기가 거두어들여서는 형체를 이루는데, 형체는 미치지 못하는 곳이 있다.[1124] 이 형체는 고르게 배치한다. 그래서 9를 3으로 나누고 그 하나를 비우면 6이 된다.[1125] 3을 셋으로 나누고 그 하나를 비우면 2가 되니, 그 상은 '--'이다. 하늘이 이르는 곳에는 이를 본받음이 반드시 이르니,[1126] 편안함의 가운데는 부족하지만 밖은 반드시 미친다.[1127] 가운데가 비어 있는 것으로써 하늘의 지어냄[造化]을 받아들인다. 이렇게 가운데를 비워서 보태줌을 받아들임은 하늘이 이른 곳에 가서 그것을 힘껏 본받음으로써 공(功)을 있는 대로 다 이루어 내기 위함이니, 이는 물(物)들의 이치를 다 깨달아

1122 '건(乾)'의 3획 소성괘, 즉 '☰'를 의미한다.

1123 '건(乾)'의 6획 대성괘, 즉 '䷀'를 의미한다.

1124 **저자 자주**: 그래서 땅의 몸은 하늘보다 작다.

1125 여기에서 '9'는 위에서 말한 양(—)의 수다. 양은 원기 그 자체가 거침없이 죽 펼친 것이기 때문에, 이 수 '9' 그대로다. 그런데 음은 이 원기가 거두어들여서 형체를 이룬 것이다. 형체를 이룬 것은 특수한 공간만을 점유하는 것이기에, 그 점유하는 곳 이외의 곳에는 미치지를 못한다. 그러므로 이를 상징하는 수는 '9'를 다 쓰지 못하고, 이를 셋으로 나눈 가운데 하나를 비운 채 나머지를 쓴다. 그래서 그 수가 '6'이 되는 것이다. 그리고 그 상은 양(—)을 셋으로 나눈 것에서 가운데를 비웠으므로 '--'가 된다는 것이다. 앞에서 "'곤'의 둘[2]"이라 하는 것은 바로 이 상을 가리킨다.

1126 이는 『주역』, 「계사상전」 제5장의 "상(象)을 이루는 것을 '건(乾)'이라 하고, 이를 본받는 것을 '곤(坤)'이라 한다.(成象之謂乾, 效法之謂坤.)"라는 말을 인용하는 것이다.

1127 이는 음의 상이 '--'임을 전제로 하는 말이다. '편안함[寧]'은 '곤'을 상징하는 말이고, 그 상 '--'의 가운데는 비어 있기에 부족하다고 하는 것이며, 그 부족한 가운데의 양쪽은 채워져 있기에 "밖은 반드시 미친다."라고 하는 것이다.

서 그대로 하는 것이다. 그래서 세 위(位)에서 순수하며,[1128] 이를 중첩하여서는 여섯 위(位)에서 순수하다.[1129] 이렇게 하여 바로 이 세상에서 '가장 순종적인 것[至順]'이 된다.

그러므로 "'건(乾)'은 위대한 시작을 맡고 '곤(坤)'은 만물을 완성한다."[1130]라고 한다. 하늘은 아무런 생각도 아무런 고려도 없지만 그 생각함과 고려함이 저절로 통하고, 땅은 아무런 느낌이 없이 그저 흙무더기로 있고 널브러져 있지만 물(物)들이 생겨남에 대해 거스르지 않으며 그 바탕이 되어준다. 그래서 하늘은 '앎[知]'으로써 이름 지을 수 없지만 본디 '앎'이 되고, 땅의 '능함'은 우리가 보지 못하지만 그 '능함'은 현저한 것이다. 사람은 이들의 '앎'과 '능함'을 합하여 하나의 마음에 싣고 있다. 그러므로 "하늘과 사람의 작용을 합해 놓은 것이다."라고 한 것이니, 사람은 하늘과 땅의 작용을 합하고 있다.

夫彌亙初終而持之一貫, 亦至難矣. 虛中忘我, 以隨順乎萬變, 勉其所至而行乎无疆, 亦至繁矣. 則奚以言乎'易簡'也? 曰: 惟其純也. '乾'者純乎奇矣, '坤'者純乎偶矣. 當其爲'乾', 信之篤而用之恒, 不驚萬物之變而隨之以生識, 則歷乎至難而居天下之至易. 當其爲'坤', 己不尸功而物自著其則, 受物之取而咸仍其故, 則歷乎至繁而行天下之至簡. '乾'則以位乎天者此, 以達乎人者此, 以施乎地者此; 六爻三才也. '坤'則以應乎天者此, 以運乎人者此, 以成乎地者此. 因而重之, 罔不皆然, 此之謂純.

1128 '곤'의 3획 소성괘, 즉 '☷'를 의미한다.
1129 '곤(坤)'의 6획 대성괘, 즉 '䷁'를 의미한다.
1130 『주역』, 「계사상전」 제1장에 나오는 말이다.

역문 하늘처럼 처음부터 끝까지 끊임없이 이어지며 일관함을 유지하는 것은, 역시 지극히 어려운 것이다. 그런가 하면, 땅처럼 가운데를 비우고서 자신을 잊은 채 만물의 온갖 변화에 따르고 순종하며, 하늘이 이른 곳에 힘써 마주하여 이르며 끝없이 행하는 것도, 지극히 번잡한 것이다. 그런데도 이들에 대해 어찌 '쉽고 간단함'[1131]이라 하겠는가?

그것은 이들이 오직 순수하기 때문이다. '건'은 홀수임에 순수하고, '곤'은 짝수임에 순수하다. 그리하여 하늘은 그 '건'이 되어서는 믿음성이 돈독하고 작용함이 항상 한결같으며, 만물의 변화에 놀라지 않고 미리 알아차려서 이 변화들에 따른다. 그러므로 이 하늘은 지극한 어려움을 거치면서도 이 세상에서 가장 쉽게 함의 자리를 차지한다. 그런가 하면 땅이 '곤'이 되어서는 자기가 그 공을 자랑하지 않지만 물(物)들 스스로 그 법칙을 드러내니 물(物)들이 취함을 받아들여서 다 그 이치대로 하게 한다. 그러므로 지극히 번다함을 거치면서도 이 세상에서 가장 간단하게 행한다. '건'은 하늘에 위치함이 이것이고, 사람에게서 통달함이 이것이며, 땅에게 베푸는 것이 이것이다.[1132] '곤'은 하늘에 응하는 것이 이러함이고, 땅에서 이루는 것이 이러함이다. 이러함을 중첩하면 모두 그러하지 않음이 없다. 이러함을 '순수하다'라고 하는 것이다.

夫天秉'乾'德, 自然其純以健, 知矣; 地含'坤'理, 自然其純以順, 能矣. 故時有所鼓, 時有所潤, 時互用而相爲運, 時分用而各有成. '震' · '巽' · '坎' · '離' · '艮' · '兌'之大用, 而在六子之各益者, 天地初未嘗有

1131 역시 『주역』, 「계사상전」 제1장에 나오는 말이다.
1132 **저자 자주:** 육효는 삼재를 나타낸다.

損, 雜者自雜, 不害其純, 則終古而无不易也, 无不簡也, 皆自然也, 吉凶其所不諱也. 聖人所憂患者, 人而已矣. 故顯其用於『大易』, 使知欲得夫天下之理者, 合天地之用, 必其分體天地之撰而不雜者也.

역문 하늘은 '건'의 덕(德)을 유지하고 있으니, 저절로 그 순수함으로써 씩씩하고 안다. 땅은 '곤'의 이치를 함유하고 있으니, 저절로 그 순수함으로써 순종하고 능하다. 그러므로 때로는 고무(鼓舞)하기도 하고, 때로는 적셔 주기도 하고, 때로는 서로 작용하며 함께 운행하기도 하고, 때로는 각기 나뉘어 작용하며 각기 이루기도 한다. 진괘☳ · 손괘☴ · 감괘☵ · 리괘☲ · 간괘☶ · 태괘☱의 큰 작용은 이들 여섯 자식이 각기 이익을 얻음에 있는데, 하늘 · 땅은 애당초 이들에게 손해를 입히지 않아서, 잡다한 것은 스스로 잡다하여 그 순수함에 해를 입히지 않는다. 그래서 영원무궁하도록 쉬움 · 간단함 아님이 없는 것이다. 모두 저절로 그러한 것이어서, 길 · 흉도 피하지를 않는다. 성인들께서 우환을 갖는 것은 사람일 따름이다. 그러므로 『위대한 주역』을 통해 그 작용을 드러내서 사람들에게 이 세상의 이치를 알게 하였다. 그래서 이 『주역』에서는 하늘 · 땅의 작용을 합하되, 반드시 하늘 · 땅의 하는 일을 나누어서 뒤섞이지 않도록 하고 있다.

夫知, 用奇也則難而易, 用偶也則易而難; 能, 用偶也則繁而簡, 用奇也則簡而繁. 然而天下之辨此者鮮矣.

역문 앎은 홀수로 작용하면 어렵더라도 쉽고, 짝수로 작용하면 쉽더라도 어렵다. 이에 비해 능함은 짝수로 작용하면 번잡하더라도 간단하고, 홀수로 작용하면 간단하더라도 번잡하다. 그런데도 이 세상에 이러함을 변별할 줄 아는 이는 드물다.

知者未嘗忘也. 甫有其知, 卽思能之, 起而有作, 而知固未全也. 因事變而隨之以遷, 幸而有功焉, 則將據其能以爲知, 而知遂爽其始. 故知, 至健者也, 而成乎弱. 弱而不能勝天下, 則難矣.

역문 앎이란 일찍이 잊지 않음이다. 누군가에게 그 앎이 있다면 곧바로 능하기를 생각하고는 일어나서 작용하는데, 이 앎은 본디 온전하지 않은 것이다. 일이 변함에 그것을 따라 옮겨 가다가 다행히 공을 세운다면, 장차 그 능함에 근거해 앎으로 여기리니, 앎은 마침내 그 시작을 상쾌하게 여길 것이다. 이렇게 보면, 앎은 지극히 씩씩한 것이지만 약함에서 이루어진다. 약하여서 세상 사람들을 이길 수 없기에 어려운 것이다.

能固未欲執一也. 方務能之, 而恃所能以爲知, 成乎意見, 以武斷乎天下, 乃其能亦已僅矣. 物具兩端, 而我參之以爲三, 非倚於一偏而不至也, 則竝違其兩, 但用其獨. 故能, 至順者也, 而成乎逆. 逆而欲與物相親, 則繁矣.

역문 능함은 본디 하나만을 고집하려 하지 않는다. 그런데 보통의 경우, 한창 능하도록 힘쓰면서 그 능함에 의지하여 안다고 여겨 의견을 이루고는, 이것으로써 이 세상을 자기 주관으로만 판단한다. 그러나 이 능함은 역시 얼마 안 되는 것이다. 물(物)들은 양단(兩端)을 갖추고 있고 내가 이들에 참여하여 셋을 이루는데, 어느 한편에 기울지 않고서는 이르지 못한다. 그래서 나머지 둘과는 아울러 어긋나고 단지 하나만을 사용한다. 이렇게 보면, 능함은 지극히 순종적이기는 해도 거스름에서 이루어진다. 거스르면서도 물

(物)들과 서로 친해지려 하기에 번잡한 것이다.

是何也? 人受天地之中以生, 而不能分秩乎'乾''坤', 則知能顧以相淆, 健順顧以相困矣. 夫人亦有其動焉, 亦有其入焉, 亦有其幽明之察焉, 亦有其止焉, 亦有其說焉. 然而惟能以健歸知, 以順歸能, 知不雜能, 能不雜知者, 爲善用其心之機, 善用其性之力, 以全體而摩盪之, 乃能成乎德業而得天下之理. 藉其不然, 天之明固在也, 地之力固在也, 莫知所秩, 乘志氣之發而遂用之, 故德二三非其德, 業將成而或敗之矣. 是以『周易』竝建'乾''坤'以爲首, 而顯其相錯之妙. 天事因乎天, 地事因乎地. 因乎天而'坤'乃有所倣, 因乎地而'乾'乃有所成. 故『易』者, 聖人之以治天下之繁難而善其德業者也.

역문 이것은 무슨 까닭에서인가? 사람은 하늘·땅의 가운데에서 생겨나 '건'·'곤'을 나누어 질서 지우지를 못하니, 앎[知]과 능함[能]은 조응하여 서로 뒤섞이고, 씩씩함[健]·순종함[順]은 조응하여 서로 곤란해진다. 사람 역시 이러한 속에서 움직이고, 또 이러한 속으로 들어가고, 또 이러한 속에서 유(幽)·명(明)을 살피고, 또 이러한 속에서 멈추고, 또 이러한 속에서 말한다. 그러나 오직 능함은 '건'의 씩씩함으로써 앎으로 귀결하고, '곤'의 순종함으로써 능함으로 귀결한다. 그러나 앎은 능함과 뒤섞이지 않고, 능함도 앎과 뒤섞이지 않는다. 이렇게 하는 것은, 사람 마음의 체제를 잘 작용하도록 하기 위한 것이고, 또 사람 성(性)의 힘을 잘 이용하기 위해서인데, 몸을 온전히 하여 비비대고 흔들어 댐으로써, 능함은 그 덕·업을 이루고 천하의 이치를 얻는다.

만약에 이렇지 않을 것 같으면, 사람에게 하늘의 밝음은 본디 존재하고 땅의 힘은 본디 존재하니, 그 질서 지움을 알지 못한 채 지(志)・기(氣)의 발현을 타고서 마침내 작용하게 된다. 이러한 발현이므로 덕(德)은 둘도 되고 셋도 되어서 덕이 아니고, 업(業)은 이루어지더라도 어떤 경우에는 무너져 버리고 만다. 바로 이러하기에 『주역』은 건괘䷀・곤괘䷁를 아울러 세워서 머리로 삼아, 이들이 서로 뒤섞여서 이루어 내는 오묘함을 드러내고 있다. 하늘의 일은 하늘에 기인하고, 땅의 일은 땅에 기인한다. 하늘에 기인하기에 '곤'은 모방하는 바가 있고, 땅에 기인하기에 '건'은 이루어짐이 있게 된다. 그러므로 『주역』은 성인들께서 이 세상의 번잡하고 험난함을 다스림으로써, 그 덕과 업을 훌륭히 하는 것이다.

雖然, 亡他焉, 全體之而得矣. 全體之, 則可以合, 可以分. 誠積而必感, 自摩之以其幾; 道備而可給, 自盪之以其時. '乾''坤'定則貴賤位, 剛柔斷, 聚以其類, 分以其群, 象不眚, 形不楞, 皆定之者不雜也. 是故可鼓可潤, 可寒可暑, 可男可女, 訢合而不亂. 賢人以之爲勸爲威, 爲行爲藏, 爲內治爲外圖, 成'震'・'巽'・'坎'・'離'・'艮'・'兌'之大用. 故曰, "『易』, 天人之大用也", 蓋純備之・分秩之之謂也.

역문 비록 그렇기는 하지만, 다른 것이 아니라 몸을 온전히 하여 얻는 것이다. 몸을 온전히 하면, 합할 수도 있고, 나눌 수도 있다. 진실로 쌓여서는 반드시 느끼니, 저절로 그 체제[機]로써 비비댄다. 그리고 도가 완비되어 수요에 공급할 수 있으니, 스스로 그 때[時]에 맞추어 흔들어 댄다. '건'・'곤'이 정해지면, 귀한 것과 천한 것이 위(位)를 정하고, 굳셈(剛; ⚊)・부드러움(柔; ⚋)이 판단되고, 괘에서는 유(類)로써 모이고, 효에서는 무리로써 나뉘고, 상(象)은 흐릿하지 않고, 형체는 텅 비지 않으니, 모두 정해진 것들이 잡되지 않다.[1133] 이러한 까닭에 고무할 수도 있고 적실 수도 있으며, 추울 수도 있고 더울 수도 있으며, 남자가 될 수도 있고 여자도 될 수 있으니,[1134] 기쁘게 화합하면서 난잡하지 않다. 현인들은 이러함으로써 권면하기도 하고 위엄을 보이기도 하며, 세상에 나아가 행하기도 하고 세상에서 물러나 은거하기도 하며, 안으로는 자신을 다스리고 밖으로는 남들과 도모한다. 그리하여 진괘☳ · 손괘☴ · 감괘☵ · 리괘☲ · 간괘☶ · 태괘☱의 커다란 작용을 이룬다. 그러므로 "『주역』은 하늘과 사람의 위대한 작용이다."라고 한다. 이는 아마 건괘䷀ · 곤괘䷁의 순수함이 갖추고 있고, 나뉘어 질서를 지음을 말하는 것이리라.

二

"鼓之以雷霆", '震'也. "潤之以風雨", '巽'也. "日月運行, 一寒一暑", '坎' · '離'也. '離'秉陽以函陰, 爲日; '坎'秉陰以承陽, 爲月. 日運行乎陽中, 爲晝; 月運行乎陰中, 爲夜. 日運行乎'離'南, 赤道之南. 月運行乎

1133 이는 『주역』, 「계사상전」 제1장의 "하늘은 높고 땅은 낮으니, 이를 근거로 건괘䷀ · 곤괘䷁가 정해진다. 낮고 높게 펼쳐진 것은 고귀함과 비천한 지위를 드러내는 것이다. 움직임 · 고요함에는 한결같음이 있으니, 굳셈[剛] · 부드러움[柔]을 판단한다. 위(位)에서는 같은 부류들끼리 모이고 효(爻)들은 제 무리대로 구분되니, 이러한 속에서 길 · 흉은 생겨난다. 하늘에서는 상(象)을 이루고 땅에서는 형(形)을 이루는데, 여기서 변함과 화함이 드러나게 된다.(天尊地卑, '乾' · '坤'定矣. 卑高以陳, 貴賤位矣. 動靜有常, 剛柔斷矣. 方以類聚, 物以群分, 吉凶生矣. 在天成象, 在地成形, 變化見矣.)"를 전제로 하는 말이다.

1134 이는 『주역』, 「계사상전」 제1장의 "우레와 벼락으로써 고무하고, 바람과 비로써 윤택하게 하며, 해와 달이 운행하고, 한 번은 추웠다 한 번은 더웠다 함을 되풀이한다. 건괘䷀의 도(道)는 남성을 이루고, 곤괘䷁의 도는 여성을 이룬다.(鼓之以雷霆, 潤之以風雨, 日月運行, 一寒一暑. '乾'道成男, '坤'道成女.)"라는 구절을 전제로 하는 말이다.

'坎'北, 二至月道極乎南北. 則寒; 日; 運行乎'坎'北, 赤道之北. 月運行乎'離'南, 則暑也" "'乾'道成男", '艮'也; "'坤'道成女", '兌'也. '乾''坤'怒生之氣, 爲艸木禽獸, 其大成者爲人. 天地愼重以生人, 人之形開神發, 亦遲久而始成. '乾''坤'之德, 至三索而乃成也. 於此而見陰陽致一之專, 於此而見陰陽互交之化, 然皆其迹而已矣. 蓋學『易』者於此而見陰陽皆備之全焉.

역문 '우레와 벼락으로써 고무함'은 진괘☳의 특성[德]이다. '바람과 비로써 윤택하게 함'은 손괘☴의 특성이다. '해와 달이 운행하고, 한 번은 추웠다 한 번은 더웠다 함을 되풀이함'은 감괘☵ · 리괘☲의 특성이다. 리괘☲는 양들(⚌)이 음(--)을 함유한 원리를 간직하고 있으니 '해'가 되고, 감괘☵는 음들(⚏)이 양(—)을 받드는 원리를 간직하고 있으니 '달'이 된다. 해는 양(陽) 속에서 운행하니 '낮'이 되고, 달은 음(陰) 속에서 운행하니 '밤'이 된다. 해가 리괘☲가 자리 잡은 남쪽에서 운행하고[1135] [1136] 달이 감괘☵가 자리 잡은 북쪽에서 운행하면,[1137] 날씨가 춥다. 반대로 해가 감괘☵가 자리 잡은 북쪽에서 운행하고[1138] 달이 리괘☲가 자리 잡은 남쪽에서 운행하면, 날씨가 덥다. '건의 도(道)는 남성을 이룬다'라고 함은 간괘☶를 가리키고, '곤의 도는 여성을 이룬다'라고 함은 태괘☱를 가리킨다.

1135 이 이하는 「문왕후천팔괘도」를 근거로 하는 말이다. 이 「문왕후천팔괘도」에서는 동쪽에 진괘☳, 남쪽에 리괘☲, 서쪽에 태괘☱, 북쪽에 감괘☵가 자리 잡고 있는 것으로 되어 있다.

1136 **저자 자주**: 적도(赤道)의 남쪽이다. /**역자 주**: 북반구에서 볼 때 해가 그만큼 멀리 있으니, 계절적으로는 가을 · 겨울에 해당한다.

1137 **저자 자주**: 하지 · 동지 때는 달의 운행 궤도[白道]가 남쪽 · 북쪽에서 극에 이른다. /**역자 주**: 달의 운행 궤도가 하지 때는 남쪽의 극을, 동지 때는 북쪽의 극을 지난다는 말이다.

1138 **저자 자주**: 적도의 북쪽이다.

'건'·'곤'이 왕성하게 생하는 기(氣)는 풀과 나무, 날짐승·들짐승이 되고, 이것이 크게 이룬 것은 사람이 된다. 하늘·땅은 신중하게 사람을 낳는데, 사람의 형체가 열리고 신묘함[神]이 발현하는 데는 역시 더디고 오랜 시간이 걸려서 비로소 이루어진다. 건괘☰·곤괘☷의 특성[德]은 3색(索)을 거쳐서야 이루어진다. 이들에서는 음·양이 각기 하나를 이루는 전일(專一)함을 보게 되고, 또 음·양이 서로 교접하여 만들어 냄을 보게 된다. 그러나 이것들은 모두 겉으로 드러난 현상[迹]일 따름이다. 아마 『주역』을 공부하는 이들은 바로 이들에서 음·양이 모두 갖추어진 온전함을 볼 것이다.

雷霆·風雨, 相偕以竝作, 則'震'·'巽'合矣. 日月·寒暑, 相資而流行, 則'坎'·'離'合矣. 男女相偶, 以正位而衍其生, 則'艮'·'兌'合矣. '震'之一陽, 自'巽'遷者也. '巽'之一陰, 自'震'遷者也. '坎'·'艮'之陽, 自'離'·'兌'遷也. '離'·'兌'之陰, 自'坎'·'艮'遷也. 遷以相摩, 則相盪而爲六子; 未摩而不遷, 則固爲'乾'·'坤'. 故'震'·'巽'一'乾''坤'也, '坎'·'離'一'乾''坤'也. '艮'·'兌'一'乾''坤'也. 惟其无往而非純'乾'純'坤', 故'乾''坤'成卦, 而三位各足, 以全乎'乾'之三陽·'坤'之三陰而六位備; 因而重之, 而六位各足, 以全乎'乾'之六陽·'坤'之六陰而十二位備. 『周易』之全體, 六陽 六陰而已矣. 其爲剛柔之相摩, 盪爲八卦者, 无往而不得夫'乾''坤'二純之數也. 其爲八卦之相摩, 盪爲六十四卦者, 錯之綜之, 而十二位之陰陽亦无不備也. 无不備, 无不純矣.

역문 우레·벼락과 비·바람은 서로 함께하며 아울러 일어나니, 간괘☶와 태괘☱는 합치한다. 또 해·달과 추이·더위는 서로 도움을 주며 끊임없이 널리 행하니, 감괘☵와 리괘☲는 합치한다. 남자와 여자는 서로 짝을 이루고 각기 제 위치를 올바르게 하여 자식을 낳아 생명을 번식시키니, 간괘☶와 태괘☱는 합치한다.

진괘☳의 한 양(—)은 손괘☴에서 옮겨 온 것이고, 반대로 손괘☴의 한 음(--)은 진괘☳에서 옮겨 온 것이다. 또 감괘☵ · 간괘☶의 양(—)은 리괘☲ · 태괘☱에서 옮겨 온 것이고, 반대로 리괘☲ · 태괘☱의 음(--)은 감괘☵ · 간괘☶에서 옮겨 온 것이다. 이들은 옮겨 와서 서로 비비대고 서로 흔들어 대서 여섯 자식 괘[六子卦]가 된 것이다. 이에 비해 비비대지도 않고 옮겨 가지도 않는 것들은 본디 건괘☰ · 곤괘☷다. 그러므로 진괘☳ · 손괘☴는 하나의 건괘☰ · 곤괘☷이고, 간괘☶ · 태괘☱도 하나의 건괘☰ · 곤괘☷다. 오직 어느 괘로 가든 순수한 건괘☰ · 곤괘☷가 아닌 것이 없으므로 건괘☰ · 곤괘☷가 이들 괘를 이루는데, 이들의 3위(位)는 각기 충족함으로써 건괘☰의 세 양 · 곤괘☷의 세 음을 온전히 하며, 각기 짝끼리 합한 여섯 위(位)에서 이를 갖추고 있다. 이를 중첩하여서는 6위(位)에서 각기 충족함으로써 건괘䷀의 여섯 양 · 곤괘䷁의 여섯 음을 온전히 하며, 열두 위(位)에서 이를 완비하고 있다. 한마디로 『주역』의 전체는 육음 · 육양일 따름이다.[1139]

1139 이상을 이렇게 설명할 수 있다. 즉 건괘☰ · 곤괘☷가 아울러서 진괘☳ · 손괘☴, 감괘☵ · 간괘☶, 간괘☶ · 태괘☱를 세운다는 말이다. 다시 말해서, 건괘☰ · 곤괘☷가 서로 비비대고 흔들어 댄 나머지 건괘☰ 초효의 위(位)에 있던 양(—)이 곤괘☷의 초효로 가면 곤괘☷는 진괘☳가 된다. 동시에 곤괘☷ 초효의 위(位)에 있던 음(--)은 이제 비어 있는 건괘☰ 초효의 자리로 가니 건괘는 손괘☴가 된다는 것이다. 그래서 왕부지는 여기에서 "진괘☳의 한 양(—)은 손괘☴에서 옮겨 온 것이고, 반대로 손괘☴의 한 음(--)은 진괘☳에서 옮겨 온 것이다."라고 하는 것이다. 감괘☵ · 리괘☲, 간괘☶ · 태괘☱에도 이러한 원리를 적용하여 설명할 수 있다. 즉 건괘☰ 2효의 위(位)에 있는 양(—)이 곤괘☷의 2효로 가고, 동시에 곤괘☷ 2효에 있던 음(--)이 이제 비어 있는 건괘☰ 2효의 위(位)로 가면, 각기 감괘☵ · 리괘☲가 된다. 또 건괘☰의 3효의 위(位)에 있는 양(—)이 곤괘☷의 3효로 가고, 동시에 곤괘☷

즉 굳셈[剛]과 부드러움[柔]이 서로 비비대고 서로 흔들어 대서 팔괘를 이룬 것들이, 어느 것에서든 건괘☰ · 곤괘☷ 두 괘의 순수한 수(數)를 얻지 않을 것이란 없다. 그리고 팔괘를 이루고 있는 것들이 서로 비비대고 서로 흔들어 대서 64괘를 이룬 것들도 착(錯)으로 보고 종(綜)으로 보면, 그 짝들끼리 이루고 있는 12위(位)의 음 · 양들 또한 건괘䷀ · 곤괘䷁를 갖추지 않음이 없다. 갖추지 않음이 없고, 그 순수함 아닌 것도 없다.

故非天下之至純者, 不能行乎天下之至雜. 不足以純而欲試以雜, 則不賢人之知能而已矣. 故曰, "所惡於執一者, 爲其賊道也, 擧一而廢百也." 霸者之術, 亦王者之所知, 而王道規其全, 則時出爲事功, 而无損於王者之業. 異端之悟, 亦君子之所能, 而君子體其全, 則或窮於孤至, 而无傷於君子之德.

의 3효에 있던 음(--)이 이제 비어 있는 건괘☰ 3효의 위(位)로 가면, 각기 간괘☶ · 태괘☱가 된다. 그러므로 "감괘☵의 한 양(—)은 리괘☲에서 옮겨 온 것이고, 반대로 리괘☲의 한 음(--)은 감괘☵에서 옮겨 온 것이다.", "간괘☶의 한 양(—)은 태괘☱에서 옮겨 온 것이고, 반대로 태괘☱의 한 음(--)은 간괘☶에서 옮겨 온 것이다."라고 할 수 있다. 이렇게 보면, 이들 여섯 자식 괘[六子卦]는 모두 건괘☰ · 곤괘☷가 낳은 것이라 할 수 있다. 그리고 순수한 건괘☰ · 곤괘☷는 비비댐과 흔들어 댐이 없이 본래 그대로다. 아울러 진괘☳ · 손괘☴ 짝, 감괘☵ · 리괘☲ 짝, 간괘☶ · 태괘☱ 짝의 세 위(位)에서 각기 충족하고 있는 음 · 양효들을 각기 짝끼리 합하면, 각기 여섯 위(位)의 효들이 모두 건괘☰ · 곤괘☷로 환원된다. 그러므로 이 괘들은 세 위(位)에서 건괘☰ · 곤괘☷의 음 · 양을 충족하고 있다고 말할 수 있다. 이를 중첩하면 6위(位)의 괘, 즉 6획괘들이 되는데, 이것들 역시 건괘䷀ · 곤괘䷁가 서로 비비고 흔들어 대서 나머지 62괘를 이룬 것이라 할 수 있다. 이것이 곧 왕부지가 독창적으로 주장하고 있는 '건곤병건(乾坤竝建)'설이다.

이 '건곤병건'설에 의하면 『주역』의 괘들은 건괘䷀ · 곤괘䷁에 닫혀 있고, 괘들이 준거(準據)로 삼아 본뜨고 상징하고 있는 이 세계 역시 건괘䷀ · 곤괘䷁가 상징하는 하늘 · 땅에 닫혀 있다고 해야 한다. 즉 하늘 · 땅이 주재하는 이 세계는 그 자체로 완정(完整)하며, 이들 이외에 제3의 세계나 제3의 존재는 없다는 것이 된다. 여기에는 이 세계의 창조주로서의 신(神)도 들어설 자리가 없다.

역문 그러므로 이 세상에서 가장 순수한 존재가 아니라면, 이 세상의 지극히 잡다한 것들 속에서 행할 수가 없다. 순수하다기에는 부족한데도 잡다한 것들을 두고 시험하러 든다면, 현명하지 못한 사람의 앎[知]이요 능함[能]일 따름이다. 그러므로 "하나만을 고집하는 것을 미워하는 까닭은, 그렇게 함으로써 도(道)를 해치기 때문인데, 그렇게 하는 것은 겨우 하나만을 내세우며 다른 백 가지는 버리는 것이다."[1140]라고 말하는 것이다. 패자의 술(術) 따위는 왕도를 행하는 사람 역시 알고 있지만, 왕도는 그 온전함을 원칙으로 삼는다. 그래서 이 왕도를 행하는 사람이 때로 사공(事功)을 위해 나서더라도 왕도를 행하는 사람의 업(業)에 손해를 끼치지 않는다. 또 이단들의 깨달음 또한 군자들도 능히 할 수 있는 것이지만, 군자는 그 온전함을 몸으로 삼으니, 군자가 어쩌다 고립이 지극함에 빠져 궁색해지더라도 군자의 덕에 손상을 입히지 않는다.

故天下无有餘也, 不足而已矣; 无過也, 不及而已矣. 撰之全, 斯體之純; 體之純, 斯用之可雜. 幾不能不摩, 時不能不盪. 以不摩不盪者爲之宗, 以可摩可盪者因乎勢, 以摩之盪之者盡其變. 故可鼓也, 可潤也, 可運也, 可成也. 而未鼓 · 未潤 · 未運 · 未成, '乾''坤'自若也. 方鼓 · 方潤 · 方運 · 方成, '乾''坤'自若也. 統六子而爲'乾''坤', 六子之性情咸具, 而但俟其生. 與六子而竝爲八卦, 父母之功能固著, 而不倚於子. 故致一者其機也, 互交者其情也, 皆備者其誠也. 誠者亡他, 皆備而已爾.

1140 『맹자』, 「진심 상」 편에 나오는 맹자의 말이다.

역문 그러므로 이 세상에는 남음이 없고 부족하기만 할 따름이며, 지나침은 없고 미치지 못하기만 할 따름이다. 하는 일이 온전함은 그 본체[體]가 순수하기 때문이고, 본체가 순수하기에 그 작용[用]은 잡다할 수 있다. 막 일어나는 조짐[幾]에서는 비비대지 않을 수 없고, 때[時]가 되면 흔들어 대지 않을 수 없다. 그러나 비비대지도 흔들어 대지도 않는 것이 그 마루[宗][1141]가 된다. 비비댈 수 있고 흔들어 댈 수 있는 것은 세(勢)가 그러하기 때문이여, 비비대고 흔들어 대는 것들은 그 변함[變]을 다 드러낸다.

그러므로 고무할 수도 있고, 윤택하게 할 수도 있고, 운행할 수도 있고, 이루어 낼 수도 있다.[1142] 그러나 고무하지도, 윤택하게 하지도, 운행하지도, 이루어 내지도 않음은, 건괘 · 곤괘의 자약(自若)함이다. 바야흐로 고무하고, 바야흐로 윤택하게 하고, 바야흐로 운행하고, 바야흐로 이루어 내는 것도 건괘 · 곤괘의 자약함이다. 여섯 자식 괘[六子卦]를 거느리는 것은 건괘 · 곤괘로서 여섯 자식괘의 성(性) · 정(情)을 다 구비하고 있지만, 단지 이들이 생겨남은 기다려야 한다.

건괘 · 곤괘 또한 여섯 자식괘들과 함께 나란히 팔괘가 되기는 하지만, 부모로서의 공능은 이들에게서 본디 드러나는 것이어서, 자식괘들에게로 기울어지지 않는다. 그러므로 '모든 것을 아우르는 하나'를 이룸은 건괘 · 곤괘의 체제[機]이고, 상호 교접하는 것은 이들의 정(情)이며, 모든 것을 완비함은 이들의 성실함이다. 성실함이란 다른 것이 아니라 모든 것을 완비함일 따름이다.

1141 건괘 · 곤괘를 가리킨다.

1142 이 이하는 『주역』, 「계사상전」 제1장의 "우레와 벼락으로써 고무하고, 바람과 비로써 윤택하게 하며, 해와 달이 운행하고, 한 번은 추웠다 한 번은 더웠다 함을 되풀이한다. 건괘☰의 도(道)는 남성을 이루고, 곤괘☷의 도는 여성을 이룬다.(鼓之以雷霆, 潤之以風雨, 日月運行, 一寒一暑. '乾'道成男, '坤'道成女.)"라는 구절을 전제로 하는 말이다.

嗚呼! 使君子而爲小人之爲, 則久矣其利矣; 使聖人而爲異端之教, 則久矣其述矣; 使王者而爲桓 · 文之功: 則久矣其成矣. 小人之利, 君子亦謀之以育小人; 異端之教, 聖人亦察之以辨異端; 桓 · 文之功, 王者亦錄之以命牧伯. 而特更有大焉, 徹乎萬彙之情才而以昭其德; 更有久焉, 周乎古今之事理而以竟其業. 剛極乎健, 而非介然之怒生與惰歸之餘勇. 柔極乎順, 而非偶用之委蛇與不獲已之屈從. 天下之德固然, 賢人之相肖以成位乎中者, 其能歉乎哉?

역문 오호라! 군자에게 소인이 하는 일을 하게 하면, 그 이롭게 함이 오래되었다. 또 성인에게 이단의 가르침을 행하게 하면, 이단의 참모습에 관해 정확하게 서술함이 오래되었다. 왕자(王者)에게 패자(霸者)인 제(齊)나라 환공(桓公; B.C.720?~B.C.643, 재위 B.C.685~B.C.643) · 진(晉)나라 문공(文公; B.C.697~B.C.628, 재위 B.C.636~B.C.628)이 이룬 공(功)을 행하게 하면, 그 정도는 이루어 냄이 오래되었다. 소인들의 이로움을 군자도 도모하여 소인들을 교육하고, 이단의 가르침을 성인들도 살펴서 그들의 문제점을 변별해 내며, 제나라 환공 · 진나라 문공이 이룬 공을 왕도를 행하는 사람들도 기록하여서 지방과 고을의 수령들에게 명(命)한다.

다만 이러한 것들보다 더욱 큰 것이 있으니, 이 세상에 존재하는 모든 것의 정(情)과 재(才)를 꿰뚫어 보고 이들의 특성[德]을 훤히 밝히는 것이다. 또한 더욱 유구한 것이 있으니, 고금의 사리(事理)를 두루 파악하여 그 과업을 끝내는 것이다.

굳셈[剛]은 씩씩함에서 극에 달하니, 이는 잠깐 노여움에 발끈하는 것도 아니고, 나태함에 젖어 있다가 끝내 버리는 미진한 용기도 아니다. 또 부드러움[柔]은 순종함에서 극에 달하니, 이리저리 피하며 구질구질하게 이어 가는 것을 우연히 사용하는 것도 아니고, 어쩔 수 없어서 굴종함도 아니다. 이 세상의 덕들은 본디 그러한 것들이다. 현인들께서 이를 본받아서 이들 덕대로 하는 속에서 제 자리를 이룸이, 그들의 뜻에 차지 않을 수 있겠는가?

未至於此者, 學之博, 行之篤, 弗能弗措, 以致曲於全, 尙庶幾焉. 老氏僅有其一端之知, 而曰"曲則全", 其劣著矣. 雷風不相薄, 水火不相射, 男女不相配, 自有天地以來, 未有能爲爾者也. 執一廢百, 毁'乾''坤'之盛, 而驕爲之語曰, "先天地生", 夫孰欺?

역문 이러한 경지에 이르지 않은 사람들은 학문을 넓히고 행위를 돈독히 하기 위해서 조처하지 않을 수 없으리니, 온전함으로 한 걸음 한 걸음 나아가며 간곡하게 정성을 다해야 오히려 이러함에 가까울 것이다. 그런데 노씨[老子]는 겨우 한 부분의 알음알이만을 이루고서는 "굽히면 온전해진다."[1143]라고 하니, 그 저열함이 드러난다. 우레와 바람이 서로 바싹 덤벼들어 몰아붙이지 않음이라든가, 물과 불이 서로 침범하지 않음이라든가,[1144] 남녀가 서로 짝을 짓지 않음 등은 하늘·땅이 생겨난 이래 이렇게 할 수 있는 것이 없었다. 설사 노씨[老子]의 이 말이 부분적인 진리를 담고 있다고는 해도, 이는 하나를 고집하다가 다른 백 가지를 내팽개치는 꼴이며,

1143 『노자』 제22장에 나오는 말이다.

1144 『설괘전』 제3장에 나오는 "하늘과 땅이 위치를 정하고, 산과 연못이 기(氣)를 통하며, 우레와 바람은 서로 바싹 덤벼들어 몰아붙이고, 물과 불은 서로 침범하지 않는다. 팔괘가 이렇게 서로 엇갈리며 뒤섞인다.(天地定位, 山澤通氣, 雷風相薄, 水火不相射, 八卦相錯.)"라는 구절을 인용하는 말이다. 그런데 왕부지는 여기에서 이 구절을 반어법으로 인용하고 있으므로, "물과 불이 서로 침범하지 않음"이라 한 것을 "물과 불이 서로 침범함"이라고 해야 문맥이 순조로울 것으로 보인다.

건괘 · 곤괘가 이루는 성대함을 훼손하는 것이다. 그런데도 그는 교만스레 말하기를 "(도는) 하늘 · 땅보다 앞서 생긴다."[1145]라고 말하는데, 누구를 속이려 드는가?

三

大哉『周易』乎! '乾''坤'竝建, 以爲大始, 以爲永成, 以統六子, 以函五十六卦之變, 道大而功高, 德盛而與衆, 故未有盛於『周易』者也.

역문 위대하도다, 『주역』이여! 건괘☰ · 곤괘☷를 아울러 세워서 위대한 시작을 엶과 동시에 영원한 이룸을 이루며, 여섯 자식 괘[六子卦]를 통괄하고, 56괘[1146]의 변함[變]을 함유하고 있다. 그리하여 도는 크면서 공은 높고, 덕은 성대하며 민중과 함께한다. 그러므로 이 『주역』보다 더 성대한 것은 없다.

「連山」首'艮', 以陽自上而徐降以下也; 「歸藏」首'坤', 以陰具其體以爲基而起陽之化也. 夏道尚止, 以遏陰私而閑其情. 然其流也, 墨者託之, 過儉以損其生理. 商道撥亂, 以物方晦而明乃可施. 然其流也, 霸者託之, 攻昧侮亡以傷其大公.

역문 「연산」은 간괘☶를 머리로 하여 양(⚊)이 위로부터 아래로 서서히 내려

1145 『노자』 제28장에 나오는 말이다.

1146 여기에서 '56괘'라 한 것은, 『주역』의 64괘에서 건괘☰ · 곤괘☷와 그 자식 괘들인 진괘☳, 감괘☵, 간괘☶, 손괘☴, 리괘☲, 태괘☱ 등 6괘를 제외한 나머지 괘들을 말한다.

오는 구조로 되어 있다. 「귀장」은 곤괘☷를 머리로 하여 음(--)이 그 몸을 갖추어서 터전을 이루고 양(—)의 조화(造化)를 일으키는 구조로 되어 있다. 그리하여 하(夏)나라의 운영원리에서는 '멈춤'[1147]을 높이 쳐서 음(陰)의 사사로움을 저지하고 이들의 마음 씀씀이를 막으려 했다. 그러나 말류에 가서는 묵자(墨者)에게 의탁하여 지나치게 검소함으로써 사람의 생명을 유지하는 이치에 손상이 가게 하였다. 그리고 상(商)나라의 운영원리에서는 혼란을 바로잡는 것으로 하여서 물(物)들이 한창 어두울 적에 밝음이 펼쳐질 수 있게 하였다. 그러나 역시 그 말류에 가서는 패자(霸者)들에게 의탁하여 혼란에 빠져 무도(無道)한 이들을 공격하고 망할 징조가 있는 나라들을 타격하고 압력을 가함으로써 그 위대한 공정성에 손상이 가게 하였다.

嗚呼! 道盛而不可復加者, 其惟『周易』乎! 周道尚純, 體天地之全以備於己. 純者至矣, 故『詩』曰, "於乎不顯, 文王之德之純", 文王之所以配天也.

역문 오호라! 도(道)가 성대하여서 더 보탤 수가 없는 것은 오직 『주역』이로구나! 주(周)나라의 운영원리에서는 순수함을 높이 쳤으니, 이들은 하늘·땅의 온전함을 체득하여 자신에게 갖추었다. 순수한 이는 지극한 것이다. 그러므로 『시경』에서는 "오호라, 밝게 드러나지 않는가, 문왕의 덕의 순수함이여"[1148]라 하고 있으니, 그래서 문왕은 하늘의 짝이 된 것이다.

1147 '멈춤'은 「연산」에서 머리로 삼고 있는 간괘☶를 취의(取義)한 것이다.

1148 『시경』, 「주송(周頌)·청묘지십(淸廟之什)」의 '유천지명(維天之命)'이라는 시에 나오는 한 구절이다.

‘乾’“坤’竝建於上, 時无先後, 權无主輔, 猶呼吸也, 猶雷電也, 猶兩目視 · 兩耳聽, 見聞同覺也. 故无有天而无地, 无有天地而无人, 而曰, “天開於子, 地辟於丑, 人生於寅”, 其說詘矣. 无有道而无天地, 而曰, “一生三, 道生天地”, 其說詘矣. 无有天而无地, 況可有地而无天, 而何首乎‘艮’“坤’? 无有道而无天地, 誰建‘坤’“艮’以開之先?

역문 『주역』에서는 건괘䷀ · 곤괘䷁를 위에다 아울러 세우고 있으니, 이들 사이에는 시간적인 선(先) · 후(後)가 없고, 권한에서도 주(主) · 보(輔)가 없다. 이들 두 괘는 마치 호(呼) · 흡(吸)과도 같고, 우레 · 번개와도 같으며, 두 눈으로 보고 두 귀로 들어서 보고 듣는 것을 동시에 지각하는 것과도 같다. 그러므로 하늘만 있고 땅이 없음은 없으며, 하늘 · 땅만 있고 사람이 없음은 없다. 그런데도 “하늘은 자(子)에서 열리고, 땅은 축(丑)에서 열리며, 사람은 인(寅)에서 생긴다.”[1149]라고 하니, 이 설은 말이 안 되는 것이다. 또 도(道)가 있지 않고서는 하늘 · 땅도 없으니, “하나는 셋을 낳고, 도는 하늘 · 땅을 낳는다.”[1150]라는 설도 말이 안 되기는 마찬가지다. 하늘은 있는데 땅이 없음은 없거늘, 하물며 땅은 있는데 하늘은 없음이 있을 수 있겠는가? 그런데 어찌 간괘☶와 곤괘☷를 머리로 한다는 것인가? 도(道)가 있지 않고서는 하늘 · 땅이 없는데, 그렇다면 누가 곤괘☷ · 간괘☶를

1149 소옹(邵雍)의 말로 전해진다.

1150 “도가 하늘 · 땅을 낳는다.”라는 말은 『관자』, 「수지(水地)」 편에 나온다. 그러나 여기에서 왕부지가 인용하고 있는 전문이 나오는 구절은 없다. 아마 왕부지는 “도는 하나를 낳고, 하나는 둘을 낳으며, 둘은 셋을 낳는데, 셋은 만물을 낳는다. 만물은 음을 등에 짊어지고 양을 가슴에 품고 있는데, 충기(沖氣)가 화합한다.(道生一, 一生二, 二生三, 三生萬物. 萬物負陰而抱陽, 沖氣以爲和.)”라는 『노자』 제42장의 구절과 제25장의 “무엇인가 뒤섞인 채 천지보다 앞서 생겨서 존재하는 것이 있다.(有物混成, 先天地生.)”라는 구절을 합해 『노자』에 나오는 말들을 인용하며 비판하려는 것 같다.

세워서 이 세상을 여는 선도자가 되겠는가?

然則獨'乾'尚不足以始, 而必竝建以立其大宗, 知·能同功而成德業. 先知而後能, 先能而後知, 又何足以窺道閫乎? 異端者於此爭先後焉, 而儒者效之, 亦未見其有得也. 夫能有迹, 知无迹, 故知可詭, 能不可詭. 異端者於此, 以知爲首, 尊知而賤能, 則能廢. 知无迹, 能者知之迹也. 廢其能, 則知非其知, 而知亦廢. 於是異端者欲竝廢之. 故老氏曰, "善行无轍迹", 則能廢矣; 曰, "滌除玄覽", 則知廢矣. 釋氏曰, "應无所住而生其心", 則能廢矣; 曰, "知見立知卽无明本", 則知廢矣. 知能廢, 則'乾''坤'毁. 故曰, "'乾''坤'毁則无以見『易』" 不見『易』者, 必其毁'乾''坤'者也. 毁'乾''坤', 猶其毁父母也矣. 故'乾''坤'竝建, 以統六子, 以函五十六卦之大業, 唯『周易』其至矣乎!

역문 그렇다면 '건' 하나로는 오히려 이 세계를 시작할 수가 없으니, 반드시 '곤'과 나란히 세워서 그 대종(大宗)을 수립해야 하는데, 사실 '건'의 앎[知]과 '곤'의 능함[能]이 같이 공을 이루어서 덕(德)과 업(業)을 이루는 것이다. 그런데도 앎이 앞서고 능함이 뒤선다고 하거나 능함이 앞서고 앎이 뒤선다고 한다면, 어찌 도(道)의 문지방이나마 엿보았다 할 수 있겠는가! 이단[道·佛]들이 이와 관련하여 '어느 것이 앞이고, 어느 것이 뒤다'라고 하며 논쟁을 벌이는데 유자들까지 이를 본받고 있으니, 이들이 어떤 깨달음을 얻은 것인지 또한 알 수가 없도다.

능함에는 드러나 보이는 자취가 있고, 앎에는 드러나 보이는 자취가 없다. 그래서 앎에 대해서는 속일 수가 있지만, 능함에 대해서는 속일 수가 없는 것이다. 이단들은 이러한 관점에 서서, 앎을 머리로 삼아 앎을 높이고 능함은 천하게 여긴다. 그래서 이들에게서는 능함이 폐기된다. 그런데 앎에는 드러나 보이는 자취가 없다고 하더라도 능함이 바로 그 앎의 드러난 자취다. 그러므로 그 능함을 폐기한다면, 앎도 그 앎이 아니어서 앎도 덩달아 폐기되고 말 것이다. 이러한 관점에 서기에 이단들은 아예 둘 다 폐기하려 든다. 그래서 노씨[老子]가 "훌륭한 행위에는 바퀴자국이 없다."[1151] 라고 하니 능함이 폐기되고, "현묘한 거울을 씻고 닦아라!"[1152]라고 하니 앎이 폐기된다. 석씨[석가모니]가 "세속의 물질에 대해 집착을 내지 않아야만 깊은 깨달음이 생긴다."[1153]라고 하니 능함이 폐기되고, "인식한 것을 앎으로 여김이 바로 무명(無明)의 근본이다."[1154]라고 하니 앎이 폐기된다.

앎과 능함이 폐기되어서는 '건'·'곤'이 허물어지고 만다. 그러므로 이곳에서 "'건'·'곤'이 허물어져서는 『주역』을 볼 수가 없다."라고 하는 것이다. 『주역』을 보지 못한다는 것은 틀림없이 '건'·'곤'을 허물었기 때문이다. '건'·'곤'을 허묾은 바로 그 부모를 허묾과 같다. 그러므로 '건'·'곤'을 아울러 세워서 여섯 자식 괘[六子卦]를 통할하며 나머지 56괘[1155]의 위대한 사업을 휩싸는 것이다. 오로지 『주역』이라야 이렇게 지극한지고!

1151 『노자』 제27장에 나오는 말.

1152 『노자』 제10장에 나오는 말.

1153 『금강경』에 나오는 말. 중국 선종의 제5조 홍인(弘忍)이 『금강경』을 강론하다가 이 구절에 이르자 제6조 혜능(慧能)이 바로 깨달음을 얻었다고 한다.

1154 『능엄경』에 나오는 말이다. 우리의 인식 기관인 육근(六根; 눈·귀·코·혀·몸·마음)과 그 인식 대상인 육진(六塵)이 만나서 이루어지는 인식인 육식(六識)을 이루고 나서, 인식 기관과 그 인식 대상을 실제 존재하는 것이라 여기는 이것이 바로 우리 어리석음[無明]의 근본이라는 것이다. 왜냐하면 인식 기관이든 그 대상이든 모두 한결같지 않은[無常] 것들로서 결국은 공(空)한 것이기 때문이다.

1155 여기에서 '56괘'라 한 것은, 『주역』의 64괘에서 건괘☰·곤괘☷와 그 자식 괘들인 진괘☳, 감괘☵, 간괘☶, 손괘☴, 리괘☲, 태괘☱ 등 6괘를 제외한 나머지 괘들을 말한다.

抑邵子之圖『易』, 謂自伏羲來者, 亦有異焉. 太極立而漸分, 因漸變而成'乾''坤', 則疑夫'乾''坤'之先有太極矣. 如實言之, 則太極者'乾''坤'之合撰, 健則極健, 順則極順, 无不極而无專極者也. 无極, 則太極未有位矣. 未有位, 而孰者爲'乾''坤'之所資以生乎?

역문 또 소자(邵子; 邵雍)는 『주역』에 관한 도(圖)[1156]를 그려서 이것이 복희씨로부터 왔다고 하는데, 나로서는 이에 대해 견해가 다르다. 이 도(圖)에서처럼 태극이 서 있는 것에서 점차 분화하며 이 점점 변함[變]으로 말미암아 건괘☰ · 곤괘☷를 이룬다고 할 것 같으면, 이들 건괘☰ · 곤괘☷의 앞에 태극이 있다고 의심할 수도 있을 것이다. 그러나 사실을 말하자면 태극이란 '건' · '곤'이 합해서 하는 일을 가리킨다. 그래서 '건(乾)'이 씩씩하여서 씩씩함을 극진히 하고, '곤(坤)'이 순종하여서 순종함을 극진히 하므로, 어느 곳도 극진하지 아니함이 없고 그 어떤 것만 특별히 극진히 함도 없는 것이다. 그래서 '극진함이 없다[無極]'라고 할 것 같으면, 태극이 제 자리를 잡지 않은 것이다. 이처럼 태극이 제자리를 잡지 않았을진대, 그 어느 것이 '건' · '곤'을 바탕으로 삼아서 생겨날 수 있겠는가?

且其爲說也, 有背馳而无合理. 夫'乾''坤'之大用, 洵乎其必分, 以爲清寧之極, 知能之量也. 然方分而方合, 方合而方分, 背馳焉則不可得而合矣.

역문 또한 소자의 설에는 배치(背馳)함은 있어도 이치에 합당함은 없다. '건' · '곤'의 위대한 작용은 아득히 멀리까지 나아가며 반드시 나뉘어 맑음

1156 「복희선천도(伏犧先天圖)」를 가리킨다.

[하늘]·편안함[땅]의 극을 이루니, 이것은 앎[知]과 능함[能]이 미치는 양(量)이다. 그러나 이들은 바야흐로 나뉘면 바야흐로 합쳐지고, 바야흐로 합쳐지면 바야흐로 나뉜다. 그러니 소자의 설에서처럼 배치하면 합쳐질 수가 없다.[1157]

其爲說也, 抑有漸生而无變化. 夫人事之漸而後成, 勢也, 非理也. 天理之足, 无其漸也, 理盛而勢亦莫之禦也. 『易』參天人而盡其理, 變化不測, 而固有本矣. 奚待於漸以爲本末也? 如其漸, 則澤漸變爲火, 山漸變爲水乎?

역문 또 소자의 설에는 기계적으로 단계를 밟아 점점 생겨난다고 함은 있어도 변함[變]·화함[化]은 없다. 사람의 일이 점점 진행된 뒤에 이루어짐은 세(勢)에 의해 그러한 것이지 이치에 따라서 그러한 것이 아니다. 하늘의 이치는 자체로 충족한 것이기에 거기에는 '점(漸)'이라는 것이 없으며, 이치가 성대하고 세(勢)도 막을 수가 없는 것이다. 『주역』은 하늘과 사람이 참여하여 그 이치를 다 드러내고 있어서 그 변함[變]·화함[化]을 우리 인간으로서 예측할 수가 없지만, 본디 근본이 있는 것이다. 그러니 무엇 때문에 '기계적으로 단계를 밟아 점점 생겨남[漸]'에 의지해서 본(本)이 되고 말(末)이 되겠는가?

其曰, "'乾''坤'爲大父母"者, 不能不然之說也; 其曰, "'復''姤'小父母",

1157 여기에서는 소옹의 설 가운데 '하나가 나뉘어 둘이 된다[一分爲二]'라는 설을 비판하고 있다. 주희는 그의 『주역본의(周易本義)』의 「서(序)」에서 제시한 9도(圖) 가운데 「복희팔괘차서지도(伏羲八卦次序之圖)」를 설명하면서, 이의 원리로서 소옹의 이 설을 인용하고 있다.(邵子曰, "一分爲二, 二分爲四, 四分爲八也.")

則其立說之本也. 宋鄭夬·秦玠亦有此說. 不然, 則父母而二之, 且不能解二本之邪說, 而彼豈其云然!

역문 소자께서 "건괘☰·곤괘☷가 큰 부모다."라고 한 말은 그렇지 않다고 할 수 없는 옳은 말이다. 그리고 "복괘䷗·구괘䷫가 작은 부모다."[1158]라고 한 것은 그가 주장하는 설의 근본이다.[1159] 그렇지 않다면 부모를 둘로 한 것이니 또한 근본을 둘로 하는 사설(邪說)을 이해할 수가 없다. 그분께서는 어찌 이렇게 말씀하실 수가 있을까!

自'復'而左, 左生乎'頤', '明夷'左生乎賁, '臨'左生乎'損', '泰'左生乎'大畜'. 自'垢'而右, 右生乎'大過', '訟'右生乎'困', '遯'右生乎'咸', '否'右生乎'萃'. 而'无妄'无以生'明夷', '升'无以生'訟', 則'復''垢'又不任爲小父母.

1158 이 두 설은 소옹의 설인데, 그 아들인 소백온(邵伯溫; 1057~1134)이 아버지의 설을 소개하는 형식으로 서술하고 있다.(『性理大全』 권7, 「皇極經世書」1: 邵伯溫曰, "先君云, '天地定位, 乾與坤對也 … 乾坤大父母也, 故能生八卦; 復姤小父母也, 故能生六十四卦.'")

1159 **저자 자주**: 송나라의 정쾌(鄭夬)·진개(秦玠)도 이렇게 주장하였다. /**역자 주**: 그런데 소옹의 아들 소백온은 정쾌가 직접 소옹으로부터 배운 것이 아님에도 불구하고 마치 자신이 터득한 것인 양 주장한 것이고, 진개도 이인(異人)을 만나 주워들은 것이라 하며, 이들의 설은 자신의 아버지의 학설과는 무관하다는 점을 밝히기 위해 자신이 『역학변혹(易學辨惑)』을 썼다고 한다.(邵伯溫, 『易學辨惑』: 沈存中『筆談』, 「象數」一篇內, 言"江南人鄭夬曾爲一書談『易』, 其間一說曰, '乾坤大父母也, 復姤小父母也. 乾一變生復得一陽, 坤一變生姤得一陰, 乾再變生臨得二陽, 坤再變生遯得二陰. … 乾六變生歸妹本得三十二陽, 坤六變生漸本得三十二陰. 乾坤錯綜, 陰陽各三十二, 生六十四卦.'" 夬之爲書皆荒唐之論, 獨有此變卦之說, 未知其是非. 予後因見兵部員外郎秦玠, 論夬所談. 駭然曰, "何處得此法?" 玠云, "嘗遇一異人, 受此歷數, 推往古興衰運歷, 無不皆驗, 嘗恨不能盡其術. 西都邵某亦知大略, 已能洞吉凶之變, 此人乃形之於書, 必有天譴. 此非世人所得聞也." 予聞其言, 怪兼復甚祕, 不欲深詰之. 今邵某與夬·玠已皆死, 終不知何術也. 竊惟我先君易學微妙玄深, 不肖所不得而知也. 其傳授次第, 前後數賢者本末, 在昔過庭, 則嘗聞其略矣. 懼世之士大夫但見存中所記有所惑也, 乃作『辨惑』.)

역문 「복희선천64괘원도」에 의하면, 복괘䷗부터는 왼쪽으로 도는데, 왼쪽으로 이괘(頤卦)䷚를 낳고, 명이괘䷣는 왼쪽으로 비괘(賁卦)䷕를 낳고, 임괘(臨卦)䷒는 왼쪽으로 손괘(損卦)䷨를 낳고, 태괘(泰卦)䷊는 왼쪽으로 대축괘䷙를 낳는다. 구괘䷫로부터는 오른쪽으로 도는데, 오른쪽으로 대과괘䷛를 낳고, 송괘䷅는 오른쪽으로 곤괘(困卦)䷮를 낳고, 둔괘䷠는 오른쪽으로 함괘䷞를 낳고, 비괘(否卦)는 오른쪽으로 췌괘䷬를 낳는다. 그런데 무망괘䷘는 명이괘䷣를 낳지 못하고, 승괘䷭는 송괘䷅를 낳지 못하니, 복괘䷗ㆍ구괘䷫는 또한 작은 부모의 역할을 해내지 못한다.[1160]

1160 이 도(圖) 역시 소옹이 그린 것으로 되어 있다. 참고로 다음과 같다.

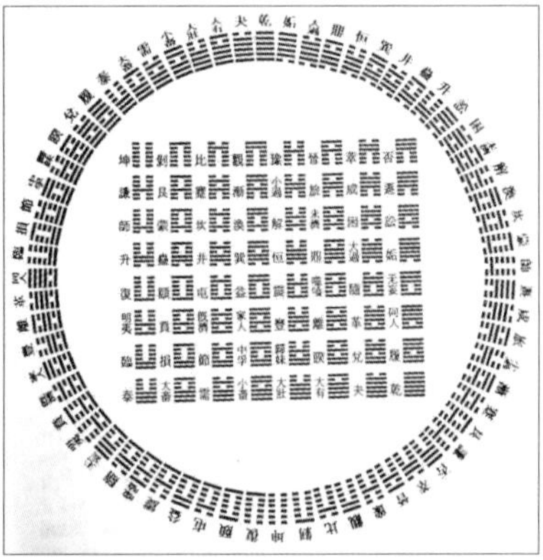

이 도(圖)는 정괘(貞卦), 즉 내괘는 「복희선천팔괘도」와 일치한다. 즉 왼쪽 복괘䷗부터 무망괘䷘까지 8괘는 정괘(貞卦)가 모두 진괘☳로 되어 있고, 그다음은 리괘☲, 태괘☱, 건괘☰로 되어 있다. 오른쪽은 구괘䷫로부터 승괘䷭까지 8괘의 정괘(貞卦)가 모두 손괘☴로 되어 있고, 그다음으로는 감괘☵, 간괘☶, 곤괘☷로 되어 있다. 이들 각각을 '궁(宮)'이라 할 수 있다. 그럼 이 도의 64괘는 모두 8궁의 괘들로 이루어져 있다고 할 수 있다. 그래서 왕부지도 여기에서 각각 8궁으로 끊어서 언급하고 있다.

각 궁의 회괘(悔卦)를 보면, 왼쪽 복괘䷗부터 무망괘䷘까지, 즉 진괘☳ 궁의 8괘는 곤괘☷, 간괘☶, 감괘☵, 손괘☴, 진괘☳, 리괘☲, 태괘☱, 건괘☰의 순서로 배열하고 있고, 나머지 리괘☲, 태괘☱, 건괘☰ 궁의 8괘들에서도 이는 마찬가지다. 오른쪽 구괘䷫로부터 승괘䷭까지 손괘☴ 궁의 8괘는 회괘가 건괘☰, 태괘☱, 리괘☲, 손괘☴, 감괘☵, 간괘☶, 곤괘☷의 순서로 배열되어 있다. 이는 그다음의 감괘☵, 간괘☶, 곤괘☷ 궁의 8괘들에서도 마찬가지다. 이를 통해 우리는 승괘䷭가 손괘☴ 궁의 마지막에 속해 있고, 그다음 괘인 송괘䷅는

'乾'右生'夬', '履'右生'兌', '同人'右生'革', '无妄'右生'隨'. '坤'左生'剝', '謙'左生'艮', '師'左生'蒙', '升'左生'蠱'. 而'泰'无以生'履', '否'无以生'謙', 則'乾''坤'又不任爲大父母.

역문 「복희선천64괘원도」에 따를 경우, 건괘䷀는 오른쪽으로 쾌괘䷪를 낳고, 리괘(履卦)䷉는 오른쪽으로 태괘(兌卦)䷹를 낳고, 동인괘䷌는 오른쪽으로 혁괘䷰를 낳고, 무망괘䷘는 오른쪽으로 수괘(隨卦)䷐를 낳는다. 그런가 하면, 곤괘䷁는 왼쪽으로 박괘䷖를 낳고, 겸괘䷎는 왼쪽으로 간괘䷳를 낳고, 사괘䷆는 왼쪽으로 몽괘䷃를 낳고, 승괘䷭는 왼쪽으로 고괘䷑를 낳는다. 그런데 태괘(泰卦)䷊는 리괘(履卦)䷉를 낳지 못하고, 비괘(否卦)䷋도 겸괘䷎를 낳지 못한다. 이렇게 보면 건괘䷀ · 곤괘䷁ 또한 큰 부모의 역할을 하지 못한다고 할 것이다.

如其以'泰'生'臨', '履'生'同人', '明夷'生'復', '否'生'遯', '謙'生'師', '訟'生'姤', 爲往來之交錯, 則'姤''復'爲雲仍之委緖. 以'无妄'生'同人', '明夷'生'臨', '履'生'乾', '升'生'師', '訟'生'遯', '謙'生'坤', 爲中外之之繞, 則'乾''坤'爲奕葉之苗裔.

역문 또 위 도(圖)에 근거하여, 태괘(泰卦)䷊는 임괘䷒를 낳고, 리괘(履卦)䷉는 동인괘䷌를 낳고, 명이괘䷣는 복괘䷗를 낳고, 비괘(否卦)는 둔괘䷠를 낳고,

---

감괘☵ 궁의 첫머리에 속해 있음을 알 수 있다. 그래서 송괘䷅가 비록 승괘䷭ 다음의 괘이기는 하지만, 왕부지는 여기에서 "승괘䷭는 송괘䷅를 낳지 못하니"라 하는 것이다. 이들 두 괘가 속한 궁이 각기 다르기 때문이다. 「복희선천팔괘도」든, 「복희선천64괘도」든 모두 논리정연하고 기계적으로 배열되어 있어서 그럴듯해 보이기는 하지만, 하늘 · 땅의 운행과는 맞지 않는다는 것이, 이곳 왕부지의 견해다. 이 이하도 왕부지가 자신의 이러한 견해를 방증하기 위해 하는 진술들이다.

겸괘䷎는 사괘䷆를 낳고, 송괘䷅는 구괘䷫를 낳는 식으로 괘들이 왔다 갔다 하며 뒤섞인다고 할 것 같으면, 구괘䷫ · 복괘䷗는 5대손이나 6대손쯤 되는 끄트머리 순서가 될 것이다. 그리고 무망괘䷘가 동인괘䷌를 낳고, 명이괘䷣는 임괘䷒를 낳고, 리괘(履卦)䷉는 건괘䷀를 낳고, 승괘䷭는 사괘䷆를 낳고, 송괘䷅는 괘䷋를 낳고, 겸괘䷎는 곤괘䷁를 낳는다고 하여 가운데 있는 괘들과 밖에 있는 괘들이 서로를 둘러싸고 있다고 여길 것 같으면, 건괘䷀ · 곤괘䷁는 누대의 후예가 된다고 해야 할 것이다.

凡此者, 既不能以自通, 抑不足以自固. 而但曲致其巧心, 相爲組織, 遂有此相因而成乎漸者以爲之序, 相背而分其疆者以爲之位, 而其說遂以立.

역문 무릇, 이 몇 가지를 가지고 볼 때, 소자(邵子; 邵雍)의 설은 스스로 통할 수가 없을 뿐만 아니라 스스로 확고하지도 못하다. 다만 그의 좋은 머리를 가지고 세세한 것까지 모두 고려하여 이렇게 괘들을 서로 맞추어 내고서는, 마침내 이 도(圖)에 제시된 것처럼 괘들이 서로 말미암으며 '점진적 단계[漸]'를 이룬 것을 순서로 여기고, 음(--)과 양(—)을 서로 배치되게 배열하여 그 강역을 나누며 각각의 위(位)로 여기고 있다.[1161] 그 설이 마침내 이렇게 하여 세워진 것이다.

夫'乾'盡午中, 何以爲'乾'? '坤'盡子中, 何以爲'坤'? 子中无'乾', 何以

1161 「복희선천팔괘도」든, 「복희선천64괘도」든, 모두 왼쪽에 있는 괘들은 양효(—)가 맨 밑 효를 차지하고 있어서 양(陽)의 강역이라 할 수 있고, 오른쪽에 있는 괘들은 모두 음효(--)가 맨 밑의 효를 차지하고 있어서 음(陰)의 강역이라 할 수 있다. 「팔괘도」에서는 왼쪽과 오른쪽에 각각 4괘씩, 「64괘도」에서는 왼쪽과 오른쪽에 각각 32괘씩 자리 잡고 있다.

爲子? 午中无'坤', 何以爲午? 抑與其'天開於子, 地辟於丑'之說相叛, 而率之何以爲道? 修之何以爲敎? 則亦談天之艷技而已.

역문 건괘☰䷀의 덕이 오중(午中)에서 다하면 어떻게 '건'이 되겠는가? 곤괘☷䷁의 덕이 자중(子中)에서 다하면 어찌 '곤'이 되겠는가? 자중에 '건'이 없다면 어떻게 자(子)가 되겠는가? 오중에 '곤'이 없다면 어떻게 오(午)가 되겠는가?[1162] 이는 또한 "하늘은 자(子)에서 열리고, 땅은 축(丑)에서 열린다."라는 설과 서로 모순되니, 따르는 것이 어찌 도(道)가 되겠으며, 닦는 것이 어찌 교(敎)가 되겠는가? 역시 하늘을 논하는 요염한 재주일 따름이다.[1163]

夫天, 吾不知其何以終也? 地, 吾不知其何以始也? 天地始者, 其今日乎! 天地終者, 其今日乎! 觀之法象, 有'乾''坤'焉, 則其始矣; 察之物理, 有'旣濟''未濟'焉, 則其終矣. 故天可以生六子, 而必不能生地;

1162 이는 주희의 설을 비판하는 구절로 보인다. 주희는 자신이 지은 『주역본의』의 「서(序)」에서 이 「복희선천도」의 「원도」들을 제시하고 설명하면서, "건괘☰䷀는 오중(午中)에서 다하고, 곤괘☷䷁는 자중(子中)에서 다하고, 리괘☲䷝는 묘중(卯中)에서 다하고, 감괘☵䷜는 유중(酉中)에서 다한다. 양(陽)은 자중에서 생겨서 오중에서 극에 이르며, 음(陰)은 오중에서 생겨서 자중에서 극에 이른다. 그 양은 남쪽에 있고, 그 음은 북쪽에 있다.(此圖圓布者, 乾盡午中, 坤盡子中, 離盡卯中, 坎盡酉中. 陽生於子中, 極於午中; 陰生於午中, 極於子中. 其陽在南, 其陰在北.)"라 하고 있다.

1163 여기에서 "따르는 것이 어찌 도(道)가 되겠으며, 닦는 것이 어찌 교(敎)가 되겠는가?"라 하는 것은, 『중용』 첫머리의 "하늘의 명(命)으로 존재하게 되는 것을 '됨됨이[性]'라 하고, 이 성(性)을 따르는 것을 '도(道)'라 하며, 이 도에 맞추어서 사람됨[性]을 닦는 것을 '교'라 한다.(天命之謂性, 率性之謂道, 修道之謂敎.)"는 구절을 전제로 하는 말이다. 하늘·땅은 이 세상을 주재하는 본체로서 늘 존재해야만 『중용』의 이 구절도 의미를 갖고 성립하는 것이다. 만약에 소옹에서 주희에 이르는 이들이 주장하듯이, 이렇게 자(子), 축(丑), 인(寅), 묘(卯), 오(午), 유(酉) 등이 지칭하는 시간과 공간에 따라서 하늘·땅 및 이를 상징하는 건괘䷀·곤괘䷁ 등이 순차적으로 존재하게 됨으로써 존재하지 않는 시간이나 공간이 있다면, 이 세계는 무너져 버리고 마니, 『중용』의 이 구절도 의미가 없어져 버린다는 말이다.

天地可以成六子, 而六子必不能成天地. 天地且不相待以交生, 而況'姤''復'乎? 乃且謂'剝'之生'坤', '夬'之生'乾', 則其說適足以嬉焉爾矣.

역문 하늘은 나로서 어떻게 끝날지 알 수 없는 것인가? 땅은 나로서 어떻게 시작된 것인지 알 수 없는 것인가? 하늘 · 땅이 시작된 것은 오늘이로다! 하늘 · 땅이 끝난 것은 오늘이로다! 자연계에 존재하는 것들 일체를 보건대 건괘䷀ · 곤괘䷁가 있으니 시작되는 것이고, 물(物)들의 이치를 살피건대 기제괘䷾ · 미제괘䷿가 있으니 끝나는 것이다. 그러므로 하늘은 여섯 자식을 낳을 수 있지만, 결코 땅을 낳을 수는 없다. 또 하늘 · 땅이 여섯 자식을 이루어 낼 수는 있지만 여섯 자식은 결코 하늘 · 땅을 이루어 낼 수 없다. 하늘 · 땅은 서로 의지하지 않으면서도 교접하여 낳는 것이거늘, 하물며 구괘䷫ · 복괘䷗로서야? 그런데도 박괘䷖가 곤괘䷁를 낳는다, 쾌괘䷪가 건괘䷀를 낳는다고 하니, 이 설은 사람들에게 웃음거리를 제공하기에나 알맞은 것일 따름이로다.

考邵子之說, 剏於導引之黃冠陳圖南, 傳於雕蟲之文士穆伯長, 固宜其爚亂陰陽, 拘牽迹象之瑣瑣也. 而以爲伏羲之始制, 曠萬年而何以忽出? 此又不待智者而知其不然矣.

역문 소자(邵子; 邵雍)의 설을 고찰하건대, 도인(導引)을 하는 황관(黃冠)[1164]이

1164 **저자 자주**: 진도남(陳圖南)이 바로 이 사람이다. /**역자 주**: '황관'은 도사(道士)들이 보통 노란 관을 썼으므로 그들을 통칭하는 말이다. 진단(?-989)은 오대(五代)부터 송나라 초기에 걸쳐 산 인물로서 도사였다. 자는 도남(圖南)이었고, 호는 부요자(扶搖子)였다. '도남(圖南)'과 '부요(扶搖)'라는 말은 모두 『장자(莊子)』에 출전이 있다. 후당(後唐)의 장흥(長興) 연간(930~934)에 진사에 응시하였으나 급제하지 못하자, 마침내 벼슬에 대한 뜻을 접고 무당산 구실암(九室巖)에 은거하며 도가 수련[辟穀 · 服氣]에 매진하였다. 나중에는 화산(華山)

창안한 것으로서, 글짓기에나 매진하여 입에 담을 가치조차 없는 문사(文士)[1165]에게 전해진 것이다. 이 설은 본디 음·양의 원리로써 사람을 현혹하고 세상을 혼란케 하기에 마땅한 것인데, 드러난 상(象)들을 보고서 과거·미래를 추단함에 함몰한 보잘것없는 것이다. 그런데도 복희씨께서 처음 제작한 것이라 여기는데, 만 년 동안이나 없다가 어떻게 홀연히 출현했다는 것인가? 이에 대해서는 또한 꼭 지혜로운 이에게 의거하지 않더라도 그렇지 않은 것임을 알 것이다.

"'乾'知大始, '坤'作成物", "是故剛柔相摩, 八卦相盪", 夫子之學『易』, 學此者也. 非仲尼之徒者, 惟其言而莫之違, 而孰與聽之?

역문 "'건(乾)'은 위대한 시작을 알아서 하고 '곤(坤)'는 만물을 완성한다.", "그

의 운대관(雲臺官)으로 거처를 옮겼다. 전해 오는 말에 의하면, 잠이 들 때마다 진단은 100일 동안 일어나지 않았다고 한다. 후주(後周)의 세종(世宗)이 그에게 간의대부(諫議大夫)를 주며 불렀으나 고사(固辭)하였다. 송나라 태종의 태평흥국(太平興國) 연간(976-984)에 두 번 수도에 나왔는데 황제가 그를 대단히 소중하게 여겼기 때문에 '희이선생(希夷先生)'이라는 호를 내려 주었다. '희이(希夷)'는 『노자』에 출전이 있는 말로서, 들어도 들리지 않고 보아도 보이지 않는다는 뜻을 담고 있다. 인간의 감각 너머에 있는 존재와 세계를 가리킨다고 말할 수 있다.

진단은 『주역』을 즐겨 읽었으며, 「무극도(無極圖)」와 「선천도(先天圖)」를 그렸다. 이것들은 도가 수련을 도표로 그려낸 것이지만, 여기에는 만물을 일체(一體)로 여기면서도 모든 것을 초절하는 것으로서의 무극(無極)·태극(太極)이 존재한다고 함이 전제되어 있다. 그의 이러한 학설은 주돈이(周敦頤)와 소옹(邵雍)을 거쳐 송대에 신유학으로 전개되었다. 진단은 이 외에도 『지현편(指玄篇)』, 『삼봉우언(三峰寓言)』, 『고양집(高陽集)』, 『조담집(釣潭集)』 등의 저술을 남겼다.

1165 **저자 자주**: 목백장(牧伯長)이 그 사람이다. /**역자 주**: 목백장은 목수(穆脩; 979~1032)를 가리킨다. '백장(伯長)'은 그의 자(字)다. 목수는 대대로 문인 집안 출신이었다. 그는 어려서부터 학문을 좋아하였는데, 장구(章句)를 일삼지는 않았다고 한다. 성격이 강하고 외곬이어서 쉽게 다른 사람들과 어울리지 못했다. 일설에는 진단(陳摶)에게 배우며 「태극도」를 얻었고, 이를 주돈이에게 전해 준 것으로 알려져 있다. 『춘추』에 밝았다고 한다. 대중상부(大中祥符) 2년(1009)에 진사에 급제하였다.

러므로 굳셈[剛]·부드러움[柔]이 서로 비비대고 팔괘가 서로 흔들어 댄다." 라는 것,[1166] 공자께서 『주역』을 공부하셨다고 하는 것은 바로 이러한 것들을 공부했다는 것이다. 공자를 따르는 무리가 아닌 이들도 오직 그 말 때문에 어기지 않는데, 뉘라서 나와 함께 이 말을 들어 줄꼬?[1167]

1166 모두 『주역』의 『계사상전』 제1장에 나오는 말이다.

1167 이민족 지배하에서 살아가는 명조(明朝) 유신(遺臣)이자 유학자로서의 고뇌가 배어나는 말이다.

계사상전 제2장

繫辭上傳第二章

陰陽與道爲體, 道建陰陽以居. 相融相結而象生, 相參相隔而數立. 融結者稱其質而无爲, 參耦者有其爲而不亂. 象有融結, 故以大天下之生; 數有參耦, 故以成天下之務. 象者生而日生, 陰陽生人之撰也; 數者旣生而有, 陰陽治人之化也.

역문 음 · 양은 도(道)와 몸[體]을 이루고, 도는 음 · 양을 세워서 거처한다. 서로 녹이고 서로 맺어서 상(象)이 생겨나고, 서로 참여하고 서로 짝을 이루어 수(數)가 세워진다. 녹이고 맺음에서는 그 질(質) 그대로 하며 어떠한 억지도 부리지 않는다. 참여하고 짝을 이룸에서는, 하는 것은 있지만 그것이 혼란스럽지 않다. 상에는 녹이고 맺음이 있으므로 이 세상 생겨나는 것들을 성대하게 하고, 수에는 참여하고 짝을 이룸이 있으므로 이 세상 힘쓰는 것들이 이루어지게 한다. 상이란 생긴 것인데 날마다 생긴다. 음 · 양이 사람을 낳는 일이 바로 이것이다. 수는 이미 생겨서 있는 것으로서, 음 · 양이 사람을 다스리는 조화(造化)다.

陰陽生人, 而能任人之生; 陰陽治人, 而不能代人以治. 旣生以後,人以所受之性情爲其性情，道既與之，不能復代治之．象日生而爲載道之器，數成務而因行道之時．器有小大，時有往來，載者有量，行者有程，亦恒齟齬而不相值．春霖之灌注，池沼溢而不爲之止也；秋潦之消落，江河涸而不爲之增也．若是者，天將无以祐人而成[天下]之務．

역문 음·양은 사람을 생하며, 사람이 생겨나도록 함을 능히 해낸다. 그리고 음·양은 사람을 다스리지만, 사람을 대신하여 다스리지는 못한다. 이미 생겨난 뒤에는 사람은 받아서 태어난 성(性)·정(情)을 자신의 성·정으로 하여 살아가며, 도(道)는 이것들을 주고 나서는 벌써 다시는 사람을 대신하여 다스릴 수가 없다. 상(象)은 날마다 생겨나며 도를 실은 그릇[器]이 되고, 수는 이 세상 힘씀을 이루는데 도를 행하는 때[時]에 맞추어서 한다. 그릇에는 크고 작음이 있고, 때에는 왔다[來] 갔다[往] 함이 있으며, 실어 주는 것에는 한정된 양(量)이 있고, 행하는 것에는 과정이 있다. 그런데 역시 늘 이것들과 어긋나서 서로 딱 들어맞지 않는다. 끊이지 않고 내리는 봄비가 밀려들면 연못과 늪들은 넘쳐 나는데 멈추게 하지를 못하고, 가을장마가 사라지면 강하(江河)는 말라붙더라도 어떻게 보탤 수가 없다. 이와 같은 현상들은 하늘이 사람을 도와서 이 세상 힘쓰는 것을 이루어 주려 함이 없는 것들이다.

聖人與人爲徒，與天通理．與人爲徒，仁不遺遐；與天通理，知不昧初．將延天以祐人於既生之餘，而『易』由此其興焉．

역문 성인은 사람들과 무리를 이루고 살아가며 하늘과 이치가 통한다. 사람과 무리를 이루고 살아가기에, 멀리 있다고 하여 어짊[仁]을 베푸는 데서 제외하지 않고, 하늘과 이치가 통하므로 그 앎[知]은 시초라 하여 어둡지 않다. 사람들이 이미 생겨난 뒤에 하늘을 연장하여 사람들을 돕고자 한 것, 『주역』은 바로 이러한 연유에서 출현한 것이다.

夫時固不可徼也, 器固不可擴也. 徼時而時違, 擴器而器敗. 則抑何以祐之? 器有小大, 斟酌之以爲載; 時有往來, 消息之以爲受. 載者行, 不載者止; 受者趨, 不受者避. 前使知之, 安遇而知其无妄也; 中使憂之, 盡道而抵於无憂也; 終使善之, 凝道而消其不測也. 此聖人之延天以祐人也.

역문 때[時]는 본디 나에게 맞추라고 요구할 수가 없고, 그릇[器]은 본디 넓힐 수가 없다. 때에 맞추려 하지만 때는 우리를 빗나가고, 그릇을 넓히면 그릇은 깨지고 만다. 이럴진대 도대체 어떻게 해서 돕는다는 것인가? 그릇에는 크고 작음이 있으니 그것들에 맞추어서 담으면 되고, 때에는 왔다[來] 갔다[往] 함이 있으니 그것에 맞추어서 받아들이면 된다. 도(道)를 실은 것은 행하고, 싣지 못한 것은 멈추어야 한다. 때를 받았으면 나아가고, 받지 못했으면 피해야 한다.

그런데 성인들은 『주역』을 통해, 앞서서는 알게 하니, 사람들은 편안하게 맞이하면서 그것에 망령됨이 없음을 안다. 중간에는 우환 의식을 갖게 하니, 사람들은 도(道)를 다 실현하며 우환이 없음에 이른다. 마지막에는 좋게 하도록 하니, 사람들은 도를 받아들여 조금도 그것에 어긋나지 않게 살아가며 예측할 수 없음을 사라지게 한다. 이것이 바로 성인들께서 하늘을 연장하여 사람들을 돕는 방식이다.

雖然, 亦待其人矣. 器不足以承祐, 聖人之於人猶天也, 不能保諸旣祐之餘. 然則能承聖人之祐者, 其惟君子乎?

역문 비록 이러하기는 하지만 또한 사람에게 달린 문제이기도 하다. 사람들의 그릇[器]은 성인들의 도움을 받아들이기에 부족하고 성인들은 사람들에게 하늘과도 같으니, 여러 가지로 이미 도운 뒤에는 보전할 수가 없다. 그렇다면 성인들의 도움을 받아들일 수 있는 이는 오직 군자런가?

且夫興鬼神以前民用者, 龜莛之事, 是不一類, 而恒不能壹因於道. 象而不數, 數而不象, 有遺焉者矣. 器與時旣不相値, 而又使之判然无以相濟也. 若夫象肖其生, 數乘其務, 吉凶之外有悔吝焉, 晝夜之中有進退焉, 則於以承祐也甚易矣. 然而舍君子則固不勝者, 愚不肖不與其深, 賢智恒反其序也. 故君子之器鮮矣.

역문 귀신을 불러일으키는 것으로서, 백성들이 쓰도록 미리 만들어 놓은 것으로는 거북점 · 시초점 등 그 유(類)가 한둘이 아니지만, 이것들로는 똑같이 도(道)에 기인할 수가 없다. 즉 이들 가운데는 상(象)만을 보지 수(數)에는 의거하지 않는 것들이 있고, 수에만 의거하며 상을 보지 않는 것들이 있어서, 이것들에는 다 포괄하지 못하는 면이 있다. 사람의 됨됨이로서의 그릇과 하늘이 주관하는 때[時]는 서로 맞아떨어지지 않을 뿐만 아니라, 또한 아주 뚜렷하게 드러내서 서로 도움이 되지 않기도 한다.

만약에 상(象)이 낳아 주는 하늘을 닮고, 수(數)는 사람들이 힘씀에 잘 활용되며, 길 · 흉의 밖에 후회함 · 아쉬워함이 있고, 밤과 낮 사이에 나아감 · 물러남이 있다면, 하늘의 도움을 받드는 데서도 매우 쉬울 것이다. 그러나 군자가 아니고서는 본디 이를 감당해 내지 못한다. 어리석고 못난 이들은 그 심오함에 함께하지 못하고, 현명하고 지혜로운 이들은 늘 그 순서와는 반대로 한다. 그러므로 군자의 그릇을 갖춘 이가 드물기도 하다.

何也?『易』之有象也, 有辭也, 因象而立者也; 有變也, 有占也, 因數而生者也. 象者器之始, 居乎未有務之先; 數者時之會, 居乎方有務之際. 其未有務, 則居也; 其方有務, 則動也. 居因其常; 象, 至常者也. 動因乎變; 數, 至變者也.

역문 그 까닭은 무엇인가. 『주역』의 괘·효상이나 괘·효사는 상(象)을 근거로 해서 세워진 것들이고, 변함[變]과 점(占)은 수(數)를 근거로 해서 생겨나는 것들이다. 상이란 그릇[器]의 시초요, 아직 세상 사람들이 힘쓰기에 앞서 자리 잡고 있다. 수는 때[時]들이 모인 것으로서 바야흐로 세상 사람들이 힘쓰는 즈음에 자리 잡고 있다. 아직 힘씀이 있지 않을 적에는 그저 자리 잡고 있고, 바야흐로 힘씀이 있을 적에는 움직인다. 자리 잡고 있음은 그 한결같음[常]에 기인하니, 상(象)은 가장 한결같은 것이다. 움직임은 변함[變]에 기인하는 것이니, 수(數)는 가장 변하는 것이다.

君子常其所常, 變其所變, 則位安矣. 常以治變, 變以貞常, 則功起矣. 象至常而无窮, 數極變而有定. 无窮, 故變可治; 有定, 故常可貞.

역문 군자는 한결같아야[常] 할 것을 한결같이 하고 변해야 할 것을 변하니, 지위가 안정된다. 한결같음[常]으로써 변함[變]을 다스리고, 변함으로써 한결같음을 올곧게 하니, 공(功)이 일어난다. 상(象)은 지극히 한결같으며 무한하고, 수는 극도로 변하지만 정해짐이 있다. 무한하므로 변함을 다스릴 수 있고, 정해짐이 있으므로 한결같음을 올곧게 할 수 있다.

无窮者, 何也? 陰陽形器之盛, 始乎天地, 而察乎臣妾·鼠豕, 不勝繁也; 始乎風雷, 而極乎劓刖·號笑, 不勝遷也. 有定者, 何也? 非其七九, 則其六八也; 非其七八, 則其九六也.

역문 무한하다는 것은 무슨 의미일까. 음·양과 형(形)·기(器)의 융성함은 하늘·땅에서 비롯하고 신하와 첩, 쥐와 돼지 등에서 살피더라도 그 번다함을 이루 헤아릴 수가 없다. 바람과 우레에서 비롯하여 코를 베임·발뒤꿈치를 잘림, 먼저는 큰 소리로 울부짖지만 뒤에는 웃는 등, 변천하는 것들을 이루 헤아릴 수가 없다. 그럼 정해짐이 있다는 것은 무슨 의미일까. 7·9가 아니면 6·8이고,[1168] 7·8이 아니면 9·6이라는 의미다.[1169]

君子无窮其无窮, 而有定其有定. 所觀者, 統乎設卦之全象; 所玩者, 因乎變動之一爻. 居不以苟安爲土, 纖芥毫毛之得失, 皆信其必至; 動不以非常爲怪, 倉卒倒逆之禍福, 一聽其自然. 信其必至, 故度務之智深; 聽其自然, 故敦止之仁壹. 智深而必无少見多怪之驚, 仁壹而必无周旋卻顧之私, 則可安可危, 而志不可惑也; 可生可死, 而氣

1168 7은 소양, 9는 노양의 수(數)며, 6은 노음, 8은 소음의 수다. 이 구절은 양의 수가 아니면 음의 수로서, 수는 정해져 있다는 의미다. 이것들은 『주역』 점을 칠 적에 시초(蓍草)를 헤아려서 얻은 수들이다.

1169 7·8은 소양·소음의 수이고, 9·6은 노양·노음의 수다. 이 구절은 수들이 노(老)·소(少)로 정해져 있다는 의미다. 이것들 역시 『주역』 점을 칠 적에 시초(蓍草)를 헤아려서 얻은 수들이다. 전체적으로 이 구절의 의미는, 『주역』의 괘상들은 이 세계의 무한한 것들을 반영하여 상징하고 있고, 우리가 시초를 헤아려 얻은 점(占)은 이것들 가운데 특정하게 정해진 것으로서 다가온다는 의미다.

不可奪也. 是以能於『易』而承天之祐也.

역문 군자는 그 무한한 것을 무한하다고 여기고, 그 정해짐이 있는 것을 정해짐이 있는 것으로 여긴다. 군자는 관찰한 것을 64괘 전체의 상(象)으로 통괄하고, 평소 완미하는 것은 변하고 움직이는 하나의 효(爻)다. 거처를 정함에서 구차하게 편안함을 살 곳의 요건으로 여기지 않고, 털끝처럼 자그마한 득(得)·실(失)이라 할지라도 반드시 이르리라고 믿는다. 행동함에서는 평상시와 다르다고 하여 괴이하게 여기지 않고, 창졸간에 들이닥치는 화(禍)·복(福)이라 할지라도 저절로 그러한 섭리에 의한 것이라 여기며 똑같이 받아들인다.

반드시 이르리라고 믿기에 임무(任務)를 헤아리는 지혜가 깊고, 저절로 그러함[自然]의 섭리에 의한 것이라 여기기에 돈독히 멈추어 있으면서 베푸는 어짊[仁]이 한결같다. 지혜가 깊으니, 보는 것은 적고 괴이하게 여기는 것은 많음에서 오는 놀람이 결코 없다. 어짊이 한결같으니, 안 될 일을 이리저리 변통하거나 재삼재사 고려하는 사사로움이 결코 없다. 그 결과 편안할 수도 있고 위태로울 수도 있지만, 그의 뜻함을 미혹하게 할 수가 없다. 또 살 수도 있고 죽을 수도 있지만, 그의 기개만은 빼앗을 수가 없다. 그러므로 군자는 『주역』에 능통하여 하늘의 도움을 계승하는 것이다.

其非君子也, 則恒反其序. 反其序者, 執象以常, 常其常而昧其无窮; 乘數以變, 變其變而替其有定. 是故耳窮於隔垣, 笙簧奏而不聞; 心窮於詰旦, 晴雨變而无備. 偸窳於今日之暇, 局促於咫尺之安, 專之以爲利, 保之以爲歡, 而天下則固然其將變矣. 此亦一端矣, 彼亦一端矣, 則又迎之而笑, 距之而啼, 因杌而疑鬼, 因牛羊而夢王公. 吉不勝喜，喜至而吉盡；凶不勝懼，凶去而懼未忘．仆亂倀皇以邀福而逃禍者，卒不知禍福之已移於前也，而況能先禍福以擇名義之正也哉？矇瞽塞目於黼黻，稺子掩耳於雷霆，象非其象而數非其數，乃以怨天之不祐也，天且莫如之何，而況於聖人乎？

역문 그러나 군자가 아니라면 늘 그 순서대로 해야 함에 반한다. 순서대로 해야 함에 반하는 이는 『주역』의 괘 · 효상이 일정하다[常]고 고집하며, 그 일정하다고 고집하는 것을 일정하다고 여겨서 상이 무한하다는 것을 알지 못한다. 또 시초점을 치며 시초를 헤아릴 적에 수(數)를 변하는 것으로 여겨 헤아리고, 그 변한다고 헤아린 것을 변한다고 여기며 그것이 정해져 있다는 것을 보지 못한다. 그러므로 그의 귀는 담장을 사이에 둔 것처럼 막혀 있어서 생황을 연주하더라도 듣지를 못하며, 그의 마음 또한 새벽녘 날씨가 그날 온종일 똑같다는 생각에 꽉 막혀 있어서 그날 맑다가도 비가 내리는 변함에 대비하지 않는다. 그리고 오늘의 한가함에 구차하게 게으름을 피우며 지척에 있는 안위만을 좇으며 안달복달한다. 오로지 이로움에만 마음을 쏟고 즐거움을 유지하려 하며, 세상이란 본디 변하는 것이라 여겨서 관심 밖으로 돌린다. 이래도 되고 저래도 된다고 여기며, 자기를 환영하면 웃고, 거절하면 눈물을 흘린다. 나무 그루터기를 보고도 귀신이 아닐까 의심하고, 소와 양을 키우는 주제에 자신이 왕공(王公)이 되는 꿈을 꾼다. 시초점을 쳐서 길함이 나오면 기쁨을 주체하지 못하다가, 기쁨이 이르자 길함은 끝나 버린다. 또 흉함이 나오면 두려움을 이기지 못하다가 그 흉함이 가더라도 두려움을 채 잊지 못한다. 난리를 피우며 허둥지둥 복을 맞이하고 화를 피하려 하는 이는, 화 · 복이 벌써 제 앞에 와 있어도 끝내 알지 못하거늘, 하물며 그 화 · 복에 앞서서 명분과 의리의 올바름을 택할 수 있겠는가? 시각장애인은 임금의 곤상(袞裳)에 수놓은 도끼와 '아(亞)' 자(字) 모양의 아름다운 무늬를 보지 못하고, 어린이들은 우렛소리에 귀를 막는다. 이와 똑같아서 그들이 얻은 상(象)이 그 상이 아니고 그들이 헤아렸던 수(數)가 그 수가 아님에도 불구하고, 하늘이 자신을 돕지 않는다고 원망한다. 이러한 이들은 하늘도 어찌할 수 없거늘, 하물며 성인으로서야?

嗚呼! 聖人之承天以祐民者至矣. 『詩』·『書』·『禮』·『樂』之教, 博象以治其常; 龜莛之設, 窮數以測其變. 合其象數, 貞其常變, 而『易』以興焉. 智之深, 仁之壹, 代陰陽以率人於治, 至矣, 蔑以尚矣. 而非君子之器, 則失序而不能承. 故天之待聖人, 聖人之待君子, 望之深, 祈之夙. 而學『易』之君子, 將何以報聖人耶!

역문 오호라! 성인들께서 하늘을 받들며 백성들을 도우심이 지극하다. 『시』·『서』·『예』·『악』을 통한 가르침에서는 상(象)을 광범위하게 적용하며 그 일정함[常]의 문제들을 풀어 나아간다. 거북점·시초점을 통해서는 수(數)를 잘 활용하여 그 변함[變]을 예측한다. 상과 수를 합하고, 그 일정함·변함에 올곧게 대처하였으니, 『주역』은 이렇게 하여 출현했다. 성인들의 지혜는 심후(深厚)하고 어짊[仁]은 한결같아서, 음·양을 대신하여 사람들을 살맛 나는 세상으로 이끌어 간다. 그래서 지극한 것이며, 이보다 더한 것은 없다. 그러나 군자의 그릇[器; 됨됨이]이 아니면 순서대로 해야 함을 모르니 받들 수가 없다. 그러므로 하늘은 성인에게 의지하고, 성인은 군자에게 의지하는 것이다. 이처럼 그 열망은 깊고 기구(祈求)함은 일찍이 비롯하였다. 『주역』을 공부하는 군자들이여, 장차 이러한 성인들에게 어떻게 보답하려는가!

계사상전 제3장

繫辭上傳第三章

得數之體, 多者爲大, 少者爲小. 陰陽動靜乎太極, 陽倡而陰和, 倡者捷得而廉, 和者徐收而貪. 故陽一而陰二, 則陰多也; 陽數一 · 三 · 五 · 七 · 九, 積二十五, 陰數二 · 四 · 六 · 八 · 十, 積三十, 是陰猶多也; 大衍之數五十五, 去中五以用五十, 陽未用而早掛其五, 是陰又多也. 三百八十四位之象, 陰陽各半, 陰抑不處其少也. 然而陰卒以少爲小, 豈其才之不給, 蓋情之不逮矣.

역문 수(數)를 얻은 몸 중에 많은 것은 큰 것이 되고, 적은 것은 작은 것이 된다. 음 · 양은 태극에서 움직였다[動] 고요했다[靜] 하는데, 양은 창도(唱導)하고 음은 거기에 화합(和合)한다. 창도하는 것은 민첩하게 얻으며 청렴하고, 화합하는 것은 천천히 거두어들이며 탐욕스럽다. 그러므로 양은 1이고, 음은 2여서 음이 많다. 양의 수는 1 · 3 · 5 · 7 · 9로서 합하면 25가 되며, 음의 수는 2 · 4 · 6 · 8 · 10으로서 합하면 30이어서, 이 또한 음이 더 많다. 대연지수(大衍之數)[1170] 55에서 중앙의 수인 5를 빼고 나머지 50을 사

1170 『주역』 시초점을 치는 데서 맨 처음 시작하는 시초의 수를 의미한다. 이것으로부터 64괘

용하는데, 이는 양이 쓰이지 않은 채 일찌감치 그 5를 걸어 놓음을 의미한다. 이렇게 보더라도 음이 역시 많다. 384개 효(爻)의 위(位)들에서 드러내고 있는 상(象)은 음(--)과 양(—)이 각기 절반씩인데,[1171] 이렇게 보더라도 음이 또한 적음[少]의 자리를 차지하지는 않는다. 그러나 음은 결국 '적음[少]'을 '작음[小]'으로 여기는데,[1172] 어찌 그 재질이 넉넉지 못해서이겠는가. 아마 마음 씀씀이[情]가 미치지 못해서이기 때문이리라.

夫數, 將以用之也. 有數而不用, 均於无數; 用而苟恤其私, 均於不用. 故能用者少而有餘, 不用者多而不足. 紂之億萬, 不寡於周之十人也? 唐高之一旅, 非富於子孫之天下也? 陰陽均受數於太極, 逮其既用, 陽之揲四, 凡七凡九, 而餘者或十三, 或二十一. 陰之揲四, 凡六凡八, 而餘者或十七, 或二十五. 陰之所餘, 恒多於陽之一揲. 不以揲而以餘, 陰非不足, 而吝於用, 於是陰遂成乎小焉.

역문 수(數)라는 것은 가지고서 사용하기 위한 것이다. 그러므로 수가 있는데도 쓰지 않음은 수가 없는 것과 같다. 또 쓰지만 구차하게 자신의 사사로움만을 염두에 둔다면 쓰지 않는 것과 같다. 그러므로 쓸 수 있는 것은 적더라도 남음이 있고, 쓰지 않는 것은 많더라도 부족하다. 주(紂)왕에게는 억만의 사람이 있었지만 주(周)나라의 열 사람보다 더 적지 않았던가? 당

가 연역해 나오므로 '대연지수'라 한다.

1171 64괘의 전체 효는 384개(64×6)인데, 그중에 음효(--) · 양효(—)가 각기 192개씩으로 똑같다.

1172 예컨대 태괘(泰卦)䷊의 괘사에서는 "작은 것이 가고, 큰 것이 온다.(小往大來.)"라 하고, 비괘(否卦)䷋의 괘사에서는 "큰 것이 가고, 작은 것이 온다.(大往小來.)"라 하고 있는데, 왕부지는 여기에서 '작은 것'은 음(--)을, '큰 것'은 양(—)을 의미한다고 본다.

고종(628~683, 재위 649~683)의 1개 여단이 자손들의 세상 사람들보다 풍부하지 않던가?

음 · 양은 태극으로부터 수를 균등하게 받았지만, 사용함에서 양은 넷씩 헤아려서 7이나 9를 얻으니, 그 나머지가 21이거나 13이다. 음은 넷씩 헤아려서 6이나 8을 얻으니, 그 나머지가 25이거나 17이다. 그리하여 음의 나머지 수는 항상 양의 나머지 수보다 한 번의 헤아림 수, 즉 4만큼 많다.[1173] 이는 헤아리지 않고 나머지로 돌린 것과도 같으니, 음은 부족한 것이 아니라 사용하는 데 인색한 것이다. 이렇게 해서 음은 마침내 '작음'을 이루게 된 것이다.

夫崇己以替天下, 則簞豆見色; 利天下而節於己, 則膏澤不屯. 人莫窺其所藏, 而窺其所建, 於是乎陽任大而无慙, 陰欲辭小而不得.

역문 자기를 높이 쳐서 자신이 천하를 대체하여 다스릴 수 있다고 한다지만, 한 소쿠리의 밥과 한 그릇의 콩국처럼 작은 것에서 그 본심이 드러난

1173 『주역』 시초점을 치는 과정은 대연지수에 해당하는 50개의 시초[蓍草, 또는 '시책(蓍策)'이고도 한다.] 중에 미리 한 개를 '쓰지 않는 하나[不用之一]'로서 그대로 두고, 나머지 49개를 아무런 사심 없이 한 번에 둘로 나눔에서부터 시작한다. 둘로 나뉜 시초 무더기를 왼쪽, 오른쪽 두 홈에 둔 뒤, 각 홈의 시초 무더기를 네 개씩 헤아린다. 이것을 '과설지책(過揲之策)', 또는 '과설시책(過揲蓍策)'이라 한다. 그러면 나머지 시초는 4 · 3 · 2 · 1개가 된다. 이것을 '괘륵지책(掛扐之策)', 또는 '괘륵시책(掛扐蓍策)'이라 한다. 하나의 효(爻)를 얻는 데서 거친 과설지책은 합하면 24, 28, 32, 36개가 되고, 얻은 괘륵지책을 합하면 각각 25, 21, 17, 13개로서, 과설지책과 괘륵지책의 합은 모두 49가 된다.(24+25, 28+21, 32+17, 36+13.) 그런데 과설지책은 한 번에 4개씩 헤아렸으므로 이를 4로 약분하면 각각 6, 7, 8, 9가 된다. 여기에서 홀수인 7, 9는 양으로서 각기 '소양(少陽)', '노양(老陽)'이라 하고, 짝수인 6, 8은 음으로서 각기 '노음(老陰)', '소음(少陰)'이라 한다. 노음 6의 괘륵지책, 즉 나머지 시초의 합은 25개, 소음의 경우는 17개로서, 소양의 21개, 노양의 13개보다 각각 4개씩만큼 많다.(25-21, 17-13.) 이 4개는 한 번의 '헤아림[過揲] 수'에 해당한다. 이를 전제로 해서 왕부지는 여기에서 이렇게 말하고 있다.

다.[1174] 이에 비해 세상을 이롭게 하면서도 스스로는 절도에 맞추어 행동하는 사람은 남에게 은택을 베푸는 데서 인색하지 않다.[1175] 사람들은 감추어진 것을 보는 것이 아니라 이룩한 것을 보니, 이에 양은 큰 것을 맡아서도 부끄러움 없이 해내지만, 음은 작은 것을 사양하고자 하나 이것조차 안 된다.

何也? 廉於取者其施必輕, 貪於求者其與必吝. 受數少, 則富不足以自矜, 而與物若借; 受數多, 則情常怙於取贏, 而保己恒深. 鹿臺·鋸橋之發, 封椿之世不能也, 而必見於開創之日; 酒漿·乾餱之愆, 薇蕨之士无有也, 而多得之千金之子. 薰風之吹, 不能如朔風之久, 及其怒號披拂, 榮百昌之生也, 晝夜而有九春之勢, 惟其用之大也.

역문 왜 그럴까. 취하는 데서 청렴한 사람은 베풂에서 반드시 마음이 가볍고, 구하는 데서 탐욕스러운 사람은 반드시 주는 데서 인색하기 때문이다. 자신이 받아들이는 것의 수(數)가 적다고 여기면, 실제로는 자신이 부유하더라도 자긍심을 갖기에 부족하여 다른 존재들에게 주는 것에서 인색하기만 하다. 이에 비해 자신이 받아들이는 것의 수가 많다고 여기면, 마음 씀씀이에서 늘 취하는 것이 남아돈다고 믿기에 자기를 보존함이 항상 깊다. 녹

1174 맹자의 말이다. 맹자는 "명예를 추구하는 사람이라면 천승(千乘)의 나라라도 양보할 수 있다. 그러나 진실로 그 됨됨이가 그렇지 않은 사람이라면 한 소쿠리 밥과 한 그릇 콩국에서도 그 본심이 얼굴에 드러난다.(『孟子』, 「盡心 下」: 孟子曰, "好名之人, 能讓千乘之國; 苟非其人, 簞食豆羹見於色.)"라고 하였다. 사람의 본심은 큰 것의 얻음[得]·잃음[失]에서는 숨길 수 있지만, 하찮은 것의 얻음·잃음에서는 오히려 드러난다는 것이다. 하찮은 것에 대해서는 주의를 기울이지 않고 소홀히 하므로, 자기도 모르게 본심을 드러내게 된다는 의미다.

1175 여기에서 은택을 의미하는 '고택(膏澤)'은 『맹자』에 나오는 말이고(『孟子』, 「離婁下」: 諫行言聽, 膏澤下於民.), '아끼지 않는다[不屯]'는 말은 『주역』의 준괘䷂ 구오효사[九五, 屯其膏.]에서 유래한 말이다.

대(鹿臺)·거교(鉅橋)[1176]를 열어서 백성들에게 재물을 나누어 주던 것은 봉용(封捲)[1177]의 시대에는 할 수 없는 일로서, 반드시 국가를 새로 연 때에나 보이던 것이다.

주류(酒類)와 마른 식량에서 생기는 문제점이 푸성귀나 먹던 사(士) 계급에는 없었으며, 많이 얻어 천금을 지닌 자식에게나 있던 일이다. 훈풍은 삭풍처럼 오래도록 불 수는 없다. 그러나 대차게 일며 세차게 불어제치면 온갖 생명체의 생명을 피어나게 한다. 그래서 밤낮으로 따뜻한 봄기운이 세(勢)를 발휘하는 것은 오직 그 작용의 거대함이다.

夫儉其身以利天下者, 宜天下多以利報之, 則大易而小險, 情相稱也. 然而數則有不然者. 莫大於龍, 而亢或有悔; 莫小於魚, 而貫或承寵. 且不但此也. 陽一索而'震', 動物者先自懼也; 再索而'坎', 固物者先自勞也; 三索而'艮', 止物者先自戢也. 則皆險也. 陰一索而'巽', 入物者己自遂也; 再索而'離', 麗物者己自明也; 三索而'兌', 說物者己自和也. 則皆易也. 是故卦小而易, 卦大而險. 天下替而己崇, 天下利而己損, 物之不齊, 亦莫能得其施報之平矣.

역문 자신을 검소하게 다스리며 세상 사람들을 이롭게 하는 자에게는 필연코

1176 녹대(鹿臺)는 은나라의 마지막 왕인 주왕(紂王)이 보물과 돈, 비단 등을 저장하던 창고다. 『서경』, 「무성(武成)」 편에서는 주나라의 무왕이 은나라를 멸망시키고 이곳에 저장해 놓은 재화를 백성들에게 나누어 주었으며, 곡식 창고인 거교(鉅橋)를 열어서 그 곡식을 백성들에게 나누어 준 것으로 기록하고 있다.(散鹿臺之財, 發鉅橋之粟.)

1177 '봉용'은 중국 송나라 때 시행했던 일종의 재정 제도다. 매년 말 국가에서 쓰고 남은 재물을 모두 봉하여 보존하고, 쓰지 않은 채 급하게 필요할 때를 대비하던 것을 이렇게 불렀다. 송 태조 건륭(乾隆) 3년(962) 중앙에서 시행하였는데, 나중에는 각 지역에서도 모두 이 봉용을 시행하였다.

세상 사람들도 이로움으로써 보답한다. 그리하여 쉬움을 키우고 험난함을 줄인다. 이는 이 사람과 세상 사람들의 마음 씀씀이가 서로 맞아떨어지기 때문이다. 그러나 수(數)에는 그렇지 않음이 있다. 크기로는 용(龍)보다 더한 것이 없지만, 이 용도 항룡(亢龍)이 되어서는 후회함이 있기도 한다.[1178] 그런가 하면 작기로는 물고기보다 더한 것이 없지만, 이 물고기도 꿰어서는 총애를 입기도 한다.[1179]

양(⚊)은 한 번 찾아서는 진괘☳가 되는데, 이 진괘처럼 남을 흔들기 위해서는 먼저 스스로 두려워해야 한다. 양(⚊)이 또 재차 찾아서는 감괘☵가 되는데, 이 감괘처럼 남을 가두어 고착시키기 위해서는 먼저 스스로 수고를 다해야 한다. 양(⚊)이 세 번째 찾아서는 간괘☶가 되는데, 이 간괘처럼 남을 멈추게 하기 위해서는 먼저 스스로 거두어들여야 한다. 이것들은 모두 험함을 상징한다.

음(--)이 한 번 찾아서는 손괘☴가 되는데, 이 손괘처럼 남에게 들어가기 위해서는 자기 스스로 완수해야 한다. 음(--)이 또 재차 찾아서는 리괘☲가 되는데, 이 리괘처럼 남에게 붙어 있으려면 자기 스스로가 밝아야 한다. 음(--)이 세 번째 찾아서는 태괘☱가 되는데, 이 태괘처럼 남을 기쁘게 하기 위해서는 자기 스스로가 화목해야 한다. 이것들은 모두 쉬움을 상징한다.

그러므로 괘가 작아서는 쉽고, 괘가 커서는 험난하다. 세상을 대체하여 다스려서는 자기가 높아지고, 세상 사람들을 이롭게 하려면 자기는 손해

1178 건괘䷀의 상구효사 "너무 높이 올라간 용이니 후회함이 있다.(亢龍有悔.)"를 전제로 하는 말이다.

1179 박괘䷖의 육오효사인 "물고기를 꿴이니, 궁중의 여인들의 총애를 통솔함이며, 이롭지 않음이 없다.(貫魚, 以宮人寵, 无不利.)"를 전제로 하는 말이다

를 봐야 한다. 물(物)들은 들쭉날쭉 다 달라서 역시 베풂과 보답 사이에서 평형을 이룰 수가 없다.

然而『易』之有辭, 恒消息其險易以劑之平. 稱陽而險之, 或以阻其樂施之氣; 稱陰而易之, 或以奬其畜厚之私. 是故因其所之, 以指吉凶, 而存介以憂, 存悔以无咎, 則奬陽而沮陰, 權行乎其間焉. '大壯'之'尚往', '夬'之'中行', 泰然足以大施於物, 然且勸之以必進; '大過'之'滅頂', '節'之'貞凶', 苶然不保其小於己, 然且慰之以非罪. 終不戒陽奢而憂陰以凉也. 且夫險者平之基, 易者危之府. 憂於其介, 悔於其震, 陰陽之險易, 亦豈有恒哉!

역문 그러나 『주역』의 괘 · 효사들은 늘 그 험난함 · 쉬움을 자라나게 했다가 사라지게 했다가 함으로써 고르게 조절한다. 양(⚊)을 칭하여서는 험난하게 하는데, 그 즐겁게 베푸는 기(氣)를 저지하기도 한다. 음(--)을 칭하여서는 쉽게 하는데, 그 쌓임이 두터운 사사로움을 장려하기도 한다. 그러므로 그 가는 바에 따라서 길 · 흉을 가리키되, 선(善) · 불선(不善)으로 갈리는 즈음에서 우려하도록 하고, 후회함을 적시하여 허물이 없게 하니, 양(⚊)을 장려하고 음(--)을 저지하는 권도(權度)를 이렇게 하여 행한다.

대장괘䷡의 '가는 것이 더욱 좋다'고 함,[1180] 쾌괘䷪의 '중도를 행하여 허물이 없다.'라고 함[1181] 등은 이 효(爻)들이 태연하며 충분히 물(物)들에게 크게 베풀지만, 또한 반드시 나아가도록 권하고 있다. 이에 비해 대과괘䷛의 '머리 꼭대기까지 물속에 잠겨 버림',[1182] 절괘䷻의 '올곧지만 흉하다'[1183]

1180 대장괘䷡의 구사효사를 풀이하는 『상전』에 나오는 말이다.
1181 쾌괘䷪의 구오효사에 나오는 말이다.

등은 이 효들이 나른하여 그 작은 것조차 자기에게 보존하지 못한다지만, 또한 그것이 죄가 아니라고 위로하고 있다.

이렇듯 『주역』은 끝내 양(陽)의 사치스러움에 대해서 경계하지 않고 음(陰)을 미쁨으로써 우려한다. 한편 험난함은 평이함의 터전이고, 쉬움은 위험이 저장된 곳집이다. 선·불선으로 갈리는 즈음에서 우려하고 그 진동함에서 후회하니, 음·양의 험난함·쉬움에는 또한 어찌 일정불변함이 있겠는가!

若夫異端之竊『易』也, 亦知貴陽而賤陰也, 而恒矯陰陽之性情以爲小大. 保陽於己, 數盈而不勤於用; 外陰於物, 數歉而乘之以遊. 其精者以爲貴生, 曰, "不凝滯於物, 而與物推移". 其粗者以爲養生, 曰, "進陽火而退陰符". 與物推移, 則无貴於大矣. 陰符必退, 則有受其小者矣. 憑險而棄易, 以自得其易. 易在己, 則險在兩間. 始於貴陽, 而究與陰間功, 是逆數以鬭陰陽之勝矣.

역문 그런데 이단들은 『주역』의 올바르고 정확한 의미를 제대로 살리지 못하고 그저 피상적으로 끌어다가 자신들의 주장을 뒷받침하는데, 양(陽)을 귀히 여기고 음(陰)을 천히 여길 줄만 알며, 늘 음·양의 성(性)과 정(情)을 위반하여 큰 것[陽]을 작다고 여긴다. 자기에게서는 양을 보존하여 그 수(數)가 넘치지만 이를 사용함에는 부지런하지 않고, 물(物)들에게서는 음을 밖으로 돌려서 그들은 수가 부족한데도 그들을 타고서 소요한다.

이들에게서 그래도 정심(精審)한 것은 '생명을 귀하게 여김[貴生]'인데, 관

1182 대과괘䷛의 상육효사에 나오는 말이다.
1183 절괘䷻의 상육효사에 나오는 말이다.

련하여 이들은 "외물에 얽매이지 않고 그들과 함께 잘도 옮겨 간다."[1184]라고 말한다. 그리고 이들에게서 덜떨어진 것은 '생명을 함양함[養生]'인데, 관련하여 이들은 "양화(陽火)를 나아가게 하고 음부(陰符)를 물러나게 한다."[1185]라고 말한다. 물(物)들을 따라서 그들과 함께 옮겨 가면, 큰 것[陽]보다 귀한 것은 없다. 음부가 반드시 물러나면, 그 작은 것[陰]을 받아들이게 된다.

험난함에 의지하여 쉬움을 버림으로써 스스로 그 쉬움을 얻는다. 쉬움이 자기에게 있으니, 험난함은 하늘과 땅 사이에 있다. 양을 귀하게 여김에서 시작하지만, 마침내는 음과 공(功)을 함께하니, 이는 수(數)를 거슬러서 음·양의 승부를 다투는 것이다.

嗚呼! 陽之大也, 惟其用之天下而大也; 其險也, 則憂悔之所由以致功也. 己不足以死者, 物不足以生. 不靳生以死天下, 是爲大人而已矣.

역문 오호라! 양의 큼은 오직 천하를 위해 쓰기 때문에 크다. 그 험난함에서 우려함·후회함으로 말미암아 공을 이룬다. 자기가 죽을 만큼 아직 충분히 살지 못했다고 여기는 이들만 있으면, 물(物)들은 생겨날 수가 없다. 자

1184 굴원(屈原)의 「어부사(漁父辭)」에서 인용하는 구절이다. 앞뒤 맥락을 좀 더 인용하면 "성인은 외물에 얽매이지 않고 그들과 함께 능수능란하게 옮겨 가나니, 세상 사람들이 모두 혼탁하거든 어찌 그 흙탕물을 흐리며 물결이 일게 하지 않고, 중인(衆人)이 모두 취했거든 어찌 그 찌꺼기를 씹고 그 삼삼한 술을 들이켜지 않소? 어찌 그리 심각하게 생각하며 자신만을 높이 올려놓아 추방당해 마땅함을 자초하였소?(聖人不凝滯於物, 而能與世推移. 世人皆濁, 何不淈其泥而揚其波, 衆人皆醉, 何不餔其糟而歠其釃? 何故, 深思高擧, 自令放爲?)"로 되어 있다. 굴원이 추방당해서 수척해진 모습으로 강가·호숫가를 배회하는 것을 보고, 어부가 따끔하게 이르는 말이다.

1185 이는 도교에서 양생(養生)의 방법으로 운용하는 것이다.

신이 사는 것을 고집하다가 천하를 죽이지 않으니, 이렇게 하여 대인이 될 따름이다.

계사상전 제4장

繫辭上傳第四章

引陰陽之靈爽以前民用者, 莫不以象數爲其大司. 夫象數者, 天理也, 與道爲體, 道之成而可見者也. 道非无定則以爲物依, 非有成心以爲期於物. 予物有則, 象數非因其適然; 授物无心, 象數亦非有其必然矣. 適然者尊鬼, 必然者任運. 則知有吉凶, 而人不能與謀於得失.

역문 음·양의 신명(神明)함을 끌어다가 미리 백성들이 사용하도록 한 것은, 다들 상(象)과 수(數)를 그 큰 수단으로 삼는다. 상·수란 하늘의 이치를 담은 것으로서 도(道)와 한 몸을 이루고 있고, 도가 이루어져서 볼 수 있는 것들이다. 도는 결코 일정한 법칙이 없이 물(物)들의 의거가 되지 않는다. 그렇다고 어떤 선입견[成心]이 있어서 물(物)들에게 기대의 대상의 되는 것도 아니다. 물(物)들에게는 정해진 법칙이 있으니, 상·수는 우리의 바람과는 무관하게 그저 되어 가는 대로의 우연[適然]에 기인하는 것이 아니다. 또 하늘은 물(物)들에게 아무런 선입견이 없이 주니, 상·수에도 우리가 바라는 대로 꼭 그렇게 되어 감[必然]이 있는 것이 아니다. 그저 되어 가는 대로의 우연에서는 귀신을 존중하고, 필연에서는 운에 맡긴다. 하늘의 앎[知]에는 길·흉이 있지만, 사람은 이러한 하늘과 자신의 얻음[得]·잃음[失]을 도

모할 수 있는 것이 아니다.

神祠之莛卜也, 何承天之碁卜也, 『火珠林』之錢卜也, 皆聽其適然而非有則也, 尊鬼之靈以治人, 而无需於人謀. 或爲之說曰, "齊戒之誠, 神明之通也." 夫自以其誠爲神明, 則曷不斷之心, 而又推之於不可知也乎? 以誠迓神, 誠者人之心, 神者天地之道, 有往來焉, 而豈神之无道以但聽於心耶?

역문 신사(神祠)에서 산가지로 치는 점이나, 하승천(何承天; 370~447)[1186]이 쳤던 바둑알 점이나, 「화주림(火珠林)」[1187]에서 동전을 이용하여 치는 점 등

1186 하승천은 오늘날 산동성(山東省)에 속하는 동해군(東海郡) 출신으로서 남북조 시기에 주로 남송(南宋)에서 활약한 수학자, 천문학자, 사학자, 사상가였다. 격변하는 당시의 상황 속에서도 그는 꾸준히 관료로서 일생을 점철하였다. 그의 어머니가 훌륭한 가문 출신으로서 총명하였기에, 하승천은 어린 시절 이 어머니로부터 유학과 역사에 관련된 경전들을 배워서 통달하였다.

하승천은 바둑을 너무나 좋아해서 늘 바둑을 두다가 업무에 태만하기 일쑤였고, 정적을 탄핵하는 데서 능했다. 하승천은 바둑알 12개를 가지고 점을 치는 점법(占法) 및 관련 점사(占辭)를 기술하고 있는 『영기경(靈棋經)』에 주(注)를 냈다고 한다.(『宋書』 권64, 「何承天傳」 참고.) 이 바둑알 점에서는 바둑알 4개씩을 '상(上)', '중(中)', '하(下)'자를 써서 나누고, 모든 바둑알의 글자가 없는 면을 '뒷면[鏝]'이라 하며, 이 12개를 한꺼번에 던져서 나오는 상, 중, 하 바둑알의 조합을 가지고 점을 쳤다고 한다. 그 경우의 수는 2^{12}(4,096)이며, 『영기경』에는 이들 각각에 해당하는 점사(占辭)가 있다.

이 밖에도 하승천은 800권의 『예론』을 300권 본으로 정리하였고, 원가력(元嘉曆; 建元曆)을 창안하여 음력으로 19년 중에 7개의 윤달이 있다는 것을 밝혔다(443). 이 역법은 당시 중국에서 445년~510년까지 사용되다 조충지(祖冲之; 429~500)가 창안한 대명력(大明曆)으로 대체되었다. 이 대명력에서는 391년 동안에 144개의 윤달이 드는 것으로 하고 있다. 하승천은 또 중국 최초로 원주율(π)을 계산해 내기도 했는데, 이것이 3.14288…로서 지금의 원주율(3.14159…)과 소수점 2자리까지는 일치한다. 하승천은 또 세계에서 최초로 12 평균율을 발표하였다.

1187 화주림(火珠林) 점법은 화주림(火珠林)에 의해 점을 치는 것이다. 이는 한대(漢代)의 경방(京房)이 창안했다고도 하고, 당말(唐末)·송초(宋初)에 마의도자(麻衣道者)라는 사람이 창안했다고도 한다. 마의도자는 당시 관상에 능했던 사람으로서, 중국 역사에서 유명한 술

은, 모두 그 우연[適然]을 따르는 것으로서 여기에는 원칙이 없는데, 귀신의 영험함을 존중하여서 사람을 다스리는 방식을 취한다. 그리고 『주역』 점에서와 같은 인모(人謀)가 없다.

누군가는 이에 대해 "점을 치기 전에 갖는 재계(齋戒)의 정성스러움이 신명과 통하게 한다."라고 말한다. 그러나 스스로 그 정성스러움을 신명이라 한다면, 어찌 그 마음에서 판단하지 않고 또한 알 수 없는 차원으로 미루는가? 정성스러움으로써 신명을 맞이한다면, 정성스러움은 사람의 마음이고 신명은 하늘 · 땅의 도(道)니, 이들 사이에는 왔다[來] 갔다[往] 함이 있을 텐데, 어찌 신명이 도(道)가 없이 그저 마음에 따르기만 한단 말인가?

此其說猥陋而不足以眩知者, 則又有進焉者: 或憑宿舍, 或憑日月, 或憑候氣, 皆取其必然而非无心也. 取其必然, 則回以所憑者爲體, 故禽壬 · 奇門 · 太乙之類, 其說充塞, 而皆依倣曆法之一端以爲體. 體循於化迹, 而不知其所繇; 變因其已成, 而非有神以司其動; 則亦任運而无需於鬼謀. 即使先知之以爲趨避, 則亦登禍福而廢善惡, 乘捷以爭陰陽之勝也.

역문 또한 이들의 설은 보잘것없어서 사람들의 지혜를 현혹하기에도 부족하

수가로 꼽힌다. 그런데 이 화주림이 마의도자의 친저(親著)인지, 아니면 후인이 그의 이름에 가탁하여 편찬한 것인지는 지금까지 확실하지 않다. 두 개의 판본이 있는데 하나는 명대(明代)의 『영락대전(永樂大典)』에서 인용하고 있는 것으로서 단지 단편적인 단락들만 전해지고 있다. 또 하나는 청대(淸代)에 간행된 것이다.

이 화주림은 체제나 원리가 모두 경방 역학에 근원을 두고 있다. 그리고 납갑(納甲)법에 의해 점을 치는 전형을 보여 준다. 화주림 점법에서는 시초(蓍草) 대신 동전으로써 점을 친다. 3개의 동전을 여섯 번 던져서 여섯 효를 찾아내는 방식이다. 화주림은 훗날 복서(卜筮)의 전파에 견실한 바탕을 제공해 준 것으로 평가받는다. 그러나 왕부지는 이것이 한갓 술수의 범주에 속하는 것으로 여겨 폄하하고 있다.

다고 할 것 같으면, 이들보다 더 나은 것들이 또 있다. 이들은 점치는 대상으로서 별자리에 의존하기도 하고, 해와 달에 의존하기도 하고, 절기의 변화에 의존하여 점을 치기도 한다. 이것들은 모두 그 필연을 취하기는 하지만, 점치는 이의 마음과 의지를 전혀 개입시키지 않는 것은 아니다. 그 필연을 취하니 돌이켜 의존하는 것을 체제로 삼는다. 그러므로 금임(今壬)·기문(奇門)[1188]·태을(太乙; 太一) 등을 주장하는 설이 세상에 만연하였으니, 이들은 모두 역법의 한 자락을 모방하여 체제로 여겼다. 그런데 이들에서 본체는 오히려 화하여 드러난 자취만을 따르니, 이 자취들을 일으키는 근본 까닭에 대해서는 무지하다. 또 이들에서 변함[變]은 이미 이루어진 것들을 바탕으로 하기에, 신명이 있어서 그 변함을 일으키는 움직임[動]을 맡는 것이 아니다. 그래서 이들에서는 역시 운에 맡길 뿐이며, 귀모(鬼謀)를 필요로 하지 않는다.[1189] 설사 이들을 이용하여 먼저 알아서 피할 수 있다고 여긴다고 하더라도, 역시 화(禍)·복(福)만을 올라탈 뿐이며 선(善)·악(惡)은 내팽개치고, 민첩함을 이용하여 음과 양의 승부를 다툰다.

1188 기문둔갑(奇門遁甲)을 의미한다. 술수의 일종으로서 십간(十干)의 '을(乙)·병(丙)·정(丁)'을 '3기(奇)'로 삼고, 팔괘의 변상(變相)인 '휴(休)·생(生)·상(傷)·두(杜)·경(景)·사(死)·경(驚)·개(開)' 등을 '8문(門)'으로 삼는다. 그래서 '기문(奇門)'이라 한다. 또 십간 중에서 '갑(甲)'은 가장 존귀하여 드러나지 않으며, '육갑(六甲)'은 늘 '무(戊)·기(己)·경(庚)·신(辛)·임(壬)·계(癸)'라는 이른바 '6의(六儀)' 속에 숨어 있다고 여긴다. 그리고 3기·6의가 9궁(宮)에 분포하니 '갑(甲)'은 한 궁만을 독점하지 않으므로 '둔갑(遁甲)'이라 명명한다. 이전 시대에는 이 기문둔갑에 의하여 길·흉·화·복을 점쳤다.(『漢語大詞典』 참고.)

1189 왕부지는 『주역』점의 신성함과 신뢰성은 이 귀모(鬼謀)에서 온다고 본다. 왕부지에게서 귀모는 시초 49개를 아무런 사심 없이 왼손과 오른손을 이용하여 좌·우 두 쪽으로 나누는 것을 의미한다. 그리고 인모(人謀)는 이렇게 좌·우 두 쪽으로 나뉜 시초들을 네 개씩 헤아리고[揲蓍], 나머지 시책들을 거는[掛扐] 등 단순한 기계적 절차 수행[營]을 의미한다. 그러므로 『주역』점의 괘·효를 결정하는 것은 바로 귀모에 달려 있다. 왕부지는 이 귀모에 하늘의 메시지가 신명으로서 실린다고 보는 것이다.

乃彼自成乎技，而未敢竊『易』以與聖人爭鳴，則又有託於『易』以鳴者：納甲以月爲體，卦氣以辰爲體，濫而及於五行之生克，占日之孤虛．縮天地之大德，而觀之於一隙，既已亂矣．然亂之於數，而未敢亂其理也．又有進焉者：京房之律也，魏伯陽之『契』也，揚雄之『玄』也，關朗之『包』也，司馬公之『虛』也，蔡氏之「疇」也，則要理以爲體矣，因要理以置之於其方矣．

역문 그런데 저들은 스스로 기예를 이루기는 하였으나, 감히 자기들이 『주역』을 만들었다고 하며 성인(聖人)들과 명성을 다투려 들지는 않았다. 그런데 『주역』에 의탁하여 명성을 이루려 하는 이들이 또한 있었다. 예컨대 '납갑'은 달을 요체로 하고, 괘기설(卦氣說)은 일진(日辰)을 요체로 하는데, 이것이 넘쳐서 오행의 상생 · 상극 및 일진을 점치는 '고허(孤虛)'법[1190]에까지 미쳤다. 이들은 하늘 · 땅의 위대한 덕을 축약하여 하나의 틈만을 보고서 체제를 만들었으니, 벌써 혼란한 것이다. 그러나 이들은 수(數)에 대해서는 혼란을 주었으나 감히 그 이치만은 어지럽히지 못했다.

1190 '고허'는 옛날에 운용하던 방술(方術) 용어다. 예컨대 일시(日時)를 계산하는 데서 십간과 십이지를 순차적으로 서로 배당하고 남은 지지(地支) 둘을 '고(孤)'라고 한다. 그리고 이 '고'와 상대가 되는 것을 '허(虛)'라 한다. 즉 갑자(甲子)를 시작으로 하여 10개를 짝지으면 술(戌) · 해(亥)는 짝이 없이 없으니 이들이 '고'가 되고, 그 상대가 되는 진(辰) · 사(巳)는 '허'가 된다. 다시 갑술(甲戌)을 시작으로 하여 10개를 짝지으면 신(申) · 유(酉)가 짝이 없으니 '고'가 되고, 그 상대가 되는 인(寅) · 묘(卯)는 '허'가 된다. 다시 갑신(甲申)을 시작으로 하여 10개를 짝지으면 오(午) · 미(未)가 '고'가 되고, 자(子) · 축(丑)은 '허'가 된다. 다시 갑오(甲午)를 시작으로 하여 10개를 짝지으면 진(辰) · 사(巳)가 '고'가 되고, 술(戌) · 해(亥)가 '허'가 된다. 다시 갑진(甲辰)을 시작으로 하여 10개를 짝지으면 인(寅) · 묘(卯)가 '고'가 되고, 신(申) · 유(酉)가 '허'가 된다. 다시 갑인(甲寅)을 시작으로 하여 10개를 짝지으면 자(子) · 축(丑)이 '고'가 되고, 오(午) · 미(未)가 '허'가 된다. 옛날에는 이를 운용하여 늘 길 · 흉 · 화 · 복 및 일의 성패를 점쳤다고 한다. 유흠(劉歆)의 『칠략(七略)』, 「풍후고허(風后孤虛)」에 그 구체적인 운용법이 언급되어 있다.(『漢語大詞典 참고.)

이들보다 한 걸음 더 나아간 것이 있으니, 경방(京房; B.C.77~B.C.37)의 율(律),[1191] 위백양(魏伯陽)[1192]의 『주역참동계(周易參同契)』,[1193] 양웅(揚雄;

1191 경방은 서한 시대의 역학자다. 본성은 이씨(李氏)였다. 동군(東郡)의 돈구(頓丘; 지금의 河南省 清豐의 西南 지역) 출신이다. 원제(元帝) 때 박사가 되었고 벼슬은 위군태수(魏郡太守)에 이르렀다. 경방은 금문경학 시대의 역학자로서 '경씨역학(京氏易學)'을 창시한 인물로 꼽힌다. 그는 초연수(焦延壽)에게서 배웠는데, 초연수의 역학은 자연재해를 가지고 괘상을 풀이하고 이것을 사람의 일에 적용하는 것을 특징으로 한다. 그래서 한대의 역학이 술수로 변한 데서는 초연수가 결정적인 작용을 했다는 평가를 받는다.

경방은 생전에 수많은 저술을 남겼다. 『한서(漢書), 예문지(藝文志)』, 『오행지(五行志)』, 『수서(隋書), 경적지(經籍志)』, 『당서(唐書), 경적지(經籍志)』 등에 수십 권에 이르는 그의 저술 목록을 기록하고 있다. 그러나 오늘날에는 대부분 전하지 않는다.

경방은 음률에 대해서도 조예가 있었다. 『전한서』의 「경방전(京房傳)」에서 그에 대해, "종률(鍾律)을 좋아하고 음(音)·성(聲)을 좋아했다.(好鍾律, 知音聲.)"라고 하는 것을 보면, 이를 미루어 짐작할 수 있다. 특히 그는 본래 성이 '이씨(李氏)'였는데 율(律)을 미루어서 스스로 '경씨(京氏)'라 했다고 하니, 그가 얼마나 음률에 심취했는지를 알 수 있다.(『前漢書』, 「京房傳」: 房本姓李, 推律自定爲京氏.)

경방은 전통의 12율을 60율로 확장하였다. 그 이전에 사람들은 삼분손익법(三分損益法)에 의해 12율을 계산했던 것인데, 이러한 방법에 자리 잡고 있는 문제점을 해소하기 위해 경방은 이렇게 했던 것이다. 다만 이것이 경방의 독창은 아니고 그의 스승이었던 초연수(焦延壽)가 창안한 것을 경방이 대중화했다고 할 수 있다.(『後漢書』, 「律曆志」 참고.)

경방은 또 죽관 악기[笛]를 5음을 낼 수 있도록 개조하기도 했다. 그 이전까지 죽관 악기들은 단지 4개의 구멍만 있어서 '상(商)'음을 낼 수 없었는데, 경방은 죽관 악기의 뒷면 한 구멍을 더 뚫어서 이 음을 낼 수 있도록 하였다. 이는 오늘날까지도 그대로 전해지며 사용되고 있다.

아울러 경방은 '준(准)'이라는 악기를 만들어서 율을 정하도록 하였다. 이 '준'은 13개의 현으로 이루어진 것으로서 비파처럼 생긴 악기다. 경방은 죽관 악기로는 음을 조율하는 기준을 맞추기가 어렵기 때문에 이 악기를 제작하게 되었다고 말하고 있다. 이 악기에 의해서는 60율에 부합하게 할 수 있다는 것이다.(『後漢書』, 「律曆志」: 房又曰, "竹聲不可以度調, 故作准以定數. 准之狀如瑟, 長丈而十三弦, 隱間九尺, 以應黃鍾之律九寸. 中央一弦, 下有畫分寸, 以爲六十律清濁之節.")

1192 위백양에 대해서는 앞 주261)을 참고하라.

1193 연단술(煉丹術)에 관한 것으로서 '지금까지 모든 단경(丹經)들의 왕[萬古丹經王]'이라고 일컬어진다. 책 이름 속의 '參(참)'은 『주역』·황로(黃老)·노화(爐火) 등 셋을 가리킨다. 상·중·하 세 편으로 이루어져 있으며, 「주역참동계 정기가(鼎器歌)」 1수(首)가 더 붙어 있다. 책 전체가 약 6천 자로 이루어져 있는데, 4글자씩 1구를 이루거나 5글자씩 1구를 이루는 체제로 서술하고 있다. 내용은 『주역』의 효상(爻象)을 가지고 연단(煉丹)·성선(成

B.C.53~18A.D.)의 『태현경(太玄經)』,[1194] 관랑(關朗)[1195]의 『원포경(元包經)』,[1196]

仙)의 수련 방법을 소개하는 것이다. 그래서 도교의 내단파(內丹派)니 외단파(外丹派) 모두에게서 중요한 저작으로 간주하고 있다. 매우 난해한 서적으로 정평이 나 있지만 후세에 미친 영향은 대단히 크다.

1194 양웅(揚雄; B.C.53~18A.D.)은 '楊雄(양웅)'이라고도 한다. 자는 자운(子雲)이다. 서한 시기의 철학자, 문학가, 언어학자다. 촉군(蜀郡)의 성도(成都) 출신이다. 양웅은 말더듬이여서 어려서부터 말로 제 뜻을 드러내기보다는 속으로 생각하기를 좋아하였다. 그리고 글짓기를 좋아하여 동향의 대 사부가(辭賦家)인 사마상여(司馬相如)를 흠모하였다. 양웅은 특히 사마상여의 불멸의 양대 거작, 『자허부(子虛賦)』·『상림부(上林賦)』를 모방하여 사부(辭賦)를 습작하다가 자신도 『촉도부(蜀都賦)』라는 작품을 지어서 유명해졌다. 이 『촉도부』는 영향력이 자못 커서 뒤로 반고의 『양도부(兩都賦)』, 장형(張衡)의 『이경부(二京賦)』 및 좌사(左思)의 『삼도부(三都賦)』 등에 영향을 주었다. 양웅은 성제(成帝)에게 발탁되어 보좌하는 도중 성제를 화려하게 묘사하며 찬양하는 여러 편의 부(賦)를 지었다. 그리고 황문랑(黃門郎)이 되었을 적에는 왕망(王莽), 유흠(劉歆) 등과 동료 관계로 어울렸다. 이것이 인연이 되어 나중에 왕망이 정권을 찬탈하여 신(新)나라를 세웠을 적에 양웅은 중산대부(中散大夫)로 임명되었고, 왕망을 미화하는 『극진미신(劇秦美新)』이라는 작품을 썼다.

뒤에 양웅은 이런 문장에 힘쓰는 것은 장부가 할 일이 아니라 하며 철학으로 관심 방향을 돌렸다. 그래서 『논어』를 모방하여 『법언(法言)』을 지었고, 『역경』을 모방하여 『태현경(太玄經)』을 지었다. 『태현경』은 사고전서 속에서는 강희제(姜熙齊)의 이름을 피하여 『태원경(太元經)』이라 고쳐 부르고 있다. 이 책은 『신당서(新唐書)』, 「예문지(藝文志)」와 『문헌통고(文獻通考)』 속에 모두 수록되어 있다. 『태현경』의 '현(玄)'은 『노자』의 '현묘하고도 현묘하도다[玄之又玄]'라는 말에 출전이 있다. 양웅은 이 글자에 대해 우주 만물의 근원이라는 의미를 부여하고 있다. 이 책 속에서 양웅은 그의 철학, 특히 우주론을 펼치고 있는데, 유가, 도가, 음양가의 학설을 구분하지 않고 망라하여 그의 논지를 전개한다. '현(玄)'을 중심 개념으로 하여 천도(天道)·지도(地道)·인도(人道)로 분류하고는, 존재하는 모든 것들이 왕성(旺盛)으로부터 쇠망(衰亡)에 이르는 과정을 거친다고 보고, 이를 아홉 단계로 나누고 제시하고 있다.

한편, 양웅은 "성(性)에는 선함과 악함이 뒤섞여 있다."라는 설을 주장하였는데, 이것 때문에 조선의 유학자들로부터 크게 비판받게 된다. 양웅은 또 천록각(天祿閣) 교서(校書)가 된 뒤로는 언어 연구에 몰두하여 『방언(方言)』이라는 저서를 냈다. 이 책은 서한 시대의 각 지역 방언을 수록한 것이다. 그래서 중국의 고대 언어를 연구하는 데서 귀중한 자료로 활용되고 있다.

1195 관랑은 북위(北魏) 때의 인물로서 관우(關羽)의 후손이기도 하다. 자가 자명(子明)이다. 능히 세상을 경영할 만한 재질이 있었으나 향리에서만 생활할 뿐 벼슬을 추구하지 않았다. 명제(明帝) 태화(太和; 227~233) 말년에 왕두(王蚪)와 『주역』에 관해 담론하였는데, 그의 재질이 매우 출중한 것을 보고 왕두가 그를 명제(明帝)에게 천거하였다. 명제는 그를 불러 『노자』와 『주역』에 대해 담론하였다. 이에 관랑은 자애로움과 근검을 근본으로 하고 형정

사마온공(司馬溫公; 1019~1086)[1197]의 『잠허(潛虛)』,[1198] 채씨의 「홍범수(洪範

(刑政)과 예악(禮樂)을 그 위에 덧붙여 훌륭한 정치를 펼 것을 명제에게 주문하였다고 한다. 관랑은 명제의 부름에 자주 응해 나아가 학문에 관해 문답을 주고받았을 뿐 끝내 벼슬을 하지는 않았다.

1196 이 『원포경』은 관랑이 지은 것이 아니라, 남북조 시기에 북주(北周)의 위원숭(衛元嵩; ?~?)이 지은 것이다. 중국의 이전 문헌들에서는 관랑·위원숭을 병칭하며 서술하는 경우가 많았기에, 왕부지가 이 『원포경』의 지은이를 혼동한 것이 아닌가 하는 의심이 든다. 이 『원포경』은 위원숭이 양웅의 『태현경』을 모방하여 지은 책이다. 관랑은 『관씨역전(關氏易傳)』을 지었다고 알려졌으나, 이 또한 송대 완일(阮逸)의 위작이라 한다.(『欽定四庫全書總目』 卷7, 「經部七, 易類存目1」, '關氏易傳' 조 참고.)

위원숭은 북주(北周)에서 활약한 인물로서, 후량(後梁) 시기에 원래는 불교의 승려였는데 환속했다가 도교로 개종하여 도사가 된 인물이다. 음양학(陰陽學)과 역법(曆法)에 통달하였고, 시부(詩賦)에도 능했다. 천화(天和) 2년(567)에 「황로지미언(黃老之微言)」이라는 글을 써서 북주의 무제(武帝)에게 올려, 불교 승려들의 외람(猥濫)함을 고발하며 불법(佛法)은 모두 헛소리라고 배척함으로써, 무제의 총애를 받게 되었다. 무제는 그에게 '지절(持節)'이라는 작위를 주고, 촉군(蜀郡)의 공(公)에 봉했으며, 그를 존경한 나머지 예를 다해 대할 뿐 감히 신하로 삼지는 못했다. 그런데 위원숭은 또 다른 도사인 장빈(張賓)과 함께 배불(排佛)을 선동하여, 이 무제의 불교 말살을 불러왔다. 다만 무제는 불교와 함께 도교에도 철퇴를 가하며, 위원숭에게 명하여 그도 역시 환속하게 했다.

『원포경』은 「태음(太陰)」·「태양(太陽)」·「소음(少陰)」·「소양(少陽)」·「중음(仲陰)」·「중양(仲陽)」·「맹음(孟陰)」·「맹양(孟陽)」·「연저(連著)」·「설원(說源)」 등 10부로 이루어져 있는데, 앞의 8부는 곤괘(坤卦)·건괘(乾卦)·태괘(兌卦)·간괘(艮卦)·리괘(離卦)·감괘(坎卦)·손괘(巽卦)·진괘(震卦)의 순서로 배열하고 있다. 이 책은 술수로써 이치를 설명한다고 할 수 있는데, 당송(唐宋) 시기에 주해를 한 책들이 있기는 했지만, 너무나 생경하고 이해하기 어려워서 주해하는 사람들이 극히 적다.(『四庫全書總目』, 「術數類」, '元包經' 조 참고.)

1197 사마광(司馬光)을 가리킨다. 그는 자가 군실(君實)이었고 호는 우수(迂叟)였다. 송나라 진종(眞宗) 천희(天禧) 3년에 태어나서 철종 원우(元祐) 원년에 죽었다. 향년 68세였다. 그의 고향은 섬주(陝州) 하현(夏縣; 지금의 산서성 하현)의 속수향(涑水鄕)이다. 그래서 사람들은 그를 '속수선생(涑水先生)'이라 불렀다. 그리고 그의 부친 사마지(司馬池)가 광주(光州) 광산현령(光山縣令)을 지낼 적에 그를 낳았으므로 그의 이름을 '광(光)'이라 하였다. 그는 북송의 사학자, 정치가, 문학가로 꼽힌다. 인종(仁宗) 보원(寶元) 원년(1038)에 약관 20세의 나이로 진사 갑과에 합격하여 작은 지방 관리로 벼슬길에 발을 내디딘 이래 영종(英宗), 신종(神宗), 철종(哲宗) 등 네 황제를 거치며 벼슬을 살았다.

그의 일생에서 두 가지 주목할 만한 일은, 첫째 『자치통감(資治通鑑)』을 저술했다는 것이고, 둘째 왕안석(王安石; 1021~1086)의 신법(新法) 개혁정치에 맞서며 구법(舊法)대로 할 것을 주장하고 도덕 정치를 근본으로 해야 한다는 견해를 펼쳤다는 점이다. 『자치통감』

은 중국 최초의 편년체 역사서다. 주나라 위열왕(周威烈王) 23년(B.C.403)에서 오대십국 시대의 후주(後周) 세종(世宗) 현덕(顯德) 6년(959)에 이르기까지 16개 왕조, 1,362년간의 역사를 기록한 책이다. 저술 기간만도 장장 19년이 걸렸고, 그 부피는 무려 294권 300만 자에 이른다. 그는 이전에 이 저술에 착수하여 일부 완성을 보기도 했는데, 신종이 왕안석을 기용하여 신법에 의한 개혁정치를 펼치자 이를 강렬하게 반대하며 외직으로 보내 줄 것을 상소하였다. 그리고 희령(熙寧) 4년(1071)에 판서경어사대(判西京禦史臺)라는 직함을 얻어 낙양에 거주하며 15년간을 일절 정사에 간여하지 않고 두문불출한 채 이 책을 이루어 냈다. 그는 「진자치통감표(進資治通鑒表)」에서, "신은 이제 늙고 병들어 파리해졌습니다. 눈도 침침하고 이빨도 몇 개 안 남았습니다. 정신과 기억력이 쇠잔해져서 눈앞에서 한 말도 돌아서면 잊어버리는 지경입니다. 신의 정력은 이 책에서 다해 버렸습니다."라고 술회하고 있다. 그만큼 그는 필생의 정력을 이 저술에 쏟아부었다. 그리고 저술을 완성한 뒤 채 2년이 지나지 않아 그는 세상을 뜨고 말았다. 이 『자치통감』은 인류의 불후 거작 중의 하나로 꼽힌다. 이 공로를 인정받아 그는 자정전학사(資政殿學士)로 승진하였다.

『자치통감』을 완성한 직후인 원풍(元豐) 8년(1085) 철종이 즉위하였다. 그리고 선인태후(宣仁太后) 고씨(高氏)의 수렴청정이 시작되었다. 그녀는 사마광을 불러 국정을 맡겼다. 이듬해에 그에게 상서좌복사(尙書左仆射) 겸 문하시랑(門下侍郎)의 벼슬을 주었는데, 그는 죽기 전까지 몇 개월 동안 왕안석의 신당을 내쫓고 신법을 일소하는 데 주력하였다. 역사에서는 이를 '원우경화(元祐更化)'라 부른다. 왕안석이 당시 송나라가 처한 경제·군사상의 문제점을 직시하고 그것이 새로운 법에 의해 근본적인 개혁을 단행함으로써 해소할 수 있다고 본 것에 비해, 사마광은 당시를 수성(守城)의 시기로 보고 윤리 강상을 다듬어서 사람들의 됨됨이를 바로잡고 원래 있는 제도 속에서 개혁을 해야 한다는 입장을 개진하였다. 그는 "완전히 허물어 버리고 다시 고치려면 그만큼 훌륭한 장인과 재목이 있어야 하는데 지금은 이 두 가지가 모두 없다. 그런데도 집을 허물어 버린다면 비바람이 몰아치는 것을 막을 수 없을까 두렵다.(大壞而更改, 非得良匠美材不成, 今二者皆無, 臣恐風雨之不庇也.)"라는 말로 자신의 주장에 설득력을 더하고자 하였다. 그러나 그는 왕안석의 신법에 반대만 하였지 그에 걸맞은 대안은 제시하지 못하였다는 비판을 받기도 한다.

죽은 뒤에 사마광은 태사(太師)·온국공(溫國公)에 추증되었다. 시호는 문정(文正)이다. 그가 남긴 저술은 실로 방대하다. 『자치통감』을 제외하고도 『잠허(潛虛)』와 『역설(易說)』, 『주태현경(注太玄經)』 등의 『주역』 관련 저술이 있다. 이 외에 『균운지장(均韻指掌)』, 『절운지장도(切韻指掌圖)』, 『유편(類編)』, 『한림시초(翰林詩草)』, 『주고문학경(注古文學經)』, 『의문(醫問)』, 『속수기문(涑水紀聞)』, 『통감목록(通鑑目錄)』, 『통감고이(通鑑考異)』, 『통감거요력(通鑑舉要歷)』, 『계고록(稽古錄)』, 『역년도(曆年圖)』, 『역대군신사적(曆代君臣事跡)』, 『사마문정공집(司馬文正公集)』 등 37종에 이르는 저술을 남겼다.

1198 『잠허(潛虛)』는 사마광의 저작이다. 사마광은 양웅(揚雄)의 『태현(太玄)』을 높이 평가하여 그에 대한 집주(『太玄集注』)를 냈고, 나아가 그 의미를 더욱 분명히 드러낸다는 취지에서 이 『잠허』라는 저작을 냈다. '태현(太玄)'과 '잠허(潛虛)'는 의미상으로도 통한다. 그래서 양웅의 『태현경』이 『역』의 의미를 드러내고 있듯이, 사마광 자신도 『태현경』의 의미를

數)」[1199] 등이 그것이다. 이것들은 이치를 깊이 살핌을 요체로 여기는데, 이치를 깊이 살피기 때문에 그 부류에 두는 것이다.

夫律者上生下生, 誠肖乎七八九六之往來, 而黃鍾之數十一, 則天五地六之一數也. 數全而僅用其二, 以之建方, 以之立體, 是拘守其一,

---

드러내기 위해 『잠허』를 지었다고 한다.(『潛虛』: 『玄』以準『易』, 『虛』以擬『玄』.)

『잠허』의 기본 되는 수는 '5'다. 그리고 『주역』의 64괘, 『태현』의 81수(首)에 상응하는 것이 『잠허』에서는 55명(名)이다. 그 산출 근거는 하늘의 중수(中數) 5와 5를 곱한 것(25)에 땅의 중수 5와 6을 곱한 것(30)을 합한 것이라 한다. 그래서 그 55명을 1(王)・2(公)・3(岳)・4(牧)・5(率)・6(侯)・7(卿)・8(大夫)・9(士)・10(庶人) 등급으로 나눈다. 또 1명에는 궁(宮)・상(商)・각(角)・징(徵)・우(羽)・변궁(變宮)・변징(變徵)의 7변함이 있다. 이는 『주역』의 6효(爻)와 『태현』의 9찬(讚)에 해당하며 이것으로 점을 친다. 시책(蓍策)도 75개인데 그 산출 근거가 오행의 '5'를 제곱한 값 25에 삼재(三才)를 의미하는 '3'을 곱한 것이다. 설시법(揲蓍法)에서도 『주역』의 4개씩 헤아림(揲四)이나 『태현』의 3개씩 헤아림(揲三)에 비해 『잠허』에서는 10개씩 헤아린다(揲十). 이런 것들을 통해 『잠허』의 중심이 되는 기본 수가 '5'임을 알 수 있다.

1199 여기에서 채씨는 채침(蔡沈; 1167~1230)을 가리킨다. 채침은 채원정(蔡元定; 1135~1198)의 둘째 아들이다. 자(字)가 '중묵(仲默)'이다. 어려서 아버지 채원정으로부터 가학을 이어받았는데, 나중에는 아버지와 함께 주자에게서 배웠다. 경원(慶元) 연간의 '위학지조(僞學之詔)' 때 귀양 가는 그의 아버지를 따라갔다가, 그의 아버지가 죽자 구봉(九峰) 밑에서 은거하였다. 그래서 사람들은 그를 '구봉선생(九峰先生)'이라 불렀다. 그런데 주희가 자기 죽음이 얼마 남지 않았음을 예감한 나머지 그에게 『상서(尙書)』의 주석을 부탁함에 따라, 채침은 10여 년을 매달린 끝에 마침내 『서집전(書集傳)』을 완성하였다(1209). 주자가 죽은 지 꼭 9년 뒤의 일이다. 이 『시집전』은 『시경(詩經)』의 연구사에서 한 획을 긋는 것으로서, 여러 사람의 설을 종합하고 자신의 관점으로 소통하여 명쾌하게 풀이한 것이다. 원대(元代) 이후에는 과거 시험을 보려는 이들의 필독서가 되었다.

채침의 역학은 상수역학에 속한다. 그의 아버지 채원정의 '「하도」는 10수(數)・「낙서」는 9수(數)로 되어 있다[河十洛九]'라는 설을 이어받아, 『주역』을 「하도」 계통으로 보고 「낙서」는 「홍범」 계통으로 보는 '「하도」는 짝수(10), 「낙서」는 홀수(9)로 되어 있다[河偶洛奇]'는 설을 주장하였다. 아울러 채침은 「낙서」의 도식으로 「홍범」 구주를 풀이하고, 『주역』에 빗대 '홍범수(洪範數)'를 미루어 연역해 내는 체계를 창안하여 송대의 '연범(演範)' 일파의 선구가 되었다. 왕부지가 여기서 지적하고 있는 것은 바로 이 점이다. 채침의 아버지 채원정이 리(理)로써 수(數)를 풀이하던 것을 계승하여, 그는 이처럼 리와 수를 통일시키고 하락학(河洛學)을 발전시켰다. 저서에 『홍범황극(洪範皇極)』이 있다.

而欲蔽其全矣. 故『易』可以該律, 律不可以盡『易』, 猶『易』可以衍曆, 曆不可以限『易』. 蓋曆者象數已然之迹, 而非陰陽往來之神也. 故一行智而京房迷矣.

역문 '율(律)'이라는 것은 위에서도 생기고 아래에서도 생기는데, 진실로 7(少陽) · 8(少陰) · 9(老陽) · 6(老陰)의 왔다[來] 갔다[往] 함과 비슷하며, 황종(黃鍾)의 수 11은 하늘5 · 땅6을 합한 수다. 수는 온전하지만 겨우 둘만을 사용하여 방위를 세우고 체제를 세우는데, 이는 그 '1'을 껴안고 지키며 그 온전함을 가려서 숨기고자 하기 때문이다. 그러므로 『주역』은 율을 갖추었지만 율은 『주역』을 다할 수 없다. 이는 『주역』은 역(曆)을 연역할 수 있지만 역(曆)은 『주역』을 한정할 수 없음과 같다. 그 까닭은, 역(曆)은 상(象)과 수(數)가 이미 드러난 현상을 바탕으로 하지 음 · 양이 왔다[來] 갔다[往] 함의 신묘함을 바탕으로 하지 않기 때문이다. 그러므로 일행(一行; 673~727)[1200]은 지혜로웠지만, 경방은 미혹되었다고 할 수 있다.

1200 일행은 당나라의 역학자이자 천문학자다. 성이 장씨(張氏)며, 이름은 수(遂)로서 거록(巨鹿; 河北省에 속함) 출신이다. 경(經)과 사(史)에 관련된 저작을 널리 읽었는데, 그는 특히 역상(曆象)과 음양오행의 학에 밝았다. 그는 자신이 지은 『대연현도(大衍玄圖)』와 『의결(義決)』을 당시의 도사 평숭(平崇)에게 보여 줘 그의 추앙을 받았는데, 평숭은 그를 존경하여 '안자(顔子)'라고까지 칭했다.

일행은 측천무후 때 그녀의 전횡을 피하여 깊이 생각한 뒤에 출가하였다. 처음에는 숭산(嵩山)의 보적(普寂)을 스승으로 모셨다가 나중에는 선무외(善無畏), 금강지(金剛智) 등으로부터 비법을 배웠다고 한다. 일행은 그 뒤 선무외의 번역 사업에 참여하여 『대일경(大日經)』의 번역을 도왔고, 아울러 『대일경소(大日經疏)』 20권을 지었다. 일행은 또한 「혼천의(渾天儀)」를 고쳐서 제작하였고, 전국적으로 천문 관측을 진행하여 자오선(子午線) 위도(緯度)의 길이를 계산해 내기도 하였다. 한편 『금강(金剛)』과 『태장(胎藏)』이라는 두 부의 밀교 경전을 번역하여서, 대승불교의 세간(世間)과 출세간(出世間)이 다르지 않다는 이론을 드러내며 밀종(密宗)의 이론을 합리화하기도 하였다.

『신당서 · 예문지』에 그의 『주역』과 관련된 저술을 수록하고 있는데, 『주역론』, 『대연현도』 1권, 『의결』 1권, 『대연론(大衍論)』 20권 등이 있다. 이 밖에도 『대연력(大衍曆)』,

伯陽之以十二時火符進退爲'復''姤', 以子寅爲'屯''蒙', 執而不可易. 故交變錯綜之捷於往來者, 不能與知, 而晝陰陽之墟使相敵戰, 因擯自'姤'以往爲必退之符, 則將使天地之氣斷而不續, 有小智之觀時, 而无大仁之安土也.

역문 위백양이 12시간을 나타내는 화부(火符)의 나아감의 시발(始發)을 복괘䷗로 삼고 물러남의 시발을 구괘䷫로 삼으며, 자시(子時)와 인시(寅時)를 준괘䷂ · 몽괘䷃에 배당하고 있는 것은, 딱 정해진 것이기에 바꿀 수가 없다. 그러므로 이를 통해서는 음기 · 양기 두 기(氣)가 왔다[來] 갔다[往] 함에서 민첩하게 교접 · 변화 · 착(錯) · 종(綜)하는 것들을 알 수가 없다. 오로지 음과 양의 구역을 딱 갈라 서로 적이 되어 싸우게 하며, 그리하여 구괘䷫ 이후[陰의 구역]는 반드시 물러가야 할 부(符)로서 물리치고 있으니, 하늘 · 땅의 기(氣)를 절단하여 이어지지 못하게 하고 있다.[1201] 여기에는 작은 지혜를 가진 사람이 시간을 알아봄은 있어도, 위대한 인자(仁者)가 어느 곳에서든 편안해함[1202]은 없다.

『개원대연력(開元大衍曆)』, 『섭조복장(攝調伏藏)』, 『심계산술(心計算術)』 등을 지었다. 주진(朱震)은 맹희(孟喜)와 경방(京房)의 학문이 일행(一行)의 저서 속에 개괄되어 있다고 말하였다. 특히 일행의 『괘의(卦議)』 속에 맹희의 괘기설이 보존되어 있다고 본다.

1201 위백양의 『주역참동계』에서는 64괘를 하루의 12시간에 배당하고 있으며, 12지지(地支)를 화부(火符; 시간을 나타내는 표시)로 한다. 그래서 양(陽)의 구역은 복괘䷗로부터 나아가기 시작하여 건괘䷀에서 끝나고, 음(陰)의 구역은 구괘䷫로부터 물러나기 시작하여 곤괘䷁에서 끝나는 것으로 하니, 양 진영이 마치 적처럼 대치하고 있는 형국을 이루고 있다는 것이다. 또 자시(子時)를 준괘䷂에, 인시(寅時)를 몽괘䷃에 배당하는 것이나, 구괘䷫에서부터 곤괘䷁에 이르는 음(陰)의 구역을 양(陽)이 물리치는 것으로 간주하고 있으니, 이는 음기 · 양기 두 기(氣)의 왔다[來] 갔다[往] 함을 단절시켜서 이어지지 못하게 하는 것이라는 의미다.

1202 『주역』, 『계사상전』 제4장에 나오는 "어느 곳에서든 편안해하며 어짊을 돈독히 한다. 그러므로 사랑을 할 수 있다.(安土敦乎仁, 故能愛.)"라는 말을 원용하는 것인데, 이는 『주역』이

卦言乎象, 爻言乎變. 故四千九十六, 從人事之類以取決於陰陽,『元包』·『潛虛』, 錄卦而廢爻, 方有涯, 體有定, 則將使人事之理有靜而无動, 守不流之仁, 而无旁行之智也.

역문『주역』의 괘사들은 괘상에 대해 말해 주고 있고, 효사들은 각 효의 변함[變]에 대해 말해 주고 있다. 그러므로 이들이 드러내고 있는 4,096개의 경우[1203]를 가지고, 사람 일의 어떤 부류에 해당하는가를 따져 음·양에서 취하여 결단한다. 그런데『원포』나『잠허』는 단지 괘만을 기록하고 있고 효(爻)들은 폐기하고 있으니, 정해진 곳이 있고 정해진 몸이 있다.[1204] 그리하여 사람 일의 이치에 고요함[靜]만 있지 움직임[動]은 없게 하고, 행해지지 않는 어짊[仁]을 붙잡고 있게 하며, 두루 행해지는 지혜도 발휘되지 못하게 한다.

「疇」演「雒書」, 而七十二之位, 不能摩盪於風雷水火之變, 是冬无燠日而夏无陰雨也, 堯·湯不異治而政教不合施也. 建一極以準福極, 則无知命之變遷, 而亦无敦土之繁備也.

위대함을 찬양하는 말이다.

1203 『주역』의 64괘는 각 괘를 구성하고 있는 여섯 효가 각각 어떻게 변하느냐에 따라서 다른 63괘로 변할 수 있다. 그래서『주역』의 괘와 효들이 나타낼 수 있는 경우의 수는 64×64로서 4,096개가 된다.

1204 『주역』의 "신묘함에는 정해진 곳이 없고, 정해진 몸이 없다.(神无方而『易』无體.)"라고 하는『주역』,『계사상전』제4장의 말을 전제로 해서 하는 말이다. 즉『주역』의 점(占)은 무한하며 고요하고 아무런 움직임도 없는 속에서[寂然不動] 괘·효를 뽑아내어 사람 일과 관련한 세상 모든 일에 통하지만[感而遂通天下之故],『원포』나『잠허』는 원래 정해진 유한함 속에서 점(占)을 뽑아내기에 그 영험함이 떨어질 수밖에 없다는 의미다. 그 근본 까닭은,『원포』나『잠허』에는『주역』의 효(爻)에 해당하는 것이 없기 때문이라는 것이다.

역문 채침의 '홍범구주수(洪範九疇數)'는 「낙서(洛書)」에서 연역한 것인데, 72위(位)로는 바람과 우레, 물과 불이 일으키는 변화에서 비비대고 흔들어 댈 수가 없으니, 겨울에 따뜻한 날이 없고 여름에 하늘이 시커먼 채 오랫동안 비가 내림도 없다. 요임금과 탕임금도 각기 다르지 않게 다스리며 정교(政敎)도 시책에 부합하지 않는다. 하나의 표준[極]을 세워서 복을 주는 표준들의 기준으로 삼으니, 하늘의 명(命)을 알아서 변천함이 없을 뿐만 아니라, 자기가 살아가고 있는 곳을 돈독히 하는 다양함과 완비함도 없다.[1205]

1205 채침의 '홍범구주수(洪範九疇數)'는 그가 지은 『홍범황극내편(洪範皇極內篇)』에 나와 있다. 「홍범」이나 「낙서」는 수가 9이기 때문에, 여기에서는 1~9의 수를 기본으로 한다. 이 책의 낱낱 괘에는 두 개의 위(位)가 있고, 이들 두 위(位)에서는 1~9의 수들이 임의로 조합하므로 그 수는 '9×9'로서 81수가 된다. 그런데 왕부지가 그의 『사문록(思問錄)』에서도 언급하고 있는 채침의 이 「구구수도(九九數圖)」의 원도(圓圖)에서는 81괘를 1년 속에 포괄하고 24절기를 적절하게 배분하여 배열하고 있다. 그래서 여기에서 왕부지가 말하는 '72위(位)'는 1년의 '72후(候)'를 나타내는 위(位)들을 지칭하는 것으로 보인다. 『사문록』에서 왕부지는 경방의 「팔궁육십사괘」, 소자(邵子; 邵雍)의 「선천방도(先天方圖)」, 채침의 「구구수도」 등이 하늘·땅 사이의 실제 상황과 양상을 드러내는 것이라 볼 수 없다고 하며 비판하고 있다. 이들이 가지런히 대대(對待)하는 양상은 인위의 소산일 뿐이라 한다.(왕부지, 『사문록』 185: 京房八宮六十四卦, 整齊對待, 一倍分明. 邵子所傳『先天方圖』, 蔡九峰『九九數圖』皆然. 要之, 天地間無有如此整齊者, 唯人爲所作, 則有然耳.) 그래서 이곳에서도 왕부지는 채침의 「구구수도」가 한 해의 다양한 변화를 원천적으로 드러낼 수 없고, 요임금과 탕임금 시대의 변화 상황 및 그에 맞춘 통치의 다름을 드러낼 수 없으며, 군자가 명(命)을 알고 그에 대처하는 것, 자기가 살아가는 곳에서 돈독히 살아감을 드러낼 수 없다고 한다. 참고로 채침의 「구구수도」를 제시하면 다음과 같다.

乃其尤倍者, 則莫劇於『玄』焉. 其所仰觀, 四分曆粗率之天文也; 其所俯察, 王莽所置方州部家之地理也. 進退以爲鬼神, 而不知神短而鬼長; 寒暑以爲生死, 而不知冬生而夏殺. 方有定, 而定神於其方; 體有限, 而限『易』以其體. 則亦王莽學周公之故智, 新美雄而雄美新, 固其宜矣.

역문 이들보다 더욱 문제가 많은 것으로는 양웅의 『태현(太玄)』이 가장 심하다. 『태현』이 우러러 하늘에서 참조한 것은 4분력(分曆)[1206]의 꼼꼼하지 않고 정확하지 않은 천문이었다. 또 굽어 땅에서 참조한 것은 왕망(王莽; B.C.45~23A.D. 재위 9~23)이 설치한 방(方)·주(州)·부(部)·가(家)였다.[1207]

1206 4분력은 '후한(後漢) 4분력'이라고도 부른다. 후한의 장제(章帝) 원화(元和) 2년(85)에 실시한 역법이다. 편흔(編欣)·이범(李梵) 등이 창제했다. 1년을 $365\frac{1}{4}$일로 하고, 1달을 $29\frac{499}{940}$일로 하며, 19년에 7개의 윤달을 넣는 것으로 한 역법이다. 이 역법에서는 1년이 365일하고 $\frac{1}{4}$일이 남기 때문에 '4분력'이라 부른다. 당시에 사용되던 태초력은 81분법을 사용하여 1년에 남는 소수점 이하의 숫자가 이 4분력에 비해 컸다. 그래서 실제 1년의 시간을 나타내기에는 덜 정밀하였고, 180여 년을 사용하다 보니 당시의 천문 현상과 너무나 분명하게 들어맞지 않았기 때문에, 이 4분력으로 대체하여 고법(古法)을 회복하였다고 한다.

1207 왕망은 한(漢) 왕조를 무너뜨리고 신(新; 8~23)나라를 건립하였던 인물이다. 전한(前漢; 西漢) 황실의 외척이었는데 B.C.8년 38세로 재상이라 할 수 있는 대사마(大司馬)가 되었고, 9세의 평제(平帝)를 옹립한 뒤 자기의 딸을 그 왕후로 삼았다. 그리고는 자신에게 스스로 '안한공(安漢公)'과 '재형(宰衡)'이라는 칭호를 붙여 평제의 정치를 돕는 사람으로 자임하였다. 이렇게 13년의 세월이 흐른 뒤 평제를 죽이고는 겨우 두 살에 불과한 영(嬰)을 황위에 앉혔다.(5A.D.) 왕망 자신은 스스로 섭정이 되어 '가황제(假皇帝)'라고 자칭함과 동시에 신하들에게는 자신을 '섭황제(攝皇帝)'라 부르게 하였다. 그 3년 뒤에는 아예 전한을 무너뜨리고 스스로 새로운 왕조를 세웠다. 이것이 신(新) 나라다.

신 나라의 황제가 되자마자 왕망은 유교를 통치 이념으로 내세우면서 『주례(周禮)』를 근거로 삼아 탁고개제(托古改制)를 시행하였다. 영(令)을 내려 전국의 모든 토지를 '왕전(王田)'이라는 이름으로 바꾸고, 노비를 '사속(私屬)'이라는 이름으로 바꾸게 하면서 매매를 금지하였다. 그리고 주대(周代)의 정전법(井田法)을 모방하여 토지개혁을 단행하였는데, 남자 인구가 8명 미만이면서 1정(井; 900畝) 이상의 토지를 소유하고 있으면 그 남는 만큼의 토지를 몰수하여 이웃 고을의 토지가 없는 사람들에게 분배해 주었다. 이때의 기준 나아감을 '신(神)' · 물러남을 '귀(鬼)'로 여기면서도 '신(神)'은 짧고 '귀(鬼)'는 길다는 것을 알지 못했고, 더위를 '생(生)' · 추위를 '사(死)'로 여기면서도 겨울이 생하고 여름이 죽인다는 것을 몰랐다. 그의 『태현』에서 방(方)에는 정해짐이 있어서 신묘함[神]을 그 방에 한정하고, 체(體)에도 한정함이 있어서 '역(易)'을 그 체에 한정하고 있다.[1208] 또한 왕망은 주공께서 사용한 계략을 배웠으니, 그가 세운 신(新) 나라는 양웅을 미화하고 양웅이 신 나라를 미화한 것은 진실로 당연한 귀결이라고 해야 할 것이다.

要而言之, 之數者皆索神於方而泥數於體, 其於『易』也, 猶爝火之於日月. 何也? "神无方而『易』无體", 『易』與神合, 而非因物以測神. 神司變而物蔽物, 『易』彌綸天地, 而彼襲天地之緒餘, 則得失之相去, 豈特尋丈哉!

역문 요컨대, 『태현』의 수(數)들은 모두 방(方)에서 신묘함[神]을 찾고, 수를

이 장정 1사람당 100무(畝) 단위로 분배하는 것이었다. 이것이 바로 '한전제(限田制)'다. 이를 좋게 보면 서한 말기의 사회적 모순을 해결해 보려고 한 시도라 할 수 있다.

그러나 황제의 지위에 오르기까지의 그의 행적에 비추어 보면, 이 한전제의 시행이 자신의 통치 기반을 공고히 하기 위한 술책의 일환이라고도 할 수 있다. 즉 대토지를 소유하고 있던 지방 호족의 세력을 약화하기 위한 것이다. 궁극적으로는 그들이 자신의 왕조에 대해 위협 세력이 될 것임을 염려하여 내린 조치라고도 볼 수 있기 때문이다. 어쨌든 왕망은 당시의 모순을 해결하기 위해 여러 가지 새로운 정책을 시도하였으나 해결하지 못한 채 결국 그 자신의 왕조가 15년 만에 후한의 광무제(光武帝)에게 망하고 말았다.

그런데 양웅의 『태현』에서는 3방, 9주, 27부, 81가, 243표(表), 729찬(贊)으로 분류하고 있는데, 이를 1 · 2 · 3권으로 나누고 있다. 이는 「태초력(太初曆)」과 상응한다.(『한서』, 「양웅전」 참고.)

1208 이는 앞 주에서 인용하였던 것으로서, 『주역』의 "신묘함에는 정해진 곳이 없고, 정해진 몸이 없다.(神无方而『易』无體.)"라고 하는 『주역』, 『계사상전』 제4장의 말을 전제로 해서 하는 말이다. 무한함을 바탕으로 한 『주역』에 비해 양웅의 『태현』은 유한함을 바탕에 두고 있으므로, 이들은 비교가 되지 않는다는 것이다.

체(體)에 함몰하고 있다. 그러니 이를 『주역』에 비교하면 마치 해와 달빛이 환한 속에서 켠 횃불이라고나 할 것이다. 그 까닭은 무엇일까. 『주역』의 "신묘함에는 정해진 곳이 없고, 정해진 몸이 없다."라 하기 때문이며, 『주역』은 신(神)의 신묘함과 합치하고 물(物)들로 말미암아서 신(神)을 헤아리는 것이 아니기 때문이다. 신(神)은 변함을 주재하지만 물(物)들은 다른 물(物)들을 가릴 뿐이고, 『주역』은 하늘 · 땅을 보편으로 휩쌈에 비해 저 『태현』은 기껏 하늘 · 땅의 끝자락이나 덮을 따름이니, 이 둘 사이의 얻고 잃음의 차이가 어찌 다만 사람 한 길 정도에 지나지 않으리오!

夫數之有七八九六也, '乾''坤'之有奇偶也, 分二 · 掛一 · 揲四 · 歸奇之各有象也, 四營之積一三二二, 十有八變之乘三六以備陰陽也, 三百六十 · 萬一千五百二十之各有當也, 六變而七 · 九化而八之以往來爲晝夜也, 象數昭垂, 鬼不得私, 而任謀於人. 五十而用四十有九也, 分而爲二, 用其偶然而非有多寡之成數也, 幽明互用, 人不得測, 而聽謀於鬼. 待謀於人而有則, 則非適然之无端; 聽謀於鬼而无心, 則非必然之有畛. 是故推之律而在, 推之曆而在, 推之符火而在, 推之候氣而在. 凡彼所推者, 皆待生於神. 待者一隅, 所待者大全. 大全, 則固未可以方方矣.

역문 수에 7 · 8 · 9 · 6이 있는 것은 '건' · '곤'에 홀[奇] · 짝[偶]이 있는 것이다. 49개의 시초(蓍草)를 둘로 나눔[分二] · 미리 한 개의 시초를 넷째와 다섯째 손가락 사이에 겲[掛一] · 시초를 4개씩 헤아림[揲蓍] · 나머지 시초를 셋째와 넷째 손가락 사이 · 둘째와 셋째 손가락 사이에 끼움[歸奇] 등에는 각기 상징함이 있고, 이들 4영(營)을 누적한 결과는 1 · 3이거나 2 · 2다.[1209] 이렇게 하여 18변(變)을 거쳐서는 각각 3변을 거친 6효의 1괘를 얻으니, 이렇게 하여 음·양을 갖추게 된다. 360개의 시책[1210]·11,520개의 시책[1211]에는 각기 해당함이 있다. 6이 변하여 7이 됨·9가 화하여 8이 됨 등은 왔다[來] 갔다[往] 함을 의미하는 것으로서 밤·낮을 상징한다. 이처럼 『주역』에서는 상(象)·수(數)가 환히 드리우고 있으니, 귀신이라 하여 사사로움을 부릴 수가 없으며 도모함을 사람에게 맡긴다.

50개의 시책 중에 사용하는 것은 49개인데, 이를 나누어 둘로 함에서는 그저 우연을 따를 뿐, 여기에 많고 적음의 비율이 정해져 있는 것이 아니다. 여기에서는 그윽함[幽]과 밝음[明]을 뒤섞어 사용하기에 사람으로서는 헤아릴 수가 없으며, 그저 귀신의 도모함을 따를 뿐이다.[1212] 사람에게 의

1209 시초를 헤아려[揲蓍] 괘를 뽑아내는 과정에서, 이들 제1변(變)의 4영(營)을 거치며 나머지 시초(蓍草)를 돌려서[歸奇] 셋째와 넷째 손가락 사이에 건[扐] 경우의 수는 1·3이거나 2·2이거나 3·1이거나 4·4다. 이를 괘일(掛一)의 시초와 합하면 그 괘륵지책(掛扐之策)은 5(1+3+1, 2+2+1, 3+1+1)이거나 9(4+4+1)이다. 제2·제3변에서는 귀기의 수가 1·2이거나 2·1이거나 3·4이거나 4·3이다. 이를 괘일(掛一)의 시초와 합한 것으로서의 괘륵지책(掛扐之策)은 4 아니면 8이다. 그런데 왕부지가 여기에서 거론하고 있는 것은 제1변(變)의 4영(營)을 거친 귀기(歸奇)의 경우의 수들이다. 나머지는 번잡을 피하려고 생략한 것으로 보인다.

1210 이는 "건괘☰의 시책은 216개이고, 곤괘☷의 시책은 144개다. 이 둘을 합하면 360개여서 1년의 날수에 해당한다.('乾'之策二百一十有六, '坤'之策百四十有四, 凡三百有六十, 當期之日.)"는 『계사상전』 제9장의 말을 인용하는 것이다. 여기에서 말하는 '시책(蓍策)'은 '과설지책(過揲之策)'을 의미한다. 건괘☰의 양(—)들은 모두 노양(老陽)으로 이루어져 있는데, 이 노양의 과설지책의 수는 36이다. 그래서 건괘☰의 시책은 6×36으로서 216개가 된다. 그리고 곤괘☷의 음(--)들은 모두 노음(老陰)으로 이루어져 있는데, 이 노음의 과설지책의 수는 24다. 그래서 곤괘☷의 시책은 6×24로서 144개가 된다.

1211 이 또한 "『주역』 상·하 두 편의 과설지책 수는 11,520개다. 이는 만물의 숫자에 해당한다.(二篇之策, 萬有一千五百二十, 當萬物之數也.)"는 『계사상전』 제9장의 말을 인용하는 것이다. 『주역』 상·하 두 편의 64괘는 192개의 양효(—)와 192개의 음효(--)로 이루어져 있다. 양효는 과설지책의 수가 36이므로 『주역』 상·하 두 편의 양효들의 과설지책을 모두 합한 수는 6,912(192×24)이고, 음효들의 과설지책을 모두 합한 수는 4,608(192×24)다. 이 둘을 합한 수는 11,520이다.

지하는 도모함에서는 규칙이 있으니, 이는 우연이 드러내는 두서없음이 아니다. 이에 비해 귀신으로부터 도모함을 받아들임에서는 아무런 사심이 없는 것이니, 여기에는 꼭 어떻게 해야겠다는 필연의 영역이 있지 않다. 그러므로 이를 미루어 율(律)에서 보더라도 존재하고, 미루어 역(曆)에서 보더라도 존재하며, 미루어 양생 수련의 과정을 표시하는 시간[火符]에서 보더라도 존재하고, 미루어 절기의 변화를 점치는 데[候氣]서도 존재한다. 무릇 이들 미루어 본 것들은 모두 그 생겨남을 신묘함[神]에게 의지한다. 그런데 이들이 의지하는 것은 정작 그 한 귀퉁이지만, 그 의지의 대상이 되는 존재는 크고도 온전하다. 크고도 온전하니, 본디 어떤 방(方)으로도 그것을 한정하는 방(方)으로 삼을 수가 없다.

若夫五十六卦之綜也, 捷往捷來, 而不期以早暮. '乾'·'坤'·'坎'·'離'·'大過'·'頤'·'中孚'·'小過'之錯也, 捷反捷復, 而不期以漸次. 始交而'屯', 不以'復'·'泰', 一終而'未濟', 不以'剝'·'否'. 一奇一偶而六, 六而四十八, 四十八而三百八十四, 三百八十四而四千九十六, 四千九十六 而出入於三百八十四之中. 推之律而无定, 推之曆而无定, 推之符火而无定, 推之候氣而无定. 凡彼所推者, 皆因生得體. 因生者非可因, 所因者无不可因, 无不可因, 則固未可以體體矣.

1212 여기에서 '그윽함[幽]'은 귀모(鬼謀)를, '밝음[明]'은 인모(人謀)를 의미한다. 그리고 '그윽함'은 인간의 감각으로 파악할 수 없는 세계를 말하고, '밝음'은 인간의 감각으로 파악할 수 있는 세계를 의미한다. 앞에서도 말했듯이, 왕부지에게서 귀모는 시초 49개를 아무런 사심 없이 왼손과 오른손을 이용하여 좌 · 우 두 쪽으로 나누는 것을 의미한다. 인모(人謀)는 이렇게 좌 · 우 두 쪽으로 나뉜 시초들을 네 개씩 헤아리고[揲蓍], 나머지 시책들을 거는[掛扐] 등 단순한 기계적 절차 수행[營]을 의미한다. 그러므로 『주역』점의 괘 · 효를 결정하는 것은 바로 귀모에 달려 있다. 왕부지는 이 귀모에 하늘의 메시지가 신명으로서 실린다고 보며, 『주역』점의 신성함과 신뢰성은 이 귀모(鬼謀)에서 온다고 본다.

역문 『주역』의 64괘 중에서 56개의 괘들은 종(綜)의 관계를 이루고 있는데, 이들에서는 재빠르게 왔다 갔다 하며[往來], 아침이니 저녁이니를 꼭 기약하지 않는다. 그런가 하면 건괘䷀ · 곤괘䷁, 감괘䷜ · 리괘䷝, 이괘(頤卦)䷚ · 대과괘䷛ · 중부괘䷼ · 소과괘䷽ 등은 착(錯)의 관계를 이루고 있는데, 이들 괘는 재빠르게 거듭해서 되풀이하며, 결코 점진적으로 진행함을 기약하지 않는다.[1213]

건괘䷀와 곤괘䷁가 처음으로 교접하여서는 준괘䷂가 되기에 복괘䷗ · 태괘(泰卦)䷊로써 그 뒤를 삼지 않으며,[1214] 한 번 끝나서는 미제괘䷿가 되기에 박괘䷖ · 복괘䷗로써 그 뒤를 삼지 않는다. 한 번은 홀 · 한 번은 짝으로서 6효가 되고, 6효가 48효가 되며,[1215] 48효는 다시 384효가 되고,[1216] 384효는 4,096변함[變]이 되며,[1217] 이 4,096개의 변함이 384효 속에서 들락

1213 이를 이해하기 위해서는 왕부지의 '착종'설을 이해할 필요가 있다. 이에 대해서는 주160)을 참고하라.

1214 이에 대해 왕부지는 『주역내전』의 준괘䷂ 풀이에서 소상하게 설명하고 있다. 즉 "곤괘䷁가 세워지고서 양과 교접함에 대해서는 마땅히 복괘䷗를 시작으로 삼아야 할 것 같지만 준괘䷂를 시작으로 삼는 까닭은 이러하다. 하늘은 땅의 밖에서 휩싸면서도 땅의 속으로 들어가는데, 이 하늘의 작동 원리[天道]는 절대로 쉬지 않는 자연스러움을 지니고 있어서, 음이 비록 번성하더라도 양기는 저절로 땅 위에서 끊어지지 않으니, 움직임이 있으면 반드시 응함이 있다. 그래서 땅속의 양이 아래에서 일어남에 땅 위의 양은 곧 그러함을 느껴서 음들 속에서 주재자가 된다. 준괘䷂는 이렇게 하여 이루어지는 것이다. 이에 비해 외로운 양(⚊)이 뭇 음들의 밑에서 막 일어난 것을 표상하는 복괘䷗는 하늘이 아닌 사람 일의 변함을 드러내는 것일 따름이다. 건괘䷀ · 곤괘䷁가 처음으로 세워지고 하늘의 작동 원리가 막 일어남은 음이 극에 이르고 양이 생긴다는 의미가 아니다. 그러므로 복괘䷗를 교접의 시작함으로 삼지 않고 준괘䷂로 시작함을 삼는 것이다."라 하는 것이 그것이다.

1215 여기에서 말하는 '48효'는, 부모괘인 건괘☰ · 곤괘☷와 그 여섯 자식 괘[六子卦]인 진괘☳ · 손괘☴ · 감괘☵ · 리괘☲ · 간괘☶ · 태괘☱ 등 8괘를 6획괘로 연역한 괘들(건괘䷀ · 곤괘䷁ · 진괘䷲ · 손괘䷸ · 감괘䷜ · 리괘䷝ · 간괘䷳ · 태괘䷹)의 효(爻)의 수(8×6)를 의미한다.

1216 384효는 64×6으로서, 『주역』 64괘의 전체 효를 말한다.

1217 『주역』의 64괘는 모두 낱낱 효(爻)들의 변함[變]으로 말미암아 다른 63괘로 변할 수 있다. 그래서 64괘가 변할 수 있는 경우의 수는 64×64로서 4,096이 된다. 이는 시초점의 경우의

거린다.

이러함을 미루어 율(律)에서 보더라도 한정되어 있지 않고, 미루어 역(曆)에서 보더라도 한정되어 있지 않는다. 또 미루어 양생 수련의 과정을 표시하는 시간[火符]에서 보더라도 한정되어 있지 않고, 미루어 절기의 변화를 점치는 데[候氣]서도 한정되어 있지 않다. 무릇 이들 미루어 본 것들은 모두 생겨남으로 말미암아서 몸을 얻는다. 이렇게 생겨남으로 말미암는 것들은 그 말미암음의 근원이 될 수가 없다. 이들의 말미암음의 근원인 되는 존재는 그 어떤 것들에게든 말미암음의 근원이 될 수 있는데, 그 어떤 것들에게든 말미암음의 근원이 될 수 있으니, 본디 그 어떤 몸으로써도 그 몸을 삼을 수가 없다.[1218]

是何也? 方者方而非衆方, 體者體而非衆體; 東西緯而不可伸以爲經, 南北經而不可展以爲緯. 耳目法天以虛, 使擧實而无力; 手足法地以實, 使謍虛而无權. 故將以智取方, 而智不能守; 以仁守方, 而仁不能取; 以智用體, 而智不能擧; 以仁擧體, 而仁不能用. 方體有限, 則仁智偏詘也.

역문 이 까닭은 무엇인가. 이를 설명하자면 다음과 같다. 방(方)은 특정한 방

수에 해당한다. 상세한 것은 『역학계몽』 끝에 부록으로 붙어 있는 「괘변도(卦變圖)」를 참고하기 바란다.

1218 율(律) · 역(曆) · 양생 수련의 과정을 표시하는 시간[火符] · 절기의 변화를 점치는 것[候氣] 등은 모두 유한한 것들이고 한정된 것들이다. 그래서 몸을 갖는다. 그런데 『주역』과 그 점(占)을 가능하게 하는 궁극적 근원의 존재는 무한한 것이다. 그래서 이 모든 것들이 말미암아 생할 수 있지만, 무한한 존재이기에 유한한 존재들이나 갖는 그 어떤 몸으로도 드러날 수가 없다는 의미다. 이는 장자의 "물(物)을 물(物)이 되게 하는 것은 물(物)이 아니다(物物者非論)"라는 말이나 아리스토텔레스의 '부동(不動)의 동자(動者)'론을 떠올리게 하는 말이다.

이어서 다중의 방이 아니며, 몸[體]은 특정한 몸이어서 다중의 몸이 아니다. 동서로 연결하는 위선(緯線)은 늘여서 경선(經線)이 되게 할 수가 없고, 남북으로 연결하는 경선은 펼쳐서 위선이 되게 할 수가 없다. 귀와 눈은 하늘을 본받아 비어 있으니 실한 것을 들어 올리게 해도 힘을 쓰지 못하고, 손발은 땅을 본받아 실하기에 비어 있는 것을 살피게 하더라도 감지할 수가 없다.

그러므로 지력(智力)으로써 방(方)을 갖더라도 지력은 지켜 낼 수가 없고, 어짊[仁]으로써 방(方)을 지킨다고 하더라도 어짊은 가질 수가 없다. 또 지력으로써 몸을 쓰기는 하지만 지력으로서는 들어 올릴 수가 없고, 어짊[仁]으로써 몸을 들어 올리기는 하지만 어짊[仁]은 쓸 수가 없다. 방 · 몸이 한계를 지닌 것이기에 어짊[仁] · 지력은 치우치고 불능한 것이다.

若夫道之於陰陽也, 則心之於人也. 方者其所字也, 體者其所使也. 俄而立於此, 則此爲東南, 此爲西北; 俄而移於彼, 則彼爲西東, 彼爲南北. 方其使耳目以視聽, 而手足不以實爲扞格; 方其使手足以持行, 而耳目不以虛相遊盪. 方惟其所字, 而皆非亂也; 體惟其所使, 而皆不廢也. 一彼一此, 則智可取; 一彼一此而不亂, 則仁可守; 使之必任, 則仁可舉; 使在此而彼不廢, 則智可用. 是以智仁竝用於心, 而人鬼交謀於道.

역문 도(道)가 음 · 양에게 하는 역할은, 마음이 사람에게 역할과 같다. 방(方)은 이름 붙여진 것이고, 몸은 부려지는 것이다.[1219] 이들[1220]은 잠깐이나마

1219 도(道)와 마음은 무한한 존재여서 방(方)과 몸에 한정되지 않지만, 음 · 양과 사람은 유한한 것이어서 방과 몸에 한정된다는 의미다.

여기에 세워지면, 이것이 동쪽 · 남쪽이 되기도 하고, 서쪽 · 북쪽이 되기도 한다. 또 잠깐 사이에 저쪽으로 옮겨지면, 저쪽이 서쪽 · 동쪽이 되기도, 하고, 저쪽이 남쪽 · 북쪽이 되기도 한다. 방(方)은 사람의 눈과 귀로 보고 듣게 하지만, 손과 발은 실하다고 하여 가로막히지는 않는다. 방은 손과 발로 쥐기도 하고 다니기도 하지만, 눈과 귀로는 비었다고 하여서 서로 마음껏 놀아나지는 않는다. 방은 오직 이름 붙여진 것이기는 하지만 모두 혼란한 것은 아니고, 몸은 오직 부려지기는 하지만 모두 폐기하지는 않는다.

하나는 저것 하나는 이것이면 지력은 취할 수 있고, 하나는 저것 하나는 이것이어서 혼란하지 않으면 어짊[仁]은 지킬 수 있다. 이들에게 꼭 맡긴다면 어짊은 들어 올릴 수 있고, 여기에 있게 하며 저것이 폐기되지 않으면 지력은 쓸 수 있다. 그래서 지력과 어짊이 사람의 마음에서 아울러 쓰이면 사람과 귀신은 도(道)에서 교접하며 도모하는 것이다.

蓋无方者, 无方之不在; 无體者, 无體而不充; 惟其有則, 惟其无心而已矣. 待謀於人者其有則, 聽謀於鬼者其无心, 『易』之所以合神而與天地準也. 由是而守其則, 則可以安土敦仁而能愛; 信其无心, 則可以樂天知命而不憂; 而彌綸天地之道建矣.

역문 생각건대 특정한 방(方)이 없는 것은 어느 방에든 존재하지 않음이 없고, 특정한 몸이 없는 것은 어느 몸이든 채우고 있지 않음이 없다. 오직 법칙이 있고, 오직 아무런 사심이 없을 따름이다. 도모함을 사람에게 의존함

1220 유한한 존재로서의 음 · 양과 사람을 가리킨다. 음 · 양은 한정되어서는 방(方)을 갖게 되고, 사람도 한정되어서는 몸[體]을 갖게 된다.

[人謀]에는 법칙이 있고, 도모함을 귀신에게서 들음[鬼謀]에서는 아무런 사심이 없으니, 이러한 까닭에 『주역』은 신묘함[神]과 함께하며 하늘 · 땅과 합치한다.

이를 제대로 알아서 그 법칙을 지키면, 자기가 발붙이고 살아가는 곳에서 편안하며, 어짊[仁]을 두텁게 베풀고 남을 사랑할 수 있다. 또 아무런 사심이 없음을 믿으면, 자기에게 주어진 상황을 즐기며 하늘의 명(命)을 알아서 아무런 근심도 하지 않을 것이다. 이렇게 하여서 하늘 · 땅의 도(道)를 휩싸는 도(道)가 세워진다.

夫有則者, 因氣而无定則; 无心者, 萬物皆見其心; 則是惝怳者不足以遇之, 希夷者尤不足以君之也. 豈彼一技一理, 足以與其大哉! 然而樂廣之言, 猶曰, "『易』以无爲體", 是益求虛而陷於滯矣.

역문 법칙이 있는 것은, 기(氣) 그대로 할 뿐 특정한 규칙이 없다. 아무런 사심이 없는 것은, 만물 모두에서 그 마음을 드러낸다. 이러하기에 황급해하는 이들은 이를 만나지 못하고, 보이지도 들리지도 않는 허적현묘(虛寂玄妙)한 것으로서는 더욱이나 주재하지 못한다. 어찌 저들[道家]의 한 가지 기예, 한 쪼가리 이치로써 이 큰 것에 족히 함께하리오! 그런데도 저들은 자기들의 지식을 즐기며 넓혀 말하여, "『주역』은 무(無)를 몸으로 한다."라고 하니, 이는 허(虛)를 더욱 추구하면서 꽉 막힘 속으로 빠져드는 꼴이다.

有所謂爲體者, 旣困『易』於體之中; 有所謂无者, 又立无於『易』之外. 无不給有, 天下无需於『易』而『易』廢; 體非其用, 聖人用『易』而與『易』相違乎? 夫不見七八九六之成於无心以分二, 而无心所分之二, 受則於七八九六而不過也乎? 故託『玄』·『老』以竊『易』, 覆使『易』有體而滯焉. 善言『易』者, 合天地以皆備, 窮幽明物理以見心, 其得輒立一體以擬之哉!

역문 그들이 말하는 '몸이 된다'라는 것은 이미 『주역』을 특정한 몸속에 처박아 버리는 것이고, '무(無)'라 하는 것도 『주역』의 밖에다 '무'를 세운 것이다. 그래서 이러한 '무'는 유(有), 즉 존재하는 만물에게 그 어떤 것도 주지 못하니, 이렇게 되면 세상 사람들은 『주역』의 필요를 느끼지도 못하여 『주역』은 폐기될 것이다. 이들이 말하는 '몸'은 쓰는 것이 아니다. 그렇다면 성인들께서 『주역』을 씀이 『주역』과 서로 어긋난다는 것인가?

저들은 7·8·9·6이라는 수가 아무런 사심 없이 시초(蓍草) 무더기를 둘로 나누는 속에서 이루어짐을 알지 못하니, 아무런 사심이 없이 나뉜 이 둘을 받아들이면 7·8·9·6에서 벗어나지 못한다는 것인가? 그러므로 저들은 『태현』·『노자』에 의탁하여 『주역』을 훔치며, 『주역』을 특정한 몸이 있는 것으로 하여서 꽉 막힌 속에다 두고 위에서 덮어 버리는 것이다. 그러나 『주역』을 잘 말하는 사람은 하늘·땅에 합치하게 모두를 갖추며, 그윽함[幽]·밝음[明]의 세계와 만물의 이치를 끝까지 궁구하여 마음을 보아 내니, 문득 특정한 한 몸을 세워서 갖다 대는 것이 가당하겠는가!

계사상전 제5장

繫辭上傳第五章

一

“書不盡言, 言不盡意”, 是故有微言以明道. 微言絕而大道隱. 託之者將亂之, 亂之者將叛之, 而大道終隱於天下. 『易』曰, “一陰一陽之謂道”或曰: 摶聚而合一之也; 或曰: 分析而各一之也. 嗚呼! 此微言之所以絕也.

역문 “글로는 말을 다 드러내지 못하고, 말로는 머릿속 생각을 다 드러내지 못한다.”[1221]라고 한다. 그러므로 미언(微言)[1222]이 있어서 도를 밝히는 것이다. 미언이 끊기면 대도(大道)도 숨는다. 그리하면 이것에 가탁한 이들이 혼란케 하리니, 혼란케 하는 이들은 반란을 일으킬 것이고, 대도는 마침내 이 세상에서 숨고 말 것이다.

『주역』에서는 “한 번은 음이 되었다 한 번은 양이 되었다 함을 ‘도’라 한

1221 『계사상전』 제12장에 공자의 말로 소개되어 있다.

1222 미언은 꼭 언어의 형식을 빌리지 않더라도 상징과 은유 등을 통해서 넌지시 드러내는 뜻깊은 하늘의 메시지를 의미한다.

다."[1223]라고 하는데, 누구는 이 말이 음과 양을 버무려 합해서 하나로 하는 말이라 하고, 누구는 이 말이 음과 양을 쪼개서 각기 하나로 하는 말이라고 한다. 오호라! 이것이 바로 미언이 끊겼음을 그대로 보여 주는 것이로다.

以爲分析而各一之者, 謂陰陽不可稍有所畸勝, 陰歸於陰, 陽歸於陽, 而道在其中. 則於陰於陽而皆非道, 而道且遊於其虛, 於是而老氏之說起矣. 觀陰之竅, 觀陽之妙, 則陰陽瓦解, 而道有餘地矣.

역문 이 말이 음과 양을 쪼개서 각기 하나로 하는 것이라고 여기는 이들은, 음·양은 잠시라도 어느 한쪽이 기이하게 이길 수가 없고, 음은 음으로 돌아가고 양은 양으로 돌아가며 도는 이러한 가운데에 있다고 여긴다. 그래서 음에 있는 것도 양에 있는 것도 모두 도가 아니며, 도는 그 텅 빔에서 노닌다고 한다. 이러한 배경에서 노씨[老子]의 설이 일어난 것이다. 음의 교묘함을 관찰하고 양의 오묘함을 관찰하면, 음과 양은 와해(瓦解)하며, 이렇게 되면 도에게 남은 지대가 있는 것이다.

以爲摶聚而合一之者, 謂陰陽皆偶合者也. 同即異, 總即別, 成即毁, 而道函其外. 則以陰以陽而皆非道, 而道統爲攝, 於是而釋氏之說起矣. 陰還於陰, 陽還於陽, 則陰陽退處, 而道爲大圓矣.

역문 이 말이 음과 양을 버무려 합해서 하나로 하는 것이라 여기는 이들은, 음·양이 모두 우연히 합한 것이라 한다. 동상(同相)이 곧 이상(異相)이고,

1223 이 『계사상전』 제5장에 나오는 말이다.

총상(總相)이 곧 별상(別相)이며, 성상(成相)이 곧 괴상(壞相)인데, 도는 이들의 밖을 휩싸고 있다는 것이다. 그리하여 음으로서도 양으로서도 모두 도가 아니며, 도는 이들을 통괄하여 거느린다고 한다. 바로 이러한 배경에서 석씨[석가모니]의 설이 일어난 것이다. 음은 음으로 돌아가고 양은 양으로 돌아가니, 음과 양은 물러나서 거처하며 도는 거대한 원[大圓]을 이룬다는 것이다.

於是或忌陰陽而巧避之, 或賤陰陽而欲轉之, 而陰陽之外有道. 陰也, 陽也, 道也, 相與爲三而一其三, 其說充塞, 而且囂囂然曰, "儒者言道, 陰陽而已矣. 是可道之道, 而非常道也; 是漚合之塵, 而非眞如也." 亂之者叛之, 學士不能體其微言, 啟戶而召之攻, 亦烈矣哉!

역문 이에 어떤 사람들은 음 · 양을 꺼리며 교묘히 피하기도 하고, 어떤 사람들은 음 · 양을 천하게 여기며 굴려 버리려고 한다. 아울러 음 · 양의 밖에 도가 있다고 여긴다. 그리하여 음 · 양 · 도가 서로 셋이 되며 그 셋을 각기 하나로 하니, 그 설이 온 세상을 가득 메워 시끄러운 소리를 낸다. 그들은 하는 말이 "유자(儒者)들이 말하는 도는 음 · 양일 따름이다. 이는 말로써 드러낼 수 있는 도일 뿐이며 한결같은 도[常道]가 아니다"[道家], "유자들이 말하는 도는 물방울들이 우연으로 합한 티끌일 뿐이며 진여가 아니다."[佛家]라고 한다. 이처럼 혼란을 일으키는 이들이 배반을 하니, 학사(學士)들은 미언(微言)을 체득할 수가 없어서 문을 열고 그들의 공격을 불러들였다. 이것이 또한 세차도다!

嘗論之曰: 道者, 物所衆著而共繇者也. 物之所著, 惟其有可見之實

也; 物之所繇, 惟其有可循之恒也. 既盈兩間而无不可見, 盈兩間而无不可循, 故盈兩間皆道也. 可見者其象也, 可循者其形也. 出乎象, 入乎形; 出乎形, 入乎象. 兩間皆形象, 則兩間皆陰陽也. 兩間皆陰陽, 兩間皆道. 夫誰留餘地以授之虛而使遊, 誰復爲大圓者以函之而轉之乎? 其際无間, 不可以遊. 其外无涯, 不可以函. 雖然, 此陰陽者, 惡乎其著而繇之? 以皆備而各得耶? 『易』固曰, "一陰一陽之謂道", '一之一之'云者, 蓋以言夫主持而分劑之也.

역문 나는 일찍이 다음과 같이 논했다. 도라는 것은 만물이 함께 드러내며 함께 각자의 존재 근거로 삼는 것이다. 만물이 드러내고 있는 바는 오직 거기에 눈으로 볼 수 있는[인식능력으로 인식할 수 있는] 실함이 있는 것이며, 만물이 각자의 존재 근거로 삼는 바는 오직 거기에 손으로 만질 수 있는 항구함이 있는 것이다. 이미 하늘과 땅 사이를 가득 채우고 있어서 볼 수 없는 것이 없고, 하늘과 땅 사이를 가득 채우고 있어서 손으로 만질 수 없는 것이 없다. 그러므로 하늘과 땅 사이를 가득 채우고 있는 것은 모두 도(道)다. 눈으로 볼 수 있는 것은 그 상(象)이고, 손으로 만질 수 있는 것은 그 형(形)이다. 상에서 나와서 형으로 들어가고, 형에서 나와서 상으로 들어간다. 그래서 하늘과 땅 사이는 모두 형이요 상이니, 하늘과 땅 사이는 모두 음·양이다. 하늘과 땅 사이가 모두 음·양이고 하늘과 땅 사이가 모두 도다. 그러니 도대체 그 누가 여기에 들지 않는 지대에 머물며 텅 빔을 주어 노닐도록 한다는 것인가. 또 그 누가 다시 큰 원을 이루어서 이들을 휩싸며 굴린단 말인가. 음과 양 사이에는 틈이란 없으니, 노닐 수가 없다. 그 밖도 끝이 없어서 휩쌀 수가 없다.

비록 이러하다고는 해도, 이 음과 양이 도대체 어떻게 이 도를 드러내고 어떻게 각자의 존재 근거로 삼는단 말인가. 그렇지 않으면 음과 양이 모두 갖추고 있으며 각기 얻는 것인가. 『주역』에서는 본디 "한 번은 음이 되었다 한 번은 양이 되었다 함을 '도'라 한다."라고 하였으니, '한 번은 ~ 한 번은 ~'이라 한 것은 아마도 주지(主持)하면서 분제(分劑)함을 말하는 것이리라.[1224]

陰陽之生, 一太極之動靜也. 動者靈以生明, 以晰天下而不塞; 靜者保而處重, 以凝天下而不浮; 則其爲實, 既可爲道之體矣. 動者乘變以爲常, 銳而處先, 故從一得九; 靜者居安以待化, 闢以任受, 故從二得十; 則其數, 既可備道之用矣. 夫天下能治其所可堪, 不能強其所不受, 固矣. 是以道得一之一之而爲之分劑也.

역문 음·양이 생겨남은 동일한 태극이 움직였다[動]·고요했다[靜] 함에 의해서다. 움직임은 영묘(靈妙)하게 밝음을 낳아서 온 세상을 밝히며 막힘이 없다. 이에 비해 고요함은 이를 보완하며 무거운 곳에 처함으로써 온 세상을 한데 뭉쳐서 들뜨지 않게 한다. 그러므로 음·양은 실한 것이니, 벌써 도(道)의 몸이 될 수가 있다. 움직임은 변함[變]을 타고서 한결같게[常] 하며, 날카로워서 앞장을 서므로 1로부터 9를 얻는다. 이에 비해 고요함은 편안하게 거처하면서 화함을 기다리고 열어서 받아들임을 맡으니 2로부터 10을 얻는다. 그러므로 이들 수는 벌써 도의 쓰임을 갖추고 있다. 이 세상에서 감당할 수 있는 것을 잘 다스리고, 받아들일 수 없는 것을 강요할 수 없

1224 이곳에서 말하는 '주지(主持)'와 '분제(分劑)'는 왕부지 철학의 주요한 용어다. '주지'는 음과 양이 각자의 역할을 주체적으로 맡아 해냄을, '분제'는 음과 양이 각기 나누어서 주지하는 속에서 서로 조절하며 전체적으로 조화를 이룬다는 의미다.

음은, '본디 그러함[固然]'이다. 그러므로 도는 한 번은 음이 되었다 한 번은 양이 되었다 함을 통해서 이들을 조절하며 전체적으로 조화를 이룬다.

乃其必有爲之分劑者: 陽躁以廉, 往有餘而來不足; 陰重以嗇, 來恒疾而往恒遲; 則任數之固然而各有竭. 陽易遷而奠之使居, 陰喜滯而運之使化, 遷於其地而抑弗能良. 故道也者, 有時而任其性, 有時而弼其情, 有時而盡其才, 有時而節其氣, 有所宜陽則登陽, 有所宜陰則進陰. 故建一純陽於此, 建一純陰於此, 建一陰老而陽穉者於此, 建一陽老而陰穉者於此, 建一陰陽相均者於此, 建一陰陽相差者於此, 建一陰陽畸倍者於此, 建一陰少而化陽者於此, 建一陽少而主陰者於此, 建一相雜以統同者於此, 建一相聚以析異者於此. 全有所任, 而非剛柔之過也; 全有所廢, 而非剛柔之害也. 兩相爲酌, 而非无主以渾其和也.

역문 반드시 조절하며 전체적으로 조화를 이루어야 하는 까닭은 다음과 같다. 양은 바스대며 청렴하여, 남음이 있는 곳으로부터는 가고 부족한 곳으로는 온다. 음은 무겁고 인색하여, 오는 것은 늘 빠르지만 가는 것은 늘 더디다. 그리하여 음과 양은 각자가 지닌 수(數)의 '본디 그러함[固然]'에 맡기며 각각 다하여 버림이 있다. 양은 쉽게 옮겨 가며 거처하도록 정하고, 음은 지체함을 즐기며 운전하여 화하도록 하니, 그 땅으로 옮겨 가 억눌러 타고난 좋은 능력을 발휘할 수 없기도 하다. 그러므로 도라는 것은 때로는 그 성(性)에 맡기고, 때로는 그 정(情)을 돕고, 때로는 그 재질을 다하고, 때로는 그 기(氣)를 조절하여서, 마땅히 양이 있어야 할 곳에는 양을 올리고, 마땅히 음이 있어야 할 곳에는 음이 나아가게 한다. 그러므로 하나의 순수한 양을 여기에 세우기도 하고, 하나의 순수한 음을 여기에 세우기도 한다. 또 하나의 늙은 음·어린 양을 여기에 세우기도 하고, 하나의 늙은 양·어린 음을 여기에 세우기도 한다. 또 하나의 음과 양이 서로 균등한 것을 여기에 세우기도 하고, 하나의 음과 양이 서로 차이가 나는 것을 여기에 세우기도 하며, 하나의 음과 양 중 어느 하나가 기이하게 갑절이 되는 것을 여기에 세우기도 한다. 또 하나의 음이 젊어서 양을 화하게 하는 것을 여기에 세우기도 하고, 하나의 양이 젊어서 음을 주재하는 것을 여기에 세우기도 한다. 또 하나의 서로 뒤섞여서 같음을 통괄하는 것을 여기에 세우기도 하고, 하나의 서로 모여서 다른 것들을 쪼개 버리는 것을 여기에 세우기도 한다. 그리하여 전체적으로 맡은 바가 있어서 굳셈[剛]과 부드러움[柔]이 지나치지 않으며, 또한 전체적으로 폐기됨이 있어서 굳셈[剛]과 부드러움[柔]에 해가 되지 않는다. 음과 양 둘이 서로 주거니 받거니 하는 것이지, 결코 주재하는 이가 없는 채 그 조화롭게 어울림을 뒤섞어 버리는 것이 아니다.

如是, 則皆有分劑之者. 子得母多而得父少, 不獎其多, 子必繼父以立統. 德逸於知而勞於能, 不獎其逸, 德要於能以成章. 故數有多少而恒均, 位有亢疑而恒定, 極乎雜亂而百九十二之數不損. 耳目長而手足短, 長以利遠而短以利近; 手足強而耳目弱, 強以載大而弱以入微. 孰爲爲之而莫不爲, 則道相陰陽; 孰令聽之而莫不聽, 則陰陽亦固有夫道矣.

역문 이와 같으니 음과 양 모두에게 조절하며 전체적으로 조화를 이룸이 있다. 아들은 어머니에게서 얻은 것이 많고 아버지에게서는 얻은 것이 적지만, 자식은 반드시 아버지를 이어서 계통을 세운다. 덕은 앎[知]에서 편안해지고 능함[能]에서 수고를 다하지만, 그 편안함을 장려하지 않으며 덕은 능함에서 하나의 장(章)을 이루려 한다. 그러므로 수에는 많고 적음이 있지만 늘 균형을 이루고, 위(位)에는 지나치게 높아서 의심을 자아냄이 있지만 늘 정해지며, 극도로 잡되고 혼란하다 하더라도 192의 수에서 덜어냄이 없다. 눈과 귀는 길고 손과 발은 짧은데, 긴 것은 먼 것에 이롭고 짧은 것은 가까운 것에 이롭다. 또 손과 발은 강하고 눈과 귀는 약한데, 강한 것은 큰 것을 싣고 양한 것은 미세한 것에 들어간다. 누가 하라고 해도 하지 않는 것이 없으니 도는 음·양을 돕고, 누가 순종하라고 하면 순종하지 않음이 없으니 음·양에도 저 도는 본디 있는 것이다.

動因道以動, 靜因道以靜, 任其性而有功, 弼其情而非不樂也. 盡其才而不倦, 節其氣而不菀也. 人之生也固然. 溯而上之, 有天有地, 以有山澤·水火·雷風, 亦豈有不然者哉?

역문 움직임[動]은 도(道)가 원인이 되어서 움직이고, 고요함[靜]도 도가 원인이 되어서 고요하다. 그리하여 각각의 성(性)에 맡겨서 공(功)이 있고, 각각의 정(情)을 도우면서 즐겁지 않음이 없다. 이들은 재질을 다 발휘하며 게으르지 않고, 그 기(氣)를 잘 조절하여 쌓이게 하지 않는다. 사람의 생겨남이 본래 이러하다. 거슬러 위로 올라가면 하늘[☰]이 있고 땅[☷]이 있으니, 그리하여 산[☶]과 연못[☱], 물[☵]과 불[☲], 우레[☳]와 바람[☴]이 있게 된다. 여기에 또한 어찌 그렇지 아니함이 있겠는가?

雖然, 非有自外函之以合其離也, 非有自虛遊之以離其合也. 其一

之一之者, 卽與爲體, 挾與流行, 而持之以不過者也. 无與主持, 而何以情異數畸之陰陽, 和以不爭而隨器皆備乎? 和以不爭, 則善也, 其有物之生者此也, 非有先後而續其介以爲繼矣. 隨器皆備, 則性也, 非待思爲而立其則以爲成矣.

역문 비록 이러하기는 하지만, 도가 밖에서 음 · 양을 휩싸서 서로 분리된 것을 합하는 것이 아니고, 텅 빔[虛]에서 노닐면서 합하여 있는 것을 분리하는 것도 아니다. 한 번은 음이 되었다 한 번은 양이 되었다 하는 것들이, 바로 이 도와 더불어 몸을 이루고, 또 이 도를 끼고서 두루 행하며, 도를 보존하면서 지나치지 않는 것이다. 도가 이들을 주지하지 않는다면, 어떻게 정(情)이 다르고 수(數)가 고르지 아니한 음과 양이, 어울리며 싸우지 않고 기(器)를 따라서 모두 갖추어지겠는가? 어울리며 싸우지 않음이 선(善)이며, 물(物)들의 생겨남을 있게 하는 것이 바로 이것이다. 결코 도와 음 · 양 사이에 선후가 있고 매개하는 것을 이음으로써 이어지는 것이 아니다. 기(器)를 따라서 모두 갖추어지는 것은 성(性)이다. 결코 무슨 사려나 행위에 의존하여 그 법칙을 세워서 이루어지는 것이 아니다.

是故於陰而道在, 於陽而道在, 於陰陽之乘時而道在, 於陰陽之定位而道在, 天方命人 · 和而无差以爲善而道在, 人已承天 · 隨器不虧以爲性而道在, 持之者固无在而不主之也. 一之一之而與共焉, 卽行其中而卽爲之主. 道不行而陰陽廢, 陰陽不具而道亦亡. 言道者亦要於是而已.

역문 그러므로 음에도 도는 존재하고 양에도 도는 존재한다. 음 · 양이 때를 타고 있음에서도 도는 존재하고, 음·양이 위치를 정하고 있음에도 도는 존재한다. 하늘이 바야흐로 사람에게 명(命)하고 음·양이 어울리며 아무런 차별이 없이 선(善)을 이룸에도 도는 존재한다. 사람이 이미 하늘의 명(命)을 받들고 기(器)를 따라서 어그러지지 않은 채 성(性)을 이룸에도 도는 존재한다. 주지하는 존재[道]는 본디 어느 곳에서든 주재하지 않음이 없는 것이다. 도는 한 번은 음이 되었다 한 번은 양이 되었다 함에도 함께하는 것이고, 이들 속에서 바로 행하면서 바로 이들을 주재하는 것이다. 도가 행하지 않고서는 음·양이 폐기되며, 역으로 음·양이 갖추어지지 않아서는 도도 없다. 도를 말하는 자는 역시 이와 같음을 말해야 할 따름이다.

是故有象可見, 而衆皆可著也; 有數可循, 而无不共由也. 未有之先此以生, 已有之後此以成. 往古來今, 則今日也. 不聞不見, 則視聽也. 斡運變化而不窮, 充足清寧而不亂. 道之緼, 盡此而已. 如日摶聚而合之也, 分析而置之也, 以是謂之曰一, 道惡乎而不隱, 『易』惡乎而不廢哉!

역문 그러므로 상(象)이 있어서 볼 수가 있고, 다중은 모두 제 모습을 드러낼 수 있다. 이것들은 구체적이어서 수를 통해서 헤아릴 수가 있는데, 모두 함께 도를 근거로 삼지 않는 것이란 없다. 아직 이것들이 있기 전에 생겨나게 하고, 이미 이것들이 있고 난 뒤에는 이루어지게 한다. 아득한 예부터 오늘에 이르기까지가 오늘이다. 듣지 못하고 보지 못하는 것은, 보고 듣는 능력에서 그러할 뿐이다. 빙글빙글 돌아가며 변화가 끝이 없는데, 하늘의 맑음과 땅의 평안함을 충족하며 혼란스럽지 않다. 도의 속내[緼]는 이러할 따름이다. 만약에 둥글게 뭉쳐서 합하고 나누어 쪼개서 각기 두는 것이라고 말하며, 이러함을 일컬어 '하나다'라고 한다면, 도가 어찌 숨어 버리지 않을 것이며, 『주역』은 어찌 폐기되지 않으리오!

二

人物有性, 天地非有性. 陰陽之相繼也善, 其未相繼也不可謂之善. 故成之而後性存焉, 繼之而後善著焉. 言道者統而同之, 不以其序, 故知道者鮮矣.

역문 사람과 물(物)들에게는 성(性)이 있지만 하늘과 땅에는 성이 없다. 음·양이 서로 이어지게 하는 것은 선이며, 이들이 아직 서로 이어지지 않은 것은 '선(善)'이라 말할 수 없다. 그러므로 사람과 물(物)들이 이루어진 뒤에야 성이 존재하며, 음과 양이 이어지고 난 뒤에라야 선이 드러난다. '도'라고 하는 것은 '통괄하며 같게 하는 것'을 말하는 것이지, 도와 음·양 사이의 순서를 가지고 말하는 것이 아니다. 그러므로 도를 아는 사람은 그리 많지 않다.

性存而後仁·義·禮·知之實章焉, 以仁·義·禮·知而言天, 不可也. 成乎其爲體, 斯成乎其爲靈. 靈聚於體之中, 而體皆含靈. 若夫天, 則未有體矣.

역문 성(性)이 존재한 뒤에 인(仁)·의(義)·예(禮)·지(知)의 실질이 환히 드러나는데, 그렇다고 이 '인·의·예·지'로써 하늘을 말해서는 안 된다. 사람이 그 몸을 이루어야 이것들이 영묘함을 이룬다. 영묘함은 사람의 몸속에 모여 있고, 몸은 모두 영묘함을 함유하고 있다. 그러나 하늘은 몸을 가지고 있지 않다.

相繼者善, 善而後習知其善, 以善而言道, 不可也. 道之用, 不僭·不吝, 以不偏而相調. 故其用之所生, 无僭·无吝, 以无偏, 而調之有適然之妙. 妙相衍而不窮, 相安而各得, 於事善也, 於物善也. 若夫道, 則多少陰陽, 无所不可矣.

역문 서로 이어지게 하는 것이 선(善)이며, 선을 이룬 뒤에야 이 선을 익히 아는데, 그렇다고 이 '선'을 도라고 말해서는 안 된다. 도의 작용은 주제넘지도 않고 인색하지도 않은 채, 어느 한쪽으로 치우치지 않으면서 서로를 조절한다. 그러므로 그 작용으로 낳은 것들에는 주제넘음도 없고 인색함도 없다. 또 어느 한쪽으로 치우침이 없으며, 조절하여 알맞게 드러나는 오묘함이 있다. 이 오묘함은 음·양이 서로를 이어 가며 궁색하지 않게 하고 서로 편안하며 각기 얻게 하니, 하는 일에서도 선하고 낳은 물(物)에서도 선하다. 도(道)는 음과 양을 많게도 하고 적게도 하는 등 못 할 것이 없다.

故成之者人也, 繼之者天人之際也, 天則道而已矣. 道大而善小, 善大而性小. 道生善, 善生性. 道无時不有, 无動无靜之不然, 无可无否之不任受. 善則天人相續之際, 有其時矣. 善具其體而非能用之, 抑具其用而无與爲體, 萬彙各有其善, 不相爲知, 而亦不相爲一. 性則斂於一物之中, 有其量矣. 有其時, 非浩然无極之時; 有其量, 非融然流動之量. 故曰, "道大而善小, 善大而性小"也.

역문 그러므로 이루고 있는 존재[成之者]는 사람이고, 이어지게 하는 것[繼之者]

은 하늘과 사람이 맞닿음이며, 하늘은 도(道)일 따름이다. 도는 크고 선(善)은 작으며, 선은 크고 성(性)은 작다. 도가 선을 낳고, 선은 성을 낳는다. 도는 어느 때이든 존재하지 않음이 없고, 움직임[動]이든 고요함[靜]이든 그렇게 하지 아니함이 없으며, 가(可)든 부(否)든 받아들이지 않음이 없다.

선은 하늘과 사람이 서로 이어지게 하는 즈음에서 작용하며, 이에는 정해진 때가 있다. 선은 몸을 갖추고 있더라도 그것을 쓸 수가 없고, 아니면 그 쓰임은 갖추었더라도 더불어 몸을 이루지는 못한다. 세상 만물은 각기 그 선을 갖고 있지만 서로 알지는 못하며, 또한 서로 하나가 되지도 못한다.

성은 하나의 물(物) 속에 수렴된 것이어서 한정된 양(量)을 갖는다. 그리하여 성에는 한정된 때[時]가 있기에, 호연(浩然)하고 끝이 없는 때[1225]를 갖는 것이 아니다. 또 성에는 한정된 양이 있기에, 융합하여 유동(流動)하는 양[1226]이 아니다. 그러므로 "도는 크고 선은 작으며, 선은 크고 성은 작다."라고 말한 것이다.[1227]

1225 이는 도(道)에 해당하는 때[時]다.

1226 이는 선(善)에 해당하는 양(量)이다.

1227 이는 외연(外延; extension)과 내포(內包; intension)로써 설명하면 이해가 쉽다. 내포(內包)는 어떤 성질이나 뜻 따위를 속에 품은 개념(또는 명사)을 의미하는데, 이 특정 개념이 적용되는 범위에 속하는 여러 사물이 공통으로 지니는 필연적 성질 전체를 가리킨다. 외연(外延)은 일정한 개념이 적용되는 사물의 모든 범위를 가리킨다. 그러므로 내포와 외연 사이에는 반비례 관계가 성립한다. 즉 내포가 크면 외연이 작고, 내포가 작으면 외연이 크다. 사람이나 물(物)의 '성(性)'은 여기에서 왕부지가 말하는 '선(善)'에 비해서 내포가 크고, 또 이 '선'은 '도'에 비해서 그 내포가 크다. 즉 내포로는 '성〉선〉도'의 관계가 성립한다. 그런데 외연으로 보면 '도'는 시공간적으로 무한한 만물 모두에 적용되기에 가장 크고, '선'은 '도'와 '성'을 이어지게 하는 단계에 속하니 그다음으로 크며, '성'은 특정 개체에게만 적용되니 가장 작다. 그래서 외연으로 보면 '도〉선〉성'의 관계가 성립한다. 그래서 여기에서 "도는 크고 선은 작으며, 선은 크고 성은 작다."라고 말한 것은 외연의 측면에서 말하는 것이라 할 수 있다.

小者專而致精, 大者博而不親. 然則以善說道, 以性說善, 恢恢乎其欲大之, 而不知其未得其精也. 恢恢乎大之, 則曰, "人之性猶牛之性, 牛之性猶犬之性", 亦可矣. 當其繼善之時, 有相猶者也, 而不可概之已成乎人之性也, 則曰, "天地與我同根, 萬物與我共命"亦可矣. 當其爲道之時, 同也共也, 而不可概之相繼以相授而善焉者也. 惟其有道, 是以繼之而得善焉, 道者善之所從出也. 惟其有善, 是以成之爲性焉, 善者性之所資也. 方其爲善, 而後道有善矣. 方其爲性, 而後善凝於性矣.

역문 작은 것은 전일(專一)하여 정밀함을 이루고, 큰 것은 넓어서 친밀하지 않다. 그러므로 선(善)으로써 도(道)를 말하거나 성(性)으로써 선을 말하는 것은 크고 성기게 키우려 한 것이지만, 이렇게 해서는 정밀함을 얻을 수 없다는 것을 알지 못하는 것이다. 크고 성길 만큼 키운다면, "사람의 성(性)이 소의 성과 같고, 소의 성이 개의 성과 같다."[1228]라고 해도 될 것이다.

하늘과 사람을 이어지게 하는 선(善)의 단계에서는 만물이 서로 비슷함이 있으니, 이미 사람의 성을 이루고 있는 것을 이 단계에서는 개괄할 수 없다.[1229] 그래서 이 단계에서는 "하늘 · 땅이 나와 뿌리가 같고, 만물이 나와 명(命)을 함께한다."라고 말해도 된다. 도(道)의 단계에서는 모든 것이

1228 고자가 "생겨나게 하는 것이 성이다.[生之謂性]"라고 하여 성은 모두 똑같다고 주장한 것에 대해, 맹자가 고자에게 이 말로 반박함으로써 고자의 입을 닫게 하였다.(『孟子』, 「告子 上」에 나오는 말이다.)

1229 즉 계선(繼善; 繼之者善也)을 성성(成性; 成之者性也)으로 개괄할 수 없다는 것이다. 계선이 성성보다 외연이 크고, 성성이 내포는 더 크기 때문이다. 즉 외연으로 보면 계선에서는 특정 성성 이외의 여집합이 있고, 내포로 보면 특정 성성이 계선보다 커서 또한 개괄할 수 없는 것이다.

같기도 하고 함께하기도 하니, 음과 양이 서로 줌으로써 서로 이어지게 하는 선(善)이라고 개괄할 수 없다.[1230] 오직 도가 있기 때문에 이어지게 하여 선할 수 있으므로, 도는 이 선이 좇아서 나오는 곳이다. 그리고 오직 이 선이 있기 때문에 이루어 성이 되므로, 선은 성이 바탕으로 삼고 있는 것이다. 바야흐로 선함을 이룬 뒤에야 도에 선이 있는 것이다. 바야흐로 성을 이룬 뒤에야 선은 성에 응취하는 것이다.

故孟子之言性善, 推本而言其所資也, 猶子孫因祖父而得姓, 則可以姓繫之. 而善不於性而始有, 猶子孫之不可但以姓稱, 而必繫之以名也. 然則先言性而繫之以善, 則性有善而疑不僅有善. 不如先言善而紀之以性, 則善爲性, 而信善外之无性也. 觀於『繫傳』, 而天人之次序乃審矣.

역문 그러므로 맹자가 사람의 성(性)은 선하다고 말하는 것은 근본을 미루어서 바탕으로 삼고 있는 것을 말한 것이다. 이는 마치 자손이 조상과 아버지로부터 성(姓)을 얻었으니, 자신을 이 성(姓)으로써 붙들어 맬 수 있음과 같다. 그런데 선(善)은 성(性)에서 비로소 있는 것이 아니다. 이는 마치 자손이 단지 성(姓)으로만 칭할 수 없고 반드시 이름까지 함께하여 붙들어 매야 하는 것과 같다. 그러므로 먼저 성(性)을 말하면서 선(善)으로 붙들어 맨다면, 성(性)에는 선(善)이 있기는 하지만 이 성(性)을 가진 사람에게는 겨우 선(善)만이 있는 것이 아니라고 의심할 것이다. 그러니 이보다는 먼

1230 즉 도의 단계[一陰一陽之謂道]를 계선(繼善; 繼之者善也)으로 개괄할 수 없다는 것이다. 도(道)가 계선보다 외연이 크고, 계선이 도(道)보다 내포는 더 크기 때문이다. 다시 말해서 외연으로 보면 도의 단계에서는 계선 이외의 여집합이 있고, 내포로 보면 계선이 도(道)보다 커서 또한 개괄할 수 없다는 것이다.

저 선(善)을 말하여 성(性)의 실마리를 잡아 주는 것이 낫다. 이렇게 하면 선(善)이 성(性)이 되므로, 선(善)의 밖에는 성(性)이 없다는 것을 믿게 될 것이다.[1231] 이 『계사전』을 보면 하늘과 사람 사이의 차서(次序)를 알게 될 것이다.

甚哉, 繼之爲功於天人乎! 天以此顯其成能, 人以此紹其生理者也. 性則因乎成矣, 成則因乎繼矣. 不成未有性, 不繼不能成. 天人相紹之際, 存乎天者莫妙於繼. 然則人以達天之幾, 存乎人者亦孰有要於繼乎!

역문 막심하도다, 이어 주어 하늘과 사람 사이에서 공(功)을 세움이여! 하늘은 이러함[繼善]을 통해서 성(性)을 이루어 주는 능함을 드러내고, 사람은 이러함[繼善]으로써 생겨나게 하는 이치를 잇는 것이다. 성(性)은 이루어짐으로써 존재하게 되는 것이고, 이루어짐은 이 이어 줌[繼善]에 의해서 가능한 것이다. 이루어지지 않으면 성(性)이 존재하지 않고, 이어 주지 않으면 이루어질 수가 없다. 하늘과 사람이 서로 잇는 즈음에 하늘에 존재하는 것으로서는 이 이어 줌보다 더 신묘한 것은 없다. 그러므로 사람은 하늘의 조짐을 통달하니, 사람에게 보존된 것 중에 또한 그 어떤 것이 계선(繼善)에 영합함이 있을까!

夫繁然有生, 粹然而生人, 秩焉紀焉, 精焉至焉, 而成乎人之性, 惟其繼而已矣. 道之不息於既生之後, 生之不絕於大道之中, 綿密相

1231 외연으로 볼 적에, 계선은 성성(成性)을 포괄하므로, 성성은 반드시 계선의 범주를 벗어날 수 없다는 의미다. 그래서 사람의 성(性)은 꼭 선(善)하다는 것이다.

因, 始終相洽, 節宣相允, 无他, 如其繼而已矣. 以陽繼陽, 而剛不餒; 以陰繼陰, 而柔不孤; 以陽繼陰, 而柔不靡; 以陰繼陽, 而剛不暴. 滋之无窮之謂恒, 充之不歉之謂誠, 持之不忘之謂信, 敦之不薄之謂仁, 承之不昧之謂明. 凡此者, 所以善也. 則君子之所以爲功於性者, 亦此而已矣.

역문 도(道)는 성대하고 다양하게 물(物)들을 낳고 순수하게 사람을 낳는데, 여기에 질서가 있고 벼리가 있으며, 정치(精緻)함이 있고 지극함이 있다. 여기에서 사람의 성(性)을 이루는 것은, 오직 이어 줌[繼善]일 따름이다. 이미 생겨난 뒤에도 도가 쉬지를 않으며, 생겨남이 대도 속에서 끊이지 않는데, 면밀하게 서로가 말미암고, 처음과 끝이 서로 합치하며, 흐트러지지도 꽉 틀어막히지도 않게 잘 조절하면서, 서로 믿는 것은 다른 것이 아니다, 이 이어 줌[繼善] 때문일 따름이다. 양으로써 양을 이어 주어서는 굳셈[剛]이 굶주리지 않고, 음으로써 음을 이어 주어서는 부드러움[柔]이 외롭지 않으며, 양으로써 음을 이어 주어서는 부드러움[柔]이 호사(豪奢)를 부리지 않고, 음으로써 양을 이어 주어서는 굳셈이 포악스럽지 않다. 번식함이 무궁함을 '늘[恒]'이라 하고, 채워 주어서 부족하지 않게 함을 '성실[誠]'이라 한다. 유지하여서 잊지 않게 함을 '믿음'이라 하고, 두텁게 해 주어서 박하지 않도록 함을 '어짊[仁]'이라 한다. 또 이어서 어둡지 않게 함을 '밝음'이라 한다. 바로 이처럼 하므로 선(善)한 것이다. 군자로서도 성(性) 그대로를 잘 실현하여 공을 세움이 있는 것은 역시 이러할 따름이다.

繼之則善矣, 不繼則不善矣. 天无所不繼, 故善不窮; 人有所不繼, 則惡興焉. 利者, 佹得佹失者也; 欲者, 偶觸偶興者也. 仁者, 存存者也; 義者, 井井者也. 利不乘乎倖得, 安身利用不損乎義, 惟其可貞也; 欲不動於偶觸, 飮食男女不違乎仁, 惟其有常也. 乍見之怵惕, 延之不息, 則群族託命矣; 介然之可否, 持之不遷, 則萬變不驚矣. 學成於聚, 親故相資而新其故; 思得於永, 微顯相次而顯察於微. 其不然者, 禽獸母子之恩, 噫噫麌麌, 稍長而无以相識; 戎狄君臣之分, 炎炎赫赫, 移時而旋以相戕; 則惟其念與念之不相繼也, 事與事之不相繼也爾矣. 從意欲之興, 繼其所繼, 則不可以期月守; 反大始之原, 繼其所自繼, 則終不以終食忘. 何也? 天命之性有終始, 而自繼以善无絶續也. 川流之不匱, 不憂其逝也, 有繼之者爾; 日月之相錯, 不憂其悖也, 有繼之者爾. 知其性者知善, 知其繼者知天, 斯古人之微言, 而待於善學者與!

역문 이어지면 선(善)이고 이어지지 않으면 불선(不善)이다. 하늘에는 이어지지 않음이 없으므로 선(善)이 무궁하지만, 사람에게는 이어지지 않음이 있기에 악(惡)이 일어나는 것이다. 이로움이란 홀연히 얻기도 하고 홀연히 잃기도 하는 것이며, 욕구란 우연히 감촉하여 우연히 발홍하는 것이다. 어짊[仁]은 이미 사람의 성(性)에 존재하는 것을 보전하는 것이고, 의로움[義]이란 가지런하여 조리가 있는 것이다. 이로움이 홀연히 얻은 이익에 올라타지도 않고, 자신을 편안히 하고 이 선(善)을 이롭게 쓰며 의로움에 손해를 끼치지 않을 수 있는 것은, 오직 올곧을 수 있기 때문이다. 또 욕구가 우연한 감촉에도 발동하지 않고 음식 · 남녀가 어짊[仁]을 어기지 않을 수 있는 것은, 오직 한결같음[常]이 있기 때문이다. 유자입정(孺子入井)과 같은 상황을 보자마자 깜짝 놀라며 측은한 마음이 일고, 나아가 곧바로 행동으로 옮긴다면, 동족들이 그에게 명(命)을 의탁하는 것이다. 가부(可否)를 올바르게 판단하여 굳게 지키며 마음을 바꾸지 않는다면, 어떠한 변화에도 놀라지 않을 것이다. 배움은 모임에서 이루어지는데, 친척과 옛친구가 서로 도움을 주면서 옛 모습을 새롭게 하는 것이다. 그리고 영원할 수 있기를 생각하여서는 은미함과 현저함이 서로 차례를 이루며 은미함에서 현저함을 살핀다.

이렇지 아니한 것은 짐승들의 어미와 새끼 사이 은혜와 같다. 날짐승은 소리로써 어미와 새끼가 화합하고, 들짐승은 몰려다니면서 어미와 새끼가 화목하지만, 새끼들이 조금 자라면 어미와 새끼 사이에 서로 알아보지도 못한다. 융적(戎狄)들의 군주와 신하 사이 나뉨은 불꽃처럼 환하지만, 조금 시간이 지나면 서로 죽이기까지 한다. 그 까닭은 오직 이들의 생각[念]과 생각[念]이 서로 이어지지 않기 때문이고, 일과 일이 서로 이어지지 않기 때문이다. 의욕이 홍함을 좇아 관련하여 이어야 할 것을 이으니, 정해진 기한 지키지도 못한다. 또 위대한 시작이 되는 근원에 거스른 채 자신이 이어야 할 것을 이으니, 채 밥 한 끼 먹을 시간도 못 채우고 잊어버리고 만다.

왜 그러겠는가? 천명지성(天命之性)에는 시작과 끝이 있지만, 스스로 선(善)으로써 이을 뿐, 끊어졌다 이어졌다 하지 않는다. 강물의 흐름이 다하지 않으며 물이 흘러가 버림을 걱정하지 않는 까닭은, 이어짐이 있기 때문이다. 해와 달이 운행하면서 서로 어긋나지만, 이들이 그 어그러짐을 걱정하지 않는 까닭은, 이들에게 이어짐이 있기 때문이다. 성(性)을 아는 사람은 선(善)을 알고, 그것이 하늘과 사람 사이에 이어짐의 소산임을 아는 사람은 하늘을 아는데, 이는 옛사람들이 하신 은미한 말로서, 그 실현은 훌륭한 학자들에 의존하는 것이로다!

故專言性, 則'三品'·'性惡'之說興; 溯言善, 則天人合一之理得; 概言道, 則无善·无惡·无性之妄又熺矣. 大者其道乎! 妙者其善乎! 善者其繼乎! 壹者其性乎! 性者其成乎! 性可存也, 成可守也, 善可用也, 繼可學也, 道可合而不可據也. 至於繼, 而作聖之功蔑以加矣.

역문 그러므로 오로지 성(性)만을 뚝 떼어서 말한다면, '성은 삼품(三品)으로 되어 있다'[1232]·'사람의 성은 악하다'[1233]라는 설이 일어나는 것이다. 그리고 위로 거슬러 올라가 선(善)을 말하면, 천인합일의 이치를 얻게 될 것이며, 도(道)를 개괄하면 선도 없다·악도 없다·성조차도 없다는 망령된 설이 또한 왕성할 것이다.

위대한 것은 도로다! 신묘한 것은 선이로다! 선이란 이어지는 것이로다! 하나만인 것은 성이로다! 성은 이루어지는 것이로다! 성은 보존할 수 있고, 지킬 수 있다. 선은 쓸 수가 있고, 이어지게 함은 배울 수가 있다. 도는 합할 수도 있고 의거할 수도 있다. 이어지게 함에 이르러서는 성인이 되는 공(功) 이상으로 더 보탤 것이 없다.

1232 당대(唐代)에 한유(韓愈)가 주장한 설이다.
1233 중국의 전국(戰國) 시기에 순자가 주장한 설이다.

계사상전 제6장

繫辭上傳第六章

擬『易』以所配, 其義精矣. 非密審其理者未易晰也. 故天陽而地陰, 天地亦陰陽也. 春夏陽而秋冬陰, 四時亦陰陽也. 而僅配陰陽於日月者, 謂夫陰陽之侀成而不易者也.

역문 『주역』에서 배당하고 있는 것을 헤아려 보면, 그 의미가 정심(精深)하다. 그 이치를 꼼꼼히 살피지 않은 이라면 쉽게 밝힐 수 있는 것이 아니다. 그러므로 하늘은 양이고 땅은 음이니, 하늘 · 땅 역시 음 · 양이다. 봄 · 여름은 양, 가을 · 겨울은 음이니, 사계절도 음 · 양이다. 그런데도 음 · 양을 겨우 해 · 달에 배당하는 사람이 "음 · 양은 형체가 이루어져서는 바뀌지 않는 것이다."라고 말한다.

天道有陰, 地道有剛, 以言天地, 不可矣. 四時密相禪, 而生殺各有時, 以言四時, 不可矣. 故日月而後其配確也. 日行出爲晝而入爲夜, 月明生於夜而死於晝, 相與含吐而各保其時, 相與匹合而各貞其德. 各保其時, 則廣有畛而大有涯; 各貞其德, 則有通理而无變化. 斯以爲陰陽之侀成而不易者尔.

역문 하늘의 도에 음이 있고, 땅의 도에 굳셈[剛]이 있다는 것으로써 하늘·땅을 말하는 것은 안 된다. 사계절이 은밀하게 서로 물려주고, 생함과 죽임에 각기 때[時]가 있다고 하는 것으로써 사계절을 말하는 것은 안 된다. 그러므로 해·달이 있고 난 뒤에 그 배당이 확고해진다. 태양이 운행하며 떠올라서는 낮이 되고 들어가서는 밤이 되며, 달의 밝음은 밤에 생겨나고 낮에 사라진다. 이처럼 이들은 서로 머금었다 토해 냈다 하면서도 각기 자신의 때[時]를 보전하고, 서로 짝으로서 합하면서도 각각 자신의 덕을 올곧게 해낸다. 각기 자신의 때[時]를 보전하니, 널리 각자의 영역이 있고 크게 경계 지움이 있다. 각각 자신의 덕을 올곧게 해내니, 통하는 이치는 있을지언정 그 덕에 변화는 없다. 이러함에 근거하여 음·양이 형성되어서는 바뀌지 않는다고 여길 뿐이다.

若夫廣大者, 陰陽之用也; 變通者, 陰陽之制也.

역문 예컨대 넓고 크다는 것은 음·양의 작용이고, 변하고 통하는 것은 음·양의 마름질함이다.

其爲用也, 日月·風雷·山澤, 賅而存焉, 非日月所能盡也. 合一歲以成功, 儲其无窮以應氣機, 非四時之有待也. 非天地, 其孰有此不匱之神耶?

역문 그 작용을 보면, 해와 달·바람과 우레·산과 연못이 여기에 다 갖추어지니, 해와 달로서 다 해낼 수 있는 것이 아니다. 한 해를 다해서 공을 이루어 내고, 무궁한 속에서 기(氣)의 체제[機]에 응하니, 이는 의존함이 있는 사계절 정도에 그치는 것이 아니다. 하늘·땅이 아니고서 그 누구에게 이렇듯 다하지 않는 신묘함이 있겠는가?

其爲制也, 四時均此一日月, 而无分陰分陽之象; 統此一天地, 而流行於廣大之中. 當其移易也, 微動而无垠; 當其著效也, 專致而不備. 故冬之變春, 老陰之上生一而七也; 夏之變秋, 老陽之下化一而八也; 春之通夏, 少陽之上生二而進九也; 秋之通冬, 少陰之下化二而退六也. 任生者奇, 任成者偶. 六而七, 九而八, 各用奇而生; 七而九, 八而六, 各用偶而成. 生者外生, 成者內成. 外生變而生彼, 內成通而自成. 故冬以生溫於寒, 夏以生凉於暑; 夏以成溫而暑, 冬以成凉而寒. 力有餘而數未盡, 則損益各二以盡之. 數已終而力竭, 功必以漸而不可驟, 則損益各一以漸易之. 酌其虛盈, 變必通, 窮必變; 酌其多少, 爲度於數; 故曰陰陽之制也.

역문 그 마름질하는 것을 보면, 사계절이 고루 이 하나의 해와 달에 의해 이루어지고, 음으로 나뉘고 양으로 나뉘는 상(象)이 없으며, 이 하나의 하늘·땅을 통괄하여 넓고 큰 속에서 널리 행한다. 이동하며 바뀔 적에는 은미하게 움직이며 한계가 없고, 현저하게 효과를 드러냄에서는 오로지 자신이 할 수 있는 것만을 이루어 내며 완비하지는 않는다. 그러므로 겨울이 봄으로 변함에서는 노음(老陰; 6)의 위에 1이 생겨서 7(少陽)이 되며, 여름이 가을로 변함에서는 노양(老陽; 9)이 아래로 1만큼 화하여 8(少陰)이 된다. 봄이 여름으로 통함에서는 소양(7)의 위에 2가 생겨서 9(老陽)로 나아가고, 가을이 겨울로 통함에서는 소음(8)이 아래로 2만큼 화하여 6(老陰)으로 물러난다. 이렇듯 생함을 맡는 것은 홀수[1]이고, 이룸을 맡는 것은 짝수[2]다. 6(노음)이 7(소양)이 되고 9(노양)가 8(소음)이 됨에서는 각각 홀수[1]

를 써서 생하며, 7(소양)이 9(노양)가 되고 8(소음)이 6(노음)이 됨에서는 각각 짝수[2]를 써서 이룬다.

생하는 것은 밖에서 생하고, 이루는 것은 안에서 이룬다. 밖에서 생함에서는 변하여 상대방을 생하고, 안에서 이룸에서는 통하여 스스로를 이룬다. 그러므로 겨울에는 추위 속에서 따뜻함을 생하고, 여름에는 더위 속에서 시원함을 생하며, 여름에는 따뜻함을 이루어서 덥고, 겨울에는 시원함을 이루어서 춥다.

이렇듯 힘에는 남음이 있는데 수가 미진(未盡)하면 각기 2를 덜어 내거나 더해서 이를 다한다. 수가 이미 끝나고 힘도 다하면, 공(功)은 반드시 점진적으로 이루어지며 결코 갑작스럽게 이루어지지 않는다. 그래서 각각 1을 덜거나 더해서 점점 바뀌는 것이다. 텅 빔[虛]과 가득 참[盈]을 참작하여 변하여서는 반드시 통하고, 궁하면 반드시 변한다. 또 그 많고 적음을 참작하여 수에서는 도수(度數)가 된다. 그러므로 '음 · 양의 마름질'이라 하는 것이다.

七曜之或進或退, 通也, 而曆以推; 十二宮之上生下生, 變也, 而律以調. 律曆本於『易』之變通, 而於陰陽之例而爲質, 廣大之體而爲用者, 則未之有準也. 故『易』可以推律曆, 律曆不可以盡『易』. 无所準於天地, 則德行廢; 无所準於日月, 則成質虧. 久矣, 卦氣之說礙於一隅矣.

역문 7요(曜)[1234]가 나아가기도 하고 물러나기도 하는 것이 통함인데, 역(曆)에

1234 '7요(曜)'는 해, 달, 수성, 금성, 화성, 목성, 토성을 말한다.

서는 이를 미루어 표기하고 있다. 12궁(宮)[1235]의 위에서 생하는 것과 아래에서 생하는 것이 변함[變]인데, 율(律)에서는 이를 반영하여 조절하고 있다. 이렇듯 율력(律曆)은 『주역』의 변함과 통함에 근본을 두고 있지만, 음·양이 이루어져서 질(質)이 됨과 넓고 큰 몸[天地]이 작용함에 대해서는 준거함이 없다. 그러므로 『주역』으로는 율력을 미루어 볼 수 있으나, 율력으로는 『주역』을 다 드러낼 수 없다. 하늘·땅을 준거로 하지 않으므로 덕행은 폐기되고, 해·달을 준거로 하지 않으므로 이루고 있는 질(質)이 이지러진다. 오래되었도다, 괘기설(卦氣說)이 한쪽 구석에만 틀어박혀 있은 지가.

是故備乎兩間者, 莫大乎陰陽, 故能載道而爲之體. 以用則无疆, 以質則不易, 以制則有則而善遷. 天之運也, 地之遊也, 日月之行也, 寒暑候氣之節也, 莫不各因其情以爲量, 出入相互, 往來相遇, 无一定之度數, 雜然各致, 而推盪以合符焉.

역문 하늘·땅 사이에 갖추어진 것으로서는 음·양보다 더 큰 것이 없다. 그러므로 음·양은 도(道)를 실을 수 있고 그 몸이 된다. 음양의 작용은 끝이 없고, 그 질(質)은 바뀌지 않으며, 그 마름질함에는 법칙이 있고 잘 변천한다. 하늘의 운행이든, 땅의 한가로움이든, 해와 달의 주행(周行)이든, 추위

1235 태양이 황도(黃道)를 따라 한 바퀴 돌면서 달과 매년 12번 만나는데, 이 만나는 곳마다 일정한 부위가 있다. 그래서 이를 기준으로 황도 한 바퀴 360°를 나누어 12단계로 한 것이 12궁이다. 각 궁은 30°씩인데, 여기에 별자리 이름을 붙여서 부르고 있다. '황도'는 태양의 둘레를 도는 지구의 궤도가 천구(天球)에 투영된 궤도를 말한다. 천구의 적도면(赤道面)에 대하여 황도는 약 23.27°만큼 기울어져 있으며, 적도와 만나는 두 점을 각각 춘분점·추분점이라 한다.(『표준국어대사전』, '황도' 조 참고.)

와 더위를 이루는 절기의 마디든, 각기 자신의 실정에 맞게 양(量)으로 하여, 서로 간에 드나들고, 왔다 갔다 하며 서로 만난다. 여기에는 꼭 일정하게 정해진 도수(度數)가 없고, 잡다하며 다양하게 각자가 이루고, 밀치고 흔들어 대면서 합치하고 부합한다.

故聖人之於『易』也, 各因其材以配之, 形象各得, 生成各遂, 變化各致, 而要不相爲凌背, 則吉凶著而化育成矣. 若守其一隅, 準諸一切, 則天理不相揜, 而人事相違, 又惡足以經緯乎兩間哉? 故曰, "神无方而『易』无體", 廣大之謂也.

역문 그러므로 성인은 『주역』을 만들면서 각기 그 재질을 고려하여 배정하였으니, 형과 상이 각기 제 모습을 얻고, 생함과 이룸이 각기 완수하며, 변함[變]과 화함[化]이 각기 지극하게 이루어져서, 서로 능멸하며 등지지 않으려고 한다. 그래서 길 · 흉이 드러나면서 화육(化育)이 이루어지는 것이다. 그런데도 만약에 한 귀퉁이만을 고수하면서 이를 모든 것의 준거로 삼는다면, 하늘의 이치와 서로 부합하지 못하고 사람의 일과도 서로 어긋날 것이다. 그렇다면 어찌 족히 하늘과 땅 사이를 종횡으로 아우르는 원칙이 되겠는가? 그러므로 "신묘함에는 정해진 곳이 없고, 『주역』에는 정해진 몸이 없다."라고 하는 것이니, 이는 넓고 큼을 말하는 것이다.

乃爲『月令』之說者曰, "春夏陽, 秋冬陰. 王者繼天而爲之子, 春夏用賞, 秋冬用刑." 是春夏廢陰而秋冬廢陽也. 賞以法陽, 刑以法陰, 一如日月之懸象, 侀一成而不易, 昭垂於庶民, 使其以晝夜之行爲吉凶, 則刑賞之法日月是已. 變刑而先賞, 變賞而先罰, 通賞以五等,

通刑以三刺，則變通以情理，猶冬无凄陰，夏无酷暑也．賞以勸善而惡者愧，刑以懲惡而善者安，非刑无陽而賞无陰，則上下進退之生積備矣．豈規規然畫四時以生殺乎? 如其畫賞於春夏，畫刑於秋冬，抑无以待人事之變，而順天命天討之宜．卒有肘腋之姦，待之數月而戎生於莽; 大功既建，而印刓未與; 倘其不逮期而溘先晨露，將无含憾於泉壤哉? 故曰，“賞不踰時，罰不旋踵．” 无所待以昭大信也．

역문 『월령』을 만든 사람은 말하기를, “봄 · 여름은 양이고, 가을 · 겨울은 음이다. 왕은 하늘을 계승하여 아들이 되어, 봄 · 여름에는 상(賞)을 쓰고, 가을 · 겨울에는 형(刑)을 쓴다.”라고 한다. 그러나 이는 봄 · 여름에는 음을 폐기하고, 가을 · 겨울에는 양을 폐기한 것이다. 여기에서는 상(賞)은 양을 본받고 형(刑)은 음을 본받은 것이라 하며, 해와 달이 하늘에 매달린 상(象)을 이루고 있는 것과 똑같다고 한다. 그런데 이 해와 달이 한 번 이루어져서는 바뀌지 않은 채 백성들에게 밝게 드리우고 있다고 하여, 이들이 밤낮으로 운행하는 것으로써 길 · 흉을 삼으니, 이러함에서는 형(刑) · 상(賞)이 그저 해와 달만을 본보기로 하는 것일 따름이다.

그런데 형(刑)을 변하게 하고 상(賞)을 앞세우며, 상(賞)을 변하게 하고 벌을 앞세울 뿐만 아니라, 오전(五典)으로써 상(賞)을 통하게 하고,[1236] 삼자

1236 **역자 주**: 이 번역에서 저본(底本)으로 삼고 있는 악록서사(嶽麓書社) 본에는 이곳이 ‘五等(오등)’으로 되어 있다. 그런데 구지밍(谷繼明)의 『왕선산『주역외전』전소(旺船山『周易外傳』箋疏)』 본에서는 이를 ‘五典(오전)’으로 교감(校勘)하고 있다. 역자는 이에 동의한다. ‘오등(五等)’은 주대(周代)의 귀족 계급을 공(公) · 후(侯) · 백(伯) · 자(子) · 남작(男爵) 등 다섯 등급으로 한 것인데(『禮記』, 「王制」: 王者之制祿爵, 公 · 侯 · 伯 · 子 · 男五等.), 이곳의 맥락으로 보아서는 적당하지 않기 때문이다. ‘오전’은 『서경(書經)』, 「순전(舜典)」에 나오는 말이다.(愼徽五典, 五典克從.) 공안국(孔安國; 생졸년 미상. 전한 초기에 활약한 인물로서 공자의 11대손)은 이에 대해, “‘徽(휘)’는 아름답다는 의미다. ‘오전’은 오상(五常)의 가

(三刺)[1237]로써 형(刑)을 통하게 하였으니, 이는 인정과 도리로써 변하게 하고 통하게 하는 것이다. 이는 마치 겨울에 차가운 추위가 없고, 여름에 무더위가 없는 것과도 같다. 상으로써 선(善)을 권장하여서는 악한 사람들이 부끄러워하고, 형으로써 악을 징치하여서는 선한 사람들이 편안하다. 형에도 양이 없는 것이 아니고, 상에도 음이 없는 것이 아니므로, 위와 아래에서 나아가고 물러나고 하면서 생함이 누적되어 갖추어질 것이다. 그러니 어찌 자질구레하게 얽매인 채 사계절을 딱 생함과 죽임으로 가르겠는가?

그런데도 만약에 봄·여름에 딱 잘라서 상을 배당하고, 가을·겨울에 딱 잘라서 형을 배당한다면, 아마도 사람 일이 변하기를 기대할 수 없을 것이고, 천명(天命)·천토(天討)의 의로움에도 따르지 않게 될 것이다. 이렇게 하다 보면, 마침내 자신과 가까운 사람들의 간사함이 있게 되고, 몇 개월이 지나면 반란을 꾀하는 군사가 초원에서 생겨나기도 하며, 위대한 공을 이미 세워 제후에 봉하는 도장을 새겨 놓고도 그 도장 끈이 다 닳아서 너덜너덜해질 때까지 정작 본인에게 수여하지 못하기도 할 것이다.[1238]

르침으로서, 아버지는 의롭고, 어머니는 자애롭고, 형은 동생에게 우애하고, 동생은 형에게 공손하고, 자식은 부모에게 효도하는 것을 말한다. 순임금은 이 '오전'을 삼가 아름답고 돈독하게 실천하였으며, 이 도(道)를 여덟 명의 재덕 있는 사람[八元]에게 천거하며 전국에 퍼지게 하였으니, 이 오교(五教)를 백성들이 어기지 않고 따를 수 있었다.(徽, 美也. 五典, 五常之教, 父義·母慈·兄友·弟恭·子孝. 舜愼美篤行, 斯道擧八元, 使布之於四方, 五教能從無違.)"라고 주해하고 있다.

1237 '3자(刺)'는 주(周)나라에서 중요한 범죄의 사안을 다룰 적에 1차로 뭇 신하들에게 물어보고, 2차로 뭇 관리들에게 물어보고, 3차로 백성들에게 물어보는 식으로, 여러 차례 신중하게 심의를 거쳐 죄를 정하고 판결하던 제도를 말한다. 이 밖에도 주대에는 삼유(三宥)·삼사(三赦)의 법이 있었다고 한다.(『周禮』, 「秋官, 司刺」: 司刺掌三刺·三宥·三赦之法, 以贊司寇聽獄訟. 壹刺曰訊群臣, 再刺曰訊群吏, 三刺曰訊萬民.)

1238 이는 사마천이 항우를 조롱하면서 한 표현이다. 그가 쓴 『사기』, 「한신전」에 보면, 항우는 사람이 누군가 공경하고 자애로우면 그에게 말을 온화하게 하고, 또 누군가 병이 들면 눈

만약에 상을 내릴 시기가 아니라 하여 채 상을 주지 않은 채 상 줄 때를 기다리고 있는데, 당사자가 갑작스레 먼저 아침 이슬처럼 속절없이 스러져 버리면, 장차 그가 구천(九天)에서 원망의 뜻을 품지 않겠는가?[1239] 그러므로 "상을 줌에서는 시간을 넘기지 말고, 벌을 줌에서는 시간을 단축해서는 안 된다."라고 한다.[1240] 그 뜻은 기다림이 없이 큰 믿음을 밝게 드러내야 한다는 것이다.

然則『月令』之書, 戰國先秦道喪而託於技, 蓋非聖之書, 而呂不韋·劉安以附會其邪說. 戴氏雜之於『禮』, 後儒登之於經, 道愈烈矣. 變復之術, 王充哂之, 亦知言者夫!

역문 이러한 관점에서 볼 때, 『월령』이라는 책은 선진(先秦)의 전국(戰國) 시기에 도가 상실된 나머지 기예에 의탁하여 출현한 것이니, 아마도 성인이 만든 책이 아닐 것이다.[1241] 여불위(呂不韋; B.C.292~B.C.235)[1242]와 유안(劉安;

물을 흘리며 음식을 나누어 주었다고 한다. 그러나 누군가 공을 세우면 그를 제후에 봉하는 도장을 새겨 놓고도 그 도장 끈이 다 닳아서 너덜너덜해질 때까지 차마 주지를 못했다고 한다. 그래서 항우의 어짊[仁]은 '아녀자들의 어짊'이라 한다고 조롱하고 있다.[『史記』, 「淮陰侯(韓信)傳」: 項王見人, 恭敬慈愛, 言語嘔嘔, 人有疾病, 涕泣分食飮. 至使人有功, 當封爵者, 印刓弊, 忍不能予. 此所謂婦人之仁也.]

1239 기계적으로 봄·여름을 양으로 보아 상(賞)을 주는 시기로 딱 갈라서 한정하고, 가을·겨울을 음으로 보아 형(刑)으로 주는 시기로 딱 갈라서 한정한다면, 상과 형을 제때제때 주지 못해 이러한 문제점들이 생긴다는 것이다.

1240 蔡戡, 『定齋集』 권2, '論臧否守令劄子': 賞不踰時, 賞一人而千萬人勸; 人知爲惡, 而罰不旋踵, 罰一人而千萬人沮.

1241 「월령」은 『예기』의 한 편인데, 여기에서는 해와 달의 주행(周行)만으로 12개월을 나누어서 농사에 필요한 정보를 제공하고 있다. 그러므로 왕부지는 이렇게 평하는 것 같다. 즉 해와 달의 주행(周行)만을 근거로 하여 기계적으로 12개월을 가르고 있는 것이 문제라는 것이다. 왜냐하면 어느 해는 봄이 늦게 올 수도 있고 이르게 올 수도 있으며, 여름이 덥지 않거나 겨울이 춥지 않거나 하여 매년의 순환은 일정하지 않은데, 그럼에도 불구하고 12개월

B.C.179~B.C.122)[1243]이 사설(邪說)들을 억지로 끌어다 붙인 것들이다. 대씨(戴氏)[1244]가 이를 『예기』에 뒤섞어 놓았고, 후대의 유학자들은 이를 경(經)

을 똑같이 등분하여 기계적으로 월령을 제시하기 때문이다.

1242 여불위는 중국 전국 시기의 정치가다. 처음에는 대상(大商)이었으나 나중에는 진(秦)나라의 재상이 되었고, 문신후(文信侯)에 봉해졌으며, 13년간이나 재상을 역임하였다. 그는 머리가 비상한 사람으로서, 장사에서나 정치에서나 능수능란하게 수완을 발휘하였다. 그는 널리 문객들을 초빙하여 유가와 묵가를 아우르고 명가와 법가를 합하는 것을 사상의 핵심으로 삼았다. 이를 바탕으로 해서 엮은 책이 『여씨춘추(呂氏春秋)』다. 이 책에서는 팔람(八覽)·육론(六論)·십이기(十二紀) 등을 다루고 있는데, 글자 수가 무려 20만 자가 넘는다고 한다. 여불위는 이 책이 천지 만물과 고금의 일들을 망라하고 있다고 자신하며, 이 책이 완성되자 함양(咸陽)의 시문(市門)에 펼쳐 놓고 그 위에 천금(千金)을 올려놓은 뒤, 이 책에서 한 글자라도 보태거나 뺄 수 있는 사람이 있다면 이 돈을 주겠다고 하였다고 한다. (『사기』, 「여불위전」 참고.)

여불위는 진나라의 대신으로 있을 적에 주(周)·조(趙)·위(衛) 나라의 땅을 빼앗아 삼천(三川)·태원(太原)·동군(東郡) 등을 세워 진시황이 중국을 통일하는 데 큰 공을 세웠다. 그러나 나중에는 노애(嫪毐; ?~B.C.238) 일파의 반란에 연루되어 상방(相邦; 相國)의 직위를 박탈당하고 하남의 봉지(封地)로 거처를 옮겨야만 했다. 그리고 얼마 지나지 않아 진시황이 그를 촉(蜀)으로 유배하자, 여불위는 그 뒤에 올 사형 명령이 두려워서 미리 그의 봉지(封地)에서 독을 마시고 생을 마감하였다.

1243 유안은 유방의 손자다. 유안은 회남왕(淮南王)이었는데, 유명한 『회남자(淮南子)』라는 저서를 남겼다. 이 책은 선진 시기의 도가 사상을 중심으로 하여 제자백가의 학설을 종합한 책이다. 이 책은 '도(道)'를 중심으로 서술하면서도 '기(氣)'를 끌어들여서 이 세계의 기원과 형성, 우주의 운행, 인간의 몸 등에 대해 설명하고 있다. 그래서 혹자는 이 책이 중국 고대 과학사상의 총아라고 본다. 한무제(漢武帝) 때 유안은 모반죄로 고발되었는데, 죄를 추궁받을 것이 두려운 나머지 자살하였다.

유안은 도사(道士)로서 인정받는다. 오늘날의 도교에서는 그가 늘 연단(煉丹)을 하였고, 그 결과 득도하여 신선이 되었다고 한다. 심지어는 그가 죽은 뒤, 미처 다 먹지 못하고 남겨 놓은 선단(仙丹)을 그 집의 개와 닭이 먹고 승천(昇天)하였다고 한다. 지금도 도교에서는 유안을 도사로 존숭하며 제사를 지내고 있다. 다만 여기에서 왕부지가 거론하고 있는 것은 『회남자』라는 책이다.

1244 여기에서 왕부지가 말하는 '대씨'가 누구인지는 분명치 않다. 『예기』와 관련된 대씨(戴氏)로는 대덕(戴德)·대성(戴聖) 형제가 있다. 이들 형제는 모두 생졸년 미상으로서, 후한 시기에 활약한 인물들이다. 형인 대덕은 옛 『예(禮)』 204편을 나름대로 고증하여 85편으로 줄였는데, 이를 『대대례(大戴禮; 大戴禮記)』라 한다. 동생 대성도 『예』 49편을 전하였는데 이를 『예기』, 또는 『소대례(小戴禮; 小戴禮記)』라고 한다.(陸德明, 『經典釋文』, 「敍錄」 참고.) 다만 이후에 이를 부정하는 설도 제기되었는데, 왕부지는 이를 정설로 여기고 여기에

의 반열에 올렸으므로, 도(道)는 더욱 지독해졌다. '변복(變復)'의 술수[1245]를 왕충(王充; 27~약97)은 비웃었으니,[1246] 역시 그는 말을 아는[知言] 사람이로다!

서 이렇게 언급하는 것으로 보인다.

1245 전한(前漢) 시대에 동중서(董仲舒; B.C.179~B.C.104)가 주창한 '천인상부(天人相副)'론·'천인감응(天人感應)'설에 따라, 재화(災禍), 즉 자연이 준 너무나 큰 재해를 극복하기 위해 하늘에 제사를 지내고 기도를 올리면, 하늘이 감응하여 정상으로 회복시켜 준다는 설이다. 동중서는 특히 사람 세상의 우두머리인 왕이 실정을 하면 하늘이 자연재해를 통해 그를 꾸짖고, 그래도 듣지 않으면 그를 죽인하고 했다. '변(變)'은 자연과 우리 몸의 이상 현상을 의미하고, '복(復)'은 하늘이 이를 회복시켜 준다는 의미다. 후한의 왕충(王充; 27~약97)이 이를 비판하며 이렇게 명명하였다.(王充, 『論衡』, 「明雩」: 旱久不雨, 禱祭求福, 若人之疾病, 祭神解禍矣, 此變復也.)

1246 동한의 철학자다. 그는 어린 시절 낙양의 태학에서 공부하였고, 반표(班彪; 3~54)를 스승으로 모셨다. 한(漢)의 황제가 벽옹(辟雍)에 친림(親臨)하는 것을 목도하고 『육유론(六儒論)』을 썼다고 하는데, 오늘날에 전하지는 않는다. 그는 현(縣)의 속관(屬官)을 지냈지만 늘 수령과 화합하지 못해서 여러 차례 벼슬을 그만둔 것으로 알려져 있다. 결국 왕충은 벼슬에의 뜻을 접고 저술에 몰두하기로 마음을 먹었다. 만년에 또 지방의 벼슬자리를 하나 얻었으나 노환으로 사직하고 집으로 돌아왔다. 같은 고향 출신의 벗 사이오(謝夷吾; ?~?)가 조정에 왕충을 추천하자 장제(章帝; 57~88, 재위 75~88)가 영을 내려 공차(公車)를 내주며 왕충을 초빙했지만, 왕충은 병이 들어서 이에 응하지 못했다.(이상 『후한서』, 「왕충전」과 『논형』, 「自紀」 참고.)

왕충은 『기속절의(譏俗節義)』, 『정무(政務)』, 『논형』, 『양성서(養性書)』 등을 지었지만, 오늘날에는 단지 『논형』만이 전해진다. 왕충은 왕부(王符; 78~163)·중장통(仲長統; 180~220)과 함께 '후한 3현(賢)'의 하나로 꼽힌다. 『논형』은 자신이 보기에 객관적 근거가 없는 허망(虛妄)한 설들이 횡행하는 것을 척결할 요량으로 쓴 책이다. 허망한 설이라 한 것에는 참위설, 『회남자』에서 서술하고 있는 황당한 이야기들, 동중서를 태두로 한 춘추공양학파(春秋公羊學派)의 '천인상부(天人相副)'론, '천인감응'설 등이 포함된다. 여기에서 왕부지가 거론하고 있는 '변복(變復)'술도 그중의 하나다. 왕충은 이것들이 황당한 미신에 속한다고 보고, 이를 깨뜨리기 위해 『논형』의 집필에 착수하였다. 이 『논형』에서 왕충은 이성에 입각한 논리적이고 객관적인 논의를 통해 이것들을 비판하고 있다. 왕충은 젊은 시절에 벌써 이 책의 저술에 착수하여 만년에 이르기까지 계속한 나머지 완성하였으니, 이 책에는 그의 혼신의 정력이 반영되어 있다고 할 수 있다.

계사상전 제7장

繫辭上傳第七章

天地无心而成化, 故其於陰陽也, 泰然盡用之而无所擇: 晶耀者極崇, 而不憂其浮也; 凝結者極卑, 而不憂其滯也. 聖人裁成天地而相其化, 則必有所擇矣. 故其於天地也, 稱其量以取其精, 況以降之陰陽乎?

역문 하늘 · 땅은 아무런 사심이 없이 만물을 지어내므로[造化], 음 · 양에 대해서도 태연하게 남김없이 다 쓰며 가리는 바가 없다. 그리하여 저 하늘 멀리 밝은 것들이 극히 높더라도 이들이 부유(浮遊)함을 걱정하지 않고, 한데 엉겨서 뭉치는 것들이 극히 낮더라도 이들이 응체함을 걱정하지 않는다. 이에 비해 성인들은 하늘 · 땅을 마름질하고 이루어서 만물을 지어냄을 도우니, 거기에는 반드시 가림이 있다. 그러므로 성인들은 하늘 · 땅에 대해서 그 양(量)에 알맞게 그 정수(精髓)를 취하거늘, 하물며 그보다 낮은 음 · 양에 대해서랴?

聖人賴天地以大, 天地賴聖人以貞. 擇而肖之, 合之而无間, 聖人所以貞天地也. 是故於天得德, 於地得業. 尊天之崇, 不以居業; 順地之卑, 不以宅德. 借不然者, 違其量不擇其精. 務過高之佹行, 不與百姓相親; 安不足之凉修, 不與禽狄相別. 行過高, 而業不稱義之宜; 修不足, 而德不揜道之充. 乃爲之說曰, "大德若不足"或爲之說曰, "究竟如虛空"恆得陰陽之過而倒循之, 其邪說詖行之成, 有自來矣.

역문 성인은 하늘 · 땅으로부터 큼[大]에 의해서 힘입고, 하늘 · 땅은 성인으로부터 올곧음[貞]에 의해서 힘입는다. 성인은 하늘 · 땅이 하는 일을 택하여서 닮고 빈틈이 없이 하늘 · 땅에 딱 합치하니, 성인은 하늘 · 땅을 올곧게 하는 것이다. 그러므로 성인은 하늘로부터는 덕을 얻고, 땅으로부터는 업(業)을 얻는다. 성인은 하늘의 높음을 존숭하여 업을 차지하지 않고, 땅의 낮음을 순종하여 덕을 차지하지 않는 것이다.

그러나 그렇지 않은 이들은 자신들의 양(量)을 어기고 하늘 · 땅으로부터 정수(精髓)를 택하지 않는다. 지나치게 고결한 행동에 힘쓰다 백성들과는 서로 친하지 않고, 쓸쓸하고 부족하기만 한 수련에 몰두하며 그것에 편안해하니, 짐승이나 이적(夷狄)들과 구별되지도 않는다. 하는 짓이 지나치게 고결하여서는 종사하는 업이 의로움[義]의 마땅함에 걸맞지 않고, 수련이 부족하여서는 덕이 하늘 · 땅의 도가 지닌 충만함을 다 덮지 못한다. 그런데도 이들은 "위대한 덕은 부족한 듯하다."[1247]라고 말한다. 또 다른 이들은 "궁극의 경지는 텅 빈 공(空)과 같다."[1248]라고 말한다. 늘 음 · 양의 지나침을 얻으면서도 거꾸로 이를 따르니, 이들의 그릇된 설과 비뚤어진 행동

1247 『노자』, 제41장에 나오는 말이다. 다만 거기에서는 "넓은 덕은 부족한 듯하다.(廣德若不足.)"라고 하는데, 이곳에서는 넓음[廣]을 위대함[大]으로 바꾸어 놓고 있다.

1248 『화엄경』, 「십회향품」에 나오는 말이다. 앞뒤 맥락을 보면 "보리를 깨달은 마음의 힘이 법계만큼 넓고 크며, 궁극의 경지에서는 텅 빈 空(공)과 같다.(菩提心力廣大如法界 究竟如虛空.)"라 하고 있다.

은 이렇게 하여 이들 자신에 의해서 이루어진 것이다.

夫以崇法天, 以卑效地, 聖人以擇之旣精者判然而奠位. 然非其判然奠位而遂足以貞天地也.

역문 높임으로써 하늘을 본받고 낮춤으로써 땅을 본받으니, 성인은 이미 택한 정수(精髓)가 판연(判然)하여서 위치를 정한다. 그러나 판연하여서 위치를 정한 것이 아니라, 마침내 충분히 하늘 · 땅을 본받아 올곧게 하기에 그러한 것이다.

天終古而崇, 无所留以爲滯; 地終古而卑, 无所隙以爲浮, 其位是已. 而一往一來, 一動一靜, 其界也迥別而不相襲, 其際也抑密邇而不容間. 故天崇而以其健者下行, 地卑而以其順者上承, 虛實相持, 翕闢相容, 則行乎中者是已. "行乎其中"者, 道也, 義也. 道以相天而不驕, 義以勉地而不倍. 健順之德, 自有然者, 而道義行焉矣.

역문 하늘은 아득한 옛날부터 늘 높고, 머무르며 정지함이 없다. 땅은 아득한 옛날부터 늘 낮고, 틈이 벌어져서 들뜸이 없다. 이는 이들의 위(位) 때문에 그러한 것일 따름이다. 한 번은 왔다 한 번은 갔다, 한 번은 움직였다 한 번은 고요했다 하는 속에서, 이들의 경계는 너무나도 동떨어지게 다르지만, 이들이 맞닿음에서는 또한 밀접하게 가까워서 틈을 허용하지 않는다. 그러므로 하늘은 높지만 그 씩씩함으로써 아래로 내려오고, 땅은 낮지만 그 순종함으로써 위로 받드니, 이들은 텅 빔과 실함에서 서로 지지(支持)하고, 닫혔다 열렸다 함에서 서로를 받아들인다. 그 속에서 행해진다는 것은 바로 이것일 따름이다. '그 속에서 행해진다'[1249]는 것은 도(道)이고, 의로움

[義]이다. 도로써 하늘을 도와서 교만하지 않고, 의로움으로써 땅을 부지런하게 하여서 배반하지 않는다. 씩씩함 · 순종함의 덕은 하늘과 땅에 있는 저절로 그러함이며, 도와 의로움은 이러한 속에서 행하는 것이다.

繼善以後, 人以有其生, 因器以爲成性, 非徒資晶耀以爲聰明, 凝結以爲強力也. 繼其健, 繼其順, 繼其行乎中者, 繼者乃善也. 行乎其中者, 則自然不過之分劑, 而可用爲會通者也.

역문 계선(繼善) 이후에 사람에게는 그로 말미암아서 생겨남이 있게 되고, 기(器)를 가짐으로써 거기에서 성(性)을 이루게 된다. 그러나 단지 저 하늘 멀리 밝은 것들[天]을 바탕으로 삼아서 총명한 것이 아니고, 응결한 것[地]에 의해서 강한 힘을 갖게 된다. 그 씩씩함을 이어 주고, 그 순종함을 이어 주며, 그 속에서 행해지는 것을 이어 주니, 이어 줌[繼]은 바로 선(善)이다. 그 속에서 행하는 것은, 저절로 그러한 것으로서, 음과 양이 각기 나누어서 주지하는 속에서 지나치지 않게 서로 조절하며 전체적으로 조화를 이룸이다. 이렇게 함으로써 하늘과 땅을 회통(會通)하게 할 수 있다.

知因虛以入實, 其用下徹; 禮用器以載道, 其用上達. 下徹者, 要崇而納之於不浮; 上達者, 致卑而升之於不滯. 紹介以使之相見, 密絡以不使之相離. 故知 · 禮者, 行乎天地之中, 以合其判然者也.

1249 이 『계사상전』 제7장에 나오는 말로서, 그 전체 문맥은 "하늘과 땅이 제 위치를 잡고 있으니, 『주역』의 원리가 그 속에서 행해진다. 사람됨[性]을 이루어 이미 존재하는 것을 보존하는 것이 도(道)와 의로움의 문이다.(天地設位, 而『易』行乎其中矣. 成性存存, 道義之門.)"로 되어 있다.

역문 앎[知]은 빈 곳을 알아서 그리로 들어가 실하게 하니 그 쓰임이 아래로 통하고, 예(禮)는 기(器)를 사용하여 도를 실으니 그 쓰임이 위로 통달한다. 아래로 통하는 것[知]은 높음을 이루어서 들뜨지 않음에로 받아들여지고, 위로 통달하는 것[禮]은 머무르지 않음에로 올라간다. 그리고는 소개하여서 하늘 · 땅이 서로 만나게 하고, 밀접하게 이어 주어서 하늘 · 땅이 서로 분리되지 않도록 한다. 그러므로 앎[知] · 예(禮)는 하늘 · 땅 가운데서 행하며 이 판연한 것들을 합하게 한다.

惟然, 故聖人有門以上而遵道於天, 有門以下而徙義於地. 天不以處之尊, 恝然舍人而養其高; 地不以位之實, 頹然舍人而保其廣. 於彼不舍者, 於此得存. 故存天存地, 而行乎其中者, 成性固存之矣.

역문 오직 이러하므로 성인은 문(門)이[1250] 있어서 위로 올라가 하늘에서 도를 좇고, 또 문이 있어서 아래로 내려가 땅에서 의로움[義]을 전파한다. 하늘은 높이 있다고 하여 냉담하게 사람을 버린 채 그 높음을 함양하지 않고, 땅은 위(位)가 실하다고 하여 무너져 내린 채 사람을 버리고서 그 넓음을 보존하지 않는다. 저들[天地]에게서 버림받지 않은 이는 여기[자신]에서 보전함을 얻는다. 그러므로 하늘을 보전하고 땅을 보전하며, 그 속에서 행하는 것들은 성(性)을 이루어서 견고하게 보전하는 것이다.

奚以明其然也? 天虛而明, 地繁而理. 禮法繁理, 手足爲容; 知效虛明, 耳目任用. 下徹者虛明之垂也, 上達者繁理之積也. 虛明下徹,

---

1250 여기에서 말하는 '문'은 "사람됨[性]을 이루어 이미 존재하는 것을 보존하는 것이 도(道)와 의로움의 문이다.(成性存存, 道義之門.)"라고 함에서의 '문'이다.

故曰星風雨, 足以析物之根荄而酌爲授; 繁理上達, 故艸木蟲鳥, 足以類化之菁華而登其榮. 是故知无不察, 所知者不遺於毫毛; 禮无不備, 所體者不舍乎仁孝. 蓍龜感於无形, 吉凶者居室之善否也; 俎豆修於在列, 昭明者上帝之陟降也. 不然, 異端浮其量以爲知, 崇而不來, 覺識无以作則; 祝史滯其文以爲禮, 卑而不往, 歌哭无以發情. 知禮不相謀, 崇卑不相即. 篤實之性, 去於異端; 哀樂之性, 去於祝史. 去者不存, 不存則離. 天亢上而地沈下, 匪特其中之離也, 抑无以安其位矣.

역문 어떻게 이러함을 밝힐 수 있을까? 하늘은 텅 비었으면서도 밝고, 땅은 번다하면서도 결[理]이 있다. 예(禮)는 번다함과 결을 본받으니 우리의 손과 발이 이를 받아들여서 수행하고, 앎[知]은 텅 비고 밝음을 효과로 드러내니 우리의 귀와 눈이 그 쓰임을 맡는다. 아래로 통함은 텅 비고 밝음이 아래로 드리우는 것이고, 위로 통달함은 번다함과 결이 누적됨이다. 텅 비고 밝음은 아래로 통하기 때문에 해와 별, 바람과 비가 족히 식물의 뿌리까지 적시고 내려가서 알맞게 준다. 번다함과 결은 위로 통달하기 때문에 풀과 나무, 벌레와 새는 족히 같은 부류끼리 동화하는 정화(精華)를 통해 그 무성함을 한껏 끌어올린다.

그러므로 앎은 살피지 않음이 없어서 그 대상이 되는 것들을 털끝만큼도 남김없이 살피며, 예는 갖추지 않음이 없어서 어짊[仁]·효(孝)를 남김없이 체현한다. 시초점·거북점은 아무런 형체도 없는 것에 느끼니, 길·흉은 가족과 함께 일상생활 함의 선함과 그렇지 않음을 드러낸다. 제사상에 제수를 잘 갖추어 진설하니, 환히 밝은 것은 상제의 오르내리심이다.

그렇지 않아서, 이단은 그 양(量)을 부풀려서 앎이라 하고, 높이 올라가서 다시는 오지 않거나[道家], 깨달아서 얻은 알음알이를 사람 세상에 더불어 살아감에서의 법칙으로 삼지 않는다[佛家]. 축사(祝史)는 그 문(文)을 지체시킴을 예로 여겨 낫추며 가지를 않고, 노래를 부르거나 곡(哭)을 함에서도 정서를 발현하지 않는다. 앎과 예가 서로 따로 놀고, 높음과 낮음이 함께하지 않는다.

그리하여 사람의 독실한 성(性)도 이단(異端)에게서는 떠나며, 애락(哀樂)의 성도 축사(祝史)에게서는 떠난다. 떠난 것은 보존되지 않고, 보존되지 않으니 그들에게서 벗어난다. 이러하기에 하늘은 젠체하며 위로 올라가고, 땅은 가라앉아서 아래로 내려가서, 꼭 그 속에 있는 것들이 벗어날 뿐만 아니라, 아마도 그 위(位)에 편안해하는 것들도 없을 것이다.

大哉! 聖人之用『易』也. 擇其精, 因其中, 合其妙, 分以劑之, 會以通之, 人存而天地存, 性存而位存, 析乎其有條也, 融乎其相得也, 斯則以爲 "存存"也. 玄者之竊『易』曰, "存存者, 長生久視之樞也." 釋者之竊『易』曰, "存存者, 不生不滅之眞也." 夫百聖人存之而如一聖人, 一聖人存之而正萬愚不肖, 要以設人位而貞天地之生. 彼之固命以自私, 滅性以遠害者, 其得竊文句之似以文其邪哉!

역문 위대하도다, 성인들께서 『주역』을 사용함이여! 이들은 『주역』을 바탕으로 하여 그 정수를 택하고, 그 중(中)을 실천의 근거로 삼으며, 그 신묘함에 합치한다. 또한 서로 나뉘어 조절하며 전체적으로 조화를 이루고, 융회(融會)하여 관통한다. 그리하여 사람이 보존한 것을 하늘·땅도 보존하고, 성(性)이 보존되며 위(位)가 보존된다. 그 조리에 맞추어 갈래를 가르기도 하고, 서로 터득한 것에서 융회(融會)하기도 한다. 이렇게 함을 성인들은

‘이미 존재하는 것을 보존하는 것’이라 여긴다.

그런데 현학(玄學)에 빠진 이들은 『주역』을 훔쳐 “이미 존재하는 것을 보존하는 것이 장생구시(長生久視)의 핵심 관건이다.”라 하고, 불교도들은 또 『주역』을 훔쳐 “이미 존재하는 것을 보존하는 것이 생하지도 멸하지도 않는 진여다.”라고 말한다. 대저 100분의 성인들께서 보존함이 하나의 성인과 같고, 하나의 성인이 보존하여 수많은 어리석은 이들을 바루니, 요컨대 사람의 위(位)를 설립하여 하늘·땅의 생함을 올곧게 해야 할지어다. 그렇지 않고 저들은 자신들의 명(命)을 굳건히 하여 그 사사로움을 취하고, 사람의 성(性)을 멸하여 해로움을 멀리하려 하는데, 문장과 구절을 훔쳐서 마치 그 사악함을 꾸밀 수 있기라도 하는 듯이 여기니, 이것이 될 일인가!

계사상전 제8장

繫辭上傳第八章

大過之初, 陰小處下, 履乎无位, 其所承者, 大之積剛而過者也. 以初視大, 亢乎其相距矣; 以大視初, 眇乎其尤微矣. 以其眇者視其亢者, 人之於天, 量之不相及也. 陽雖亢而終以初爲棟, 陰雖眇而終成巽以入, 人之事天, 理之可相及者也. 若此者, 其象也. 聖人因以制事天之典禮, 斟酌以立極, 則非擬議不爲功. 『易』曰, "藉用白茅, 无咎." 非擬議之餘, 因象以制動, 亦惡足以知其愼哉!

역문 대과괘䷛의 초효는 음(--)으로서 작고 아래 낮은 곳에 처해 있으며 아무런 지위도 없다. 그런데 이것이 받드는 것은 큰 것들[☰]이며, 이들은 굳셈을 누적하여 지나침이 있다. 초효(--)로서 이 큰 것들을 바라보면 서로의 거리가 아득히 높아 보이고, 거꾸로 큰 것들[☰]로서 초효(--)를 바라보면 작기만 하여 더욱 미약해 보인다. 작은 것의 처지에서 높이 있는 것을 바라봄은, 사람이 하늘에 대해서 이러하니, 양(量)으로는 전혀 미칠 바가 못 된다. 그런데 양들(☰)이 비록 아득히 높이 있다고는 하여도 마침내 초효로써 그 기둥을 삼고 있으며, 음(--)은 비록 작다고는 하지만 마침내 손괘☴를 이루어서 들어간다.[1251] 이는 사람이 하늘을 섬김과 같은 것으로서,

이치로는 서로 미칠 수 있는 것이다. 이러함은 이 대과괘䷛의 상(象)을 근거로 한 말이다. 성인은 이를 바탕으로 해서 하늘을 섬기는 전례(典禮)를 제정하며 이를 헤아리고 참작하여서 표준[極]을 세우니, 견주어 보고 이리저리 연역하여 따져 봄[擬議]이 아니라면 이룰 수 없는 공(功)이다. 『주역』에서는 "백모(白茅)를 깔개로 씀이니, 허물이 없다."라고 하였는데, 견주어 보고 이리저리 연역하여 따져 본 나머지 상(象)을 근거로 하여 행동을 제약하지 않는다면, 어찌 족히 그 삼감을 안다고 하리오!

是故聖人之事天也, 不欲其離之, 弗與相及, 則取諸理也; 不欲其合之, 驟與相及, 則取諸量也. 薦之爲明德, 制之爲郊禋, 不欲其簡, 以親大始也; 不欲其黷, 以嚴一本也; 則取諸愼也.

역문 이러한 까닭에 성인들이 하늘을 섬김에서, 하늘로부터 벗어나지 않으려 하면서도 하늘에 이르려고도 하지 않음은 이치에서 취한 것이며, 하늘과 합치하려 하지 않으면서도 신속하게 하늘에 이름은 양(量)[1252]에서 취한 것이다. 밝은 덕을 가진 이를 추천하여 교외에서 하늘에 인제(禋祭) 올리는 것을 제정하고서, 간략히 하지 않으려 함은 위대한 시작[하늘]과 친하기 때문이고, 더럽히려 하지 않음은 하나의 근본[하늘]을 근엄히 함이다. 이와 같이 함은 삼감에서 취한 것이다.

日至以月之, 上辛以日之, 騂白以腆之, 三月以滌之, 升歌以和之, 天尊而人事事之, 以登人而不離於天. 陶匏以將之, 三燭以獻之, 藾

1251 대과괘䷛의 정괘(貞卦)는 손괘☴로 이루어져 있고, 이 손괘☴의 취의(取義)는 '들어감'이다.

1252 여기에서 '양(量)'은 하늘에 제사 지내면서 바치는 제수(祭需)를 가리킨다.

栗以進之, 玄酒以求之, 大裘以臨之; 天邇而神事事之, 以遠天而不褻於人. 不敢褻者量, 不忍離者理. 通理以敦始, 故方澤不敢亢於圜邱; 稱理以一本, 故上帝不可齊於宗廟. 『傳』曰, '絶地天通', '錯諸地'之謂也, 雖有几筵重席, 不敢登矣. 『詩』曰, "上帝臨女", "藉之用茅"之謂也, 視諸掃地无壇, 則已加矣. 掃地以質, 藉茅以文. 要求諸質, 進求諸文, 求諸文而藉之茅焉. 雖然, 亦止於此而已矣. 不逮此者則已簡, 過此者則已黷, 豈愼也哉!

역문 인제(禋祭)는 태양의 순환이 극남(極南)에 이르는 동지가 있는 달과 극북(極北)에 이르는 하지가 있는 달 상순의 신일(辛日)에 지내는데,[1253] 붉은색 말이나 흰말을 희생으로 정하여 3개월을 척궁(滌宮)[1254]에서 깨끗하게 씻어 가며 기르고 살을 지워 제수로 올린다. 그리고 다 함께 노래를 부르며 화목하게 제사를 지낸다. 이는 하늘을 존귀하게 여기며 사람으로서의 할 일을 다함인데, 이렇게 함으로써 사람을 오르게 하여 하늘로부터 벗어나지 않게 한다. 이 제사에서는, 도자기로 만든 제기(祭器)들을 써서 진설하며 끓는 물에 데친 제수(祭需)를 세 번 올리고, 뿔이 누에고치와 밤톨 모양으로 막 생기기 시작하는 어린 소를 척궁에서 석 달 동안 길러서 잡은 고기를 올린다. 또 현주(玄酒)[1255]로써 하느님께 간구(懇求)하고, 천자가 대구(大

1253 동지가 있는 달에는 환구(圜丘)에서 하늘에 제사를 지내고, 하지가 있는 달에는 방택(方澤)에서 지기(地祇)에게 제사를 지낸다. '방택'이라 하는 것은, 연못 안에다 네모지게 제단을 만들고 거기에서 제사를 지내기 때문에 이렇게 부르는 것이다.

1254 '척궁'은 하늘에 제사 지낼 희생을 기르는 곳이다. 3개의 우리 각각에서 1달씩 기르는데, 이곳의 이름을 '척(滌)'이라 한 것은, 이 희생을 이곳에서 기르는 동안 말끔히 씻으며 청결하게 기른다는 의미를 취한 것이다. 이 희생은 살지고 청결함을 귀하게 여긴다고 한다.

1255 현주(玄酒)는 옛날 제례에서 술에 해당하는 것으로서 썼던 맑은 물을 가리킨다.

裘)[1256]를 입고서 제사에 임한다. 이에 하늘은 가까이 와서 신(神)의 할 일로써 임하니, 이렇게 함으로써 하늘을 멀리하게 하며 사람에게서 함부로 여김을 당하지 않는다.

이때 감히 함부로 여기지 않음을 드러내는 것은 양(量)이고, 차마 하늘로부터 벗어나지 않게 함은 결[理]이다. 이 결에 통달하여 비롯됨을 돈독히 하므로, 방택(方澤)에서 지기(地祇)에게 지내는 것으로서는 감히 환구(圜丘)에서 하늘에 제사 지내는 것에 뻐기며 맞서지 못한다. 또 이치를 헤아려 근본을 하나로 하므로, 상제에게는 종묘에서 조상들에게 제사 지내는 것처럼 후하게 제를 지낼 수가 없다.

경전에서는 '절지천통(絶地天通)'이라 하는데,[1257] 이는 '땅에다 차려 놓음'[1258]을 의미한다. 말하자면 비록 혼령(魂靈)을 위(爲)하여 차려 놓은 영궤(靈几)와 그것에 딸린 물건들 및 하늘에 제사 지내는 데서 신분을 구별하여 앉도록 겹겹이 쌓아서 깔아 놓은 자리들이 있다고 하더라도, 사람이 감히

1256 대구(大裘)는 옛날 천자가 하늘에 제사 지낼 때 입던 예복을 가리킨다. 검은 양의 가죽으로 만든 것이기에 이렇게 부른다. 이 옷을 입음으로써 천자는 하느님에 대해 자신이 소박함을 표시하는 것이다.

1257 '절지천통(絶地天通)'은 하늘 · 신[天]의 영역과 인간의 영역[地]을 분명히 가르는 것을 말한다. 그 이전에는 이들의 영역이 뒤섞여서 지내다가 보니 백성들에게 큰 해를 입히게 되었는데, 이렇게 되자 요임금이 대대로 천지와 사계절의 변화를 담당하던 관리인 중(重; 羲)과 여(黎; 和)에게 명하여 이 둘을 갈라서 각기 자신들의 원리대로 살아가게 했다고 한다.(『書經』, 「周書, 呂刑」.) 즉 하늘 · 신의 영역과 인간의 영역을 구분하지 않고 지냄에서 오는 폐해를 요임금이 불쌍히 여겨 이 두 영역을 확실하게 갈라서, 사람들에게는 사람의 일에만 매진하게 했다는 것이다.

또 『국어(國語)』, 「초어(楚語) 하」에서는 전욱(顓頊)이 제위에 올라 남정(南正) 중(重)에게 명하여 신들의 영역인 하늘을 맡아서 섬기게 하였고, 화정(火正) 여(黎)에게는 백성들의 영역인 땅을 맡아서 다스리게 함으로써, 백성들과 신들이 서로를 침범하여 모독하지 않게 하였으니, 이것을 '절지천통'이라고 한다. 자세한 것은 앞 주386)을 참고하라.

1258 이는 이 『계사상전』 제8장에서 대과괘䷛의 초육효사(藉用白茅, 无咎: 흰 띠의 뿌리를 깔개로 씀이니, 허물이 없다.)를 예를 들고 있는데, 이에 대한 공자의 풀이 속에 나오는 말이다.

하늘의 경계에 오르지는 못하게 하는 것이다. 또 『시경』에서 "하느님께서는 그대들에게 임하여"[1259]라고 하는 말은, '흰 띠의 뿌리를 깔개로 씀'을 의미한다. 이는 땅을 깨끗이 쓸어 놓기만 하고 아무 단(壇)도 없는 것에 비하면, 이미 더함이 있는 것이다. 땅을 깨끗이 쓴 것은 질(質)을 의미하고, 거기에 흰 띠의 뿌리를 깔개로 씀은 문(文)을 상징한다. 이는 질에 요구하고 나아가 문에서 구하며, 문에서 구함에서 흰 띠의 뿌리를 깔개로 쓰는 것이다. 비록 이러하다고는 하여도 또한 이러함에서 그쳐야 할 따름이다. 이에 미치지 못한다면 이미 간략한 것이고, 이를 지나친다면 이미 모독하는 것이다. 이렇게 간략하거나 모독하는 것이어서는 어찌 삼간다고 하리오!

且夫人之生也, 莫不資始於天. 逮其方生而予以生, 有恩勤之者而生氣固焉, 有君主之者而生理寧焉. 則各有所本, 而不敢忘其所遞及, 而驟親於天. 然而昧始者忘天, 則亦有二本者主天矣. 忘天者禽, 主天者狄. 羔烏之恩, 知有親而不知有天; 蹛林之會, 知有天而不恤其親. 君子之異於禽也, 豈徒以禋祀報始哉? 巡守則類焉, 民籍則獻焉, 欽承以通之, 昭臨女之毋貳也, 故曰, "'乾'稱父, '坤'稱母". 若其異於狄也, 則用重而物則薄也, 天子之外未有干焉者. 等人而專於天子, 而抑又用之以薄, 非能侈然驟躋於帝之左右矣. 狄之自署曰, "天所置單于", 黷天不疑, 既已妄矣. 而又有進焉者, 如近世洋夷利

1259 『시경』, 「대아(大雅), 문왕지십(文王之什)」의 '대명(大明)'이라는 시에 나오는 구절이다. '목야(牧野)의 싸움'에서 하느님이 주나라 군대의 편에 서 있었음을 표현하는 구절이다. 당시 은나라의 주왕(紂王)이 학정을 하여 백성들을 살 수 없는 지경으로 몰아가자, 이들을 구제하기 위한 명분으로 주무왕(周武王)이 그 정벌에 나서 이 목야에서 주왕의 군대와 일전을 벌였기 때문이다. 그 결과 주무왕이 은나라 주왕의 군대를 물리치고 승리하여, 이제 중원은 주나라의 통치 아래 들어가게 되었다.

瑪竇之稱'天主', 敢於褻鬼倍親而不恤也, 雖以技巧文之, 歸於狄而已矣.

역문 사람이 생겨남에서는 하늘로부터 힘입어서 비롯하지 않음이 없다. 막 생겨나는 즈음에 생명을 주는 데서는, 부모가 있어서 기(氣)를 생성하여 단단하게 해 주고, 군주가 있어서 리(理)를 생성하여 평안하게 해 준다. 이렇듯 사람에게 각각 근본 됨이 있으니, 감히 이들에게 번갈아 가며 미쳐야 함을 잊은 채 돌연히 하늘과 친하지는 못한다.

그런데 자신이 어떻게 해서 비롯되었는지를 모르는 이는 하늘을 망각하니, 또한 두 개의 근본을 가진 이가 하늘을 주관하기도 한다. 하늘을 망각하는 이는 짐승이고, 하늘을 주관하는 이는 이적(夷狄)이다. 예컨대 새끼 양과 까마귀에게서 드러나는 은혜를 보면, 그들은 낳아 준 친부모가 있다는 것만을 알 뿐, 그보다 근본적으로 하늘이 있다는 것은 모른다. 또 대림(蹛林)[1260]의 대회를 치르는 이적들을 보면, 이들은 하늘이 있다는 것은 알지만 친부모에 대해서는 관심을 기울이지 않는다.

군자가 짐승들과 다름이, 어찌 한갓 자신을 비롯하게 해 준 하늘에 인사(禋祀)의 제사로써 보답함에 그치겠는가? 천자가 제후들을 순수(巡守)하는 것은 같은 부류로 여기기 때문이고, 백성들이 호적을 갖는 것은 자신을 바치는 것인데, 공경하게 계승하여서 하늘에 통하고, 하느님께서 그대들에게 임하여 두 마음을 갖지 않도록 함을 환히 밝히는 것이다. 그러므로 "'건'

1260 '대림'은 옛 흉노족들의 풍속인데, 가을에 하늘에 제사를 지낼 적에 나무들을 에워싸고 모여서 제를 지냈기에 이렇게 부른다. 선비족들의 풍속에도 이러한 것이 있는데, 가을에 제사를 지내는 데서 적당한 나무가 없으면 버드나무 가지를 꽂아 놓고 말들을 타고서 3바퀴를 돈 뒤에 멈춘다고 한다.

은 아버지에 해당하고 '곤'은 어머니에 해당한다."[1261]라고 하는 것이다.

또 이적들과 다른 점은, 중요한 인물을 등용하고 물(物)에 대해서는 박하게 여김인데, 천자 이외에는 그 누구도 여기에 간여하지 않는다. 사람들에게는 차등을 두고 오로지 천자에게만 해당하는데 또한 이들에게는 야박하게 쓰며, 오만방자하게 굴다가 돌연히 건너뛰어서 하느님의 곁으로 올라갈 수는 없다. 그런데 이적(夷狄)들은 스스로 "하늘이 세워 준 선우(單于)"[1262]라고 썼으니, 이는 추호도 의심하지 않은 채 하늘을 모독하는 것으로서, 벌써 망령된 것이다. 그런데 이보다 한 걸음 더 나아간 것이 있으니, 예컨대 근세 서양의 이적인 마테오 리치(1552~1610)가 '천주'라 칭하는 것이 그것이다. 이는 감히 귀신을 더럽히는 것이고 부모를 배신하면서도 전혀 괘념치 않는 것이다. 그러므로 비록 기교로써 아무리 자신의 행위를 꾸민다고 할지라도, 결국은 이적으로 돌아갈 따름이다.

1261 장재, 『정몽(正蒙)』의 「건칭(乾稱)」 편에 나오는 말이다.

1262 흉노의 임금인 묵돌선우(冒頓單于; ?~B.C.174, 재위 B.C.209~B.C.174)가 한나라의 문제(漢文帝; B.C.203~B.C.157, 재위 B.C.180~B.C.157)에게 화친을 구하는 편지(B.C.176에 보냄)에서 자신을 칭하는 말이다. 사실은 '하늘이 세워 준 흉노의 위대한 선우(天所立匈奴大單于)'라고 하여 더 장엄하게 칭하고 있다. 그런데 한족인 왕부지의 입장에서는 여기에서 차마 이를 다 기록하지 못하고 대강 그 뜻만 드러나게 표기하고 있다. 그리고 사실 먼저 화친을 구한 것은 한문제(漢文帝) 쪽이었다. 그가 묵돌선우에게 화친을 구하는 편지를 보내 놓은 상황에서 한나라 변방의 관리가 흉노의 우현왕을 침범해 모욕했으며, 이에 흉노의 우현왕이 독자적으로 이에 맞받아쳐서 크게 격퇴함으로써, 한문제의 화친을 요청하는 편지는 실효성을 잃게 되었다는 전말(顚末)을, 묵돌선우는 이 편지에서 먼저 서술하고 있다. 그리고 이제 서로 화친하자고 묵돌선우는 한문제에게 제안하고 있으며, 한나라의 조정으로서도 흉노와 계속 맞서는 것보다 화친하는 것이 더 낫다고 여겨서 이 제안을 받아들이게 되었다. 다만 흉노를 형으로 하고 한나라는 그 동생으로 하여, 한나라가 흉노에게 매년 조공을 바치고 공주를 선우에게 시집보내는 것을 내용으로 화친이 맺어졌다. 그래서 한나라의 입장에서는 대단히 굴욕적이라 할 수 있다. 당시에는 흉노가 한나라보다 훨씬 강성했기에 빚어진 결과였다. '선우(單于)'는 흉노의 임금을 지칭하는 말이다.

嗚呼! 郊祀之典禮至矣哉! 不敢昧之以遠於禽, 不敢主之以遠於狄. 合之以理, 差之以量. 聖人之學『易』, 於斯驗矣. 德業以爲地, 不敢亢人以混於杳冥; 知禮以爲茅, 不敢絕天以安於卑陋. 故曰, "惟仁人爲能饗帝". "知其說者之於天下, 其如示諸掌乎!" 愼之至而已矣.

역문 오호라! 교외(郊外)에서 하늘 · 땅에 제사를 지내는 전례(典禮)는 지극하도다! 감히 이에 어둡지 않아야 짐승들과 달라지고, 감히 이를 주관하지 않아야만 이적들과 달라지는 것이다. 이치로서 이에 합치하고, 양(量)으로서는 차이가 나야 한다. 성인께서 『주역』을 공부하셨다는 것이 바로 여기에서 징험된다. 덕행과 공업(功業)으로써 이 전례에서 땅이 되어 감히 사람에게 맞서지 않음으로써 인간의 인식능력을 벗어난 오묘함에 하나가 되고, 예(禮)를 알아서 띠 뿌리로 엮은 깔개가 되어 감히 하늘을 끊어 버리지 않으며 낮고 누추함에서도 편안해한다. 그러므로 "오직 어진 사람이라야 하느님께 제사를 지낼 수 있다."[1263]라고 한다. "그 말을 아는 사람이 이 세상을 다스린다면, 마치 세상을 손바닥 위에 올려 놓고 보는 듯할 것이로다!"[1264]라고 하니, 삼감이 지극해야 할 따름이다.

1263 『예기』, 「제의(祭義)」 편에 나오는 말이다. 다만 이곳에서 왕부지가 '어진 사람[仁人]'이라 하는 것을 거기에서는 '성인(聖人)'이라 하여 "오직 성인이라야 하느님께 제사를 지낼 수 있고, 오직 효자라야 부모님께 제사를 지낼 수 있다.(唯聖人爲能饗帝, 孝子爲能饗親.)"라 하고 있다.(『사기』, 「흉노전」 참고.)

1264 『논어』, 「팔일(八佾)」 편에 나오는 말이다. 그 앞뒤 맥락을 보면 이러하다. 어떤 사람이 체(禘) 제사가 무엇인지를 묻자, 공자께서는 "알지 못하겠습니다. 그 말을 아는 사람이 이 세상을 다스린다면 여기 위에 놓고 보는 것과 같을 것입니다."라고 말씀하시고, 자기의 손바닥을 가리켰다고 하고 있다.(或問禘之說. 子曰, "不知也. 知其說者之於天下也, 其如示諸斯乎!" 指其掌.)

大過之初六, 克肖之矣. 柔而安下, 不敢或黷; 成'巽'順入, 不敢或簡. 故曰, "齊乎巽". 齊也者, 齊側皆反也. 祓一其德以即於慎, 豈有咎與! 而不見夫上六乎? 躋而升積陽之上, 以致其說, 无禮而黷, 有巫道焉, 則地天通而陰陽亂, "滅頂"之凶, 亦可爲不慎者之戒矣.

역문 대과괘䷛의 초육효는 딱 이러함을 닮았다. 부드러움[柔;--]으로서 이 괘의 맨 밑에 있으면서도 편안해하며 감히 혹시라도 모독하지 않고 있다. 또한 정괘(貞卦)로는 손괘☴를 이루어서 순종하며 들어감으로써, 감히 혹시라도 간략하게 하지 않는다. 그러므로 "손괘☴의 방위에서는 가지런히 한다."[1265]라고 한다. '가지런히 한다'는 것은 단정하고 깨끗하게 한다는 의미다.[1266] 부정함을 없애고 그 덕을 한결같이 하여 삼감으로 나아가니, 어찌 허물이 있으리오!

이 대과괘䷛의 상육효를 보지 않았는가? 하늘에 올라간답시고 양(—)들이 켜켜이 쌓인 위로 올라감으로써 여기에서 경계하는 말을 범하고 있으니, 이는 무례하여 하늘을 모독하는 것이며, 여기에는 무속에서 하는 짓거리가 담겨 있다. 그래서 땅과 하늘을 구별하지 않고 하나로 섞어 버림으로써 음·양을 혼란하게 하고 있다. 그리하여 '머리 꼭대기까지 물속에 잠겨 버림'의 흉함을 초래하는 것이다.[1267] 이 또한 삼가지 않고 함부로 하는 이들에게 경계가 된다고 할 수 있다.

1265 『설괘전』에 나오는 말이다.

1266 **저자 자주**: 이 '齊(제)'는 '채'로 읽어야 한다. **역자 주**: 왕부지가 여기에서 이렇게 자주(自註)를 낸 의미는 이러하다. 즉, 이 '齊'자를, 옛날 사람들이 제사를 지내거나 다른 전례를 지내기에 앞서 몸과 맘을 단정하고 깨끗이 하여 정중하고 공손함을 표시한다는 의미로 보아야 한다는 것이다.

1267 대과괘䷛의 상육효사는 "지나친데도 그 속에 들어가 건너다가 머리 꼭대기까지 물속에 잠겨 버림이니 흉하다. 그러나 허물은 없다.(過涉滅頂凶, 无咎.)"로 되어 있다.

계사상전 제9장

繫辭上傳第九章

太極之在兩間, 无初无終而不可間也, 无彼无此而不可破也, 自大至細而象皆其象, 自一至萬而數皆其數. 故空不流而實不窒, 靈不私而頑不遺, 亦靜不先而動不後矣. 夫惟從无至有者, 先靜後動而靜非其靜; 從有益有, 則无有先後而動要以先. 若夫以數測者, 人繇既有以後測之而見者也. 象可以測數, 數亦可以測象. 象視其已然, 靜之屬; 數乘其自有, 動之屬; 故數亦可以測象焉. 要此太極者混淪皆備, 不可析也, 不可聚也. 以其成天下之聚, 不可析也; 以其入天下之析, 不可聚也. 雖然, 人之所以爲功於道者, 則斷因其已然, 而益測之以盡其无窮; 而神而明之, 分而劑之, 裒而益 之, 則惟聖人爲能顯而神之.

역문 태극은 하늘과 땅 사이에서 처음도 없고 끝도 없으며, 틈이 있을 수도 없다. 저것도 없고 이것도 없으며, 쪼갤 수도 없다. 거대한 것으로부터 세소(細小)한 것에 이르기까지, 상(象)은 모두 이 태극의 상이고, 1로부터 만에 이르기까지 수(數)는 모두 이 태극의 수다. 그러므로 빈 것이라 하여 태극 속에서 떠돌아다니지 않고, 실한 것이라 하여 태극을 막히게 하지 않는다. 이 태극은 총명한 것이라 해서 사유화하지 않고, 미련한 것이라 하여 내팽개치지도 않는다. 또한 이 태극에서는 고요함[靜]이라 하여 앞서지 않고 움직임[動]이라 하여 뒤서지를 않는다.[1268] 대저 오직 없음[無]으로부터 있음[有]에 이르는 것들은 먼저 고요했다가 나중에 움직이기는 하지만, 고요함[靜]이 그 고요함이 아니다. 또 있음[有]으로부터 있음이 더해 가는 경우라면, 앞이라 할 것도 뒤라 할 것도 없으며, 움직임[動]이 앞장을 서야 한다. 만약에 수(數)로써 헤아린다면 사람은 이미 있는 것을 바탕으로 한 뒤에 헤아려서 아는 존재다. 상(象)에서는 수를 헤아릴 수 있고, 수에서도 상을 헤아릴 수 있다. 상은 이미 있는 모양을 보여 주는 것이니 고요함[靜]에 속하고, 수는 저절로 있는 것을 계산하는 것이니 움직임[動]에 속한다. 그러므로 수에서도 상을 짐작할 수 있다.

요컨대 이 태극이라는 것은, 구별하지 않은 채 하나로 아우르며 모든 것을 갖추고 있으니, 쪼갤 수도 없고 모을 수도 없다. 태극은 이 세상의 모음을 이루므로 쪼갤 수 없고, 이 세상 쪼개진 것들 속에 모두 들어가 있으므로 모을 수 없는 것이다. 그런데도 사람이 도(道)에 대해서 공(功)을 이룰 수 있는 까닭은, 단연코 이미 그러함을 바탕으로 하여 더욱 헤아려서 그 무궁함을 다하기 때문이다. 정신의 능력을 발휘하여 밝히고, 나누어서 서로 조절하며, 모아서 보태 주는 것이니, 오직 성인이라야 이러함에서 훤히 드러내며 영묘함을 발휘할 수 있다.

其測以數者奈何? 太極之一○也, 所以冒天下之數也, 而惡乎測之?

1268 이는 도교에서 세계의 근원을 순음(純陰), 또는 고요함[靜]이라 하여 가장 앞서는 것으로 말함을 의식하여 하는 말이다. 여기에서 보다시피 왕부지의 철학에서는 태극이 이 세계 전체를 아우르기 때문에 구별 자체가 의미도 없고 불가능하기도 하다는 것이다.

測之者因其所生. 動者必先, 靜者必隨, 故一先二, 二隨一, 相先相隨, 以臻於十. 和者非有益於倡者, 則无所事於和矣. 一而二, 二而三, 三而四, 由是而之於十, 皆加一者, 相對之數也. 陰欲値陽而與之對, 必虛陽之所値而實其兩端, 以闢戶而受施, 不然則相距而齟齬, 故一不可對三, 二不可對四. 一對三則中央相距, 二對四則兩端相距也. 二一而二, 二二而四, 由是而二五而十, 皆倍加者, 陰承陽一, 因其增益之性以爲習, 使可闢而有容也. 一而三, 三而五, 由是而之九, 皆增二者, 陽感陰化, 因其所闢而往充其虛也. 從一合六以得七, 由是而從五合十以得十有五者, 則生數之終, 加其所進以爲成, 成不能成, 功因乎生也. 生數止五, 成數盡十者, 從太極測之而固有之也.

역문 그렇다면 수로써 헤아림은 어떻게 한다는 것인가. 태극은 하나의 ◯이다. 그러므로 이 세상 모든 수를 휩싼다. 그렇다면 이를 어떻게 헤아린다는 것인가. 이를 헤아림은 생겨나는 것들을 바탕으로 한다. 태극에서는 움직임[動]이 반드시 앞서고 고요함[靜]이 반드시 뒤따르니, 1은 2에 앞서고 2는 1을 뒤따른다. 이렇게 서로 앞서고 서로 뒤따르는 방식으로 10에 이른다. 여기에서 만약에 화답하는 이가 창도하는 이에게 보태 주지 않는다면, 이들이 화목을 이룸에 아무것도 해 줌이 없을 것이다.

1이 2가 되고, 2가 3이 되고, 3이 4가 되는 방식으로 10에 이르는 것은, 모두 1을 더하는 것으로서, 이들은 서로 짝을 이루는 수다. 음은 양을 만나서 짝을 이루려 하는데, 그러자면 반드시 양이 만나게 될 가운데 부분을 비우고 양 끝은 실하게 함으로써, 문을 열어서 양의 베풂을 받아들여야 한다. 그렇지 않으면 서로 거리를 두어서 어긋나게 된다. 그러므로 1은 3과 짝이 될 수 없고, 2는 4와 짝이 될 수 없다. 1이 3과 짝을 이루면 중앙이 서로 거리를 두게 되고, 2가 4와 짝이 되면 양 끝이 서로 거리를 두게 된다.

2×1은 2가 되고, 2×2는 4가 되는 방식으로 나아가 2×5는 10이 된 것들은,[1269] 모두 두 배를 한 것으로서, 음이 양 하나를 받들며 그 중익하는 본성대로 습관을 이루고는 열어서 받아들일 수 있게 한 것들이다. 1이 3이 되고, 3이 5가 되는 방식으로 나아가 9에 이르는 것들은,[1270] 모두 2를 더한 것으로서 양은 느끼고 음은 이렇게 하도록 한 것인데, 음이 열고 있기에 양이 가서 그 빈 곳을 채운 것들이다. 1에다 6을 합하여 7이 되는 방식으로 나아가 5에다 10을 합하여 15가 되는 것들은,[1271] 생수(生水)가 끝난 것에 더 나아간 만큼 더해서 이루어진 것들인데, 성수(成數)로서는 이렇게 이룰 수가 없고 그 공(功)은 생수에 의해서 이루어진다. 생수는 5에서 그치고, 성수는 10에서 다하는데, 이들은 모두 태극으로부터 헤아린 것으로서 본디 있는 것들이다.

太極, ◯之實有也. 動者橫以亘, 无不至也, 故爲徑; 靜者張以受, 无不持也, 故爲交; 動流而不滯, 故爲圓; 靜止而必齊, 故爲方; 外齊者 · 其中徑也, 故爲弦. 於徑測之, 亘一而一矣; 於交測之, ×而二於所徑矣; 於圓測之, ◯流動中規, 而三於所徑矣; 於方測之, □四距中矩, 而四於所徑矣; 於弦測之, 上弦◡二有半, 下弦◠二有半, 合以計之, 而五於所徑矣. 五則中實, 中實則可爲主於外, 而地效其充

1269 2×1=2, 2×2=4, 2×3=6, 2×4=8, 2×5=10을 말한다. 이는 2n이다.

1270 1+2=3, 3+2=5, 5+2=7, 7+2=9를 말한다.

1271 1+6=7, 2+7=9, 3+8=11, 4+9=13, 5+10=15를 말한다. 여기에서 1, 2, 3, 4, 5는 생수(生數)이고, 6, 7, 8, 9, 10은 성수(成數)다.

以相成. 生始於陽而終於陽, 成始於陰而終於陰, 性情之起, 功效之登, 一也.

역문 태극은 ◯으로 표기될 수 있는 것으로서 실제로 있는 것[實有]이다. 움직임[動]은 옆으로 벋어 나아가서 이르지 않음이 없다. 그러므로 지름이 된다. 고요함[靜]은 넓혀서 받아들이며 지지(支持)해 주지 않음이 없다. 그러므로 교차함이 된다. 움직여서는 유동(流動)하며 정체(停滯)하지 않는다. 그러므로 원(圓)◯이 된다. 고요해서는 멈추어 있으며 반드시 정제(整齊)한다. 그러므로 네모□가 된다. 밖으로는 정제하고 그 속은 지름이므로 현(弦)◡, ⌓을 이룬다. 지름을 두고 헤아리면, 하나만큼 벋어 나아간 것으로서 하나, 즉 1이 된다. 교차함에서 헤아리면, ×이어서 지름이 2개가 된다. 원에서 헤아리면, ◯의 둘레[원주]는 원형의 그림쇠[規]를 따라서 유동(流動)하는 것인데, 지름이 3개가 된다.[1272] 네모에서 헤아리면, 네 모서리가 곱자[矩]에 맞추어 이루어진 것으로서, 지름이 4개가 된다. 현(弦)에서 헤아리면, 상현(◡)은 지름 2.5개에 해당하고 하현(⌓)도 지름 2.5개에 해당하니,[1273] 이 둘을 합하면 지름이 5개가 된다. 이 5는 가운데서 실한 것으로서, 가운데서 실하니 밖의 것들에 대해 주인이 될 수 있다.[1274] 땅은 그 충실함을 드러내면서 네 모서리가 서로 이루고 있다.[1275] 생겨 냄을 나타내

1272 원주는 $2\pi r$로서 지름×π인데, π가 3.14…이므로, 지름을 약 3배 한 것이 된다. 그래서 원주는 지름 셋에 해당한다고 할 수 있다. 그런데 동아시아에서는 예로부터 '원은 지름이 1이고 둘레는 3이다[圓徑一而圍三]'라고 여겼다. 그래서 원(◯)을 삼각형(△)으로 표기하기도 하였다.

1273 상(◡)·하현(⌓)이 숫자로 2.5에 해당한다는 것은, 지름1+반원의 원주1.5의 값이다.

1274 「하도(河圖)」든, 「낙서(洛書)」든, 중앙의 수는 '5'다.

1275 동아시아의 천문학에서는 '천원지방(天圓地方)'이라 하여 하늘은 둥글고 땅은 네모지다고 한다. 상평통보(常平通寶)는 이를 모티브로 한 것이다.

는 수[生數]는 양[1]에서 시작하여 양[5]에서 끝나고, 이루어 냄을 나타내는 수[成數]는 음[6]에서 시작하여 음[10]에서 끝나는데, 이들에서 성(性)·정(情)이 일어나고 공효가 올라감은 동일하다.

於方測陰而得四, 陰體定矣. 以其交者而自實, 以方函交, ⊠而六於所徑矣. 交·方皆陰也, 陰數純備而爲老陰. 陽函陰, 動有靜, 以圓納方, ◎而七於所徑矣. 陽外成, 則體陽而爲少陽. 天包地外, 而亦行乎地中. 天行地中, 施其亘化, 以方納圓, 徑一充之, ⊖而八於所徑矣. 陰外成, 則體陰而爲少陰. 天固包地, 盡地之用, 地道无成, 竭其功化以奉天. 以圓納方, 方有其交, ⊗而九於所徑矣. 渾天之體, 於斯而著, 故爲老陽. "陽知大始, 陰作成物", 物數之成, 於陰而訖, 合徑一·交二·圓三·方四, ⊠而十於所徑矣. 至於十, 而所以測太極之術盡矣. 无以測之, 而天地之數一終矣.

역문 네모에서 음을 헤아려서 4를 얻는데, 이렇게 해서 음의 몸이 정해진다. 음은 그 교차함으로써 스스로 실해지고, 네모로써 교차함을 휩싸서는 ⊠가 되어 지름이 6개가 된다. 교차·네모는 모두 음에 속하니, 이들에서 음의 수(數)가 순수하게 갖추어져서 노음(老陰)이 된 것이다.[1276]

양이 음을 휩싸고 움직임[動]이 고요함[靜]을 휩싸서 원 속에다 네모를 들이면 ◎이 되는데, 이는 지름이 7개가 된다. 이 모양에서는 양이 밖에서 이루고 있으니, 양을 몸으로 하여 소양(少陽)이 된다.[1277]

1276 왕부지는 노음의 수를 '6'이라 본다. 네모가 교차하는 것을 휩싸서 이루어진 것[⊠]은, 지름이 6개다. 왕부지는 이를 노음의 순수한 수로 보는 것이다.

1277 왕부지는 소양의 수를 '7'이라 본다. ◎은 속의 네모가 지름 4개, 밖의 원이 지름 3개로서 지름이 모두 7개다. 그래서 소양의 수라고 하는 것이다.

하늘은 땅의 밖을 휩싸고 있지만, 또한 땅속에서도 행한다. 그리하여 하늘은 땅속에서 행하면서 그 벋어 나아감과 감화를 베푼다. 그래서 네모 속에 원을 받아들여서 그 원 속에 다시 지름 1개를 채워 넣으니 ⊖이 되어서 지름으로는 8개가 된다. 이 모양에서는 음이 밖을 이루고 있으니, 음을 몸으로 하여 소음(少陰)이 된다.[1278]

하늘은 본디 땅을 휩싸고서 땅의 작용을 다하게 하는데, 땅의 도(道)는 이루어 냄이 없이 그저 그 공(功)과 화함을 다 소진하면서까지 하늘을 받든다. 그래서 원 속에다 네모를 받아들이고, 네모 안에는 교차함이 있어서 ⊗의 모양을 이루니, 지름으로는 9개가 된다. 혼천(渾天)의 몸이 바로 여기에서 드러나니, 이는 노양이 된다.[1279]

"양은 위대한 시작을 알아서 하고, 음은 만물을 완성한다."[1280]라고 하니, 물(物)들의 수가 이루어짐은 음에서 끝난다. 그리하여 지름1, 교차2, 원3, 네모4가 ⊠의 모양을 이루어 지름이 10을 이룬다. 이 10에 이르러서는 태극을 헤아리는 셈법이 다한다. 그러나 헤아리지 않아서는 하늘 · 땅의 수가 1로서 끝난다.

若夫有徑一而无豎丨者, 天地之際甚密, 不可以上下測. 測之以豎者,『太玄』·『元包』·『潛虛』之所以成乎其妄也. 太極之有十, 渾成

1278 왕부지는 소음의 수를 '8'이라 본다. ⊖의 모양에는 지름이, 네모의 4개+원의 3개+원 속의 1개로서 모두 8개다. 그래서 이렇게 말하는 것이다.

1279 왕부지는 노양의 수를 '9'라 본다. ⊗의 모양에는 지름이, 원의 3개+네모의 4개+교차하는 것의 2개로서 모두 9개다. 그래서 이렇게 말하는 것이다.

1280 이는『계사상전』제1장에서 "'건(乾)'은 위대한 시작을 알아서 하고 '곤(坤)'은 만물을 완성한다.('乾'知大始, '坤'作成物.)"라고 한 말에서, '건' 대신에 '양'을, '곤' 대신에 '음'을 넣어서 하는 말이다.

者也. 非積而聚之, 剖而析之也, 而何所容測焉?

역문 가로로 된 지름(一)만 있고 세로로 된 지름(丨)은 없다는 것으로써 말하면, 하늘과 땅이 맞닿음은 너무나 밀접하여서 위·아래를 헤아릴 수조차 없다. 그런데도 세로로 헤아린 것들이 있으니, 『태현(太玄)』·『원포(元包)』·『잠허(潛虛)』 등은 바로 이러함 때문에[1281] 망령됨을 이루고 있다. 태극에 '10'이 있음은 구별하지 않은 채 이룬 모든 것을 아우르는 것이다. 그러니 누적하여 모으지 않고 쪼개서 분석하여서는, 이를 어찌 헤아릴 수 있으랴?

乃數因於有象, 象則可測矣, 可測則可積矣. 故積之以二十有五, 積之以三十, 而天地之數紀焉. 積之者, 天地以爲功而无窮, 聖人既於其象而灼知之. 雖然, 固然之積引於无窮者, 尤存乎分劑而裒益之, 則『易』興焉.

역문 수(數)는 상(象)을 바탕으로 한 것이고, 상은 헤아릴 수가 있는 것이니, 헤아릴 수 있으면 누적할 수도 있다. 그리하여 누적하여서 25가 되고, 누적하여서 30이 되니,[1282] 여기에서 하늘·땅의 수가 재질을 이루는 것이다. 누적함을 통해서 하늘·땅이 공(功)을 이루며 무궁히 나아가니, 성인은 벌써 그 상(象)에서 환히 안다. 비록 그렇다고는 하더라도, 본디 이러한 누적을 무궁함으로 끌어 가는 것은, 더욱이 음과 양이 각기 나누어서 주지(主

1281 이것들은 산가지로 기록하는 방식으로써 괘상을 표시하기에 늘 '丨'을 쓴다. 그래서 왕부지는 이렇게 자신의 관점에서 이들을 비판하는 것이다.

1282 종래의 『주역』학자들은 일반적으로 「낙서」의 수는 1~9, 「하도」의 수는 1~10으로 본다. 이른바 '낙(洛)9하(河)10'설이다. 그런데 어떤 학자들은 반대로 본다. 즉 '하(河)9낙(洛)10'설이다. 왕부지도 전자의 설을 따르고 있다. 이 설에 따르면, 「하도」의 수에서 양수(陽數)의 합은 1+3+5+7+9로서 25이고, 음수(陰數)의 합은 2+4+6+8+10으로서 30이다.

持)하는 속에서 보태 줌에 존재하니, 이렇게 함에서 『주역』은 일어나는 것이다.

天地之數五十有五, 大衍之數五十. 其差五者, 以積計之, 裁地之有餘, 同天之不足. 健行者速而得廉, 順行者遲而得奢, 亦勉地而使配天行也. 且靜者无由以得數, 因動而隨, 則虛中而留其兩端, 數斯立矣. 兩端建而中皆虛一, 所增者僅與天及, 外密而反以中疏, 是五位皆缺其一, 而數亦二十有五矣.

역문 천지지수는 55이고, 대연지수는 50이다. 이들 사이의 차 5는 이들 수를 누적하여 계산함에서 드러나는 것인데, 땅의 남음을 재단(裁斷)하면 하늘의 부족함과 똑같다. 씩씩하게 행하는 것[하늘]은 신속하여 청렴함을 얻고, 순종하며 행하는 것[땅]은 더뎌서 호사스러움을 얻으니, 또한 땅을 면려(勉勵)하여 하늘의 행함에 맞추도록 함이다. 그리고 고요함[靜]은 무엇으로 말미암아서 수를 얻을 수가 없고[1283] 움직임[動]을 뒤따르는데, 가운데를 비우고 그 양 끝을 보류함에서 수는 세워진다.[1284] 두 끝이 서고 가운데는 모두 하나씩을 비우니, 이렇게 하여 보태진 것들이 겨우 하늘의 행함에 미치며, 겉은 촘촘하고 반대로 속은 성글다. 이렇게 하여 5위(位)에서 모두 1씩 모자라게 되어, 그 수도 25가 되는 것이다.[1285]

1283 고요함[靜]은 드러나는 것이 아니기 때문에, 그 어떤 것으로 말미암아서도 이에 대한 수(數)를 세울 수가 없다.

1284 이는 음을 상징하는 효가 '--'라는 것과 연관되는 것으로 보인다. '--'는 가운데를 비우고, 양 끝을 보류함으로 볼 수 있기 때문이다.

1285 여기에서 '보태진 것들'이라 하는 것은, 하늘의 수 1, 3, 5, 7, 9에 비해 땅의 수 2, 4, 6, 8, 10이 각기 '1'씩 보태진 것이라는 의미다. 그런데 땅의 수들인 음의 수들은 모두 가운데를 '1'씩 비우고 있으므로, 이 땅에 속하는 모든 음의 수들에서 각각 1씩을 제하면, 땅의 수보다

以乘計之, 北南東西者, 陰陽老少之位, 中无定位, 以應四維. 陰不適主, 陽之珠聚者, ✣與太極同而无所歉. 故以天乘地而爲五十. 天乘地而非地乘天者, 一可以生十, 二必不可以成九, 數之固然也. 裁而成之, 稱量而程之, 而大衍之數登焉.

역문 올라타고 있는 것으로써 살펴보면, 북(6)·남(7)·동(8)·서쪽(9)은 음·양의 노(老)·소(少)의 위(位)며, 중앙은 정해진 위(位)가 없이 네 방위에 응한다. 음은 주인에 알맞지 않고, 양의 구슬이 모여 있는 것들(✣)은 태극과 같으며 부족한 점이 없다. 그러므로 하늘로서 땅을 올라타서 50이 된다. 그런데 하늘은 땅을 올라타지만 땅이 하늘을 올라타지 않는 까닭은, 1은 10을 낳을 수 있음에 비해 2는 결코 9를 이루어 낼 수 없기 때문이다. 이러함은 수(數)에 들어 있는 '본디 그러함[固然]'이다. 재단하여 이루어 내고 양을 재서 드러내니, 이렇게 함에서 대연지수가 올라온다.

大衍五十, 而一不用. 一者, 天之始數也, 亦地之始數也. 一一而二, 二固始於一也. 繇是而十, 繇是而五十, 皆以一爲始. 太極之有數生於動, 『易』之變化, 亦動也. 動, 君動, 則一可不用, 以君四十有九. 故自此而七八九六, 合符而不爽, 豈非其固然者哉!

역문 대연지수 50에서 1은 쓰지 않는다. 1은 하늘이 비롯하는 수(數)이기도 하고, 땅이 시작하는 수이기도 하기 때문이다. 1+1은 2인데, 2는 본디 1에

'5'만큼 부족한 하늘의 수와 겨우 같아진다는 의미다. 즉 각각 '25'가 된다는 것이다. 이렇게 하여 하늘의 수와 땅의 수의 합이 '50'이 되니, 이는 대연지수(大衍之數)로서, 이 대연지수도 천지지수에서 왔다는 것이다.

서 비롯한다. 이로 말미암아서 10이 되고, 이로 말미암아 50이 되니, 모두 1에서 비롯한다.

태극이 구체적으로 수를 갖게 됨은 움직임[動]에서 생기는데, 『주역』의 변화 또한 움직임이다. 움직임이 움직임을 다스리니, 1은 쓰이지 않을 수 있고, 쓰이지 않는 채 나머지 49를 다스린다. 그러므로 이로부터 7·8·9·6이 되어 합치하고 부합하며 어기어지지 않으니, 어찌 '본디 그러함[固然]'이 아니겠는가!

不用之一, 以君動而不以君靜, 故大衍之數, 常者五十, 而乘乎變者四十有九. [一]因動以爲君, 未動則合五十而爲一. 合而爲一者, 太極混淪周徧之體, 而非動而倚數, 於五十之中立一以爲一矣. 立一以爲一, 而謂之太極, 韓康伯之臆說也; 立一於數外, 與四十有九參立, 乃自外來而爲之君, 此老氏之所謂一也. 『易』固不曰, "掛一以象太極", 太極不可與陰陽析處而竝列也. 由是而變矣, 則數以測象矣. 自掛一象三以後, 及於萬壹千五百二十之象, 萬物皆有成則之可法; 分而为兩, 无成[數]而託於无心者, 神之所爲无心而成化也. 有成則者, 範圍天地之成化, 所以顯道; 无成數者, 上逬太極之无心, 所以神德行也. 道顯於有則, 故恆而可由; 德神而无心, 故與時偕行. 故曰, "神无方而『易』无體"非然, 則吉凶仰成於必至, 誰與爲'震无咎'之功, 誰與爲'憂悔吝'之幾也哉? 以天治人而智者不憂, 以人造天而仁者能愛, 而後爲功於天地之事畢矣.

역문 쓰이지 않는 '1'은 쓰이지 않음으로써 움직임[動]들을 다스리며, 고요함[靜]을 다스리지는 않는다. 그러므로 대연지수의 상수(常數)는 50이고, 변함[變]을 타고 있는 것들은 49다. 이 쓰이지 않는 '1'은 움직임에 기인하여 다스리고, 움직이지 아니하면 50에 합해져서 하나가 된다. 이렇게 합해서 하나가 된 것은 구별하지 않은 채 모든 것을 아우르는 보편으로서 태극의 몸[體]이며, 자신은 움직이지 않으면서 뽑아내는 괘들의 수(數)를 수립하는 것은 50개 가운데 하나를 세운 것으로서의 '1'이다.

그런데 50개 중에서 하나만을 따로 세워 '1'로 여기며 이를 '태극'이라 하는 것은, 한강백(韓康伯; 332~380)의 억설이다. 이처럼 '1'을 수의 밖에다 세우고 나머지 49개와 함께 나란히 세운 것은, 밖에서 와서 통치함을 상징하는 것으로서, 이는 노씨[老子]가 말하는 '1'이다.[1286] 『주역』에서는 본디 "시책(蓍策) 1개를 걸어서 태극을 상징한다."라고 하지 않는다. 태극은 음·양과 있는 곳을 달리하여 나란히 존재할 수가 없다.

이 태극으로 말미암아서 변하는 것이고, 수를 통해서 상(象)을 헤아린

1286 한강백에서 '강백(康伯)'은 그의 자(字)이고 이름은 '백(伯)'이다. 한백은 동진(東晉)의 현학자(玄學者)다. 간문제(簡文帝; 320~372)가 그를 불러 그의 됨됨이를 알고서 학문 담론의 상대로 삼았다. 그리고는 사도좌서속(司徒左西屬), 예장태수(豫章太守), 이부상서(吏部尚書), 시중(侍中), 태상(太常) 등에 임용하였다.

『주역』과 관련하여 한백은, 왕필이 『주역』의 경(經) 부분만의 주석을 마치고 전(傳) 부분에 대한 주석을 미처 끝내지 못한 채 죽자, 이를 이어서 『계사전 상·하』, 『설괘전』, 『서괘전』, 『잡괘전』 등에 주석을 냈다. 그러나 오늘날은 『계사전 상·하』의 주(注)만 『십삼경주소(十三經注疏)』에 수록되어 전하고 있다. 이 밖에도 한백이 지은 책에는 『변겸론(辯謙論)』, 『주역계사주(周易繫辭注)』 등이 있다.

한백은 현학자로서, 노장(老莊)사상을 비롯한 도가 사상에 심취한 인물이다. 그래서 한백은, 없음[無]이 이 세계의 근원이라 여기며, 대연지수에서도 이를 상징하는 '쓰지 않는 하나[不用之一]'가 이 세계의 근본으로서 '태극'이라 여겼다. 없음[無]을 상징하는 이 '쓰지 않는 1'이 있음[有]을 상징하는 나머지 49개의 시책이 『주역』의 괘들을 뽑아내게 하며, 그러므로 이것은 수가 아니면서 수들이 이루어지게 하는 것이라 하였다.(韓伯, 『周易註』, 『繫辭上傳』 제5장: 王弼曰, "演天地之數, 所賴者五十也, 其用四十有九, 則其一不用也. 不用而用以之通, 非數而數以之成, 斯『易』之大極也, 四十有九數之極也. 夫无不可以无明, 必因於有, 故常於有物之極, 而必明其所由之宗也.") 이에 대하여 본체론자로서 왕부지가 비판함은 두말할 나위도 없다.

다. 괘를 뽑아냄에서는 시책 1개를 걸어서 삼재(三才)를 상징한[1287] 것으로부터, 11,520개의 시책이 이루는 상(象)에 이르게 되니, 만물에는 모두 법칙을 이루는 본받을 수 있음이 있다.[1288] 그런데 맨 처음으로 49개의 시책을 둘로 나눔에서는 미리 정해진 수가 없이 아무런 사심도 없음[无心]에 의탁하니, 이는 신묘함이 하는 것으로서, 하늘 · 땅이 아무런 사심이 없이 지어냄[造化]을 이루어 냄과 같다. '법칙을 이룸이 있다'라는 것은 하늘 · 땅이 지어냄을 범위로 하니, 그러기에 도(道)를 드러낸다. 또 '미리 정해진 수가 없다'라는 것은, 위로 태극의 아무런 사심이 없음을 맞이하는 것이다. 이는 덕행을 신묘히 함이다. 도는 법칙이 있음에서 드러나므로, 한결같아서 말미암을 수가 있다. 또 덕은 신묘하며 아무런 사심이 없으므로, 때[時]와 함께 간다. 그러므로 "신묘함에는 정해진 곳이 없고, 『주역』에는 정해진 몸이 없다."[1289]고 한다.

그렇지 않다면 시초점을 통해 얻게 될 길 · 흉이 점치는 이가 우러러 꼭 얻고자 하는 것으로만 이루어질 것이니, 뉘라서 '진동하여 허물이 없게 함'의 공을 이룰 것이며, 막 싹터 나와 갈라지는 지점에서 '후회함 · 아쉬워함

1287 괘를 뽑아내는 절차에서는 '쓰지 않는 하나'를 그대로 두고, 나머지 49개의 시책을 왼손 · 오른손을 이용하여 아무런 사심(私心)이 없이 둘로 나눈 뒤, 오른손 무더기에서 1개를 골라 왼손의 넷째 · 다섯째 손가락 사이에 건다[掛一]. 그러면 왼손 · 오른손 무더기의 시책들은 하늘 · 땅을 상징하고 왼손의 넷째 · 다섯째 손가락 사이에 건 1개는 사람을 상징하여, 이들 셋이 하늘 · 땅 · 사람, 즉 삼재(三才)를 상징하는 것으로 여긴다.

1288 '11,520개의 시책(蓍策)들'이란 『주역』의 64괘 전체를 이루는 과설지책(過揲之策, 또는 過揲蓍策)의 총수(總數)를 의미한다. 64괘에는 384개의 효가 있고[64괘×6효], 이를 음 · 양으로 나누면 각각 192개의 효가 있다. 여기에서의 음 · 양은 노음(老陰) · 노양(老陽)을 의미한다. 노음을 이루는 과설지책은 24개이고, 노양을 이루는 과설지책은 36개이다. 그래서 192×24+192×36 하면 11,520이라는 수가 나온다. 『주역』에서는 이 수가 만물을 상징하는 수라 여긴다.

1289 『계사상전』 제4장에 나오는 말이다.

을 우려함'이 있겠는가?[1290] 하늘의 운행을 사람의 일에 가져다 처리하면서 하늘의 운행을 아는 사람은 근심하지 않고, 사람으로서 최선을 다하면서 하늘에 순응하는 이는 어진 사람으로서 남을 사랑할 수 있다. 이러한 뒤에라야 하늘·땅의 일을 다 끝냄에서 공이 이루어지는 것이다.

乃若四營·十八變之數, 有則者亦與无心者相間, 而後道无不顯而德无不神. 象兩象三, 四時閏期, 萬物之數, 象各有當, 其有則焉固矣.

역문 4영(營)·18변(變)[1291] 등의 수에 법칙이 있음은, 또한 아무런 사심이 없음과 서로 사이를 두고 있으니, 이러한 뒤에라야 도는 드러나지 않음이 없고 덕행도 신묘하지 않음이 없다. 양의(兩儀)를 상징하고 삼재(三才)를 상징하며, 사계절과 윤년 및 만물을 나타내는 수에는 상(象)들이 각각 해당함이 있으니, 이러함에 법칙이 있음은 본디부터 그러한 것이다.

其揲四之數, 六揲而二十四, 七揲而二十八, 八揲而三十二, 九揲而三十六. 六七八九, '河圖'之成數, 水火木金之化也. 歸奇之十三·十七·二十一·二十五, 三四五六以乘四而加一, 其一爲餘, 餘者奇之歸, 皆掛一不用以爲一爻之君也. 初變之餘皆五九, 再變·三變之餘皆四八者, 因其盈而多餘之, 因其虛而少餘之, 自然之樽節而不濫

1290 '진동하여 허물이 없게 함'·'후회함·아쉬워함을 우려함' 등은 『계사상전』 제3장에 나오는 말이다.

1291 이들은 모두 시초점을 통해 괘를 뽑아내는 과정을 적시하는 용어들이다. 『계사상전』 제10장에 나오는 말들이다. 4영(營)은 둘로 나눔[分二], 시초 1개를 겲[掛一], 시초를 넷씩 헤아림[揲四], 우수리로 돌림[歸奇] 등을 가리키는데, 이 4영을 통해서 1변(變)을 이룬다. 나아가 3변을 통해서 한 효(爻)를 얻고, 18변을 통해서 한 괘를 얻는다. 4영은 사계절을 상징한다.

也. 三變之數, 中分无心, 其所變者初揲一 · 二揲二 · 三揲三 · 四不足於揲, 自五以至四十四, 凡百九十六變, 奇九十, 偶百有六. 三變之偶多於奇者十六, 積十八變而多於奇者九十六. 偶多而奇少者, 稱其固有之數, 陽少而陰多也. 而筮者之所得, 未嘗見偶多於奇, 周流於六十四, 各足於百九十二, 陰雖多而无心之化必平也.

역문 시초점을 치면서 넷씩 헤아리기를 6번 헤아리면 24가 되고, 7번 헤아리면 28이 되고, 8번 헤아리면 32가 되고, 9번 헤아리면 36이 된다. 이 6 · 7 · 8 · 9는 「하도」의 성수(成數)이며, 각각 수(水) · 화(火) · 목(木) · 금(金)이 화한 것이다. 넷씩 헤아리고 남은 우수리 시초들을 셋째와 넷째 손가락 사이 · 둘째와 셋째 손가락 사이에 끼운 것들[歸奇]은 각각 13 · 17 · 21 · 25개인데, 이들은 각기 3 · 4 · 5 · 6에 4를 곱하고 1을 더한 것이다. 이 1은 남은 것으로서 특수한 것으로 돌린 것인데, 모두에서 시초 1개를 걸어 두고 사용하지 않은 것에 해당한다. 그래서 이것이 한 효의 주재자다.

초변(初變)의 우수리는 모두 5이거나 9이고, 재변(再變) · 3변(變)의 우수리는 모두 4이거나 8이다. 이들은 찬 것[盈]으로부터는 많이 남고 빈 것[虛]으로부터는 적게 남은 것으로서, 저절로 절약하여 넘치지 않게 한 것이다. 이 세 번에 걸친 변(變)의 수들은 아무런 사심이 없이 둘로 나눈 것인데, 여기에서 변하는 것들을 보면, 처음으로 넷씩 헤아림이 1 · 두 번째로 넷씩 헤아림이 2 · 세 번째로 넷씩 헤아림이 3 · 네 번째는 넷씩 헤아리기에 부족하며, 다섯 번째에서 44번째에 이르기까지 무릇 196가지로 변한다. 이 가운데 홀수는 90회, 짝수는 106회다. 이렇듯 세 번에 걸친 변(變)의 결과 짝수의 경우가 홀수의 경우보다 16회가 더 많은데, 이것이 1괘를 이루는

18변에 이르기까지 누적이 되어서는 홀수보다 많은 것이 96회[16×6]가 된다.

이렇게 짝수의 경우가 많고 홀수의 경우가 적음은 여기에 들어 있는 수들과 딱 들어맞는데, 양은 적고 음은 많다. 그러나 점치는 이가 얻는 것에서는 짝수의 경우가 홀수의 경우보다 많음이 드러나지 않는다. 이는 64괘에 두루 적용되며 음(--)·양(—)이 각기 192개를 충족하니, 음이 비록 많다고는 하더라도 아무런 사심이 없이 함에서는 반드시 평형을 이루게 되어 있다.

大衍之數, 六積而三百; 天地之數, 六積而三百三十. 裁地以相天, 則詘其三十, 相天以冒地, 則伸其三十. 故'乾''坤'之策三百六十, 天行之度, 不息之健, 雖少而恆速, 亦固有之也.

역문 대연지수(50)는 6번 누적하면 300이 되고, 천지지수(55)는 6번 누적하면 330이 된다. 땅의 수를 재단하여 하늘의 수에 도와주면 남는 30을 접고, 하늘을 도와서 땅을 덮어씌우면 그 30을 펼친다. 그러므로 건괘䷀·곤괘䷁의 시책을 합한 수 360[1292]은 하늘의 운행 도수를 나타내며, 쉬지 않는 씩씩함이 비록 적기는 하지만 늘 신속하니, 이는 또한 본디 있는 것이다.

四十有九, 六積而二百九十有四, 六十四積而萬八千[八百十六], 老陽之餘七十八, 少陽之餘百二十六, 少陰之餘百有二, 老陰之餘百五

1292 건괘䷀의 여섯 효는 모두 노양으로 이루어져 있고, 곤괘䷁의 여섯 효는 모두 노음으로 이루어져 있다. 노양의 과설지책은 36이고, 노음의 과설지책은 24다. 그러므로 건괘䷀ 여섯 효의 과설지책을 모두 합한 수는 216[36×6]이고, 곤괘䷁ 여섯 효의 과설지책을 모두 합한 수는 144[24×6]이다. 이 두 괘의 과설지책을 합한 수는 360이다.

十, '乾''坤'之餘二百二十八, 二篇之餘七千三百八十. 其不逮四十有九之策萬一千六百有四, 較之二篇之策不相値者七十有四. 凡此皆无心而不期於肖也. 銖銖而期之, 節節而肖之, 是陰陽无往來, 而吉凶无險阻矣. 揲者有則, 天地之成理; 餘者无心, 天地之化機. 以化歸餘, 而不以餘歸揲. 君子貞其常以聽變, 非望之福不以寵, 非塑之禍不以驚, 優游於變化之至, 固不取截然均析以爲體, 如邵子之四塊八段, 以歸於无餘也.

역문 시초점을 치는 데서 쓰는 시초의 수 49를 6효를 얻기 위해 여섯 번 누적하면 294개이고, 『주역』 전체 64괘를 얻기 위해 이를 또 64번 누적하면 18,816개가 된다. 노양의 우수리 시책은 78개이고,[1293] 소양의 우수리 시책은 126개이며,[1294] 소음의 우수리 시책은 102개이고,[1295] 노음의 우수리 시책은 150개다.[1296] 건괘☰·곤괘☷의 우수리 시책은 228개이고,[1297] 『주역』의 상·하 두 편의 우수리 시책 총합은 7,380개다.[1298] 그 49시책에 미치지

1293 시초점에 쓰이는 시책 49개 중에서 노양의 과설지책은 36개이므로 그 우수리 시책은 13개다. 한 괘는 여섯 효로 되어 있으므로 한 괘 전체가 노양으로 이루어져 있으면 그 우수리 시책은 6×13으로서 78개다.

1294 시초점에 쓰이는 시책 49개 중에서 소양의 과설지책은 28개이므로 그 우수리 시책은 21개다. 한 괘는 여섯 효로 되어 있으므로 한 괘 전체가 소양으로 이루어져 있으면 그 우수리 시책은 6×21로서 126개다.

1295 시초점에 쓰이는 시책 49개 중에서 소음의 과설지책은 32개이므로 그 우수리 시책은 17개다. 한 괘는 여섯 효로 되어 있으므로 한 괘 전체가 소음으로 이루어져 있으면 그 우수리 시책은 6×17로서 102개다.

1296 시초점에 쓰이는 시책 49개 중에서 노음의 과설지책은 24개이므로 그 우수리 시책은 25개다. 한 괘는 여섯 효로 되어 있으므로 한 괘 전체가 노음으로 이루어져 있으면 그 우수리 시책은 6×25로서 150개다.

1297 건괘☰는 노양으로만 되어 있으므로 그 우수리 시책은 78개이고, 곤괘☷는 노음으로만 되어 있으므로 그 우수리 시책의 합은 150개다. 그러므로 이 둘의 합은 228개다.

1298 『주역』 전체 64괘를 이루는 노양·노음의 수는 각각 192개다. 그래서 그 우수리 시책의 수

못하는 11,604를 『주역』의 상 · 하 두 편의 시책과 비교하면 차이가 나는 것이 74다.[1299]

무릇 이렇게 차이가 나는 것은, 모두 아무런 사심이 없이 시초점을 치며 이들 숫자가 꼭 일치하기를 바라지 않은 채 시초점을 운용함에서일 것이다. 극도로 꼼꼼하게 계산하며 일치하기를 목표로 삼고, 또 하나하나가 똑 떨어지게 일치한다면, 이는 음 · 양이 왔다[來] 갔다[往] 함이 없는 것이고, 시초점을 통해 얻은 결과에서도 험난하고 막힘이 없을 것이다.

시초를 헤아림에 법칙이 있는 것은 천지가 이치를 이루고 있음이며, 우수리 시책들을 사심 없이 처리함은 천지가 만물을 지어내는[化] 핵심이다. 만물을 지어냄을 우수리로 돌리지, 우수리 시책들로써 시초를 헤아리지는 않는다.

군자는 그 한결같음[常]을 올곧게 하고서 천지의 변함[變]에 순응하며, 바라지 않은 복(福)에 대해서 총애로 여기지 않고, 바라지 않은 화(禍)에 대해서 놀라지 않는다.[1300] 자기에게 닥친 변화가 지극하다고 하더라도 그 속에서 유유자적하며, 본디 칼로 자른 듯이 경계가 분명함과 똑같이 쪼개짐을

는 192×(13+25)로서 7,296개다. 그런데 왕부지가 여기에서 왜 7,380개라고 하는지 역자로서는 알지 못하겠다.

1299 『주역』 상 · 하 두 편의 과설지책의 수는 192×(36+24)로서 11,520개다. 이를 위에서 말하는 11,604와 비교하면 그 차이는 84다. 그런데 왕부지는 왜 '74'라고 하는지 이해할 수가 없다. 그리고 '그 49시책에 미치지 못하는 11,604'라는 것도 어떻게 해서 나온 것인지, 역자로서는 알지 못하겠다.

1300 이는 『노자』 제13장에 나오는 말을 의식해서 하는 말로 보인다. 『노자』의 거기에서는 "총애를 받든 치욕을 당하든 다 깜짝 놀랄 것으로 여겨라. 커다란 환난을 내 몸과도 같이 귀하게 여겨라. '총애를 받든 굴욕을 당하든 다 깜짝 놀랄 것으로 여겨라'는 무엇을 말하는 것이겠는가. 다름 아니라 총애란 궁극적으로는 시답지 않은 것이니, 얻더라도 깜짝 놀랄 것으로 여길 것이요, 잃더라도 깜짝 놀랄 것으로 여기라는 말이다. 이것이 바로 '총애를 받든 굴욕을 당하든 다 깜짝 놀랄 것으로 여겨라'는 말의 의미다.(寵辱若驚, 貴大患若身. 何謂寵辱若驚? 寵爲下, 得之若驚, 失之若驚, 是謂寵辱若驚.)"라 하고 있다.

취하여 몸으로 여기지도 않는다. 이에 비해 소자(邵子; 邵雍)의 '사괴(四塊)'·'팔단(八段)'과 같은 말은 우수리가 없음에로 돌리는 것이다.[1301]

嗚呼! 道之大也, 神之无方也, 太極之動, 奇一而偶--而已. 非可與神者, 其孰能與於斯! 然而聖人終盡之於'乾''坤', 則奇一偶--者, 萬物之取以爲實而隨化皆始者也. 聖人約之於仁知, 賢者充之以知能, "可與酬酢, 可與佑神", 此物之志也夫!

역문 오호라, 도(道)의 큼, 신묘함에 정해진 곳 없음 등을 나타내는 태극의 움직임은 홀一·짝--일 따름이다. 이러한 신묘함과 함께할 수 있는 이가 아니라면, 뉘라서 이러함에 함께할 수 있으리오! 그러나 성인은 마침내 '건'·'곤'에서 다하니, 홀一·짝--은 만물이 취하여 실질로 삼는 것이고, 뒤따라 화하는 것들 모두가 비롯하는 것이다. 성인은 이를 어짊[仁]과 앎[知]으로 간추리고, 현인은 이를 앎[知]과 능함[能]으로 확충한다. "성인이(聖人)이 하늘·땅과 주고받을 수 있고, 그 신명(神明)과 함께하며 도울 수 있

1301 여기에서 왕부지가 언급하고 있는 '사괴(四塊)'·'팔단(八段)'이라는 말을 소옹이 직접 말한 적은 없다. 그런데도 왕부지가 이렇게 언급하고 있는 것은, 소옹이 하늘의 몸을 태양(太陽)·소양(少陽)·태음(太陰)·소음(少陰)으로 구분하며 일·월·성(星)·신(辰)을 각각 여기에 배당하고, 땅의 몸을 태유(太柔)·소유(少柔)·태강(太剛)·소강(少剛)으로 구분하며 수(水)·화(火)·토(土)·석(石)을 각각 여기에 배당하던 것을 두고 하는 말로 보인다. 소옹은 나아가 이들을 통해 계절의 변화와 날씨의 변화를 설명하며, 동·식물도 이에 맞추어서 설명하고 있다.(『皇極經世書』, 「觀物篇」: 動之大者謂之太陽, 動之小者謂之少陽, 静之大者謂之太陰, 静之小者謂之少陰. 太陽爲日, 太陰爲月, 少陽爲星, 少陰爲辰. 日月星辰交, 而天之體盡之矣. 静之大謂之太柔, 静之小者謂之少柔, 動之大者謂之太剛, 動之小者謂之少剛. 太柔爲水, 太剛爲火, 少柔爲土, 少剛爲石. 水火土石交, 而地之體盡之矣. 日爲暑, 月爲寒, 星爲晝, 辰爲夜. 暑寒晝夜交, 而天之變盡之矣. 水爲雨, 火爲風, 土爲露, 石爲雷. 雨風露雷交, 而地之化盡之矣. 暑變物之性, 寒變物之情, 晝變物之形, 夜變物之體. 性情形體交, 而動植之感盡之矣. 雨化物之走, 風化物之飛, 露化物之草, 雷化物之木. 走飛草木交, 而動植之應盡之矣.)

다."[1302]라고 함이란 바로 이들과 이 뜻일 것이로다!

1302 『계사상전』 제9장에 나오는 말이다.

계사상전 제10장

繫辭上傳第十章

天下非特有深也, 衆淺而積之, 則深矣. 天下非特有幾也, 析大而詳之, 則幾矣. 舍淺而浚之, 略大而察之, 謂有深且幾者立於天下之外, 捷取焉而以制天下, 豈不誖哉! 然則天下非特有神也, 行乎淺而已深, 圖乎大而已幾, 有所以至, 而人莫測其即此而至, 斯天下之至神者矣. 是故至深者天下也, 至幾者天下也. 莫深於天下之志, 莫幾於天下之務也, 故足以相因而底於成與通也.

역문 이 세상에는 특별히 심오한 것이 있는 것이 아니다. 얕은 것들이 누적되면 심오해지는 것이다. 또 이 세상에는 특별히 낌새[幾]가 있는 것이 아니다. 큰 것을 분석하여 상세히 하면 낌새가 되는 것이다. 그런데도 저 이단(異端)은 얕은 것을 제쳐 두고서 파고 들어가기도 하고, 큰 것을 생략한 채 살피고서는, 심오하며 낌새가 있는 어떤 것을 이 세상 밖에다 세웠다고 하면서 이를 재빨리 취하여 이 세상을 통제하려고 한다. 그러니 어찌 이를 잘못이라 하지 않으리오!

그렇다면 이 세상에는 특별히 신묘함이 있는 것이 아니라 얕은 것에서 행하더라도 이미 심오한 것이며, 큰 것에서 도모하더라도 이미 낌새가 되는 것이다. 그래서 무엇인가 이른 것이 있는데도 사람이 바로 이것에 나아가서 이르렀음을 헤아리지 못한다면, 이것이 바로 이 세상에서 지극히 신묘한 것이다.

이러한 까닭에 지극히 심오한 것도 이 세상이고, 지극한 낌새도 이 세상이다. 이 세상 사람들의 뜻함보다 심오한 것은 없고, 이 세상에서 애써 해야 할 일보다 더 낌새라 할 것이 없다. 그러므로 이 세상 존재하는 것들은 충분히 서로 연결고리를 갖고 있으며 이룸과 통함에 다다르는 것이다.

奚以明其然也? 天下之志亦淺矣, 而求其通, 則深矣. 天下之務亦大矣, 而溯所成, 則幾也. 中人以上極於聖, 中人以下極於頑, 或敝屣天下, 或操刃錙銖, 或願盡閨堂, 或圖度荒裔, 其不相通也, 而欲通之, 則杳乎其未易測矣. 一事之本末, 變之不勝其繁; 一代之成毁, 開之不俟其鉅. 質文之尚, 達乎幽明; 喜怒之情, 動乎海嶽. 俟之後王而萬祀, 逮之編甿而九州. 其不易成也, 而欲成之, 則纖乎其无所遺矣. 夫未易測者以爲通, 无所遺者以爲成, 聖人之於天下, 鼎鼎焉, 營營焉, 愛而存之, 敬而盡之, 存其志, 盡其務, 其不敢不忍於天下者, 以是爲極深而研幾也.

역문 어떻게 이러하다는 것을 알 수 있는가. 세상 사람들의 뜻함이 또한 얕은 것이라 하더라도, 그 통함을 찾으면 심오한 것이다. 이 세상 사람들이 힘써야 할 것 또한 큰 것이기는 하지만, 그 이루어짐을 거슬러 올라가면 미세한 낌새[幾]에서 비롯하는 것이다. 보통 사람부터 그 이상으로 성인(聖人)에 이르기까지, 또 보통 사람부터 그 이하로 완고(頑固)한 사람에 이르기까지, 누군가는 이 세상을 헌신짝처럼 여기기도 하고, 누군가는 칼을 쥐고서

좁쌀만큼 작은 것을 쪼개기도 하고, 누군가는 규방에서 원하는 것을 다하려 하고, 누군가는 아득히 먼 국경 지역을 치고 넘어가서 휘저을 것을 가늠하기도 하는데, 서로 통하지 않음에도 통하려 하면 아득하여 쉽사리 헤아리지 못한다.

한 가지 일의 본말에서도 변화의 번다함은 이루 헤아릴 수가 없고, 일대(一代)의 이루어짐과 허물어짐도 여는 데서는 거대한 것을 기다리지 않는다. 질(質)과 문(文)의 높음이 그윽함의 세상[幽]과 밝음의 세상[明]에 이르고, 세상 사람들의 기뻐하고 노여워하는 정서가 바다와 산을 흔들어 댄다. 기다린 후왕이 만세에 이르도록 제사를 지내고, 호적에 편입된 백성들이 구주(九州)에 이른다. 이러한 것들은 쉽게 이룰 수 있는 것들이 아닌데, 이루고자 할진대 털끝만 한 것이라도 빠트려서는 안 된다. 쉽게 가늠할 수 없기에 골똘히 살펴서 통하게 되고, 빠트림이 없기에 이루어 내는 것이다.

성인은 이 세상에서 성대하면서도 쉴 줄을 모른 채 수고를 다하니, 그는 백성들을 사랑하며 나라를 보존하고, 백성들은 그를 경애하며 충심을 다 바친다. 이렇듯 우리 성인들은 그 뜻함을 보존하고 그 책무를 다하니, 세상 사람들의 고통스러운 상황에 감히 차마 아니하지를 못한다. 이러함이 바로 심오함을 궁극까지 밝히고 막 발동하는 낌새[幾]를 알아차려서 연찬함이다.[1303]

是故不曰, "我高以明, 而天下之志不足知; 我靜以虛, 而天下之務不足爲." 極天下之固有, 攘君誶母, 皆志之所必悉; 極天下之大有, 酒漿瓜棗, 皆務之所必勤. 固有者象也, 大有者變也. 小大有象, 往來

1303 이는 『계사상전』 제10장에 나오는 말을 인용하는 것이다.

有變. 无小无大, 无往无來, 一陰一陽之間, 有其至賾而極詳者. 豈以增志之所本无, 而強務以所不必也哉!

역문 그러므로 우리 유가의 성인들은, "나는 현명함으로써 높은 차원에 있어서, 세상 사람들의 뜻함 따위는 내가 알 만한 것이 아니다. 나는 나를 텅 비운 채 고요하여, 세상 사람들이 애쓰는 것 따위는 내가 할 만한 것이 아니다."라고 말하지 않는다. 이 세상에 본디 있는 것들[固有] 가운데 극단적인 것들로서는 임금을 내쫓고 어머니를 꾸짖으며 욕하는 것들까지 있는데, 성인들은 이 세상을 구제하고자 뜻을 세움에서도 이러한 것들을 다 알고 있다. 또 이 세상에 크게 있는 것들[大有] 가운데 극단적인 것으로서는 술과 간장 · 오이와 대추 등을 만들고 키워 내는 것처럼 사소하다고 할 수 있는 것들이 있는데, 이들은 모두 반드시 부지런히 애써야 할 것들이다.

본디 있는 것들[固有]은 상(象)을 띠고, 크게 있는 것들[大有]은 변(變)을 이룬다. 크고 작은 것들에는 상이 있고, 왔다 갔다 하는 것들에는 변이 있다. 큰 것도 없고 작은 것도 없음, 오는 것도 없고 가는 것도 없음은, 한 번은 음이 되었다 한 번은 양이 되었다 하는 사이에 지극히 심오하면서도 극히 상세함이 있는 것이다. 그런데 저 이단(異端)들은 어찌 세상 사람들의 뜻함에 본래 없는 것들을 증익하며 꼭 안 해도 될 것을 억지로 애쓴단 말인가!

是故金夫之女, 負乘之子, 不食之飛, 得敵之鼓, 志无窮而象與之无窮; 濡之衣袽, 繫之苞桑, 前禽之失, 得妾之子, 務靡盡而變與之靡盡. 未易測者, 小大之生生不可測也. 无所遺者, 往來之亹亹不可遺也. 若此者, 藏天下於爻, 府天下於卦, 貞'天下於'乾'易'坤'簡, 以其易簡, 推之近遠, 抵之幽深, 會其參伍, 通其錯綜, 然後深可極而幾可研. 要豈立易簡於事外, 以忽於不知, 而敢於不爲也哉?

역문 그러므로 돈 많은 사내가 취한 여자,[1304] 등에 짊어지고 날라야 할 신분의 사람,[1305] 먹지도 못하고 낢,[1306] 적을 만나서 북을 침[1307] 등은 세상 사람들의 뜻함이 무궁하여서 상(象)도 이와 더불어 무궁한 것들이다. 그런가 하면 배의 물 새는 곳을 막아 놓은 해진 솜옷,[1308] 무성하게 무더기로 자란 뽕나무에 매어 놓음,[1309] 날짐승이 앞쪽으로 빠져나가서 놓침,[1310] 첩을 얻어서 자식들을 돕게 함[1311] 등은 애씀을 다하지 않아서 변(變)도 이와 더불어 다하지 않은 것들이다. 쉽게 헤아리지 못하는 까닭은, 크고 작은 것들

1304 몽괘䷃ 육삼효사에 나오는 말이다. 이 효사 전체는 "여자를 취하지 마라! 돈 많은 놈을 좇다 제 몸까지 망치리니, 이로울 것이 없다.(勿用取女, 見金夫不有躬, 无攸利.)"로 되어 있다.

1305 해괘䷧ 육삼효사에 나오는 말이다. 이 효사 전체는 "등에 짊어지고 날라야 할 신분의 사람이면서도 대부 이상이 타는 수레를 탔으니 외적들의 침입을 불러들인다. 올곧지만 아쉬워함이 있다.(負且乘, 致寇至, 貞吝.)"로 되어 있다.

1306 명이괘䷣ 초구효사에 나오는 말이다. 이 효사 전체는 "밝은 덕을 지닌 이가 날지 못할 상처를 입었는데 날개를 펼쳐 아래로 내려뜨리고만 있다. 군자가 가는 데서 사흘 동안 먹지를 못함이다. 떠나가고 있는데, 주인이 이러쿵저러쿵 말을 한다.(明夷于飛, 垂其翼. 君子于行, 三日不食. 有攸往, 主人有言.)"로 되어 있다.

1307 중부괘䷼의 육삼효사에 나오는 말이다. 이 효사 전체는 "적을 만나 북을 치며 진격하기도 하고 그만두기도 한다. 소리 내어 울기도 하고 노래를 부르기도 한다.(得敵, 或鼓或罷, 或泣或歌.)"로 되어 있다.

1308 기제괘䷾의 육사효사에 나오는 말이다. 이 효사 전체는 "해진 솜옷으로 배의 물 새는 곳을 막아 놓음이며, 종일토록 경계함이다.(繻有衣袽, 終日戒.)"로 되어 있다.

1309 비괘(否卦)䷋ 구오효사에 나오는 말이다. 이 효사 전체는 "꽉 틀어막힌 비색함에서 편안하게 살아감이니 대인이 길하다. '그 망할 것이다, 그 망할 것이다!'라고 하여 무성하게 무더기로 자란 뽕나무에 매어 놓음이다.(休否, 大人吉, 其亡其亡, 繫于苞桑.)"로 되어 있다.

1310 비괘(比卦)䷇ 구오효사에 나오는 말이다. 이 효사 전체는 "저희끼리 함께 어울림을 밝게 드러냄이니, 왕은 세 면에서만 사냥감을 몰며 터진 앞쪽으로 빠져나가는 날짐승은 놓친다. 읍인들이 경계하지 않는다. 길하다.(顯比, 王用三驅, 失前禽, 邑人不誡, 吉.)"로 되어 있다.

1311 정괘(鼎卦)䷱ 초육효사에 나오는 말이다. 이 효사 전체는 "솥이 그 발이 뒤집혀서 엎어짐이니 속에 있는 것들이 쏟아짐에 이롭다. 첩을 얻어서 자식들을 돕게 함이라. 허물이 없다.(鼎顚趾, 利出否, 得妾以其子, 无咎.)"로 되어 있다.

이 생기고 생겨나서 헤아릴 수 없기 때문이다. 그리고 빠트림이 없는 까닭은, 오고 감이 부지런하고 부지런하여 빠트릴 수 없는 것이다.

이와 같은 것들을 『주역』에서는 효(爻)들 속에 저장해 놓고 괘들 속에 모아 놓고는, 이 세상을 '건(乾)'의 쉽게 함과 '곤(坤)'의 간단하게 함에서 올곧게 하고 있다. 나아가 그 쉽게 함 · 간단히 함으로써 가깝거나 멀리 있는 것들을 미루어 보고, 그윽하고 심오한 것들에까지 이른다. 아울러, 참여하여 대오를 짓고 있는 것들을 모으고, 착(錯) · 종(綜)의 관계를 이루고 있는 것들에 통한다. 이러한 뒤에라야 심오함을 궁극까지 밝힐 수 있고, 막 발동하는 낌새[幾]를 알아차려서 연찬할 수 있다. 그런데도 어찌 저 이단(異端)들은 세상의 일 밖에다 쉽게 함 · 간단히 함을 세워 놓고, 차마 알지 못할 것이라 여기며 행하지 않음에 과감하단 말인가!

是故志下通於愚賤, 而頑讒可格; 務積成於典禮, 而天鬼不違. 『詩』曰 "求民之莫", 極深之謂也; 『書』曰, "所其无逸", 研幾之謂也. 夫乃以大通而集成矣.

역문 이러한 까닭에 우리 성인들은 아래로 어리석고 천한 사람들에게 뜻함이 통하고, 완고하고 참람한 사람들에게도 이를 수 있다. 또한 그 애씀은 누적하여 전례(典禮)를 이루기도 하는데, 하늘과 귀신도 이를 어기지 않는다. 『시경』에서 "백성들의 안정을 구하셨도다."[1312]라고 하니, 이는 심오함을 궁극까지 밝힘을 말하는 것이다. 또 『서경』에서 "임금은 안일을 탐해서는

1312 『시경』, 「대아(大雅)」의 '황의(皇矣)'라는 시에 나오는 한 구절이다. 전후 맥락을 좀 더 보면, "휘황찬란하시도다, 하느님이시여, 아래로 사람 세상에 밝게 임하시도다! 온 세상을 감찰 · 관조하시고는 백성들의 안정을 구하시네.(皇矣上帝, 臨下有赫. 監觀四方, 求民之莫.)"로 되어 있다.

안 된다."[1313]라고 하니, 이는 막 발동하는 낌새[幾]를 알아차려서 연찬함을 말한 것이다. 이렇게 하여 크게 통하고 집성(集成)하게 된다.

彼何晏·夏侯玄之流, 麥菽不知, 蕭牆不戒, 遁即荒薄, 而竊其目以相題, 戕其身而禍人家國, 蓋有由矣. 『春秋』之紀事也, 簒君召王, 无不誌也; 蜮蜚鷁石, 无不詳也. 采物之覆亡, 陰陽之愆伏, 與『易』爲表裏. 故曰, "『易』言其理, 『春秋』見諸行事", "守經事而知宜", 以極深也; "遭變事而知權", 以研幾也; 而固已早合於神矣. 太子弘廢商臣之篇, 王安石恣, "爛報"之誣, 宜其與何晏·夏侯之徒異車而同僨也.

역문 하안(何晏; 196~249)[1314]·하후현(夏侯玄; 209~254)[1315] 같은 무리[1316]는 보리

1313 『서경』, 「주서(周書), 무일(無逸)」편에 나오는 말이다. 주공이 임금으로서의 자세와 할 일을 강조하면서 하는 말이다. 전후 맥락을 보면, "오호라, 임금은 안일을 탐해서는 안 된다. 먼저 농부들이 씨뿌리고 거두어들이면서 얼마나 괴롭고 힘든지를 안 뒤에 안일을 누린다면, 백성들이 어떻게 살아가는지를 알 것이다.(周公曰, "嗚呼! 君子所其無逸! 先知稼穡之艱難乃逸, 則知小人之依.")"로 되어 있다.

1314 하안은 동한 말의 대장군 하진(何進; ?~189)의 손자이며, 조조(曹操; 155~220)의 사위로서 양자가 되어 위나라 궁실에서 자랐다. 하안은 어릴 적부터 수재로서 이름을 날렸다. 또한 하안은 뭇 서적을 널리 읽으며 학문에 힘을 쏟았다고 한다. 어려서부터 조조의 주변에 있었는데, 조조가 병서를 읽다가 이해가 안 되는 부분이 있어서 하안에게 물으면, 하안이 이에 대해 시원하게 풀이해 주고는 하였다고 한다. 그래서 조조는 그의 학식을 충분히 알고 있었다. 조위(曹魏) 황실의 총애를 받아 중책을 맡고 있던 하안은, 249년에 사마의(司馬懿; 179~251)가 일으킨 고평릉지변(高平陵之變, 일명 正始之變)으로 자신이 죽임을 당함은 물론, 멸문의 피해를 당했다.

이 고평릉지변은 조위 종실의 대장군 조상(曹爽; ?~249)과 조정의 중신인 태부 사마의(司馬懿; 179~251) 사이의 권력 투쟁에서 비롯되었다. 사마의는 조조가 중원을 통일하는 데서 혁혁한 공을 세우고, 조조로부터 조위(曹魏)의 3대 황제 소제(少帝; 232~274, 재위 239~254)에 이르기까지 4대에 걸쳐 봉사한 인물이다. 그런데 소제 즉위 이후 하안 일당은 농간을 부려 조정의 실권을 조상이 쥐게 짜 나아갔고, 사마의에게는 태부(太傅)라는 직위를 주어서 그저 이름만은 높이면서도 실권으로부터는 철저하게 배제하도록 하였다. 이에

가 어떻게 자라는지 콩이 어떻게 자라는지도 몰랐고, 내부에서 일어나는 변란에 대해서도 경계하지 않았으며,[1317] 은둔하고자 하여도 황폐 · 척박할 뿐이었다. 그런데도 『주역』의 조목을 훔쳐다가 마치 자신들이 이에 해당하는 양 서로를 표방하고 있으니, 자신들이 죽임을 당했을 뿐만 아니라 사람들과 국가에도 해를 미쳤던 데는 이러한 까닭이 있다고 할 것이다.[1318]

사마의는 신변의 위협을 느낄 정도로 하루하루가 불안하였다. 기회만을 엿보던 사마의는 고평릉지변을 일으켜 승리를 거둠으로써 조정의 권력을 손아귀에 넣었다. 그리고는 이후 조위 황제들을 꼭두각시로 만들어 버렸다. 나아가 그 손자인 사마염(司馬炎; 236~290, 재위 266~290)이 마침내 위나라를 무너뜨리고 진(晉)나라를 세울 수 있도록 기틀을 만들었다.(이상『三國志』, 「魏書, 諸夏侯曹傳」 및 『資治通鑒』, 「魏紀, 烈祖明皇帝下」 등 참고.)

하안은 노장(老莊)의 학설을 좋아하였고, '없음[無]'을 이 세계의 근본이자 본체로 여기는 '귀무(貴無)'론을 처음으로 주장하였다. 하안은 또한 왕필과 함께 '왕(王) · 하(何)'로 병칭되는데, 현학을 창시하고 이를 대표하는 인물 중의 하나로 꼽힌다. 하안은 유가와 도가를 합한 학설을 펼쳤다. 엄밀히 말하면 노자의 학설로써 유가를 풀이했다고 할 수 있다. 그런데 겉으로는 이렇게 현학(玄學)을 표방하면서도 속으로는 권력과 부를 탐하는 인물이었다고 한다.

그의 저술이 오늘날 남아서 전하는 것은 매우 적다. 그의 저작은 산문과 부(賦)를 통해서 쓰여졌는데, 산문은 대부분 철학과 정치에 관한 것이다. 예컨대『논어집해(論語集解)』 · 『무명론(無名論)』 · 『무위론(無爲論)』 · 『한백론(韓白論)』 · 『기주론(冀州論)』 · 『구주론(九州論)』 등이 이에 속한다. 부(賦)로는 겨우 1편(『景福殿賦』)만 전해진다.

1315 하후현에 대해서는 앞 각주 382)를 참고하라.

1316 이들은 함께 위진(魏晉) 현학의 물꼬를 트고 초기 현학을 이끌던 대표 인물로 평가받는다.

1317 하안과 하후현은 모두 조위(曹魏)의 실권자 사마씨(司馬氏)가 일으킨 변란으로 죽임을 당했다.

1318 하안의 무리는 조위(曹魏) 조정에서 막 일하기 시작하면서 자신들이 그 누구도 미칠 수 없는 일세의 준걸(俊傑)들이라 여겼다. 그리고 하안은 당시의 명사들을 품평하며 "오직 심오하기에 세상 사람들의 뜻함에 통할 수 있는 인물은 하후현이고, 오직 낌새[幾]를 알아차리고 연찬(硏鑽)하기에 이 세상 사람들의 애씀을 이루어 줄 수 있는 인물은 사마사(司馬師; 208~255)다. 그러나 오직 신묘하기에 빨리하지 않아도 신속하고 가지 않아도 이른다고 하는 말을, 나는 들어 보기는 했어도 이에 합당한 인물을 아직껏 보지 못했다."라고 하였다. 『자치통감』을 쓴 사마광은, 이 말에서 하안이 유보하고 있는 '신묘함[神]'에 해당한 인물을 하안이 자신에 비유하려 한 것으로 보고 있다.(『資治通鑑』 권75, 「魏紀」7, '嘉平元年' 조: 何晏等方用事, 自以爲一時才傑, 人莫能及. 晏嘗爲名士品目曰, "唯深也, 故能通天下之志, 夏侯泰初是也; 唯幾也, 故能成天下之務, 司馬子元是也; 唯神也, 不疾而速, 不行而至, 吾聞

『춘추』의 기사(紀事)에서도 임금을 쫓아내고 왕을 소환(召喚)했던 일들을 죄다 기록하고 있고, 물여우 · 바퀴벌레 · 육익(六鷁)조 · 운석 등에 대해 모두 상세하게 기록하고 있다.[1319] 채물(采物)[1320] 소유자들의 멸망, 음 · 양기가 조화를 잃어버려서 이상 기후가 생김 등은 『주역』과 표리(表裏)를 이루고 있다. 그러므로 "『주역』에서는 그 이치를 말하고 있고, 『춘추』에서는 벌어진 일을 통해 이를 보여 준다."라고 한다.[1321] '경전에 규정된 한결

其語, 未見其人." 蓋欲以神況諸己也.) 이는 하안이 『계사상전』 제11장에 나오는 "오직 심오하기에 온 세상 사람들의 뜻함을 통하게 할 수 있고, 오직 막 발동하는 낌새[幾]에서 연찬하기에 온 세상 사람들이 애쓰는 것을 이루어 줄 수 있다. 그리고 오직 신묘하기에 빠르게 하지 않아도 신속하고 가지 않아도 이른다.(唯深也, 故能通天下之志; 唯幾也, 故能成天下之務; 唯神也, 故不疾而速, 不行而至.)"라는 말을 인용하여 하후현, 사마사, 자신에 대해 품평하는 것이라 할 수 있다. 그런데 하안 자신은 사마의에 의해 멸족의 화를 당했고, 하후현은 사마사가 조위(曹魏) 조성에서 전권(專權)을 휘두르는 것에 저항하다가 죽임을 당했다.

그러므로 왕부지는 여기에서, 하안이 『주역』의 이 부분을 끌어다가 자신들이 이 조목들에 해당함을 표방하고 있지만 이는 천부당만부당하다는 견해를 표방하는 것이다. 이들이 세상 사람들의 뜻에 통하고 그 애씀을 이루어 주기는커녕, 오히려 자신들이 비극적 죽임을 당했고, 나아가 사마씨가 정권을 찬탈하여 새로운 왕조를 세우는 데 도움을 주었다는 이유에서다.

1319 예컨대 『전한서』에서는 춘추시대 242년 동안에 있었던 일식, 지진, 산사태, 혜성 출현, 밤에 항성(恒星)이 사라짐, 밤중에 성운이 비처럼 쏟아짐, 화재, 외적의 침입, 운석(隕石), 육역(六鶂)이란 물새가 높이 날다가 강한 바람을 맞고 밀려나 송나라 수도를 지나간 일, 큰 사슴이 출현한 일, 물여우가 출현한 일, 메뚜기 떼가 출몰한 일, 구관조가 날아와서 둥지를 튼 것 등에 대해 자세하게 기록하고 있음을 적시하고 있다.(『前漢書』 권36, 「楚元王傳」6: 二百四十二年之間, 日食三十六, 地震五, 山陵崩阤二, 彗星三見, 夜常星不見, 夜中星隕如雨一, 火災十四. 長狄入三國, 五石隕墜, 六鶂退飛, 多麋, 有蜮 · 蜚, 鸜鵒來巢者, 皆一見.)

1320 채물은 색깔을 가지고 꾸민 정기(旌旗), 의복 등을 가리킨다. 그 시대에는 이를 통해서 신분과 계급을 구별하였다.

1321 노나라 선공(宣公) 14년 겨울, 공손귀보(公孫歸父; ?~?)가 곡(穀)이라는 곳에서 노나라 선공(宣公)을 대신하여 제나라 제후를 만난 사실[冬, 公孫歸父會齊侯于穀.]을 두고서, 호안국(胡安國)이 『춘추전(春秋傳)』에서 평한 말이다. 호안국은 이 일에 대해, "임금의 권위가 떨어져 대신(大臣)이 임금을 끼고서 실권을 행사하고, 배신(陪臣)이 그 주인을 대신해서 명(命)을 행사하는 일이, 어찌 하루아침 · 하룻저녁에 비롯되는 일이겠는가! 이러한 상황에 이르기까지 점점 진행되어 온 것이다. 그러므로 『주역』의 곤괘䷁ 초육효에서도 '점점 그 원리대로 되어 가다가 마침내 두꺼운 얼음이 어는 시기에 이른다는 의미다'라고 한다. 『주

같은 도리를 지키며 마땅히 해야 할 일을 앎'은 심오함을 궁극까지 밝힘에 해당하고, '돌연히 발생한 중대한 사건을 만나서 잘 대처할 줄을 앎'은 막 발동하는 낌새[幾]를 알아차려서 연찬함에 해당한다.[1322] 이렇게 되어서는 이미 신묘함에 합치한다고 할 것이다.

그런데 당나라 태자 이홍(李弘; 652~675)은 상신(商臣; ?~B.C.614, 穆王으로서 재위 B.C.625~B.C.614)이 그의 아버지 성왕(成王; ?~B.C.626, 재위 B.C.671~B.C.626)을 시해하는 편[1323]을 보며 차마 이를 읽지 못하겠다고 책을 덮어

역』에서는 그 이치를 말하고 있고, 『춘추』에서는 벌어진 일을 통해 이를 보여 주니, 이는 마치 부(符)와 절(節)이 딱 들어맞듯 하여 '너무나 절실하고 훤한 것이다'라고 말할 수 있다."(君臣贅旒, 陪臣執命, 豈一朝一夕之故! 其所由來者, 漸矣. 故『易』於'坤'之初六曰, '馴致其道, 至堅冰也', 『易』言其理, 『春秋』見諸行事, 若合符節, 可謂深切著明矣.")라 하고 있다.

공손귀보는 성(姓)이 희씨(姬氏)로서 춘추시기 노나라의 정치가다. 노나라 장공(莊公; B.C.706~B.C.662, 재위 B.C.693~B.C.662)의 손주로서, B.C.600년에 아버지 동문양중(東門襄仲)이 죽자 공손귀보는 아버지의 지위를 이어받아서 노나라의 경(卿)이 되었다. 당시 노나라는 계문자(季文子)를 우두머리로 한 삼환(三桓)이 함께 일어나서 조정을 장악하려 들었다. 이에 공손귀보는 선공(宣公)의 지지를 받아서 제나라 · 초나라와 여러 차례 연락하며 이 나라들의 힘을 빌려 삼환 세력을 저지하였다. B.C.591년, 공손귀보는 진(晉)나라에 사신으로 갔다가 귀국길에 올랐는데, 그사이에 선공은 죽고 그 틈을 타 계문자가 재빨리 조정을 장악하여 버렸다. 공손귀보는 할 수 없이 제나라로 도망을 가서 거기에서 지내다가 죽었다. 이후 노나라 조정은 완전히 이들 수중에 들어갔다.

1322 여기에서 인용하고 있는 말들은 모두 『사기』, 「태사공자서(太史公自序)」에 나오는 말들이다. 전체 맥락은 "신하 된 사람으로서 『춘추』를 몰라서는 안 되니, 만약에 이를 알지 못하면 경전에 규정된 한결같은 도리를 지킨다면서도 마땅히 해야 할 일을 알지 못하고, 돌연히 발생한 중대한 사건을 만나서는 잘 대처할 줄을 모른다. 임금 · 아비가 된 자로서 『춘추』의 뜻에 통하지 못하면, 필연코 극악한 죄를 범했다는 평판을 뒤집어쓰고, 신하 · 자식이 된 자로서 『춘추』의 뜻에 통하지 못하면 필연코 찬시(簒弑)의 명목으로 주살(誅殺)을 당하거나 사죄(死罪)를 뒤집어쓰게 된다.(爲人臣者不可以不知『春秋』, 守經事而不知其宜, 遭變事而不知其權. 爲人君父而不通於『春秋』之義者, 必蒙首惡之名; 爲人臣子而不通於『春秋』之義者, 必陷簒弑之誅, 死罪之名.)"로 되어 있다.

1323 『春秋』, 「文公」 '元年' 조: 冬十月丁未, 楚世子商臣, 弑其君頵. /『춘추좌씨전』, 「문공」 '원년' 조: 初, 楚子將以商臣爲大子, 訪諸令尹子上. 子上曰, "君之齒未也. 而又多愛, 黜乃亂也. 楚國之擧, 恒在少者. 且是人也, 蜂目而豺聲, 忍人也, 不可立也." 弗聽. 旣, 又欲立王子職, 而黜大子商臣. 商臣聞之而未察, 告其師潘崇曰, "若之何而察之?" 潘崇曰, "享江芈而勿敬

버렸다.[1324] 이를 두고서, 왕안석은 『춘추』가 그저 '일관성 없이 토막토막 끊어진 형식으로 썩어 문드러진 내용을 전하는 관보[斷爛朝報]'의 속임수라고 비꼬았다.[1325] 그러나 이들의 이러한 작태는, 하안·하후연의 무리와 타

也." 從之. 江羋怒曰, "呼! 役夫! 宜君王之欲殺女而立職也." 告潘崇曰, "信矣." 潘崇曰, "能事諸乎?" 曰, "不能." "能行乎?" 曰, "不能. 能行大事乎?" 曰, "能." 冬十月, 以宮甲圍成王. 王請食熊蹯而死. 弗聽. 丁未, 王縊. 謚之曰'靈', 不瞑; 曰'成', 乃瞑. 穆王立, 以其爲大子之室與潘崇, 使爲大師, 且掌環列之尹.

1324 이홍은 당나라 고종(高宗; 628~683, 재위 649~683)과 측천무후(則天武后; 624~705, 재위 690~705) 사이에 태어난 고종의 다섯째 아들이다. 현경(顯慶) 원년(656), 원래 태자이던 이충(李忠; 643~665)을 폐위하고 이 이홍을 황태자로 삼았다. 이충은 고종이 일찍이 태자이던 시절 그와 후궁 사이의 소생으로서 맏아들이었기에 일찍이 태자에 봉해졌다. 그러나 이후에 고종이 측천무후와의 사랑이 깊어지자 그를 폐위하고 대신 이 이홍을 태자로 삼은 것이다. 그러나 이 이홍도 24세 때인 675년 갑작스럽게 사망함으로써 황위에 오르지는 못했다.

이 이홍이 태자일 적에 솔경령(率更令) 곽유(郭瑜)에게서 『춘추좌씨전』을 배우고 있었다. 그러다 초나라 세자 상신(商臣)이 그 아버지 성왕(成王)을 죽이는 대목에 이르자 차마 읽지를 못하고 책을 덮으면서, "성인께서 후대에 교훈을 주고 계시는 것에, 어찌 이러한 일을 기록할 수 있단 말인가!"라고 탄식하였다. 이에 곽유는 "공자께서 이 『춘추』를 지으신 뜻은 선과 악을 반드시 기록하여, 선한 일은 기리며 권장하고 악한 일은 낮추어서 경계하고자 하신 것입니다. 이러한 까닭에 상신이 이런 죄악을 저지른 지 천년이나 흘렀으나 아직도 그 사실이 지워지지 않고 있는 것입니다."라고 대답하였다. 그러나 이홍은 차마 이 책은 더 읽지 못하겠다며 다른 책으로 바꾸어 달라고 했다. 그러자 곽유는 『예』로 바꾸어서 가르침으로써 이 청을 들어주었다고 한다.(『舊唐書』 및 『新唐書』, 「李弘傳」 참고.)

1325 왕안석은 『춘추』를 학관(學官)의 교과목에서 배제해야 한다고 하면서 이렇게 희롱하였다.(『宋史』, 「王安石傳」: 初, 安石訓釋『詩』·『書』·『周禮』, 旣成, 頒之學官, 天下號曰'新義'. 晩居金陵, 又作『字說』, 多穿鑿傅會. 其流入於佛·老. 一時學者, 無敢不傳習, 主司純用以取士, 士莫得自名一說, 先儒傳注, 一切廢不用. 黜『春秋』之書, 不使列於學官, 至戲目爲'斷爛朝報'.) 이에 대해 자세한 상황을 전하는 『송사기사본말』에서는, 왕안석이 『춘추』 원본 자체는 후세에 교훈을 주는 위대한 책임이 틀림없었으나, 진시황의 분서갱유(焚書坑儒)를 거치면서 이 원본은 없어졌고, 당대에 전하는 『춘추』는 한나라 때 유생들이 부활시킨 것으로서, 이들은 그저 두둑한 상금을 노리고서 억지 내용으로써 이 책을 꾸며 냈다고 보고 있다는 내용을 전한다. 그래서 당시 전하는 『춘추』는 '일관성 없이 토막토막 끊어진 형식으로 썩어 문드러진 내용을 전하는 관보와 같은 책[斷爛朝報]'과 같을 뿐이며, 결코 공자의 저작이 아니라고 하였다. 그리고는 『의례』도 이와 같으니 이들 모두를 이후에는 경연에서도 강의하지 말고, 학교에서도 과목으로 설치하지 말며, 과거시험에서도 출제의 대상으로 삼지 말자고 제안하였는데, 신종(神宗)이 이를 따랐다고 한다.(馮琦, 『宋史紀事本末』,

고 가는 마차는 다르지만 뒤집힘에서는 마땅히 똑같다고 해야 할 것이다.

「學校科擧之制」: 神宗熙寧四年二月丁巳, 更令科擧法, 從王安石議, 罷詩賦及明經諸科, 專以經義·論·策試士. 王安石又謂"孔子作『春秋』, 實垂世立教之大典, 當時遊·夏不能贊一詞. 自經秦火, 煨燼無存. 漢求遺書, 而一時儒者附會以邀厚賞. 自今觀之, 一如斷爛朝報, 決非仲尼之筆也. 『儀禮』亦然. 請自今經筵毋以進講, 學校毋以設官, 貢擧毋以取士." 從之.)

계사상전 제11장

繫辭上傳第十一章

是故性情相需者也, 始終相成者也, 體用相函者也. 性以發情, 情以充性. 始以肇終, 終以集始. 體以致用, 用以備體. 陽動而喜, 陰動而怒, 故曰性以發情. 喜以奬善, 怒以止惡, 故曰情以充性. 三時有待, 春開必先, 故曰始以肇終. 四序所登, 春功乃備, 故曰終以集始. 无車何乘? 无器何貯? 故曰體以致用. 不貯非器, 不乘非車, 故曰用以備體. 六者異撰而同有, 同有而无不至. 至, 則極, 无不至, 則太極矣.

역문 이러한 까닭에 성(性)과 정(情)은 서로 의존하면서 서로를 필요로 하고, 시작과 끝은 서로 이루어 주며, 체(體)와 용(用)은 서로 함유하고 있다. 성(性)은 정(情)을 피어나게 하고, 정은 성을 채워 준다. 시작은 끝남을 비롯하게 하고, 끝남은 시작을 모아 준다.

체(體)는 용(用)을 이루어 주고, 용은 체를 갖추어 준다. 양이 움직여서는 기뻐하고, 음이 움직여서는 노여워한다. 그러므로 "성(性)이 정(情)을 피어나게 한다."라고 하는 것이다. 그런가 하면, 기뻐함은 선을 권장하고 노여워함은 악을 그치게 한다. 그러므로 "정은 성을 채워 준다."라고 하는 것이다. 봄·여름·가을 등 농사짓는 계절은 의지함이 있는데, 봄의 열어젖힘이 반드시 앞장을 선다. 그러므로 "시작은 끝남을 비롯하게 한다."라고 말하는 것이다. 그런가 하면 사계절은 순서대로 돌아가며 풍성한 수확을 거두어들이게 하니, 봄의 공(功)이 이렇게 하여 갖추어진다. 그리므로 "끝남은 시작을 모아 준다."라고 한다. 마차가 없으면 어떻게 탈 것이며, 그릇이 없으면 어떻게 담을 것인가. 그러므로 "체(體)는 용(用)을 이루어 준다."라고 한다. 또 담지를 못하면 그릇이 아니고, 타지 못하면 마차가 아니다. 그러므로 "용은 체를 갖추어 준다."라고 하는 것이다.

이들 성과 정, 시작과 끝남, 체와 용 등은 이렇듯 각기 하는 일을 달리하면서도 있는 데서는 함께한다. 있는 데서 함께하며 이르지 않음이 없다. 이르니 '극(極)'인 것이고, 이르지 못함이 없으니 '태극'인 것이다.

"『易』有太極", 固有之也, 同有之也. 太極生兩儀, 兩儀生四象, 四象生八卦, 固有之則生, 同有之則俱生矣. 故曰, '是生'. '是生'者, 立於此而生, 非待推於彼而生之, 則明魄同輪, 而源流一水也.

역문 "『주역』에 태극이 있다."라 하는 것은, 본디 있다는 것이고, 같이 있다는 것이다.[1326] 태극이 양의를 낳고, 양의는 사상을 낳으며, 사상은 팔괘를 낳는데, 본디 있으니 낳는 것이고, 같이 있으니 함께 낳는 것이다. 그러므로 '이것이 낳는다'라고 하는 것이다. '이것이 낳는다'라고 함은 여기에 서 있으면서 낳는다는 것이지, 저기로 추대됨에 의지하여 낳는 것이 아니다.

1326 이는 존재론적으로 대단히 중요한 의미를 갖는 말이다. 태극은 이 세계 밖 제3의 세계에 있는 것도 아니고, 밖에서 이 세계로 들어오는 것도 아니라는 의미다. 다시 말해서 이 세계는 태극에 닫혀 있으니 태극 밖의 세계는 없으며, 태극은 그 자체로 완정(完整)한 존재라는 의미다. 또한 태극은 이 세상 만물의 본체로서 만물과 함께 있다는 것이다. 이것이 바로 '본디 있다[固有之]', '함께 있다[同有]'라고 함의 의미다.

다시 말해서 달의 밝은 부분과 어두운 부분이 똑같은 윤곽 속에 있고, 원류와 지류의 물이 동일한 물인 것과 같다.

是故'乾'純陽而非无陰, '乾'有太極也; '坤'純陰而非无陽, '坤'有太極也. '剝'不陽孤, '夬'不陰虛; '姤'不陰弱, '復'不陽寡, 无所變而无太極也. 卦成於八, 往來於六十四, 動於三百八十四, 之於四千九十六, 而皆有太極. 策備於五十, 用於四十九, 揲於七八九六, 變於十有八, 各盡於百九十六, 而皆有太極. 故曰, "『易』有太極", 不謂 "太極有『易』"也. 唯『易』有太極, 故太極有『易』.

역문 그러므로 건괘䷀는 순수한 양으로 이루어졌으나 음이 없는 것이 아니며, 건괘에도 태극이 있다. 또 곤괘䷁도 순수한 음으로 이루어졌으나 양이 없는 것이 아니며, 곤괘에도 태극이 있다. 박괘䷖에서도 양이 외로운 것이 아니고, 쾌괘䷪에서도 음이 비어 있는 것이 아니다. 또 구괘䷫에서도 음이 약하지 않고, 복괘䷗에서도 양이 적지 않다. 다만 이들 괘에서는 변함[變]이 없어서 태극이 없는 것이다.

괘는 팔괘에서 이루어지고, 64괘에서 왔다 갔다[往來] 하며, 384효(爻)에서 움직인다. 이들은 4,096괘로 변한다.[1327] 이들 모두에는 태극이 있다. 시초점을 치는 시책은 50개를 갖추어야 하지만, 이 가운데 사용하는 것은 49개다. 시책을 네 개씩 헤아려서 7[少陽]·8[少陰]·9[老陽]·6[老陰]을 뽑아내고, 한 괘를 이루기 위해서는 18변(變)을 해야 한다. 이들 각각이 196 경

1327 『주역』 64괘들 낱낱은 그 여섯 효의 변함[變]으로 말미암아 모두 나머지 63괘로 변할 수 있다. 그래서 이들 변괘(變卦; 之卦)의 경우의 수는 64×64로서 4,096개가 된다. 이것이 '변괘(變卦)'설이다.

우에서 다하는데, 이들 모두에는 태극이 있다. 그러므로 "『주역』에는 태극이 있다."라고 하는 것이며, "태극에 『주역』이 있다."라고 말하지 않는 것이다. 오직 『주역』에 태극이 있으므로 태극에 『주역』이 있는 것이다.

所自生者肇生, 所已生者成所生. 无子之叟, 不名爲父也. 性情以動靜異幾, 始終以循環異時, 體用以德業異迹, 渾淪皆備, 不漏不勞, 固合兩儀·四象·八卦而爲太極. 其非別有一太極, 以爲儀·象·卦·爻之父明矣.

역문 스스로 생겨난 것은 생겨나는 것들을 비롯하게 하고, 이미 생겨난 것은 생겨나는 것들을 이루어지게 한다. 자식이 없는 늙은이는 '아버지'라 불리지 못한다. 성(性)·정(情)은 움직임[動]·고요함[靜]에 따라서 낌새[幾]를 달리하고, 시작·끝남은 순환에 따라서 때[時]를 달리하며, 체·용은 덕(德)·업(業)으로써 자취를 달리하는데, 구별되지 아니한 채 모든 것이 뒤섞여 있는 전체[渾淪]는 다 갖추고 있어서 빠트리지도 않고 힘들게 하지도 않으며, 본디 양의·사상·팔괘를 합하여서 태극이 된다. 결코 따로 하나의 태극이 있어서 양의·사상·팔괘·64괘·384효의 아버지가 되지 않는다는 것은 분명하다.

故太極之於「河圖」未有象也, 於『易』未有數也, 於筮未有策也, 於卦未有占也. 象皆其象, 數皆其數, 策皆其策, 占皆其占. 有於『易』以有『易』, 莫得而先後之.

역문 그러므로 태극은 「하도」에서 그 상(象)이 없고, 『주역』에서도 그 수(數)가 없다. 시초점에서도 그에 해당하는 시책이 없고, 괘들에서도 그에 해당하는 점(占)은 있지 않다. 그러나 모든 상(象)은 이 태극의 상이고, 모든 수 또한 이 태극의 수다. 그리고 시책들 모두도 태극의 시책이며, 모든 점(占)이 태극의 점이다. 『주역』에 태극이 있기에 『주역』이 있는 것이지만, 이들 사이에 어느 것이 먼저고 어느 것이 뒤라는 것을 구분할 수가 없다.

故吉凶日流於物, 大業日興於事, 智禮日行於兩間, 道義日存於人心. 性善而情善, 情善而才善, 反身而誠, 不遠而復, 天下之道冒, 而聖人之藏亦密矣. 冒者於彼於此而无不被, 密者於彼於此而无或疏也. 是太極有於『易』以有『易』, 『易』一太極也, 又安得層累而上求之?

역문 그러므로 길 · 흉은 날마다 물(物)들에서 널리 행해지고, 대업은 날마다 일에서 일어난다. 지(智)와 예(禮)는 날마다 하늘과 땅 사이에서 행해지고, 도(道)와 의로움[義]은 날마다 사람의 마음에 존재한다. 성(性)이 선하기에 정(情)도 선하며, 정이 선하여서는 이를 실행하는 재(才)도 선하다. 자신에게로 돌이켜서 정성스러우면 설사 잘못을 저질렀다 할지라도 머잖아서 돌이키고, 이 세상에 도(道)가 뒤덮고 있으니 성인들께서 물러나 자신을 드러내지 않아서 또한 은밀한 것이다. 뒤덮음이란 여기저기에서 영향을 미치지 않음이 없다는 것이고, 은밀함이란 여기저기에서 혹시라도 소홀함이 없다는 것이다. 바로 이와 같은 양상으로 태극이 『주역』에 있기에 『주역』이 있으며, 『주역』은 하나의 태극이다. 그러니 어찌 몇 층을 쌓고 올라가 그 위에서 태극을 구하겠는가?

『乾鑿度』曰, "有太易, 有太初, 有太始, 有太素", 危搆四級於无形之先. 哀哉! 其日習於太極而不察也! 故曰, '闔戶''闢戶'. 有戶, 則必有

材以爲戶者, 則必有地以置戶者. 闔, 則必有闔之者; 闢, 則必有闢之者. 爲之置之, 闔之闢之, 彼遂以是爲太極也, 且以爲太易 · 太初 · 太始 · 太素也. 夫爲之置之, 必有材矣, 大匠不能摶空以造樞椳; 闔之闢之, 必有情矣, 抱關不能无司以爲啟閉. 材則其陰陽也, 情則其往來也. 使陰陽未有之先而有太極, 是材不夙庀, 而情无適主; 使儀象旣有之後遂非太極, 是材窮於一用, 而情盡於一往矣. 又何以云 "'乾''坤'毁則无以見『易』"也乎?

역문 『역위건착도(易緯乾鑿度)』에서는 "태역이 있고, 태초가 있고, 태시가 있고, 태소가 있다."라고 하여, '아직 아무런 형체도 없음[無形]' 앞에다 4개의 등급을 위태로이 얽어 놓고 있으니, 참으로 애석하도다! 그들은 날마다 태극에서 익히면서도 살피지 못하다니! 그러므로 『주역』에서는 '문을 닫다' · '문을 열다'[1328]라고 하는데, '문'이 있다면 반드시 그 문을 만드는 재료[才]가 있어서 문을 이루고 있는 것이며, 거기에 반드시 바닥을 이루는 땅이 있어서 그 문을 설치하는 것이다. '닫는다'라고 하면 반드시 닫음이 있어야 하고, '연다'라고 하면 반드시 엶이 있어야 한다. 문을 만들고 설치하고, 닫고 열고 하는 것, 그것이 바로 태극이다. 또한 그들이 말하는 태역 · 태초 · 태시 · 태소이기도 하다.

아울러 만들고 설치하기 위해서는 반드시 재료가 있어야 하는 것이니, 문을 만드는 장인(匠人)은 허공을 빚어서 문지도리들을 만들 수는 없다. 또 닫고 연다는 것에는 반드시 그렇게 하는 실정이 있는 것이니, 문지기는 아무 일이 없는데도 공연히 문을 열고 닫을 수는 없다. 여기에서 재료는 태

1328 『계사상전』 제11장에 나오는 말이다.

극에게 음·양이고, 실정은 이들이 왔다 갔다 함이다. 만약에 이들 음·양이 있기도 전에 태극이 있다고 한다면, 이는 재료가 일찍이 갖추어지지 않은 것이고 실정에서도 이를 행하는 주체가 없는 것이다. 또한 만약에 양의·사상이 벌써 있고 난 뒤에는 마침내 태극이 아니라고 한다면, 이 경우에는 재료가 한 가지 쓰임에만 국한되고 실정도 한 번 가면 다하고 말 것이다. 그런데도 또한 어찌 "건괘☰·곤괘☷가 허물어지면 『주역』을 볼 수가 없다."라고 할까?

故不知其固有, 則絀有以崇无; 不知其同有, 則奬无以治有. 无不可崇, 有不待治. 故曰, "太極有於易以有易", 不相爲離之謂也. 彼太易·太初·太始·太素之紛紜者, 虛爲之名而亡實, 亦何爲者耶? 彼且曰, "有有者, 有無者, 有未始有夫有無者." 或且曰, "七識以爲種子, 八識以爲含藏, 一念緣起無生." 嗚呼! 毁'乾''坤'以蔑『易』者, 必此言夫!

역문 그러므로 태극이 본디 있다는 것을 모르면 있음[有]을 억누르고 없음[無]을 높이며, 같이 있다는 것을 모르면 없음[無]을 찬양하고 있음[有]을 다스리려 한다. 그러나 없음[無]은 높일 수 없고, 있음[有]도 없음의 다스림에 의거하지 않는다. 그러므로 "태극이 변역(變易) 속에 있기에 변역이 있다."라고 하는 것이다. 이는 태극과 변역이 서로 분리되지 않음을 말하는 것이다. 저들이 '태역'·'태초'·'태시'·'태소'라고 번잡스레 말해 대는 것들은, 사실 공허한 것에 이름을 붙인 것들로서, 실질이 없는 것들이다. 그런데도 또한 이것들이 무엇을 하겠는가?

저들은 또 말하기를 "있음[有]이 있었고, 없음[無]이 있었으며, 아직 있음도 없음도 있지 않음이 있었다."[1329]라고 말하는가 하면, "칠식(七識)은 종자식(種子識)이고 팔식(八識)은 함장식(含藏識)이며,[1330] 한 생각 인연으로 일어나는 것에 사실 생겨나는 것은 없다."라고 한다. 오호라, '건'·'곤'을 허물고서 『주역』을 멸시하는 이들은 꼭 이렇게 말하는구나!

1329 『장자』, 「제물론」에 나오는 말이다. 사람들이 이 세상의 근원을 추구하면서 이렇게 무한 소급해 나아간다는 것이다. 즉 이 세상이 '있음[有]'이라면 그 근원은 '없음[無]'이라는 것이다. 왜냐하면 '있음'이어서는 근원이 될 수 없는데, 그 까닭은 '이 있음을 있게 한 것'이 다시 있어야 하기 때문이다. 그런데 이것들조차 없는 단계가 더 근본적인 근원이라 하여 '아직 있음도 없음도 있지 않음이 있었다'라고 한다는 것이다. 그리고는 다시 또 '아직 있음도 없음도 있지 않음조차도 아직 있지 않음이 있었다'라고 하여 더 소급할 수 있다는 것이다. 이렇게 하다 보면 이 세계의 근원은 무한히 소급될 수 있을 것이다. 그러나 사실은 장자가 이러한 주장을 지지해서 이렇게 말하고 있는 것이 아니다. 장자는 그저, 인간의 말에 의해서 인간의 인식을 벗어난 차원을 언급하려다 보면 이렇게 무한 소급만 일어날 뿐 정확하게 언급해 낼 수 없는데, 주장하는 이들이 각자 자신의 이론과 주장을 고집하다 보면 서로 간에 걷잡을 수 없는 시비분란(是非紛亂)의 양상을 빚게 됨을 지적하고자 한 것이다. 그래서 이러한 가정을 해보는 것이다. 인간의 언어는 인간의 인식능력을 벗어날 수 없다는 한계를 지닌 것이기에, 인간의 인식능력을 벗어나 있는 차원이나 세계에 대해서는 말해 낼 수 없다. 장자는 말의 이러한 한계와 그 이중성을 지적하기 위해 이 말을 하였던 것이다.(有始也者, 有未始有始也者, 有未始有夫未始有始也者. 有有也者, 有无也者, 有未始有无也者, 有未始有夫未始有无也者. 俄而有无矣, 而未知有无之果孰有孰无也. 今我則已有謂矣, 而未知吾所謂之其果有謂乎, 其果无謂乎?)

1330 불교에서 인간의 인식을 분석하여 이르는 칭호들이다. 특히 유식종(唯識宗)에서 이렇게 분석하고 있다. 그런데 『해심밀경(解深密經)』이나 『섭대승론(攝大乘論)』 등에서는 종자식(種子識)도 제8식인 아뢰야식(阿賴耶識)으로 보고 있다.

계사상전 제12장

繫辭上傳第十二章

一

夫縕者, 其所著直略切也. 著者, 其所歸也. 歸者, 其所充也. 充者, 其所調也. 是故无以爲之縕, 旣郛立而不實, 亦瓦合而不洨矣; 旣絕黨而相叛, 亦雜類以相越矣. 而不見天地之間乎? 則豈有堅郛外峙, 而庬雜內塞者乎?

역문 '온(縕)'은 붙여 놓은 것이다.[1331] 붙여 놓음이란 귀속시킴을 의미한다. 귀속이란 꽉 채우고 있음을 의미한다. 꽉 채우고 있음은 조절하고 있다는 의미다. 그러므로 없음[無]은 '온'이 되지 못한다. 없음이 안을 채우고 있을 것 같으면, 거죽만을 빙 둘러 세운 채 알맹이는 없을 뿐만 아니라, 어중이떠중이들이 그저 규율도 통일성도 없이 모여 있는 꼴이어서 서로 사무쳐 들어가지 않을 것이다. 아울러 한동아리로서의 일체감도 끊어 버려서, 서로 등질 뿐만 아니라 또한 잡다하게 부류를 이루고 있어서 서로 거리를 두게

1331 **저자 자주**: 여기에서 '著(저)'는 '착'으로 읽어야 한다. /**역자 주**: '저'로 읽으면 '현저하다'는 의미를, '착'으로 읽으면 '붙어 있다'는 의미를 갖는다.

될 것이다. 그러나 하늘 · 땅 사이를 보지 않는가? 거기에 어찌 두꺼운 거죽이 밖에서 벽을 치고 있거나, 뒤섞여 어수선한 것들은 속을 꽉 틀어막고 있음이 있던가?

今夫陽以成男, 陰以成女, 其以達情, 即以達性也. 飮以養陽, 食以養陰, 其以輔形, 即以充神也. 然而牝·牡異質, 姬·姜異宗, 水·土異產, 甘·鹹異味. 夫婦之合, 非巧媒所能介也. 榮衛之分, 非良庖所能齊也. 於此於彼而各有宜, 於此於彼而互有成, 宜以不亂, 成以不過. 則誰爲爲之而有非其著焉者也?

역문 보자. 양은 남성을 이루고 음은 여성을 이루는데, 이 음 · 양이 정(情)을 다 발휘하면 곧바로 이들의 성(性)도 다 발휘하게 된다. 마시는 것은 양을 함양하고, 먹는 것은 음을 함양하는데, 이들에 의해 형(形)을 돕고, 이렇게 함으로써 신(神)을 채운다. 그러나 암컷 · 수컷은 질(質)을 달리하고, 희성(姬姓) · 강성(姜姓)은 종(宗)을 달리하며, 물 · 흙은 산물을 달리하고, 닮[甘] · 짬[鹹]은 맛을 달리한다. 부부의 합함은 굳이 능력 있는 중매쟁이라야만 매개할 수 있는 것이 아니다. 우리 몸에서 영(榮) · 위(衛)가 분담하는 것도, 꼭 훌륭한 요리사라야만 조절하며 전체적으로 조화를 이루는 것이 아니다. 여기에서 저기에서 각자가 자신의 마땅함을 다하고, 또 여기에서 저기에서 서로를 이루어 주는데, 그 각자 하는 마땅함이 전체적으로 혼란을 일으키지 않고, 서로 간에 이루어 줌도 지나치지 않은 것이다. 이렇게 보면, 그 어떤 것이든 다른 이들을 위해서 해 주는데, 거기에 붙여 놓음[緼]이 아닌 것이 있겠는가?

以爲卽器而保器, 器无情者也, 而惡乎保之? 以爲離器而用器, 則器賤矣, 賤者惟貴者之所使, 則胡不惟其情之所便以相暱, 惟其形之所可受以相取, 而又惡乎相調而各有司耶? 且盈天地之間, 則皆有歸矣. 有其表者, 有其裏者, 則有其著者, 著者之於表裏, 使其二而可以一用, 非旣已二而三之也. 盈天地之間, 何非其著者之充哉!

역문 기(器)에 나아가서 기(器)를 보우(保佑)한다고 여기는데, 기(器)는 정(情)이 없는 것이거늘 어떻게 보우한다는 것인가? 또 기(器)를 벗어나서 기(器)를 사용한다고 여기는데, 기(器)는 천한 것이고, 천한 것은 오로지 귀한 것들에게 부림을 받는 것이다. 그런데 어찌 오로지 그 정(情)이 편함으로써 서로 친근하지 않고, 오로지 그 형(形)이 받아들일 수 있다고 하여 서로 취한다는 것인가? 또한 거기에 어떻게 서로 조화를 이루면서 각기 맡아서 함이 있겠는가?

하늘 · 땅 사이를 가득 채우고 있는 것들에게는 모두 귀속됨[歸]이 있다. 이 가운데는 겉을 이루는 것[表者]도 있고 속을 이루는 것[裏者]도 있는데, 붙어 있는 것[著者]이 있어서, 겉을 이루는 것들과 속을 이루는 것들, 이 둘을 이것이 하나로 사용할 수 있다. 그러니 이미 둘이 되는 것들과 함께하여 셋이 되는 것이 아니다. 이렇게 보면, 하늘 · 땅을 가득 채우고 있는 것은 어찌 그 붙어 있는 것[縕]이 꽉 채우고 있음이 아니리오!

天位乎上, 地位乎下, 上下之際, 密邇而无毫髮之間, 則又惡所容其著者? 而又非也. 天下濟而行, 地上承而合. 下行之極於重淵, 而天恒入以施. 上合之極於層霄, 而地恒蒸以應. 此必有情焉而必有性焉, 必有以輔形而有以充神焉. 故'乾'曰, "時乘六龍以御天", '乾'者所以御天而下濟也;'坤'曰,"牝馬地類, 行地无疆", '坤'者所以行地而上承也. 盈天地之間皆器矣. 器有其表者, 有其裏者, 成表裏之各用, 以合用而底於成, 則天德之'乾', 地德之'坤', 非其緼焉者乎?

역문 하늘은 위에 자리 잡고 있고 땅은 아래에 자리 잡고 있지만, 이들이 위아래로 만나는 데서는 밀접히 가까워서 털 한 오라기도 들어갈 틈이 없다. 그러니 또한 여기에 어찌 붙어 있는 것[緼]을 받아들인다고 하겠는가? 그러나 그렇지 않다. 하늘은 아래로 도우면서 행하고, 땅은 위로 받들면서 합한다. 아래로 내려옴은 아홉 겹 깊은 연못에서 극에 이르는데, 하늘은 늘 베풀면서 들어간다. 그리고 위로 합함은 저 아득한 허공에서 극에 이르는데, 땅은 늘 증발하며 응한다.

이러함에는 반드시 정(情)이 있고 반드시 성(性)이 있으며, 반드시 형(形)을 도와주고 신(神)을 채워 줌이 있다. 그러므로 건괘䷀에서는 "때에 맞게 여섯 마리의 용이 끄는 탈것을 타고서 하늘을 제어한다."라고 하니, 이 건괘의 덕인 '건'은 하늘을 제어하면서 아래로 돕는다. 그리고 곤괘䷁에서는 "암말은 땅의 부류다."라고 하니, 이 곤괘의 덕인 '곤'은 땅을 다니면서 위로 받든다.

하늘 · 땅 사이를 가득 채우고 있는 것은 모두 기(器)다. 이 기(器)에는 겉[表]도 있고 속[裏]도 있어서 겉과 속이 각기 쓰임을 이루며, 이렇게 하는 가운데 쓰임을 합하여 이룸에 이르니, 하늘의 덕인 '건'과 땅의 덕인 '곤'이 여기에서 붙어 있는 것[緼]이 아니겠는가?

是故調之而流動以不滯, 充之而凝實而不餒, 而後器不死而道不虛生. 器不死, 則凡器皆虛也; 道不虛生, 則凡道皆實也. 豈得有堅郛峙之以使中屢空耶? 豈得有厖雜室之而表裏不親耶? 故合二爲一者, 既分一爲二之所固有矣. 是故'乾''坤'與『易』相爲保合而不可破, 破而毁, 毁而息矣. 極乎變通, 而所絪者常與周旋而不離, 而『易』備.

역문 이러한 까닭에 조화를 이루면서 보편으로 널리 움직임으로써 걸리거나 막히지 않고, 채워 주면서 실함을 엉기게 하여 굶주리지 않는다. 이렇게 한 뒤에라야 기(器)는 죽지 않으며 도(道)도 공허하게 낳지 않는다. 기(器)가 죽지 않으니 무릇 기(器)들은 모두 빔(虛)이고, 도는 공허하게 낳지 않으니 무릇 도는 모두 실하다. 그러니 어찌 두꺼운 거죽이 밖을 빙 둘러 벽을 친 속에 가운데는 여러 허공을 겹치고 있겠으며, 또 어찌 뒤섞여 어수선한 것들이 속을 꽉 틀어막고서 겉과 속이 친하지 않게 하겠는가?

그러므로 둘이 합쳐서 하나가 된 것은, 이미 하나가 나뉘어 둘이 된 것들 속에 본디 있는 것들이다. 이러한 까닭에 '건'·'곤'과 『주역』은 서로 돕고 합하여서 쪼갤 수가 없으니, 쪼개지면 헐고, 헐면 꺼져 버린다. 극에 이르러서는 변하고[變] 통하더라도[通][1332] 붙어 있는 것[絪]은 늘 더불어 주선(周旋)하면서 벗어나지를 않으니, 『주역』은 갖추어지는 것이다.

故夫天下之賾, 天下之動, 事業之廣, 物宜之繁, 典禮之別, 分爲陰, 分爲陽, 表裏相待而二, 二異致而一存乎其人, 存乎德行. 德行者, 所以一之也. 在天地爲'乾''坤', 在人爲德行. '乾''坤'固以其德行充兩間而調之, 而後器不死而道不虛生.

1332 『계사하전』 제2장에서는 "『주역』에서는 궁하면 변하고, 변하면 통하며, 통하면 오래간다. 그래서 하늘이 도와서 이롭지 않음이 없다.(『易』窮則變, 變則通, 通則久, 是以自天祐之, 吉无不利.)"라 하고 있다.

역문 그러므로 이 세상의 잡다한 것들, 이 세상의 움직임[動], 사업의 광범위함, 물(物)들이 마땅함을 얻어 번식함, 전례(典禮)에 의해 사람 세상을 구별함에서 나뉘어 음이 되고 나뉘어 양이 되는 것들이 겉과 속으로 서로 의거하면서 둘이 되는데, 이 둘은 이루어 냄을 각기 달리하면서도 한결같이 행하는 사람에게 의존하며 덕행에 의존한다. 그래서 덕행은 이 둘을 하나로 하는 것이다. 즉 하늘·땅에서는 '건'과 '곤'이 되지만 사람에게서는 덕행이 되는 것이다. '건'과 '곤'은 본디 그 덕행으로써 하늘·땅 사이를 가득 채우면서 조화를 이루니, 이러한 뒤에 기(器)는 죽지 않고 도(道)도 공허하게 낳지 않는 것이다.

由此思之, 七八九六之數, 上生下生之變, 吉凶悔吝之詞, 以實道而虛器, 大哉, 充滿流通於天地之間, 豈不一誠而无妄哉! 若夫懸道於器外以用器, 是緼與表裏異體; 設器而以道鼓動於中, 是表裏眞而緼者妄矣. 先天之說, 橐籥之喻, 其於『易』之存人以要天地之歸者, 又惡足以知之!

역문 이로 말미암아서 추론해 보면, 괘·효를 뽑아내게 하는 7·8·9·6이라는 수, 괘·효를 위로 낳고 아래로 낳는 18변(變), 이렇게 하여 뽑아낸 괘·효 속에서 길·흉과 회(悔)·린(吝)을 드러내는 괘·효사들이, 도(道)를 실답게 하고 기(器)는 텅 비게 하고 있다. 그러니 위대하도다, 하늘과 땅 사이를 꽉 채우고서 보편으로 널리 행하며 통하는 것이, 어찌 한결같이 성실하되 망령됨이란 전혀 없음이 아니리오!

그렇지 않고 만약에 도(道)가 기(器)의 밖에 매달린 채 기(器)를 쓰는 것이라면, 이는 속에 붙어 있는 것[緼]과 표리(表裏)가 각기 다른 몸을 이루고 있다는 의미가 된다. 그리고 기(器)를 설치하고서는 도(道)로써 그 속에서 고동치게 한다면, 이는 표리는 진실한데 속에 붙어 있는 것[縕]은 망령된 것이라는 의미가 된다. 선천(先天)의 설을 주장하고 풀무·피리로써 비유하는 이[1333]가, 사람을 온존하고서 하늘·땅을 궁극으로 귀결하게 하는 『주역』에 대해 어찌 알 수 있으리오!

二

'謂之'者, 從其謂而立之名也. '上下'者, 初无定界, 從乎所擬議而施之謂也. 然則上下无殊畛, 而道器无異體, 明矣. 天下惟器而已矣. 道者器之道, 器者不可謂之道之器也.

역문 '위지(謂之)'라는 말은 일컬음에 따라서 만들어진 이름이다. '상·하'라는 말은 처음부터 정해진 경계가 있는 것이 아니라, 논의의 관점에 따라서 부여한 일컬음이다. 그렇다면 형(形)을 바탕으로 상·하라 한 것에 특별한 영역이 있는 것도 아니고, 도(道)와 기(器)가 각기 다른 몸을 이루고 있음도 아님이 분명할 것이다. 이 세계에는 오직 기(器)들이 있을 따름이다. 그러

1333 이는 노자를 가리킨다. 『노자』 제25장에서 "무엇인가 뒤섞인 채 천지보다 앞서 생겨서 존재하는 것이 있다. 들어 보려 해도 어떤 소리로도 들리지 않고, 보려 해도 어떤 형체로도 보이지 않을 만큼 적적하고 휑한데, 그 어떤 것에도 의지하지 않은 채 홀로 서서 바꾸지 않고 그대로 돌아가는구나. 두루 행하면서도 위태롭지 않을 만큼 영원하다. 그래서 이 세상의 어머니가 될 수 있다.(有物混成, 先天地生. 寂兮寥兮, 獨立不改, 周行而不殆, 可以爲天下母.)"라 하고, 또 제5장에서 "하늘과 땅 사이는 마치 풀무와도 같도다! 텅 비었지만 다함이 없어서 움직일수록 더욱 나온다.(天地之間, 其猶橐籥乎! 虛而不屈, 動而愈出.)"라 하고 있기 때문이다.

므로 도(道)는 '기(器)의 도(道)'이니, 기(器)를 '도(道)의 기(器)'라고 해서는 안 된다.

无其道則无其器, 人類能言之. 雖然, 苟有其器矣, 豈患无道哉! 君子之所不知, 而聖人知之; 聖人之所不能, 而匹夫匹婦能之. 人或昧於其道者, 其器不成, 不成非无器也.

역문 그 도(道)가 없으면 그 기(器)가 없다는 것에 대해 사람들은 얼마든지 말할 수 있다. 비록 그렇다고는 하지만 진실로 무엇이 되었든 그 기(器)는 있으리니, 어찌 도(道)가 없음을 걱정하리오! 설령 군자가 그 기(器)에 대해 모른다고 할지라도 성인(聖人)들은 알며, 성인들이 그 기(器)를 사용할 수 없다 하더라도 필부(匹夫) · 필부(匹婦)들은 얼마든지 사용할 수 있다. 사람들 가운데 혹시라도 그 도(道)에 대해서 잘 모르면 그 기(器)는 이루어지지 않는다. 그러나 이루어지지 않았더라도 그 기(器)가 없는 것은 아니다.

无其器則无其道, 人鮮能言之, 而固其誠然者也. 洪荒无揖讓之道, 唐 · 虞无吊伐之道, 漢 · 唐无今日之道, 則今日无他年之道者多矣. 未有弓矢而无射道, 未有車馬而无御道, 未有牢醴璧幣 · 鐘磬管絃而无禮樂之道. 則未有子而无父道, 未有弟而无兄道, 道之可有而且无者多矣. 故无其器則无其道, 誠然之言也, 而人特未之察耳.

역문 그 기(器)가 없으면 그 도(道)도 없다는 것에 대해서는 말할 수 있는 사람이 거의 없다. 그러나 이는 본디 진실로 그러한 것이다. 아득한 옛날 자연 그대로 살아가던 시대에는 사람 세상을 꾸리고 운용하는 데서 필수적이던 읍양(揖讓)의 도(道)가 없었고, 요(堯) · 순(舜) 시대에는 도탄에 빠진 백성들을 위문하고 죄를 범한 이들을 토벌하는 도(道)가 없었으며, 한(漢) · 당(唐) 시대에는 오늘날과 같은 도(道)가 없었다. 마찬가지로 오늘날에도 다른 시대의 도(道)가 없는 것들은 많다. 활과 화살이 없으면 활쏘기의 도(道)가 없고, 수레와 말이 없으면 수레를 끄는 도(道)도 없으며, 희생 · 제주(祭酒)와 구슬 · 폐백 및 종(鐘) · 경(磬) · 관악기 · 현악기 등이 없으면 예악의 도(道)가 없다. 자식이 없으면 어버이의 도(道)가 없고, 동생이 없으면 형의 도(道)가 없다. 물론 이론적으로는 도(道)가 있을 수 있겠지만 실제로는 없는 도(道)들이 너무나 많은 것이다. 이렇게 볼 때, 그 기(器)가 없으면 그 도(道)가 없다는 것은 진실로 옳은 말이다. 다만 사람이 이에 대해 살피지 않은 것일 따름이다.

故古之聖人, 能治器而不能治道. 治器者則謂之道, 道得則謂之德, 器成則謂之行, 器用之廣則謂之變通, 器效之著則謂之事業.

역문 그러므로 옛 성인들은 기(器)를 다룰 수는 있었어도 도(道)를 다룰 수는 없었다. 기(器)를 다루는 것을 '도(道)'라 하는 것이다. 도를 터득한 것을 '덕'이라 하고, 기가 이루어지는 것을 '행(行)'이라 하며, 기의 쓰임이 넓어지는 것을 '변함[變]' · '통함[通]'이라 한다. 이 기의 효과가 현저해지는 것을 '사업'이라 한다.

故『易』有象, 象者像器者也; 卦有爻, 爻者效器者也; 爻有辭, 辭者辨器者也. 故聖人者, 善治器而已矣. 自其治而言之, 而上之名立焉. 上之名立, 而下之名亦立焉. 上下皆名也, 非有涯量之可別者也.

역문 그러므로 『주역』에 상(象)이 있는데, 이 상은 기(器)를 본뜬 것이다. 괘에는 효(爻)가 있는데, 이 효 또한 기의 공효를 드러내고 있는 것이다. 효에는 효사가 있는데, 이 효사도 기를 변별하는 것이다. 그러므로 『주역』을 만든 성인들은 기를 잘 다룰 따름이다. 이 다룬다는 관점에서 말하여, '상(上)'이라는 이름이 세워지는 것이고, '상'이라는 이름이 세워지면 '하(下)'라는 이름도 세워진다. 그런데 이 상·하는 모두 이름일 뿐이지, 결코 자신만의 경계를 가져서 구별할 수 있는 것들이 아니다.

形而上者, 非无形之謂. 既有形矣, 有形而後有形而上. 无形之上, 亘古今, 通萬變, 窮天窮地, 窮人窮物, 皆所未有者也. 故曰, "惟聖人然後可以踐形." 踐其下, 非踐其上也.

역문 '형이상자'라 하여 형체가 없는 것을 일컫는 것이 아니다. 이미 형체는 있는 것이니, 형체가 있은 뒤에라야 '형이상'이라는 것도 있는 것이다. 형체가 없는 것의 상(上)은, 아무리 고금으로 연장해 보고, 온갖 변함[變]에 통해 보더라도, 또 하늘에 궁구해 보고 땅에 궁구해 보더라도, 사람에게서 궁구해 보고 물(物)들에게서 궁구해 보더라도, 그 어떤 것에서도 있지 않다. 그러므로 말하기를 "오직 성인인 뒤에라야 몸소 실천에 옮길 수 있다."[1334]라고 하는 것이다. 이 말의 의미는, 하(下)에 해당하는 것을 실천에 옮기는 것이지, 결코 상(上)에 해당하는 것을 실천에 옮기는 것이 아니라는 것이다.

故聰明者耳目也, 睿知者心思也, 仁者人也, 義者事也, 中和者禮樂

1334 『맹자』, 「진심 하」에 나오는 말이다.

也, 大公至正者刑賞也, 利用者水火金木也, 厚生者穀蓏絲麻也, 正德者君臣父子也. 如其舍此而求諸未有器之先, 亘古今, 通萬變, 窮天窮地, 窮人窮物, 而不能爲之名, 而況得有其實乎?

역문 그러므로 귀 밝음 · 눈 밝음이라는 것은 귀와 눈이 그러하다는 것이고, 슬기로움과 지혜로움이란 마음의 사려가 그러하다는 것이다. 어짊[仁]이란 사람이 그러하다는 것이고, 의로움[義]이란 일이 그러하다는 것이다. 알맞음[中] · 어울림[和]이란 예와 악이 그러하다는 것이고, 대공지정(大公至正)이란 형(刑) · 상(賞)이 그러하다는 것이다. 이롭게 사용함이란 물 · 불 · 쇠 · 나무를 그렇게 한다는 것이고, 우리의 삶을 도탑게 하는 것이란 곡물 · 열매 등의 먹을 것과 실 · 삼베 등 입을 것들이다. 그리고 올바른 덕이란 임금과 신하, 부모와 자식 사이에서 이루어지는 것이다. 이러한 것들을 죄다 버리고서 기(器)가 있기 전에서 도(道)를 구하려 한다면, 제아무리 아득한 옛날까지 거슬러 올라가고, 이 세상의 온갖 변화를 통틀어 보며, 하늘 끝까지 땅끝까지 추구하고, 모든 사람 · 모든 생명체[物]를 다 살펴보더라도 이름조차 지을 수 없는 것이다. 그런데 하물며 그 실질을 얻을 수 있으랴!

老氏瞀於此, 而曰道在虛, 虛亦器之虛也. 釋氏瞀於此, 而曰道在寂, 寂亦器之寂也. 淫詞炙輠, 而不能離乎器, 然且標離器之名以自神, 將誰欺乎?

역문 노씨[老子]는 이에 대해 못 보았기 때문에 도는 텅 빔[虛]에 있다고 하였으나, 이 텅 빔 역시 기(器)의 텅 빔이다. 석씨[석가모니]는 이에 대해 못 보았기 때문에 도는 고요함[寂]에 있다고 하였으나, 이 고요함 역시 기(器)의 고요함이다. 공허하고 과장된 말들이 넘쳐나더라도 이들 또한 기(器)로부터 떠날 수가 없는 법이다. 그런데도 기(器)를 떠난 말들을 표방하며 자신을 신묘하다고 하니, 장차 누구를 속이려는고?

器而後有形, 形而後有上. 无形无下, 人所言也. 无形无上, 顯然易見之理, 而邪說者淫曼以衍之而不知慙, 則君子之所深鑒其愚而惡其妄也.

역문 기(器)가 있은 뒤에라야 형(形)이 있고, 형이 있은 뒤에라야 형이상(形而上)이라는 것도 있다. 형이 없으면 형이하(形而下)도 없다는 것에 대해서는 사람들이 말한다. 그런데 형이 없으면 형이상도 없다는 것 역시 너무나 분명하고 쉽게 알 수 있는 이치다. 그럼에도 불구하고 사악한 설을 내세우는 이들은 음란하게 이런저런 설을 만들어 내면서도 부끄러운 줄을 모른다. 군자라면 이들의 어리석음을 깊이 비추어 보고 그 망령됨을 증오해야 할 것이다.

故"作者之謂聖", 作器也; "述者之謂明", 述器也. "神而明之, 存乎其人", 神明其器也. 識其品式, 辨其條理, 善其用, 定其體, 則默而成之, 不言而信, 皆有成器之在心而據之爲德也.

역문 그러므로 "만들어 낸 사람을 '성인'이라고 한다."라고 하는데, 이는 기(器)를 만들어 냈다는 것이다. 또 "서술한 사람을 '현명한 사람'이라고 한다."라고 하는데,[1335] 이는 기(器)를 서술했다는 것이다. "그것을 신묘하게 밝혀 내는 것은 그 사람에게 달려 있다."[1336]라고 하니, 이는 기(器)를 신묘하게 밝혀냈다는 의미다. 그 표준을 알아내고, 그 조리(條理)를 변별하여, 그것을 잘 사용하고, 그 생김새를 정했는데, 말없이 이를 이루어 낸 것이고 말하지 않더라도 절로 믿음이 가는 것이다. 그러므로 이들 모두에게는 마음속에 기(器)를 이루어 내려 함이 있었고, 이에 의거하여 자신들의 덕을 이루었다.

嗚呼! 君子之道, 盡夫器而止矣. 辭, 所以顯器而鼓天下之動, 使勉於治器也. 王弼曰, "筌非魚, 蹄非兎", 愚哉, 其言之乎! 筌·蹄一器也, 魚·兎一器也, 兩器不相爲通, 故可以相致, 而可以相舍. 形而上者謂之道, 形而下者謂之器, 統之乎一形, 非以相致, 而何容相舍乎? "得言忘象, 得意忘言", 以辨虞翻之固陋則可矣, 而於道則愈遠矣.

역문 오호라, 군자의 할 일이란 기(器)를 다하면 끝난다. 사(辭)라는 것은 기(器)를 드러내어서 세상 사람들을 행동에 옮기도록 고취하며 기(器)를 다룸에 힘쓰도록 하는 것이다. 왕필은 "통발은 물고기가 아니고, 올무는 토끼가 아니다."[1337]라고 하는데, 어리석도다, 이 말이여! 통발이든 올무든 모두

1335 이 두 인용문은 『예기』, 「악기(樂記)」에 나오는 말이다. 이는 인류 최초로 무엇을 만들어 내고 서술하였다는 의미다. 그리하여 몽매한 사회로부터 문명사회로 바꾸어 냈다는 의미다. 그래서 '성인'이라 하고, '현명한 사람'이라는 존칭을 붙인다는 것이다.

1336 「계사상전」 제12장에 나오는 말이다.

1337 원래 이 말은 『장자』, 「외물」에 나오는 말이다. 거기에서는 "통발은 물고기를 잡기 위한 것이니 물고기를 얻었으면 통발일랑 잊고, 올무는 토끼를 잡기 위한 것이니 토끼를 얻었거든 올무는 잊어라. 말은 뜻을 이해하기 위한 것이니 뜻을 이해했거들랑 말은 잊어라. 내 어찌하면 말을 잊은 사람을 만나서 그와 더불어 말을 나눌 수 있을까!(筌者所以在魚, 得魚而忘筌; 蹄者所以在兎, 得兎而忘蹄; 言者所以在意, 得意而忘言. 吾安得夫忘言之人而與之言哉!)"라 하고 있다. 그런데 나중에 조위(曹魏)에 들어와서 왕필이 이 말을 인용하여 자신의

하나의 기(器)이고, 물고기 · 토끼도 하나의 기(器)다. 이들 두 기는 서로 통하지 않는다. 그러므로 서로를 이루어 줄 수도 있고, 서로를 내팽개칠 수도 있다. 그런데 형이상자를 '도'라 하고 형이하자를 '기'라 하니, 이 둘은 하나의 형(形)에서 통괄된다. 그러니 어찌 서로가 이루어 주지 않고서 서로를 내팽개칠 수 있겠는가? 또 "말을 이해했으면 상(象)은 잊고, 뜻을 이해했으면 말은 잊어라!"[1338]라고 하는데, 이 말이 우번(虞翻; 164~233)[1339]과

『주역』관을 피력하는 데서 발휘한 것이다. 이에 대해서는 다음 주에서 상세히 밝히겠다.

1338 이는 왕필의 『주역주(周易註)』, 「주역약례(周易略例)」, '명상(明象)' 조에 나오는 말을 각색한 것이다. 역대 『주역』학자들은 모두 이를 성어(成語)로서 사용하였다. 왕필은 원래, 위에서 거론한 『장자』, 「외물」에 나오는 말을 인용하여 이들을 『주역』의 상(象) · 사(辭) · 의(意)에 유비(類比)하며, 그 의미를 더욱 분명히 하려 하였다. 그 전체를 인용하면, "말은 상(象)을 밝히기 위한 것이니 상을 밝혔거들랑 말은 잊어라. 상은 뜻을 담고 있는 것이니, 뜻을 이해했거들랑 상은 잊어라. 이는 마치 올무가 토끼를 잡기 위한 것이어서 토끼를 얻었거들랑 올무는 잊고, 통발이 물고기를 잡기 위한 것이니 물고기를 얻었거들랑 통발은 잊어야 하는 것과도 같다. 그렇다면 말은 상(象)을 얻기 위한 올무, 상은 뜻을 이해하기 위한 통발에 해당한다.(言者所以明象, 得象而忘言; 象者所以存意, 得意而忘象. 猶蹄者, 所以在兎, 得兎而忘蹄; 筌者, 所以在魚, 得魚而忘筌也. 然則言者, 象之蹄也, 象者, 意之筌也.)"라고 하였다.

조위(曹魏)의 젊은 천재 『주역』학자였던 왕필이 이러한 주장을 한 까닭은, 우번과 같은 한대의 상수역학자들이 『주역』을 이해하고 풀이하는 데서 지나치게 상(象)의 의미와 역할을 강조하였고, 그 결과 너무나 번다하게 상을 운용하던 풍조를 일소하기 위한 것이었다. 왕필은 이 상수역학자들의 행태가 『주역』의 본말을 전도한 것이라 보고 이렇게 말한 것이다. 그리고 당대(唐代)에 들어와 공영달(孔穎達; 574~648)이 당 태종의 명을 받들어 오경정의(五經正義)를 편찬하는 데서 『주역』의 경우는 이 왕필의 『주역주』를 채택함으로써, 이후 『주역』은 왕필의 이 『주역주』가 교과서와 같은 역할을 하고, 상수역학은 거의 사라지게 되었다.

그런데 왕필의 이 '말을 잊어라[忘言]', '상을 잊어라[忘象]'라는 주장 역시 극단론에 흐른 것이라 보는 것이 왕부지의 견해다. 여기에서 보다시피, 형이상자인 도(道)보다 형이하자인 기(器)를 더욱 우선시하는 왕부지는 같은 맥락에서 "괘의 상을 떠나서는 괘 · 효사가 없다.(『周易內傳』, 「繫辭上傳」 제1장: 無象外之辭.)"라 하고, "상의 밖에는 도가 없다.(『周易外傳』, 『繫辭下傳』 제3장: 象外无道.)"라고 하며, 왕필의 주장을 비판하고 있다. 왕부지는 상(象)을 기(器)와 같이 보는 것이다.

1339 우번은 자가 중상(仲翔)으로서 회계(會稽; 오늘날의 절강성) 출신이다. 삼국시대에 오(吳)나라의 학자이며 관리였다. 본래는 회계 태수 왕랑(王朗)의 부하로서 공조(功曹)를 맡아

같은 한대 상수역학자들의 고루함을 지적해 내는 데에서는 옳다고 할 수 있을 테지만, 도(道)에 대해서는 너무나도 먼 것이다.

보았는데, 왕랑이 손책(孫策)에게 투항하자, 우번도 이때부터 동오(東吳)에서 벼슬을 하게 되었다.

어려서부터 공부를 좋아했던 우번은 경학(經學)에 조예가 깊었다. 우번은 특히 역학(易學)에 정통하였다. 성품이 거칠고 직설적이며 기개가 높았던 우번은, 나중에 오(吳)나라의 왕이 된 손권(孫權)의 비위를 자주 거스름으로써 마침내 교주(交州)에 유배되었다. 그는 유배지에서도 강학에 열중하여 문도가 늘 수백 명에 이르렀다고 한다. 향년 70세로 죽었다.

저자 소개

왕부지王夫之

왕부지는 1619년 중국 호남성(湖南省) 형양(衡陽)에서 태어나 가학(家學)으로 공부하였으며, 20살에 잠시 장사(長沙)의 악록서원(嶽麓書院)에서 공부하였다. 그의 나이 20대 중반에 명나라가 멸망함으로써 선비로서 의로움[義]을 피워 낼 국가가 없어져 버려, 평생을 명나라의 유로(遺老)로 살면서 학문에 매진한 결과 주희와 함께 중국 전통 철학을 대표하는 최고의 경지에 올랐다는 평가를 받는다. 문·사·철에 두루 달통하였던 그는 『주역내전』·『주역외전』을 비롯한 『주역』 관련 5부작 외에도, 『시광전(詩廣傳)』, 『상서인의(尙書引義)』, 『속춘추좌씨전박의(續春秋左氏傳博議)』, 『사서훈의(四書訓義)』, 『독사서대전설(讀四書大全說)』, 『독통감론(讀通鑑論)』, 『영력실록(永曆實錄)』, 『장자정몽주(張子正蒙注)』, 『노자연(老子衍)』, 『장자해(莊子解)』, 『상종락색(相宗絡索)』, 『초사통석(楚辭通釋)』, 『강재문집(薑齋文集)』, 『강재시고(薑齋詩稿)』, 『고시평선(古詩評選)』, 『당시평선(唐詩評選)』, 『명시평선(明詩評選)』 등 불후의 거작들을 남겼다. 1692년 74세를 일기로 서거함으로써 가난과 굴곡으로 점철한 평생을 마감하였다.

1619년 9월(음): 중국 호남성(湖南省) 형주부(衡州府; 오늘날의 衡陽市) 왕아평(王衙坪)의 몰락해 가는 선비 집안에서 아버지 왕조빙(王朝聘; 1568~1647)과 어머니 담씨(譚氏) 부인 사이에 3남으로 태어났다. 어려서의 자(字)는 '삼삼(三三)'이었고, 성장한 뒤의 자(字)는 '이농(而農)'이었다. '부지(夫之)'는 그 이름이다. 왕부지의 호는 대단히 많다. 대표적인 것만을 소개하면, 강재(薑齋), 매강옹(賣薑翁), 쌍길외사(雙吉外史), 도올외사(檮杌外史), 호자(壺子), 일호도인(一瓠道人), 선산노인(船山老人), 선산병수(船山病叟), 석당선생(夕堂先生), 대명전객(大明典客), 관아생(觀我生) 등이다. 호는 20개가 넘는데, 스스로는 '선산유로(船山遺老)'라 불렀다. 왕부지와 함께 명조(明朝)의 세 유로(遺老)로 불리는 황종희(黃宗羲; 1610~1695)보다는 9살 아래고, 고염무(顧炎武; 1613~1682)보다는 6살 아래다. 동시대에 활약한 대학자 방이지(方以智; 1611~1671)보다는 8살 아래다.

1622년(4세): 자신보다 14살 연상의 큰형 왕개지(王介之; 1605~1687)에게서 글을 배우기 시작하다. 왕개지는 그의 자(字)를 좇아 '석애(石崖)선생'으로 불렸는데, 경학에 조예가 깊은 학자로서 『주역본의질(周易本義質)』과 『춘추사전질(春秋四傳質)』 등의 저술을 남겼다. 왕부지는 9살 때까지 이 왕개지로부터 배우면서 많은 영향을 받았다. 그런데 왕부지는 7살에 13경을 다 읽을 정도여서 '신동(神童)'으로 불렸다.

1628년(10세): 아버지에게서 경전을 배우기 시작하다.

1637년(19세): 형양(衡陽)의 재야 지주인 도씨(陶氏)의 딸에게 장가를 들다. 이해부터 숙부 왕정빙(王廷聘)에게서 중국의 역사를 배우기 시작하였다.

1638년(20세): 장사(長沙)의 악록서원(嶽麓書院)에 입학하다. 동학인 광붕승(鄺鵬升) 등과 함께 '행사(行社)'라는 독서 동아리를 만들어 경전의 의미와 시사(時事)에 대해 토론하였다.

1639년(21세): 관사구(管嗣裘) · 곽봉선(郭鳳躚) · 문지용(文之勇) 등 뜻이 맞는 벗들과 함께 '광사(匡社)'라는 동아리를 꾸려 정권의 잘잘못과 예측 불가능할 정도로 급변해 가는 시사를 주제로 토론하며 대안을 세웠다.

1644년(26세): 청나라 세조(世祖)가 북경에 천도하여 황제로 즉위하고 청나라 왕조를 세웠다. 왕부지는 명나라 멸망에 비분강개하며 『비분시(悲憤詩)』 100운(韻)을 짓고 통곡하였다. 그리고 형산(衡山)의 쌍길봉(雙吉峰)에 있는 흑사담(黑沙潭) 가에 초가집을 짓고 거처하며 '속몽암(續夢庵)'이라 불렀다.

1646년(28세): 비로소 『주역』을 공부할 뜻을 세우고 『주역패소(周易稗疏)』 4권을 지었다. 아버지로부터 『춘추』를 연구하여 저술을 내라는 명을 받았다. 도씨(陶氏) 부인과 사별하였다.

1647년(29세): 청나라 군대가 형주(衡州)를 함락시키자 왕부지 일가는 흩어져 피난길에 올랐다. 이 도피 생활 중 그의 아버지가 서거하였다.

1648년(30세): 왕부지는 형산(衡山) 연화봉(蓮花峰)에 몸을 숨긴 채 『주역』 공부에 더욱 매진하였다. 그러다가 기회를 타서 벗 관사구(管嗣裘) · 하여필(夏汝弼) · 성한

(性翰; 승려) 등과 함께 형산 방광사(方廣寺)에서 거병하였다. 그러나 이 의병활동이 실패로 돌아가자, 밤낮으로 험한 산길을 걸어가 당시 조경(肇京)에 자리 잡고 있던 남명정부 영력(永曆) 정권에 몸을 맡겼다. 병부상서 도윤석(堵允錫)의 추천으로 한림원 서길사(庶吉士)에 제수되었으나 부친상이 끝나지 않은 이유로 사양하였다.

1649년(31세): 왕부지는 조경(肇京)을 떠나 구식사(瞿式耜)가 방어하고 있던 계림(桂林)으로 갔다. 그리고는 다시 계림을 떠나 청나라 군대의 수중에 있던 형양(衡陽)으로 돌아와 어머니를 모시고 살게 되었다.

1650년(32세): 부친상을 마친 왕부지는 당시 오주(梧州)에 자리 잡고 있던 남명 정부를 다시 찾아가 행인사행인(行人司行人)의 직책을 맡게 되었다. 그런데 조정의 실세인 왕화징(王化澄)의 비행을 탄핵하다 그의 역공을 받아 투옥되었다. 농민군 수령 고일공(高一功; 일명 必正)의 도움으로 간신히 죽음을 면한 왕부지는 계림으로 가서 구식사(瞿式耜)의 진영에 합류하게 되었다. 그러나 청나라 군대가 계림을 핍박하는 바람에 다시 피난길에 올라 두메산골에서 나흘을 굶는 등 갖은 고초를 겪었다. 이해에 정씨(鄭氏)부인과 재혼하였다.

1654년(36세): 상녕(常寧)의 오지 서장원(西莊源)에서 이름을 바꾸고 복식을 바꾼 채 요족(瑤族)에 뒤섞여 살았다. 이때의 경험으로 왕부지는 중국 소수민족들의 생활상을 알게 되었고, 이들에 대한 인식을 바꾸게 되었다. 그리고 명나라 멸망으로부터 얻은 교훈을 정리하는 저술활동에 몰두할 결심을 굳힌다.

1655년(37세): 진녕(晉寧)의 산사(山寺)에서 『주역외전』을 저술하였고, 『노자연(老子衍)』 초고를 완성하였다.

1657년(39세): 4년 가까이 지속된 도피 생활을 마치고 서장원에서 돌아와 형산 쌍길봉(雙吉峰)의 옛 거처 속몽암(續夢庵)에서 기거하게 되었다. 그리고 유근로(劉近魯)의 집을 방문하여 6천 권이 넘는 장서를 발견하고는 그 독파에 시간 가는 줄을 몰랐다.

1660년(42세): 속몽암으로부터 형양(衡陽)의 금란향(金蘭鄕; 지금의 曲蘭鄕) 고절리

(高節里)로 거처를 옮겼다. 수유당(茱萸塘) 가에 초가집을 짓고 '패엽려(敗葉廬)'라 부르며 기거하였다.

1661년(43세): 정씨부인과 사별하였다. 정씨부인의 이해 나이는 겨우 29세였다. 아내의 죽음에 깊은 상처를 받은 왕부지는 그 쓰라린 감정을 애도(哀悼) 시로 남긴다.

1662년(44세): 남명(南明)의 영력제(永曆帝)가 곤명(崑明)에서 오삼계(吳三桂)에게 살해당했다는 소식을 듣고 『삼속비분시(三續悲憤詩)』 100운(韻)을 지었다.

1665년(47세): 여전히 패엽려에 기거하며 『독사서대전설(讀四書大全說)』 전 10권을 중정(重訂)하였다.

1669년(51세): 장씨(張氏) 부인을 세 번째 부인으로 맞이하였다. 이해에 30세부터 써오던 근고체 시집 『오십자정고(五十自定稿)』를 펴냈다. 그리고 『속춘추좌씨전박의(續春秋左氏傳博議)』 상·하권을 지어서 부친의 유명(遺命)에 부응하였다. 수유당(茱萸塘) 가에 새로이 초가집 '관생거(觀生居)'를 짓고 겨울에 이사하였다. 그 남쪽 창가에 유명한 "六經責我開生面(육경책아개생면), 七尺從天乞活埋(칠척종천걸활매)"라는 대련(對聯)을 붙였다. 풀이하면, "육경이 나를 다그치며 새로운 면모를 열라 하니, 이 한 몸 하늘에 산 채로 묻어 달라 애걸하네!"라는 것이다. 육경의 정확한 풀이가 자신에게 임무로 맡겨졌으니, 필생의 정력을 다해 이 임무를 완수할 동안만 내 생명을 허락해 달라고 하늘에 빈다는 것이다. 여기에서 '산 채로 묻어 달라고 하늘에 애걸한다[乞活埋]'라고 하는 구절이 필자에게는 처연한 충격으로 다가온다. 자신의 남은 생을 산 채로 묻힌 것처럼 살며 오로지 육경 의미를 밝히는 데 온통 바치겠다는 통절한 다짐으로 보이기 때문이다. 이렇게 사는 것이 스스로 자부하는 문화민족으로서 한족(漢族) 지식인에게 허락된 길이라는 깨달음을 반영한 것으로 보인다.

1672년(54세): 『노자연(老子衍)』을 중정(重訂)하였다. 그러나 불행히도 그의 제자 당단홀(唐端笏)이 이것을 빌려 갔다가 그 집이 불타는 바람에 그만 소실(燒失)되고 말았다. 지금 전해지는 것은 그가 37세 때 지은 초고본이다.

1676년(58세): 상서초당(湘西草堂)에 거처하기 시작하다. 『주역대상해(周易大象解)』

를 지었다.

1679년(61세): 『장자통(莊子通)』을 짓다.

1681년(63세): 『상종락색(相宗絡索)』을 지었다. 그리고 제자들의 요청으로 『장자(莊子)』 강의용 『장자해(莊子解)』를 지었다.

1685년(67세): 병중임에도 제자들의 『주역』 공부를 독려하기 위해 『주역내전』 12권과 『주역내전발례』를 지었다.

1686년(68세): 『주역내전』과 『주역내전발례』를 중정(重訂)하였고, 『사문록(思問錄)』 내·외편을 완성하였다.

1687년(69세): 『독통감론(讀通鑑論)』을 짓기 시작하다. 9월에 병든 몸을 이끌고 나가 큰형 왕개지(王介之)를 안장(安葬)한 뒤로 다시는 바깥출입을 하지 않았다.

1689년(71세): 병중에도 『상서인의(尙書引義)』를 중정(重訂)하였다. 이해 가을에 「자제묘석(自題墓石)」을 지어 큰아들 반(攽)에게 주었다. 여기에서 그는, "유월석(劉越石)의[1] 고독한 울분을 품었지만 좇아 이룰 '명'(命)조차 없었고,[2] 장횡거(張橫渠)의 정학(正學)을 희구했지만 능력이 부족하였다. 다행히 이곳에 온전히 묻히나[3] 가슴 가득 근심을 안고 세상을 하직하노라!"[4]라고 술회하고 있다.

---

1 유곤(劉琨; 271~318)을 가리킨다. '월석(越石)'은 그의 자(字)다. 유곤은 서진(西晉) 시기에 활약했던 인물이다. 그는 건무(建武) 원년(304년) 단필제(段匹磾)와 함께 석륵(石勒)을 토벌하게 되었는데, 단필제에 농간에 의해 투옥되었다가 죽임을 당하였다. 나중에 신원되어 '민(愍)'이라는 시호를 추서 받았다. 이처럼 자기도 모르는 사이에 진행된 일 때문에 정작 이적(夷狄)을 토벌하려던 입지(立志)는 펴 보지도 못하고 비명에 간 유곤의 고분(孤憤)을 왕부지는 자신의 일생에 빗대고 있다.

2 이해는 명나라가 청나라에 망한 지 벌써 48년의 세월이 흐른 뒤이다. 왕부지는 명조(明朝)의 멸망을 통탄해 마지않았고, 끝까지 명조에 대한 대의명분을 지키며 살았다. 이처럼 한평생을 유로(遺老)로 살았던 비탄(悲嘆)이 이 말 속에 담겨 있다.

3 이 말은 그와 더불어 청조(淸朝)에 저항하였던 황종희(黃宗羲), 고염무(顧炎武), 부산(傅山), 이옹(李顒) 등이 비록 끝까지 벼슬을 하지 않으면서도 치발령(薙髮令)에는 굴복하여 변발을 하였음에 비해, 왕부지 자신만은 이에 굴하지 않고 죽을 때까지 머리털을 온존하며 복색(服色)을 바꾸지 않았음을 술회하는 것처럼 보인다.

4 王之春, 『船山公年譜』(光緒19年板), 「後篇」, 湖南省 衡陽市博物館, 1974: 抱劉越石之孤憤,

1690년(72세): 『장자정몽주(張子正蒙注)』를 중정(重訂)하였다.

1691년(73세): 『독통감론(讀通鑑論)』 30권과 『송론(宋論)』 15권을 완성하였다.

1692년(74세): 정월 초이튿날(음) 지병인 천식으로 극심한 고통 속에 서거하다.

저서: 왕부지는 중국철학사에서 가장 방대한 양의 저술을 남긴 인물 중의 한 사람으로 꼽힌다. 대표적인 것만 꼽아도 다음과 같다.

『주역내전(周易內傳)』, 『주역외전(周易外傳)』, 『주역대상해(周易大象解)』, 『주역고이(周易考異)』, 『주역패소(周易稗疏)』, 『상서인의(尙書引義)』, 『서경패소(書經稗疏)』, 『시경패소(詩經稗疏)』, 『시광전(詩廣傳)』, 『예기장구(禮記章句)』, 『춘추가설(春秋家說)』, 『춘추세론(春秋世論)』, 『춘추패소(春秋稗疏)』, 『속춘추좌씨전박의(續春秋左氏傳博議)』, 『사서훈의(四書訓義)』, 『독사서대전설(讀四書大全說)』, 『설문광의(說文廣義)』, 『독통감론(讀通鑑論)』, 『송론(宋論)』, 『영력실록(永曆實錄)』, 『장자정몽주(張子正蒙注)』, 『사문록(思問錄)』, 『사해(俟解)』, 『악몽(噩夢)』, 『황서(黃書)』, 『노자연(老子衍)』, 『장자해(莊子解)』, 『장자통(莊子通)』, 『상종락색(相宗絡索)』, 『초사통석(楚辭通釋)』, 『강재문집(薑齋文集)』, 『강재시고(薑齋詩稿)』, 『곡고(曲稿)』, 『석당영일서론(夕堂永日緖論)』, 『고시평선(古詩評選)』, 『당시평선(唐詩評選)』, 『명시평선(明詩評選)』

而命無從致; 希張橫渠之正學, 而力不能企. 幸全歸于玆邱, 固銜恤以永世."

역주자 소개

김진근

연세대학교 철학과에서 학부, 대학원을 마침(문학사, 문학석사, 철학박사. 지도교수: 裵宗鎬·李康洙)

북경대학교 고급진수반(高級進修班) 과정 수료(지도교수: 朱伯崑)

연세대학교, 덕성여대 등에서 강의

한국교원대학교 교수(전)

국제역학연구원(國際易學硏究院) 상임이사

한국동양철학회(韓國東洋哲學會) 감사(전)

한국교원대학교 도서관장(전)

대표 논문

- 「왕부지 『周易外傳』의 无妄卦 풀이와 道·佛 兩家 비판에 대한 고찰」
- 「'太極'論의 패러다임 轉換에서 드러나는 문제점과 그 해소」
- 「대통령의 탄핵을 계기로 본 유가의 군주론」
- 「왕부지의 『장자』 풀이에 드러난 '무대' 개념 고찰」
- 「왕부지의 겸괘 「대상전」 풀이에 담긴 의미 고찰」
- 「'互藏其宅'의 논리와 그 철학적 의의」
- 「船山哲學的世界完整性硏究(中文)」 외 40여 편

저서

『왕부지의 주역철학』, 『주역의 근본 원리』(공저)

역서

『주역내전』, 『완역 역학계몽』, 『역학철학사』(전8권, 공역)

An Annotated Translation of “JUYEOKOEJEON